W0271502

Klar|text 5

Sprach-Lesebuch Deutsch
Differenzierende Ausgabe

Nordrhein-Westfalen

Erarbeitet von:
Fabian Dilks
Martina Feldhues
Hiltrud Fox
Andrea Heinrichs
Heiko Judith
Martina Wolff

Beratung:
Andrea Heinrichs
Heiko Judith
Martina Wolff

westermann

Inhaltsverzeichnis

Mündlicher Aufgabentyp 3:
Gesprächsregeln einhalten
Schriftlicher Aufgabentyp 3:
zu einem Sachverhalt begründet Stellung nehmen

Mündlicher Aufgabentyp 1a):
Erlebnisse anschaulich vortragen
Schriftlicher Aufgabentyp 1b):
auf der Basis von Materialien erzählen
Schriftlicher Aufgabentyp 5:
Texte nach vorgegebenen Kriterien überarbeiten

Märchenhaft 56–77

Schriftlicher Aufgabentyp 6:
Texte nach Textmustern verfassen

Gedichte mit Pfiff 78–91

Mündlicher Aufgabentyp 2b):
Gedichte gestaltend vortragen
Mündlicher Aufgabentyp 2a):
dialogische Texte gestaltend vortragen

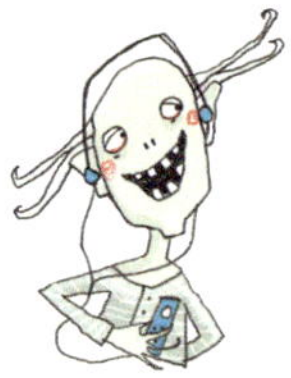

Unterwegs mit der Bahn 148–169

Schriftlicher Aufgabentyp 4b):
aufgabengeleitet aus Texten Informationen ermitteln, vergleichen und Schlüsse ziehen

Schieß den Ball ins Tor! 170–191

Schriftlicher Aufgabentyp 4a):
aufgabengeleitet literarische Texte untersuchen

Wortarten und ihre Funktion untersuchen

Strukturen des Satzes untersuchen

Bildung von Wörtern untersuchen

Rechtschreibprobleme erkennen

Wortbezogene Regeln erkennen und anwenden

Sprache betrachten 192–227

Richtig schreiben 228–263

Satzbezogene Regeln erkennen und anwenden

Lösungsstrategien für Rechtschreibprobleme anwenden

Computer im Unterricht 264–269

Methoden und Arbeitstechniken 270–284

Basiswissen 285–295

Anhang 296–304

Gemeinsam neu starten

1 **a)** Der Anfang in einer neuen Schule ist immer aufregend. Schaut euch das Bild an und sprecht darüber, welche Bereiche und Räume ihr erkennen könnt.
b) Wie gut kennt ihr eure neue Schule schon? Sprecht darüber, welche Lehrer ihr bereits kennt und wo sich wichtige Räume befinden.

2 Tauscht euch über eure Wünsche, Erwartungen und Befürchtungen zum Schulanfang aus. Ihr könnt euch dabei an den Sprechblasen orientieren.
Formuliert so: *Ich wünsche mir, dass … / Ich habe Angst, dass … / Ich glaube, dass … / Hoffentlich …*

3 Schreibt eure Gedanken auf und sammelt sie in einer Box. Geht dabei so vor:
- Jeder schreibt mindestens einen vollständigen Satz auf ein Blatt.
- Faltet das Blatt und steckt es in einen Briefumschlag mit eurem Namen.
- Sammelt die Briefe in einer Box und lest sie am Ende des Schuljahres wieder: Was ist so geschehen, wie ihr es erwartet habt? Was ist anders gekommen?

4 Du kannst deine Wünsche, Hoffnungen und Befürchtungen zum Schulanfang auch in einem Brief an dich selbst formulieren. ☆

5 Was wünschst du dir für deine neue Klasse? Übertrage das Cluster in dein Heft und ergänze deine Ideen und Wünsche.

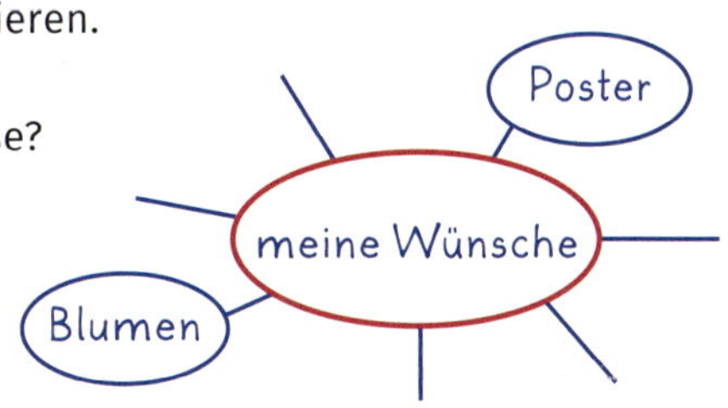

In diesem Kapitel lernt ihr eure Mitschüler besser kennen und plant gemeinsam die Gestaltung des Klassenraums. Dabei übt ihr, wie ihr euch in Gesprächen fair verhaltet. Außerdem lernt ihr, wie ihr in Briefen Erwachsene von eurer Meinung überzeugen könnt und sie um Unterstützung bittet.

Einander kennenlernen – anschaulich vortragen

1 Tom hat zu Hause eine „Das-bin-ich-Kiste" vorbereitet.

a) Beschreibe einem Partner, was du alles in der Kiste erkennen kannst.

b) Sammelt Ideen dazu, welche Erlebnisse und Erinnerungen sich hinter den Gegenständen verbergen könnten.

c) Erkläre, was eine „Das-bin-ich-Kiste" genau ist.

2 **a)** Besorge dir einen Schuhkarton und gestalte deine eigene „Das-bin-ich-Kiste".

b) Lege in den Karton Dinge, die dir wichtig sind und die etwas über dich erzählen. Das können Gegenstände, Bilder oder eigene Texte sein zu:

- deinem Tagesablauf,
- Tätigkeiten, die du gerne machst,
- der Umgebung, in der du wohnst,
- deiner Familie,
- zu wichtigen Ereignissen oder Erlebnissen,
- deinen Interessen oder Hobbys,
- deinen Plänen oder Wünschen für die Zukunft,
- ...

TIPPBOX

Zu 1 b): Erinnerungen an die Ferien, an die Familie und Freunde, Gefühle, Erlebnisse, Geräusche, Hobbys, Berufswunsch ...

3 Stellt eure „Das-bin-ich-Kisten" im Klassenraum aus. Geht dabei so vor:

a) Jeder erhält eine Klassenliste, in die später Informationen zu den Mitschülern notiert werden können.

b) Teilt die Klasse in zwei Hälften: Die eine Hälfte von euch steht im Außenkreis. Jeder hat einen Stuhl mit seiner „Das-bin-ich-Kiste" vor sich stehen. Die andere Hälfte steht im Innenkreis. So hat jeder einen Gesprächspartner.

c) Sucht euch aus der Kiste, vor der ihr steht, einen Gegenstand aus, den ihr interessant findet, und lasst euch die Geschichte dazu erzählen. Beachtet beim Zuhören die Hinweise 1–3 in der **LERNBOX**.

d) Notiert auf der Klassenliste unter dem Namen eures Mitschülers, was ihr Neues erfahren habt. Orientiert euch dabei am 4. Hinweis in der **LERNBOX**.

e) Auf ein Signal hin geht der innere Kreis im Uhrzeigersinn zum nächsten Partner und wiederholt den Vorgang.

f) Nach der fünften Runde wechselt ihr die Rollen: Der Außenkreis wird zum Innenkreis und umgekehrt.

Tine	Ivan	Murat
– sportlich: liebt Berge, klettert gern – Haustier: ...		

4 **a)** Setzt euch in Gruppen zusammen und berichtet mithilfe eurer Notizen über das, was ihr von euren Mitschülern erfahren habt.

b) Sammelt Informationen zu einer Person und legt einen Steckbrief an.

LERNBOX

So bist du ein aktiver Zuhörer:

1. Halte mit dem Sprecher Blickkontakt und höre ihm aufmerksam zu, d.h. lass dich durch andere Gespräche oder Aktivitäten um dich herum nicht ablenken.
2. Zeige durch Rückfragen dein Interesse: *Wie meinst du das? Ist das davor oder danach passiert? Wie war das noch mal?...*
3. Gib Rückmeldungen, wenn du etwas genauer wissen möchtest: *Wie hoch war der Berg? Habt ihr häufig klettern müssen?...*
4. Wenn dir etwas wichtig ist, mache dir eine Notiz, damit du es nicht so schnell vergisst. Schreibe keine ganzen Sätze, sondern nur Stichpunkte auf, z.B.: *Tine erzählt: „Den Stein habe ich letztes Jahr neben dem Gipfelkreuz gefunden, als ich zum ersten Mal einen Berg bestiegen habe! Da war ich ziemlich stolz und habe mich so hoch oben ganz toll gefühlt." Du notierst: Tine – sportlich: liebt Berge, klettert gern.*

Erste Eindrücke – einen Brief formulieren

1 Nach den ersten Tagen in der neuen Schule gibt es viel zu erzählen, z. B. in einem Brief an einen früheren Mitschüler, an die Großeltern, an die ehemalige Klassenlehrerin. Lies das folgende Beispiel:

A → Münster, 4. 9. 20 . .

B → Liebe Ayse,

C

wie geht es dir? Schade, dass wir uns gar nicht mehr sehen. Ich bin jetzt schon die zweite Woche in der Sekundarschule und irgendwie fehlt mir unsere alte Klasse.
Als ich das neue Klassenzimmer zum ersten Mal betrat, hatte ich richtiges Herzklopfen, aber das ist jetzt vorbei. Und dann ist mir noch etwas sehr Peinliches passiert. Ich hatte fast die Hälfte meiner Sachen zu Hause vergessen – du weiß ja, wie schusselig ich bin. Alle haben mich angestarrt. „Wie werden sie mich jetzt finden?“, habe ich mir gedacht. Das war aber alles gar nicht so schlimm. Keiner hat sich über mich lustig gemacht. Die Lehrer sind ganz in Ordnung – bisher –, und Freunde habe ich auch gefunden. Meine Lieblingsfächer sind immer noch Englisch und Sport. Eigentlich gehe ich gerne zur Sekundarschule. Nur die Hausaufgaben sind manchmal ganz schön viel. Das ist natürlich nicht so toll.
Gestern war ein ganz besonderer Tag. Wir haben für den Deutschunterricht „Das-bin-ich-Kisten“ gebastelt. Da legt man alle Sachen in einen Schuhkarton, die einem wichtig sind. Den Karton sollten wir auch noch von außen schön gestalten. Das hat richtig Spaß gemacht. Ein Junge aus meiner Klasse, Tom, hat mir seine Kiste vorgestellt. Er will Pilot werden. Ist das nicht krass? In der Pause haben wir dann zusammen gespielt. Ich glaube, der ist besonders nett.
Wie läuft es denn bei dir? Hast du auch schon Freunde gefunden? Melde dich doch mal. Ich würde dich gerne wiedersehen.

D → Bis hoffentlich bald

E → deine Maja

Maja Schmied
Waldstr. 25
48143 Münster

Ayse Yilmaz
Kleiner Weg 5
48144 Münster

2 Tausche dich mit einem Partner über Majas erste Eindrücke aus. Was gefällt ihr an der neuen Schule gut? Was nicht? Was ist schon alles passiert?

TIPPBOX

Zu 2: *Maja gefällt besonders ... / Ihre Lieblingsfächer sind ... / Ihr war es peinlich, als ... / Sie hatte Angst davor, dass ... / Aber sie hat schon ... / Tom findet sie ... / Im Deutschunterricht haben sie ... / Die Sekundarschule ist eigentlich ... / Aber es gibt viele ...*

3 Untersuche den Brief nun genauer:

Folie

a) Markiere wie im Beispiel Textstellen, in denen deutlich wird, dass Ayse Majas Freundin ist.

b) Was hat sich für Maja an der neuen Schule geändert? Was ist gleich geblieben? Tausche dich mit einem Partner darüber aus.

c) Notiere Fragen, die Ayse nach dem Lesen des Briefes an Maja haben könnte. Vergleiche deine Fragen ebenfalls mit einem Partner.

4 **a)** Ein persönlicher Brief setzt sich aus verschiedenen Bausteinen zusammen. Lies dazu die **LERNBOX**.

b) Welche Teile kannst du in Majas Brief erkennen? Ordne die Begriffe rechts den entsprechenden Stellen in ihrem Brief zu.

Ort und Datum = A
Unterschrift =
Brieftext =
Anrede =
Grußformel =

5 Schreibe einen eigenen Brief über deinen Schulanfang. Gehe dabei so vor:

a) Plane deinen Brief über die erste Zeit an der neuen Schule. Überlege vorher, an wen du schreibst und von welchen Erlebnissen oder Gefühlen du erzählen möchtest.

b) Orientiere dich beim Schreiben an Majas Brief und ordne die Bausteine genauso an. Beachte die Hinweise in der **LERNBOX**.

c) Du kannst nach dem Schreiben den Brief auch noch gestalten, z. B. mit Bildern oder Fotos.

d) Vergiss den Briefumschlag nicht. Sieh dir auf Seite 12 an, wo Anschrift und Absender stehen und wohin die Briefmarke kommt. Beschrifte deinen Umschlag genauso.

LERNBOX

So baust du einen persönlichen Brief auf:
Briefkopf: Ort und Datum
Anrede: *Lieber Opa, / Hallo Sinan!*
Brieftext: Sprich den Empfänger an.
Wie geht es dir?
Schreibe über Neuigkeiten oder Erlebnisse.
Gestern ist was Tolles passiert! In der Sportstunde …
Teile deine Gedanken und Gefühle mit:
Ich habe mich so darüber gefreut.
Fordere am Ende zu einer Antwort auf oder sende gute Wünsche: *Es wäre schön, wenn du zurückschreibst. Ich wünsche dir alles Gute.*
Briefschluss: Grußformel und Unterschrift

TIPPBOX

Zu 3 a): Achte am Anfang und am Ende des Briefes auf Sätze, in denen Maja ihre Freundin Ayse direkt anspricht oder in denen Maja über ihre Gefühle schreibt.
Zu 5 a): Aus diesen Schreibideen kannst du auswählen: *neue Freunde, nette Biolehrerin, neue Fächer, hässliche Turnhalle, viel mehr Hausaufgaben, die Schüler aus den höheren Klassen, erster Ausflug, Nachmittagsunterricht …*

Einen Spielenachmittag planen – Gesprächsverhalten untersuchen

Olga: Also, ich hab einen Vorschlag. Wir treffen uns auf dem Sportplatz. Und wir planen Spiele für draußen. So 'ne Art Olympiade fände ich schön. Mit Wettlaufen und Ballspielen.

Ramin: Toll, das ist 'ne gute Idee. Dann können auch unsere Eltern mitkommen und die Geschwister. Draußen ist Platz genug. Vielleicht können wir dann auch grillen? Ich ...

Lara: Im Sommer war ich im Park, da war vielleicht ein toller ...

Marlen: Ramin hat 'ne Frage gestellt. Können wir erst mal übers Grillen reden?

Max: Pah, wen interessiert das denn?! Egal, ob der grillen will. Wir wollen spielen. Alle zusammen.

Jan: Grillen ist blöd, ich bin Vegetarier.

Fatih: Hört bitte mit dem Grillen auf. Wir wissen ja noch gar nicht, ob wir draußen spielen. Vielleicht regnet es ja wieder, und dann fällt alles ins Wasser.

Lara: Haha, „ins Wasser" ist gut!

Olga: Sei doch nicht albern. Fatih hat recht mit dem Regen. Drinnen ist es vielleicht doch besser.

Lara: Ich bin nicht albern, du blöde ...

Fatih: Stopp, hört auf, euch zu streiten.

1 **a)** Worüber reden die Kinder? Tauscht euch darüber aus, welche Vorschläge die Kinder machen.

b) Sprecht darüber, warum das Gespräch nicht gut verläuft.

2 Warum endet das Gespräch in einem Streit? Untersucht die Redebeiträge nun genauer. Arbeitet dazu in Kleingruppen:

Folie

a) Markiert Aussagen, die nicht zum Thema passen oder einen anderen beleidigen.

b) Überlegt euch Redebeiträge, die das Gespräch voranbringen und andere Gesprächsteilnehmer nicht entmutigen. Macht euch dazu Notizen.

c) Vergleicht eure Aussagen anschließend mit der **LERNBOX** auf Seite 15 und ergänzt eure Notizen, wenn ihr noch neue Ideen aufnehmen wollt.

3 Nachdem das erste Gespräch im Streit geendet ist, haben die Schüler Gesprächsregeln vereinbart. Lest das Gespräch mit verteilten Rollen:

Marlen: Lasst uns noch mal über den Spielenachmittag reden.

Fatih: Gut, Olga hatte vorgeschlagen, draußen zu spielen. Aber andere waren dagegen. Wegen dem Wetter.

Lara: Meine Freundin hat 'nen tollen Schirm. Da ist oben …

Marlen: Bitte bleib beim Thema, damit wir zu einem Ergebnis kommen.

Lara: 'tschuldigung. Also, ich finde die Idee auch gut, draußen zu spielen.

Olga: Ich finde auch immer noch, der Sportplatz ist toll. Da haben alle Platz und wir können eine super Olympiade machen – wie bei den Pfadfindern.

Max: Ja, stimmt schon, draußen ist viel Platz zum Spielen. Aber wir müssten alle Sachen zum Spielen raustragen und erst aufbauen und so. Das dauert ganz schön lange.

Lara: Aber wo sollen wir denn dann den Spielenachmittag machen?

Max: Ich finde, wir sollten in der Aula spielen. Dann hätten wir kürzere Wege.

Fatih: Genau. Und wir müssten keine Tische und so rausschleppen.

Olga: Ach, stimmt, daran hab ich gar nicht gedacht. Trotzdem schade, draußen wäre es bestimmt lustiger. Könnten wir nicht ein bisschen auch draußen spielen? Seile z. B. sind doch leicht zu tragen; und Seilhüpfen macht draußen echt mehr Spaß, oder?

Marlen: Vielleicht können wir ja drinnen und draußen spielen. Wenn Herr Becker es erlaubt, könnte meine Mama die Aufsicht draußen übernehmen …

4 **a)** Wie findet ihr den Gesprächsverlauf im Vergleich zum ersten Mal?
b) Untersuche, welche Aussagen besonders dazu beitragen, dass die Kinder diesmal nicht in Streit geraten und zu einem Ergebnis kommen. Orientiere dich dazu an den Hinweisen zu Punkt 2 der **LERNBOX** und markiere die Stellen.
c) Lege eine Tabelle mit den Gesprächsförderern an und ordne die Redebeiträge zu. Notiere die Aussagen in der rechten Spalte mit Zeilenangaben aus dem Text.

Folie

1. den anderen ausreden lassen	machen alle
2. auf den Redebeitrag des anderen eingehen	Z. 2, …
3. …	

LERNBOX

1. Gesprächsblocker behindern ein Gespräch. Vermeide daher:
- dem anderen ins Wort zu fallen,
- den Redebeitrag eines anderen zu übergehen,
- andere zu beleidigen oder anzugreifen,
- vom Thema abzukommen.

2. Gesprächsförderer bringen ein Gespräch voran. Achte darauf, dass du
- den anderen ausreden lässt;
- auf den Redebeitrag des anderen eingehst;
- freundlich bleibst, wenn sich jemand nicht an die Gesprächsregeln hält;
- freundlich mit den anderen umgehst, auch wenn du anderer Meinung bist;
- beim Thema bleibst und ernst gemeinte Vorschläge machst.

Wie wollen wir miteinander reden? – Gesprächsregeln festlegen

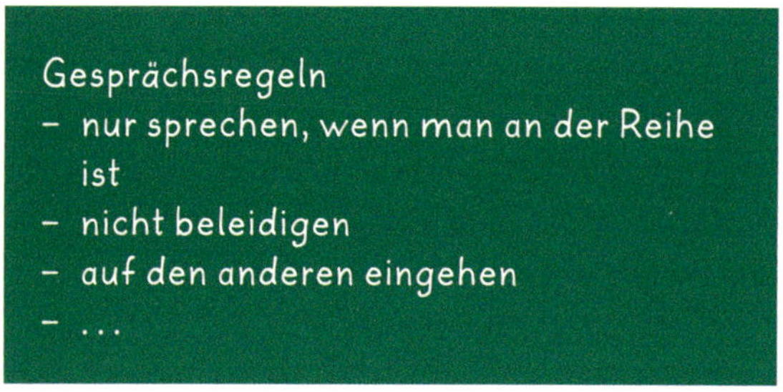

1 Schaut euch das Tafelbild an und klärt, warum es sinnvoll ist, sich in der Klasse auf Gesprächsregeln zu einigen.

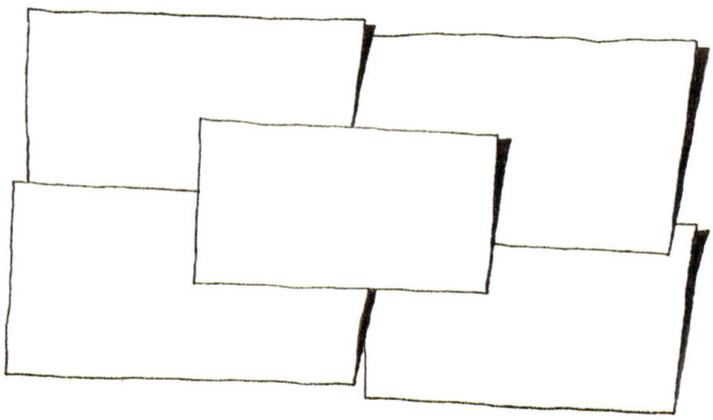

2 Gestaltet im Placemat-Verfahren ein Plakat mit euren Gesprächsregeln. Geht dabei so vor:
a) Setzt euch in Vierergruppen zusammen und unterteilt ein DIN-A3-Blatt wie auf dem Bild.
b) Jeder schreibt in seine Ecke Vorschläge für Gesprächsregeln.
c) Lest dann die Vorschläge der anderen, indem ihr das Blatt im Uhrzeigersinn dreht.
d) Einigt euch in der Gruppe auf sechs Regeln und schreibt diese in das Rechteck in der Mitte.

3 **a)** Stellt eure Ergebnisse in der Klasse vor und einigt euch auf die Gesprächsregeln, die ihr mit der ganzen Klasse befolgen wollt.
b) Entscheidet gemeinsam, wie ihr die Regeln formulieren möchtet.
Ihr könnt dazu aus folgenden Möglichkeiten auswählen:
A **Ich beleidige die anderen nicht.**
B **Wir beleidigen die anderen nicht.**
C **Keiner beleidigt die anderen.**
D **Beleidige nicht.**

c) Schreibt die Regeln, auf die ihr euch geeinigt habt, übersichtlich auf ein Plakat. Orientiert euch dabei an den Hinweisen in der **LERNBOX**.

LERNBOX

So gestaltest du ein Plakat übersichtlich:
1. Notiere nur wichtige Informationen.
2. Formuliere kurze Sätze.
3. Schreibe ordentlich, gut lesbar und so groß, dass man es in der Klasse überall lesen kann.
4. Fülle das ganze Plakat aus; lass keine Lücken.
5. Überprüfe die Rechtschreibung.

TIPPBOX

Zu 1: Denke an die Gründe, die dazu führten, dass das Gespräch auf Seite 14 im Streit geendet hat.
Zu 2 b): Du kannst die Gesprächsförderer aus der Lernbox auf Seite 15 nutzen, um daraus Regeln zu formulieren.

4 Sprecht über die dargestellte Gesprächssituation: Mit welchem Ziel diskutiert die Klasse? Wer hat welche Funktion?

5 Führt eine eigene Diskussion darüber durch, wie ihr einen Spielenachmittag für eure Klasse organisieren wollt. Geht dabei so vor:
- Einigt euch auf höchstens drei Gesprächsregeln, die ihr eine Woche lang besonders beachten wollt.
- Führt die Diskussion so durch, wie in der **LERNBOX** beschrieben.

Beobachtungsbogen für die Gesprächsregeln:

Gesprächsregel	Verstöße
nicht beleidigen	|||
melden	||||| ||
...	

6 Wertet eure Diskussion anschließend aus: Überprüft, welche Verstöße es gab und haltet fest, welche Regel ihr weiter üben müsst.

LERNBOX

So diskutiert ihr ergebnisorientiert:
1. Legt das **Ziel** des Gesprächs vorher fest und notiert es an der Tafel.
2. **Organisiert** euer Gespräch:
   a) Wählt einen **Diskussionsleiter**. Er nimmt die Gesprächsteilnehmer der Reihe nach dran und achtet darauf, dass alle beim Thema bleiben. Er fasst am Ende das Ergebnis noch einmal zusammen.
   b) Wählt **zwei Beobachter**. **Einer** hält Schilder mit euren Gesprächsregeln (Symbole oder Stichpunkte) hoch, wenn jemand gegen sie verstößt. **Der andere** führt eine Strichliste, in der er notiert, wie oft gegen eine Regel verstoßen wird.
3. Geht **fair** und **freundlich** miteinander um, d. h. haltet die **Regeln** ein und verwendet **Gesprächsförderer**.

Den Klassenraum gestalten – Wünsche überzeugend formulieren

Die Schüler wollen ihren Klassenraum schöner gestalten und sammeln Vorschläge:

Sara: Ich find' Blumen gut. Der Raum ist dann viel freundlicher.
Halil: Ja, das stimmt. Aber Blumen sind doch was für Mädchen. Die Jungs hätten gern Poster, am liebsten von Fußballprofis. BVB, das ist unser Verein.
Mike: Halil, du kannst nicht für alle Jungen sprechen. Nicht jeder ist Dortmund-Fan.
Dennis: Aber vorher sollten wir die Wände streichen.
Sara: Warum?
Dennis: Fiel mir gerade so ein.
Lena: Das ist doch kein Grund.
Alex: Wie wäre es denn mit 'nem Klassentier? Tiere sind so niedlich. Wir könnten uns gemeinsam drum kümmern.
Mike: Ich möchte, dass wir Vorhänge an den Fenstern haben.

Folie

1 **a)** Markiere die Ideen der Schüler, die sie zur Verschönerung des Klassenraums äußern.
b) Tauscht euch darüber aus, welche Vorschläge ihr gerne übernehmen würdet.

2 **a)** Sammelt mit einem Partner Anregungen für eure Klasse.
b) Stellt eure Ergebnisse in der Klasse vor und begründet eure Wahl mithilfe der **LERNBOX**.
c) Einigt euch in der Klasse auf drei Wünsche, die ihr gerne umsetzen würdet. Achtet darauf, dass ihr im Gespräch freundlich und fair miteinander umgeht. Haltet dabei die vereinbarten Gesprächsregeln ein.

Wenn wir sagen, dass Blumen einfach schön sind, unterstützen uns die Eltern bestimmt nicht. Aber wenn wir erklären, dass wir dadurch lernen, Verantwortung zu übernehmen, finden sie den Vorschlag bestimmt gut.

3 Um eure Pläne umzusetzen, braucht ihr die Unterstützung eurer Eltern. Überlegt, wie ihr eure Wünsche den Eltern mitteilt und welche Gründe für eure Eltern nachvollziehbar sind.

! LERNBOX

So begründest du deine Wünsche:

1. Du überzeugst andere am besten, wenn du nicht nur sagst, was du möchtest, sondern auch erklärst, warum. *Ich möchte, dass wir Blumen (= Wunsch) anschaffen. Denn dadurch lernen wir, Verantwortung zu übernehmen (= Begründung).*
2. Achte darauf, dass deine Begründung für die angesprochene Person wichtig und überzeugend ist.

TIPPBOX

Zu 2 b): Diese Satzbausteine kannst du nutzen:

- *Ich bin für ein ..., weil dadurch ...*
- *Wir sollten ... anschaffen, damit ...*
- *Ich finde eine ... gut für die Klasse, denn dann ...*

Die Klasse möchte zur Verschönerung des Raums mit den Blumen anfangen. Daher will sie die Eltern bitten, ihnen Topfpflanzen zu schenken.

4 Nicole soll als Klassensprecherin einen Brief an die Eltern schreiben.

a) Lies die Fragen, die sich Nicole vor dem Schreiben stellt, und tausche dich mit einem Partner über mögliche Lösungen aus.

b) Markiere im Brief Textstellen, in denen du Nicoles Umsetzung findest.

c) Um herauszufinden, wie Nicole ihren Brief aufgebaut hat, ergänze die Fragen neben dem Brief wie im Beispiel.

Folie

Herford, 12.09.20..

Liebe Eltern der Klasse 5 d, ← ***An wen soll ich schreiben?***

nun sind wir schon einige Wochen an der neuen Schule und haben uns gut eingelebt. Aber unser Klassenraum ist noch nicht so, wie wir uns das wünschen. Wir würden ihn gern mit Ihrer Hilfe netter gestalten. Es wäre schön, wenn Sie uns dafür Topfpflanzen spenden könnten.

Wir hätten gerne Blumen, damit der Raum freundlicher wird. Dann fühlen wir uns wohler im Unterricht, sodass wir bestimmt besser lernen können. Und das wollen Sie doch auch.

Außerdem lernen wir dann auch, Verantwortung zu übernehmen, denn die Blumen müssen regelmäßig gegossen und gepflegt werden. Dafür wollen wir einen Blumendienst einrichten.

Wir hoffen, dass Sie uns unseren Wunsch erfüllen und uns Blumen für die Klasse schenken.

Mit freundlichen Grüßen

Ihre Nicole (Klassensprecherin der 5 d)

5 Wie gelingt es Nicole, die Eltern höflich anzusprechen und sie von ihrem Wunsch zu überzeugen? Nutze dazu die Hinweise in der **LERNBOX**.

! LERNBOX

So formulierst du höflich:

1. Wenn du an Erwachsene schreibst, musst du sie höflich ansprechen: *Liebe / Lieber ...* oder *Sehr geehrte / Sehr geehrter ...*
2. Fremde Erwachsene sprichst du mit den Anredepronomen der Höflichkeitsform *(Sie, Ihre, Ihr, Ihnen)* an. Diese werden großgeschrieben.
3. Am Briefende verabschiedest du dich mit einer höflichen Grußformel *(Mit freundlichen Grüßen)* und unterschreibst mit deinem Namen.

Ein neues Projekt – einen eigenen Brief schreiben

Als Nächstes möchten die Schüler ihren Klassenraum streichen. Für die Materialien (Farbe, Pinsel usw.) fehlt ihnen aber noch das Geld; und sie brauchen die Mithilfe einiger Eltern. Deshalb wollen die Schüler ihre Eltern schriftlich bitten, Geld zu spenden oder bei den Malerarbeiten mitzuhelfen.

1 **a)** Sprecht darüber, worum die Schüler die Eltern bitten wollen.
b) Übertrage den Schreibplan und beantworte darin die ersten beiden Fragen:

An wen schreibe ich?	
Was ist mein Wunsch?	
Welche Gründe habe ich für meinen Wunsch, um den Angesprochenen zu überzeugen?	
Wie fasse ich mein Anliegen zusammen?	
Wie formuliere ich den Gruß am Ende?	

2 **a)** Überlegt gemeinsam, welche Gründe die Eltern davon überzeugen können, euch bei eurem Anliegen zu unterstützen. Macht euch dazu Notizen.
b) Welche der folgenden Begründungen findest du sinnvoll, um die Eltern zu überzeugen? Erkläre deine Entscheidung.

1. Das ist unser Raum.
2. Die Wände sind so schmutzig!
3. Wenn alles schön sauber ist, passen wir auch auf, dass nichts mehr beschmiert wird.
4. Ich finde rosa Wände schön.
5. In der Klasse bleiben wir die nächsten Jahre. Darum soll alles schön sein.
6. Ich möchte, dass sich unser Klassenraum von den anderen unterscheidet.

c) Erkläre, welche Aussagen ungeeignet sind, um die Eltern zu überzeugen.

3 **a)** Ergänze deinen Schreibplan und wähle mindestens zwei Gründe aus, warum die Eltern euch helfen sollten. Nutze dazu deine Ergebnisse aus **2**.
b) Notiere auch Antworten auf die letzten beiden Fragen im Schreiplan.
c) Vergleiche deinen Schreibplan mit einem Partner. Überprüft, ob die Begründungen gut gewählt sind und ob die Bitte an die Eltern deutlich wird.

TIPPBOX

Zu 2: Um andere zu überzeugen, musst du dich in sie hineinversetzen und überlegen, welche Begründungen für sie nachvollziehbar sind.
Z. B. überzeugt die Begründung „*Ich finde die jetzige Farbe langweilig.*“ die Eltern nicht, weil das nur deine Meinung ist und eine Erklärung dazu fehlt.
Die Begründung „*Wenn die Klasse sauber ist, fühlen wir uns wohler.*“ ist überzeugender, da eine Erklärung gegeben wird und die Eltern möchten, dass es euch in der Schule gut geht.

Bochum, 27.09.20..

Liebe Eltern,

wir möchten an einem der nächsten Wochenenden unser Klassenzimmer streichen. Dafür brauchen wir aber Ihre Unterstützung. Es wäre schön, wenn einige Eltern Geld spenden, damit wir Farbe und Pinsel kaufen können. Aber wir brauchen auch Ihre Hilfe beim Streichen, da der Raum so groß ist und wir das alleine nicht schaffen.
Wir haben gute Gründe dafür, dass wir streichen möchten: Die Wände in unserem Klassenraum sind schon ganz lange nicht mehr gestrichen worden und sind voller Flecken. Wenn alles schön gestrichen ist, fühlen wir uns wohler und achten auch darauf, dass es ordentlich bleibt

...

4 **a)** Überprüfe mithilfe deines Schreibplans, ob das Anliegen der Kinder im ersten Abschnitt des Briefes vollständig genannt wird.
b) Markiere im nächsten Briefabschnitt den ersten Grund dafür, warum die Schüler den Klassenraum streichen möchten. Unterstreiche in einer anderen Farbe die Erklärung, mit der sie den Grund näher erläutern.

Folie

5 Schreibe einen vollständigen Brief zum Thema; wähle dazu aus den Möglichkeiten A oder B aus:
A Setze den Brief mithilfe deines Schreibplans fort. Beachte dabei die Hinweise in der **LERNBOX**.
B Schreibe mithilfe deines Schreibplans einen eigenen Brief, in dem du die Eltern um Unterstützung beim Streichen des Klassenraums bittest. Orientiere dich dabei an den Hinweisen in der **LERNBOX**.

! LERNBOX

So schreibst du einen begründenden Brief:

1. Beginne mit einer **höflichen Anrede**: *Liebe(r) ... / Sehr geehrte(r) ...*
2. Nenne in der Einleitung den **Anlass** für deinen Brief und deinen Wunsch.
3. Überzeuge deinen Adressaten (Leser) von deiner Meinung oder deinem Wunsch. Wähle hierzu **mindestens zwei Gründe**, die für deinen Adressaten nachvollziehbar und wichtig sind, z. B. 1. Grund: *Die Farbe blättert ab.*
   2. Grund: *Die alte Farbe wirkt sehr düster.*
4. Erkläre deine Gründe näher, indem du jeweils **ein Beispiel oder eine Folge** nennst, z. B.: Erläuterung zum 1. Grund: *Wenn die Farbe nicht mehr abblättert, ist auch der Boden im Klassenraum sauberer.*
   Erläuterung zum 2. Grund: *Wenn wir die Wände mit einer freundlicheren Farbe streichen, sind wir auch besser motiviert im Unterricht.*
5. **Wiederhole** am Briefende **deinen Wunsch** noch einmal.
6. Schreibe die **Anredepronomen der Höflichkeitsform** *(Sie, Ihre, Ihnen ...)* **groß.**
7. Formuliere **höflich** und vermeide Umgangssprache.

Ein Aquarium anschaffen – überzeugend für einen Wunsch argumentieren

Seite 286

1 Einige Schüler möchten ein Aquarium für die Klasse anschaffen. Wie findet ihr die Idee? Äußert eure Meinung in einer Blitzlicht-Runde.

2 Lest das Klassengespräch mit verteilten Rollen.

Merve: Ich bin dafür, ein Aquarium zu kaufen. Das sieht toll aus.

Alex: Das stimmt schon. Aber die Fische müssen auch in den Ferien versorgt werden. Wer übernimmt das?

Marius: Ich könnte die Fische in den Ferien mit nach Hause nehmen. Ich finde die Idee toll, weil Fische so bunt sind.

Merve: Ja, und man hat immer was zu gucken.

Linus: Na, das wird unsere Lehrer aber freuen, wenn wir die ganze Zeit nur noch die Fische anglotzen.

Inga: Übertreib doch nicht gleich. Im Unterricht gucken wir natürlich nicht dahin. Oder nur manchmal.

Marius: Wir können das Aquarium ja so hinstellen, dass wir es nicht immer sehen.

Lara: Und wovon kaufen wir regelmäßig das Futter? So viel Geld haben wir nicht mehr in der Klassenkasse. Und wer kümmert sich darum, dass das Aquarium sauber bleibt?

Alex: Na ja, mit dem Blumendienst klappt es doch auch. Wir könnten auch einen Fischdienst einrichten.

Linus: Ich denke, Lara hat recht. Das wird ganz schön teuer. Aquarium, Fische und regelmäßig Futter ...

3 **a)** Manche Schüler sind für ein Aquarium, andere dagegen. Ordne die einzelnen Schülerinnen und Schüler den beiden Standpunkten zu.

Folie

b) Unterstreiche die Argumente dafür und dagegen in unterschiedlichen Farben. Lies dazu die **LERNBOX**.

c) Übertrage die Tabelle und ergänze weitere Argumente aus dem Gespräch:

Für ein Aquarium spricht:	Gegen ein Aquarium spricht:
– Es sieht toll aus. – ...	– In den Ferien müssen die Fische versorgt werden ...

☆ **4** Ergänze weitere Argumente, die für oder gegen ein Aquarium sprechen.

! LERNBOX

Was sind Argumente?

Argumente stützen deine Meinung für oder gegen eine Behauptung. Z. B. meinen einige Schüler, dass ein Aquarium angeschafft werden soll. Wenn du auch dafür bist, sammelst du Begründungen (Argumente) dafür. Wenn du dagegen bist, sammelst du Argumente, die dagegen sprechen.

5 Die Klasse hat sich mehrheitlich dafür entschieden, ein Aquarium anzuschaffen. Weil der Schulleiter dazu seine Einwilligung geben muss, wollen ihm die Schüler einen Brief schreiben und ihn bitten, der Anschaffung zuzustimmen. Du sollst im Folgenden den Brief im Namen der Klasse schreiben. Gehe so vor:

a) Plane deinen Brief. Lege dazu einen Schreibplan wie auf Seite 20 an und ergänze die Spalten mithilfe deiner Tabelle von Seite 22 und den Informationen oben. Wähle aus deiner Tabelle nur Argumente aus, die den Schulleiter davon überzeugen können, das Aquarium zu genehmigen.

b) Formuliere den Brief mithilfe deines Schreibplans. Nicoles Brief von Seite 19 kann dir bei deinen Formulierungen helfen. Achte darauf, sinnvolle Satzverknüpfungswörter zu verwenden; nutze dazu die Hinweise in der **LERNBOX**.

Seite 27

c) Setzt euch in Gruppen zusammen und überprüft eure Briefe in einer Schreibkonferenz. Teilt dazu die folgenden Korrekturaufgaben untereinander auf, sodass jeder auf einen Punkt achtet:

A Wird der Schulleiter höflich angesprochen?
B Wird der Wunsch im ersten Abschnitt deutlich formuliert?
C Sind die ausgewählten Argumente für den Schulleiter überzeugend?
D Wird abschließend die Bitte noch einmal zusammengefasst?
E Werden die Anredepronomen der Höflichkeitsform großgeschrieben?
F Ist der Brief durch Absätze übersichtlich gegliedert?

d) Überarbeite deinen Brief mithilfe der Anmerkungen aus der Schreibkonferenz und schreibe ihn, wenn nötig, noch einmal sauber ab.

LERNBOX

Satzverknüpfungswörter sinnvoll einsetzen

Mit Satzverknüpfungswörtern verknüpfst du deine Gedanken.
Wir möchten ein Aquarium. Fische sind so schön bunt. In dem Beispiel fehlt eine gedankliche Verknüpfung. Mit ***da*** oder ***weil*** kann diese hergestellt werden:
Wir möchten ein Aquarium, ***weil*** *Fische so schön bunt sind.* Oder: ***Da*** *Fische so schön bunt sind, möchten wir ein Aquarium.*
So fällt es deinem Leser leichter, deine Begründungen nachzuvollziehen.

TIPPBOX

Zu 5 b): Folgende Formulierungshilfen kannst du verwenden:
- *Sehr geehrter Herr … / Sehr geehrte Frau …*
- *Für unsere Klasse hätten wir gerne …*
- *Wir möchten ein Aquarium, weil … / Außerdem hat ein Aquarium den Vorteil, dass … / Dafür spricht auch noch, dass … / Ein weiteres Argument ist … /*
- *Deshalb möchten wir Sie bitten, dass … / Es wäre nett, wenn … / Es wäre schön, wenn … / Wir würden uns freuen, wenn …*
- *Mit freundlichen Grüßen …*
- *Ihr(e) …*

Einen begründenden Brief überarbeiten

Ort und Datum fehlen
Sehr geehrter
R; Dazu möchten wir Sie um Ihre Erlaubnis bitten.

R; R

Hallo Herr Schulz,

wir wollen für unsere Klasse ein Aquarium anschaffen. Da müssen sie einfach ja sagen. ~~Weil das toll ist.~~ Wir haben auch abgesprochen, dass alle 5 € bezahlen. Denn es ist schon etwas teuer, das Futter zu bezahlen. Aber dafür haben wir dann auch in den Pausen eine schöne Abwechslung. Bestimmt gefällt es ihnen, wenn wir uns an ihrer Schule wohlfühlen. Und die Fische füttern wir auch selbst. Dabei lernen wir auch noch, dass wir Verantwortung für die Tiere übernehmen müssen. Und Marius nimmt die Fische in den Ferien. Alles palletti. Sagen sie bitte, dass sie es erlauben. Dann sind wir alle total glücklich. Und wir freuen uns auch schon darauf, die bunten Fische zu beobachten. Zu Hause haben wir nämlich nur Hunde. Die sind nicht bunt. Ok. Jetzt wissen sie ja, wie sie uns glücklich machen können.

Bis bald

Moritz (aus der 5 d)

Folie

1 **a)** Überprüfe den Brief mithilfe der **CHECKLISTE**. Im ersten Teil des Briefes (Z. 1–6) findest du schon Korrekturhinweise. Setze die Überarbeitung mithilfe einer Folie weiter fort und notiere Anmerkungen neben den Text.
Verwende dafür die folgenden Korrekturzeichen:
⊢⊣ streichen, ⌈ einfügen, └→←┘ anders ausdrücken, ⌡ Absatz machen,
R = Rechtschreibung
b) Schreibe den verbesserten Brief ab.

2 Überarbeite deinen Brief von Seite 23 mithilfe der **CHECKLISTE** ebenso.

CHECKLISTE

Einen Brief überarbeiten

1. Wird der Leser über den Grund bzw. den Anlass des Briefes informiert?
2. Sind die Argumente so ausgewählt, dass sie den Adressaten überzeugen können?
3. Sind die Begründungen nachvollziehbar ausformuliert und durch Erklärungen genauer erläutert?
4. Wird die Bitte am Briefende noch einmal wiederholt?
5. Sind die Formulierungen höflich? Wird Umgangssprache vermieden?
6. Werden die Anredepronomen der Höflichkeitsform großgeschrieben?
7. Ist der Brief richtig aufgebaut und durch Absätze gegliedert:
   Anrede / Nennung des Anlasses und Wunsches / 2–3 Argumente mit Erläuterungen / Wiederholung des Wunsches / Grußformel / Unterschrift

Kompetenz-Check A: begründet Stellung nehmen

Die Schüler der Klasse 5 d der Richard-Schirrmann-Sekundarschule möchten einen Kühlschrank für die Klasse anschaffen. Der Klassenlehrer hat schon zugestimmt. Nun muss noch die Schulleiterin, Frau Aydin, den Kühlschrank genehmigen.
Du sollst im Namen der Klasse 5 d diesen Brief an Frau Aydin schreiben. Folgende Argumente hat die Klasse schon gesammelt:

Für einen Kühlschrank spricht:
- kalte Getränke im Sommer
- Butterbrote, Obst und Gemüse für die Pause bleiben frisch
- übrig gebliebenes Essen kann am nächsten Tag noch gegessen werden
- Vorräte für die Woche können aufbewahrt werden
- weniger Abfall

1 Plane deinen Brief an die Schulleiterin, in dem du sie darum bittest, die Anschaffung des Kühlschranks zu genehmigen. Lege einen Schreibplan an:

An wen schreibe ich?	
Was ist mein Wunsch?	
Welche Gründe habe ich für meinen Wunsch, um den Angesprochenen zu überzeugen?	
Wie fasse ich mein Anliegen zusammen?	
Wie formuliere ich den Gruß am Ende?	

a) Notiere zunächst, an wen du schreibst und welchen Wunsch du hast.
b) Wähle mindestens zwei Argumente aus, mit denen du Frau Aydin überzeugen möchtest. Füge auch Erklärungen für deine Argumente hinzu. Trage deine Argumente und Erklärungen stichpunktartig in den Schreibplan ein.
c) Notiere zum Schluss noch einmal stichpunktartig deine Bitte und eine höfliche Grußformel.

2 Schreibe mithilfe deines Schreibplans einen Entwurf für deinen Brief. Formuliere höflich und verwende die Anredepronomen der Höflichkeitsform *(Sie, Ihnen ...)*. Du kannst dabei die Formulierungshilfen in der TIPPBOX von Seite 23 nutzen.

3 **a)** Überarbeite deinen Brief mithilfe der **CHECKLISTE** von Seite 24.
b) Schreibe den Text noch einmal sauber und fehlerfrei ab.

Kompetenz-Check B: begründet Stellung nehmen

Die Schüler der Klasse 5 d der Richard-Schirrmann-Sekundarschule möchten einen Kühlschrank für die Klasse anschaffen. Der Klassenlehrer hat schon zugestimmt. Nun muss noch die Schulleiterin, Frau Aydin, den Kühlschrank genehmigen.

Du sollst im Namen der Klasse 5 d diesen Brief an Frau Aydin schreiben. Folgende Argumente hat die Klasse schon gesammelt:

Für einen Kühlschrank spricht:
- kalte Getränke im Sommer und nach dem Sport
- Butterbrote, Obst und Gemüse für die Pause bleiben frisch
- übrig gebliebenes Essen kann am nächsten Tag noch gegessen werden
- Vorräte für die Woche können aufbewahrt werden
- weniger Abfall
- Carlas Vater würde einen Kühlschrank zur Verfügung stellen
- ...

1 Plane deinen Brief an die Schulleiterin, in dem du sie darum bittest, die Anschaffung des Kühlschranks zu genehmigen. Lege einen Schreibplan an und fülle ihn der Reihe nach aus:

a) Notiere zunächst, an wen du schreibst und welchen Wunsch du hast.

b) Wähle mindestens drei Argumente aus. Du kannst die Vorschläge oben auch durch eigene Argumente ergänzen. Trage deine Argumente in den Schreibplan ein und erkläre sie stichpunktartig.

c) Notiere zum Schluss noch einmal stichpunktartig deine Bitte und eine höfliche Grußformel.

2 Schreibe mithilfe deines Schreibplans einen Entwurf für deinen Brief.

3 **a)** Überarbeite deinen Brief mithilfe der **CHECKLISTE** von Seite 24.

b) Schreibe den Text noch einmal sauber und fehlerfrei ab.

Im Blickpunkt: Sprache betrachten

Satzverknüpfungswörter einsetzen

Neuenrade, 28.8.20..

Sehr geehrte Frau Mirza,

in der Klasse haben wir lange überlegt, wie wir den Schulhof schöner gestalten können. Wir haben uns darauf geeinigt, einen Streichelzoo auf dem Pausenhof einzurichten, *damit/weil* uns in den Pausen oft langweilig ist. Immer nur Fußball spielen ist auch anstrengend, *da/obwohl* man viel laufen muss. *Wenn/Sodass* wir einen Streichelzoo hätten, wäre unsere Schule die beliebteste in der ganzen Stadt. Bestimmt würden dann viele Kinder gerne zur Schule gehen, *weil/bevor* sie in den Pausen mit den Tieren spielen könnten. Alle Kinder wären viel ruhiger im Unterricht, *obwohl/nachdem* sie in den Pausen mit den Tieren geschmust haben. *Da/Wenn* man eine Katze streichelt, beruhigt das ja auch.
Außerdem lernen wir Verantwortung zu übernehmen, *da/damit* wir uns um die Ziegen und Schafe kümmern müssen. Die Eltern könnten Geld für Futter spenden, *bevor/sodass* die Tiere gut versorgt sind. Wir wissen, dass die Ställe immer schön sauber gehalten werden müssen, (?) die Tiere nicht krank werden. (?) schlagen wir vor, einen Stalldienst einzurichten. Jede Klasse wäre dann einmal im Monat dafür verantwortlich, die Gehege zu säubern, (?) es sonst bald stinken würde.
Wir hoffen, dass wir Sie von unserer Idee überzeugen konnten.

Mit freundlichen Grüßen
Lea Pohl (Schülervertreterin)

1 **a)** Schreibe den Brief ab und wähle dabei im ersten Teil zwischen den vorgegebenen Satzverknüpfungswörtern aus.
b) Setze im letzten Abschnitt eigene Satzverknüpfungswörter ein. Achte darauf, dass eine sinnvolle Aussage entsteht. Die **LERNBOX** hilft dir dabei.
c) Tausche deine Ergebnisse mit einem Partner aus.

2 Probiere aus, an welchen Stellen du andere Satzverknüpfungswörter verwenden kannst, ohne dass sich der Sinn des Satzes verändert.

LERNBOX

Satzverknüpfungswörter sinnvoll einsetzen
Satzverknüpfungswörter bestimmen den Sinn einer Aussage. Sie können:
- einen **Grund** nennen *(weil, da, darum, deshalb, denn ...)*;
- eine **Bedingung** nennen *(falls, wenn, sofern ...)*;
- eine **Folge** aufzeigen *(sodass, damit ...)*;
- die **Zeit** benennen *(nachdem, bevor, während, wenn ...)*.

Im Blickpunkt: richtig schreiben

Anredepronomen verwenden

Bonn, 24.6.20..

Sehr geehrter Herr Frey,

wie (1) wissen, haben die Schüler unserer Schule im Sommer immer furchtbar viel Durst. Weil aber nicht alle das Geld haben, sich am Kiosk ein Getränk zu kaufen, schlagen wir (2) vor, einen Wasserspender im Pausenbereich aufzustellen. Bestimmt haben (3) auch schon gehört, dass Kinder viel besser lernen, wenn (4) genug trinken.

Aber (5) müssen sich keine Sorgen machen, dass wir die Pausenhalle überschwemmen. Dafür sind wir doch schon zu vernünftig. Auch versprechen wir (6), dass wir dafür sorgen werden, dass niemand Unsinn mit dem Wasserspender macht. Da können (7) sich auf uns verlassen.

Wir haben uns auch schon überlegt, wie das Ganze bezahlt werden soll …

Wir wären (8) sehr dankbar, wenn (9) uns (10) Erlaubnis geben.

Mit freundlichen Grüßen

Ben Schubert

(Klassensprecher der 5 c)

1 **a)** Schreibe den Brief ab und ergänze die fehlenden Anredepronomen der Höflichkeitsform. Achte auf die Großschreibung:
Sehr geehrter Herr Frey,
wie Sie wissen, …

b) An einer Stelle musst du kein Anredepronomen, sondern ein Personalpronomen einsetzen. Ermittle den Satz und erkläre, warum es sich hier nicht um ein Anredepronomen handelt.

c) Erweitere in Zeile 10 den Brief, indem du einen Vorschlag dazu ergänzt, wie die Schüler Geld für den Wasserspender sammeln können. Achte bei der Anrede des Direktors weiter auf die Großschreibung der Pronomen.

2 Vergleiche deinen Brief mit einem Partner.

TIPPBOX

Seite 248

Zu 1 a): Verwende die Anredepronomen der Höflichkeitsform:
*Sie, Ihr, Ihnen; Ihre, Ihren, Ihrem (Wir danken **Ihnen** für **Ihre** Erlaubnis).*
Zu 1 b): Im ersten Abschnitt musst du einmal das Personalpronomen *sie* einfügen. Du kannst es erkennen, indem du überprüfst, worauf es sich bezieht *(z. B. die Frau – sie, die Hunde – sie).*

Im Blickpunkt: Lesen

Maslief schreibt einen Brief

Guus Kuijer

„Heute wird hart gearbeitet“, verkündet der Lehrer. „Das viele Festefeiern – davon kriegt man nur Kopfschmerzen.“ „Ich nicht!“, ruft Maslief. „Jawohl, du auch“, sagt der Lehrer streng. „Deine Nase ist schon ganz weiß.“ Maslief lacht laut und die anderen Kinder lachen mit. Sie schreien durcheinander. „RUHE!“ Und es wird mäuschenstill. „So ist das“, flüstert der Lehrer. „Wir werden heute nicht nur hart arbeiten. Wir werden knallhart arbeiten.“ „Hihihi“, kichert hinten in der Klasse ein Kind. „Ja, warte nur“, knurrt der Lehrer. Er geht zur Tafel. Er dreht sie um. Auf der Rückseite stehen Rechenaufgaben. Schrecklich viele Rechenaufgaben. „Uije“, seufzt die Klasse. So viele Rechenaufgaben auf einmal haben die Kinder noch nie gesehen.

Maslief schaut sie sich genauer an. Sie findet sie nicht so schlimm. Es sind keine schweren Aufgaben. Eben nur verflixt[1] viele. Aber warum macht der Lehrer das? Sie versteht es nicht. Will er die Kinder unter Druck setzen? „Und diesmal wird kein Wort gesprochen“, sagt der Lehrer weiter. „Kein Ton, verstanden?“ Nein, eigentlich versteht Maslief überhaupt nichts. Soll das etwa 'ne Strafe sein? Und wofür? Die Kinder nehmen ihre Hefte. Sie machen sich verbissen[2] an die Arbeit. Maslief auch. Aber sie grübelt noch immer über das Ganze nach. Der Lehrer geht leise an den Tischen entlang. Er sagt nichts. Es ist unangenehm still. Maslief rechnet und rechnet. Ab und zu schaut sie auf, zu Tinchen. Die ist noch lange nicht so weit wie sie. Sie guckt mal nach draußen. Auf der anderen Straßenseite sitzt der alte Herr wieder am Fenster. Den hatte sie schon beinahe vergessen. Ob sie ihm mal winkt? Sie schaut unter dem Arm durch, wo der Lehrer ist. Der steht hinten in der Klasse. Mit dem Rücken zu ihr. Vorsichtig streckt sie ihren Arm in die Höhe. Und sie winkt. Nichts geschieht, gar nichts. Der alte Herr hat es sicher nicht gesehen. Sie probiert es noch einmal. Jetzt lässt sie ihre Hand schnell hin und her flattern. Prima! Jetzt winkt er zurück!

[1] verflixt: sehr

[2] verbissen: angestrengt, konzentriert

„Ist was, Maslief?“, fragt der Lehrer. „Nee, nix“, sagt Maslief. Sie macht sich schnell wieder an die Arbeit. Bah, was hat der Mann für ’ne schlechte Laune. Sie findet ihn überhaupt nicht nett heute. Man wird ja richtig nervös davon. Sie schaut mal wieder auf. Tinchen hat sie eingeholt. Sie versucht schneller zu arbeiten, aber das nützt nichts. Tinchen bleibt ihr voraus. Vorsichtig zieht Maslief ein Stück Papier aus der Schublade. Sie legt es neben ihr Heft. Dann schreibt sie:

Sie faltet das Blatt zusammen und steht auf. Sie läuft auf Zehenspitzen auf den Lehrer zu. Sie gibt ihm den Zettel und huscht wieder zurück an ihren Tisch. Ihr Herz klopft. Was wird er sagen? Sie wagt nicht, sich umzusehen. Sie macht sich schnell wieder an die Arbeit.

Kurze Zeit später kommt der Lehrer an ihr vorbei. Er legt einen Zettel auf ihren Tisch. Sie faltet ihn auseinander und da steht: „Gut geschlafen – nur ein bisschen wenig. In einer Stunde bin ich wieder so wie immer.“

Folie

1 In den folgenden Aufgaben ist immer nur eine Aussage richtig. Kreuze sie an. Tausche anschließend deine Ergebnisse mit einem Partner aus.

Maslief erkennt, dass ihr Lehrer schlechte Laune hat, weil …
- A er viele Witze erzählt. [*]
- B er ein Diktat schreiben lässt. [*]
- C er sein Hemd falsch herum anhat. [*]
- D er heute strenger zu den Kindern ist als sonst. [*]

Als Maslief zum ersten Mal zu Tinchen hinüberschaut, ist diese noch nicht so weit wie sie. Trotzdem hat Tinchen sie am Ende eingeholt, weil …
- E Maslief ganz schlecht rechnen kann. [*]
- F Tinchen sehr gut im Rechnen ist. [*]
- G Maslief mit anderen Dingen beschäftigt ist. [*]
- H Maslief keine Lust zum Rechnen hat. [*]

Der Lehrer ist heute so streng, weil …
- I er die Klasse nicht mag. [*]
- J er zu lange geschlafen hat. [*]
- K er zu wenig geschlafen hat. [*]
- L er noch nicht gefrühstückt hat. [*]

☆ **2** Nach dem Lesen der Geschichte äußern sich Olga und Fatih unterschiedlich:

Olga: „Ich finde Masliefs Verhalten frech. Sie sollte die Aufgaben rechnen und keine Briefe schreiben. Und dann noch an den Lehrer!“

Fatih: „Maslief zeigt, dass sie sich für andere interessiert und sich Sorgen um sie macht. Deshalb finde ich Maslief toll.“

Welcher Aussage stimmst du zu? Begründe deine Meinung mithilfe des Textes oder anhand eigener Erfahrungen. So kannst du beginnen: *Ich stimme Olgas / Fatihs Aussage zu, weil …*

Lernbegleitbogen *Gemeinsam neu starten*: Meinungen begründet formulieren

Kompetenz / Inhalt Ich kann ...	Selbsteinschätzung ☺ 😐 ☹	Fremdeinschätzung ☺ 😐 ☹	Bemerkungen	Hier kannst du weiterüben:
eigene Erlebnisse und Erfahrungen frei formulieren (S. 8–11)				
aktiv zuhören (S. 11)				
einen persönlichen Brief formulieren (S. 12–13)				
Gesprächsförderer und Gesprächsblocker erkennen (S. 14–15)				AH, S. 9
ein Plakat übersichtlich gestalten (S. 16)				
Gesprächsregeln formulieren und anwenden (S. 16–17)				AH, S. 9
einen begründenden Brief planen und schreiben (S. 20–23) – einen Schreibplan anlegen – einen Wunsch/Standpunkt formulieren – Argumente entwickeln – die Gliederung des Briefes beachten				SB, S. 18–19 AH, S. 10–11
einen begründenden Brief überarbeiten (S. 23–24)				AH, S. 11
Satzverknüpfungswörter sinnvoll einsetzen (S. 27)				
Anredepronomen der Höflichkeitsform richtig schreiben (S. 28)				SB, S. 248 AH, S. 11
eine kurze Erzählung verstehen (S. 29–30)				

AH = Arbeitsheft, SB = Schülerband

Trainiere die Kompetenzen, bei denen du selbst oder ein anderer ein 😐 oder ☹ eingetragen hat. Tipps zum Üben findest du in der rechten Spalte.

→ Überprüfe anschließend dein Wissen und Können, indem du einen der **Kompetenz-Checks** bearbeitest: **Kompetenz-Check A** (Seite 25) oder **Kompetenz-Check B** (Seite 26).
Vergleiche dein Ergebnis mit dem Mustertext im Lösungsheft.

Ein aufregendes Wochenende

1 An einem Wochenende kann man aufregende und lustige Abenteuer erleben. Welches Erlebnis fällt dir ein? Erzähle davon.
Du kannst dich auch von den Bildern oben anregen lassen.

2 **a)** Meistens liegt einer Geschichte ein Ereignis zugrunde, das lustig, aufregend oder ungewöhnlich war. Von welchen Ereignissen habt ihr erzählt? Sammelt sie stichwortartig an der Tafel.
b) Besprecht, warum diese Erlebnisse erzählenswert sind.

3 **a)** Schaut euch die Bilder an: Welche Ereignisse werden dargestellt?
b) Beurteilt, ob diese Erlebnisse erzählenswert – also lustig, aufregend oder ungewöhnlich – sind.
c) Macht zu den einzelnen Bildern Vorschläge, was weiter passieren könnte.

4 Ramin will zu Erlebnis **A** eine Geschichte erzählen und hat sich dazu diese Erzählkarte angelegt.

a) Welche Fragen hat sich Ramin gestellt, als er die Stichpunkte notierte?

Wer kommt in meiner Geschichte vor? → Personen: ich und Pferd Clara

Wo spielt sich die Geschichte ab? → Ort: Gegend um den Pferdehof

Handlung:
- Ausritt mit Clara
- Hund taucht auf
- Clara scheut auf Zaun zu
- Clara und ich springen
- alles gut gegangen

b) Findest du das Ereignis in Ramins Geschichte erzählenswert? Begründe deine Meinung.

Erzählen macht Spaß! Wie du ein Erlebnis mündlich wirkungsvoll erzählst, erfährst du auf den folgenden Seiten. Danach übst du das schriftliche Erzählen. Dabei steht das Überarbeiten von Textentwürfen im Mittelpunkt. Ihr könnt eure Geschichten in einem Geschichtenbuch zusammentragen.

Ein gefährlicher Ritt – mündlich erzählen

1 Ramin erzählt zu dem Erlebnis **A** von Seite 32 seine Geschichte so, als hätte er sie selbst erlebt. Lies den Text und betrachte die Bilder am Rand.

„Also, letztes Wochenende habe ich was erlebt! Wenn ich daran denke, stehen mir echt noch die Haare zu Berge.
Ihr wisst ja, ich bin fast immer auf dem Reiterhof und reite auch oft mal aus, geht da echt klasse .... An dem Samstag bin ich mit Clara ausgeritten, mit der reite ich am liebsten. Clara ist so ein mittelgroßes Pferd, sieht aus wie ein Schimmel, aber mit so dunklen Flecken, so ähnlich wie das Pferd von Pippi Langstrumpf. Knabstrupper nennt man diese Rasse, ist ursprünglich aus Dänemark gekommen, gibt es jetzt auch häufiger in Deutschland. Die Rasse gehört zur Gruppe der Tigerschecken. Wenn es euch interessiert, könnt ihr ja mal im Internet googeln.
Ich bin also gerade ganz friedlich auf Clara in den Wald getrabt, da ist plötzlich ein Hund gekommen und hat uns tierisch angebellt. Das war so'n Wadenbeißer, nicht groß, aber ein richtiger Giftzwerg. Da habe ich mich echt erschrocken! Sofort hat Clara gescheut und hat angefangen zu galoppieren. Ich habe versucht, sie zu beruhigen, aber sie war nicht aufzuhalten.
Und dann kamen wir an die Wegkreuzung, wo wir nach rechts abbiegen mussten. Clara aber ist panisch weiter geradeaus gerast. Ich habe gedacht: „Wenn das mal gut geht!“ Denn am Ende vom Weg ist ein Zaun. Ich wollte Clara daher zum Stehen bringen, aber alles Ziehen an den Zügeln hat nichts genützt. Der Hund ist nämlich noch immer hinter uns hergerannt und hat wie bekloppt gebellt. Auf einmal war vor uns der Zaun. Da habe ich gedacht: „Jetzt müssen wir rüber!“ Im gleichen Augenblick hab' ich Clara angefeuert, und mit einem Riesensatz ist sie über den Zaun gesprungen. Uff! Das war echt der Hammer! Clara hat sich schließlich beruhigt, weil der Hund natürlich doof am Zaun stehen geblieben ist und nicht rüberkommen konnte. Ich bin abgestiegen, hab' Clara tüchtig gelobt und ihr auf den Hals geklopft. Zum Schluss hat Clara noch eine halbe Karotte bekommen, die hab' ich als Leckerli immer dabei. Aber ehrlich, so einen heißen Ritt muss ich nicht noch mal haben!“

2 Wie hat dir die Erzählung gefallen? Begründe deine Meinung. Nenne dazu Stellen, die dir besonders gut gefallen haben, und beziehe auch die Bilder ein.

3 Untersuche die Erzählung genauer:

a) Hat die Handlung einen roten Faden? Lies den 1. Hinweis in der **LERNBOX**.

b) Wie beurteilst du die Äußerungen von Miriam und Paul? Suche die Stellen im Text, auf die sie sich beziehen, und nimm dann Stellung zu ihren Aussagen.

Miriam: „Woher kam der Hund? Hunde fallen ja nicht vom Himmel …“

Paul: „An einer Stelle, finde ich, erzählt Ramin zu viel von dem Pferd.“

c) Schlage für die kritisierten Stellen Verbesserungen vor.

4 Wie kannst du das Interesse der Zuhörer wecken und aufrechterhalten?

a) Lies dazu den 2. Hinweis in der **LERNBOX**.

b) Suche aus Ramins Erzählung gelungene Formulierungen heraus, die du in einer eigenen Erzählung verwenden würdest. Lege dazu folgende Tabelle an:

Neugierwecker	Letztes Wochenende habe ich was erlebt (Z. 1)
Spannungswörter	plötzlich (Z. 16)
Mitfühler	Da habe ich mich echt erschrocken! (Z. 18-19)

5 **a)** Worauf kommt es beim Erzählvortrag an? Lies den 3. Hinweis der **LERNBOX**.

b) Schau dir die Bilder auf Seite 34 genauer an und beschreibe, wie sich Ramin verhält. Achte auf seinen Gesichtsausdruck und seine Körpersprache.

Bild 1: Ramin lächelt, er blickt die Zuschauer an … / Bild 2: …

c) Was erzählt er wohl gerade? Ordne die Bilder einer passenden Textstelle zu.

d) Worauf muss Ramin beim Vortragen achten, damit ihn seine Zuhörer verstehen?

6 Schreibe auf ein Lernplakat Ratschläge für einen guten Erzählvortrag: ☆

1. Achte auf den roten Faden! …

! LERNBOX

Mündliches Erzählen – (k)eine Kunst!

Es gibt neben dem **erzählenswerten Ereignis** drei wichtige Voraussetzungen für gutes Erzählen:

1. Die dargestellte **Handlung** muss für den Zuhörer **einen roten Faden** haben. Es darf nichts fehlen, was zum Verstehen der Handlung wichtig ist, und es darf keine **Spannungskiller** geben. Das sind Abschweifungen, die für die erzählte Handlung unwichtig sind und die Zuhörer langweilen können.
2. Die Erzählung muss **spannend und anschaulich** erzählt werden, z. B. durch
   - **Neugierwecker:** Das sind Äußerungen zu Beginn, die auf die Geschichte neugierig machen: *Gestern ist mir vielleicht was passiert! …*
   - **Spannungswörter:** Das sind Formulierungen während der Erzählung, die etwas Aufregendes ankündigen: *plötzlich, da …*
   - **Mitfühler:** Das sind Beschreibungen von Gefühlen und wörtliche Äußerungen von Gedanken: *Mir wurde ganz komisch. Ich dachte: „Hoffentlich guckt keiner.“ …*
3. Der Erzähler muss durch **deutliches Sprechen** und eine **lebendige Mimik** (Gesichtsausdruck) und **Gestik** (Körperbewegung) seine Erzählung unterstützen. Dabei sollte er seine Zuhörer ansehen.

„Ich will euch was erzählen!“ – Einen Erzählwettbewerb durchführen

Namen der Personen:
mein Bruder Felix,
ich (Steffi), meine Mutter
Ort/Zeit: Sonntag im Kletterwald Oberhausen
Handlung:
- Ausflug zum Kletterwald
- Aufstieg einfach
- Schwebebalken
- ...

Führt in eurer Klasse einen Erzählwettbewerb durch. Dazu erhaltet ihr auf den Seiten 36–37 Anregungen.

1 **a)** Wähle auf den Seiten 32–33 ein Erlebnis aus, zu dem du eine Geschichte erzählen willst.
b) Überlege, was vorher passiert ist und wie die Geschichte ausgehen könnte.
c) Lege eine Erzählkarte mit wichtigen Stichwörtern an; du kannst dich am Beispiel am Rand orientieren. Achte darauf, dass deine Geschichte einen roten Faden hat und für die Zuhörer nachvollziehbar ist.

2 Überlege, wie du die Geschichte ausgestaltest: Denke dir einen geeigneten **Neugierwecker** aus und überlege, an welchen Stellen du **Spannungswörter** und **Mitfühler** einbaust (siehe **LERNBOX** auf Seite 35).

3 Übe mithilfe deiner Erzählkarte den Vortrag deiner Geschichte:
- Sprich laut und deutlich und verwende möglichst vollständige Sätze.
- Achte darauf, dass du deinen Vortrag durch deine Mimik und Gestik unterstützt, ohne dass du dadurch übertrieben oder albern wirkst.

4 Trage deine Geschichte im Rahmen eines Erzähltandems einer Mitschülerin oder einem Mitschüler vor. Lies dazu die **LERNBOX**.

LERNBOX

So führt ihr ein Erzähltandem durch:
Ein Tandem sind zwei Personen, die sich gegenseitig helfen. Geht so vor:
1. Sucht euch einen ruhigen Platz.
2. Erzähle deinem Partner mithilfe deiner Erzählkarte deine Geschichte.
3. Dein Partner unterbricht dich nicht.
4. Dein Partner gibt dir anschließend eine Rückmeldung zu deiner Erzählung:
   - Er stellt Fragen, wenn er etwas nicht verstanden hat.
   - Er sagt dir, ob es dir gelungen ist, die Geschichte spannend zu erzählen, und macht Verbesserungsvorschläge.
   - Er beurteilt deine Vortragsweise: War die Stimme laut und deutlich? Waren Mimik und Gestik lebendig?
5. Anschließend wechselt ihr die Rollen.

TIPPBOX

Zu 2:

Neugierwecker
Neulich habe ich etwas wirklich Aufregendes/ Lustiges/ Merkwürdiges erlebt ...
Ich muss euch unbedingt erzählen, was ich ...
Wenn ich vorher gewusst hätte, ...

Spannungswörter
dann ... / auf einmal ... / plötzlich ... / in diesem Augenblick ... / kaum hatte (war) ich ..., da ... / gerade als ...

Mitfühler
Als ich die Leiter hochkletterte, wäre ich am liebsten umgekehrt. Aber dann nahm ich allen Mut zusammen und sagte zu mir: „Denen werde ich es zeigen!“ Gleichzeitig fragte ich mich: „Worauf hast du dich da nur eingelassen?“

5 **a)** Setzt euch in Kleingruppen aus vier bis sechs Schülern zusammen und führt die Vorrunde des Erzählwettbewerbs durch:
b) Erzählt reihum eure Geschichten und gebt jedem Erzähler im Anschluss eine Rückmeldung: Was hat euch gefallen? Welche Tipps könnt ihr noch geben?
c) Entscheidet, wer eure Gruppe mit seiner Erzählung in der Endrunde des Wettbewerbs vertreten soll.

6 In der Endrunde sind alle Gruppen Schiedsrichter und entscheiden über den Sieger. Nur beim eigenen Bewerber dürfen die Gruppen nicht mit abstimmen. Geht so vor:
a) Lest euch den Rückmeldebogen unten durch. Überlegt, ob ihr noch andere Punkte zur Beurteilung aufnehmen wollt (siehe Seite 35, Aufgabe **6**).
b) Verteilt untereinander die Beobachtungsaufgaben.
c) Füllt nach jedem Vortrag euren Rückmeldebogen aus und nennt dem Protokollanten an der Tafel gruppenweise die erreichte Punktezahl.
d) Zählt an der Tafel alle Punkte zusammen und ermittelt so den Sieger.

Rückmeldebogen für ________________ von Gruppe ______

	Punkte
1. **Inhalt der Erzählung (max. 9 Punkte)**	
– Ist das dargestellte Erlebnis **erzählenswert** (lustig, aufregend oder ungewöhnlich)?	0 | 1 | 2 | 3
– Hat die Erzählerin/der Erzähler den **roten Faden** eingehalten?	0 | 1 | 2 | 3
– Hat sie/er **ohne Spannungskiller** (Abschweifungen) erzählt?	0 | 1 | 2 | 3
2. **Erzählweise (max. 9 Punkte)**	
– Hat die Erzählerin/der Erzähler durch **Neugierwecker**, **Spannungswörter** und **Mitfühler** spannend und anschaulich erzählt?	0 | 1 | 2 | 3
– Hat sie/er laut und deutlich gesprochen?	0 | 1 | 2 | 3
– Hat sie/er den Vortrag durch den Gesichtsausdruck und die Körperhaltung unterstützt?	0 | 1 | 2 | 3
Punkte insgesamt	

Neulich auf dem Fußballplatz – eine schriftliche Erzählung vorbereiten

1 **a)** Schau dir die Bilderfolge an. Wie geht die Geschichte wohl aus?
b) Tausche dich mit deinem Partner über deine Ideen aus.

2 Bereite eine Erzählung zu diesem Wochenendereignis vor. Lege dir zunächst einen Schreibplan an. Lies dazu die **LERNBOX** und setze das Beispiel unten in deinem Heft fort. Du kannst die Namen und sonstigen Angaben verändern.

Schreibplan

Wer? Trixi, Simon und Hund Maxi
Wann? vor 14 Tagen am Samstag
Wo? Sportplatz in Havixbeck

Trixi: „Hoffentlich gewinnt Havixbeck!"

Die drei gehen auf den Sportplatz. → Dort treffen sie … → ( ) →

LERNBOX

So legst du einen Schreibplan für eine Erzählung an:
Ein Schreibplan hilft dir, eine Schreibidee zu entwickeln und beim Schreiben den roten Faden einzuhalten:

1. **Schritt:** Lege die Namen der beteiligten Personen sowie Ort und Zeitpunkt fest.
2. **Schritt:** Notiere in die Kreise den Ablauf der Handlung: Wie ist es zu dem Ereignis gekommen? Wie geht die Geschichte zu Ende?
3. **Schritt:** Notiere in Sprechblasen Gedanken und Gefühle.

TIPPBOX

Zu 1 a):
So könnte die Geschichte ausgehen:
- *Mädchen hat Hundekuchen dabei und lenkt damit den Hund vom Ball ab*
- *Hund rennt mit dem Ball ins Tor*
- *Zuschauer lockt den Hund mit Bratwurst vom Feld*
- *ein anderer Hund lenkt Maxi ab, sodass dieser den Ball loslässt*

Neugier wecken – Erzählanfang formulieren

1 Untersuche die folgenden Textanfänge:
a) In welcher Erzählform sind diese Anfänge geschrieben? Lies dazu den zweiten Hinweis in der **LERNBOX**.
b) Markiere in den Anfängen jeweils den Neugierwecker.
c) Welchen Anfang würdest du gerne weiterschreiben? Begründe deine Wahl.

Folie

A Diesen Tag werden Trixi und ihr Bruder Simon so schnell nicht vergessen. Die beiden Geschwister waren mit ihrem Hund Maxi zum Fußballplatz von Havixbeck gegangen, um sich dort das Spiel ihres Vereins gegen den SV Billerbeck anzusehen ...

B Am Samstag fand auf dem Sportplatz das Fußballspiel des SC Havixbeck gegen SV Billerbeck statt. Trixi wollte mit ihrem Bruder gerade los, da rief ihre Mutter: „Nehmt doch Maxi mit, der muss sowieso noch Gassi gehen.“ Beide wollten eigentlich nicht, aber dann gaben sie doch nach. Das hätten sie lieber nicht tun sollen ...

2 Setze einen der beiden Anfänge fort oder schreibe einen eigenen Anfang für deine Geschichte. Beachte beim Schreiben die Hinweise in der **LERNBOX**.

3 Verfasse eine Erzählung in der Ich-Form. Versetze dich dazu in eine der beiden Personen oder in den Hund und schreibe aus dieser Sicht. ☆

! LERNBOX

So schreibst du eine Erzählung spannend und anschaulich:

1. **Handlung**
   - Achte auf den **roten Faden**, vermeide unnötige Abschweifungen.
   - Gib deiner Geschichte eine **Überschrift**, die neugierig macht.
2. **Erzählweise**
   - Entscheide dich für eine **Erzählform:** In der **Er-/Sie-Form** schreibst du über jemanden: *Trixi und Simon gingen zum Sportplatz. Dort trafen sie ihre Freunde.* In der **Ich-Form** schreibst du aus der Sicht einer Person: *Ich ging mit meinem Bruder Simon zum Sportplatz. Dort trafen wir unsere Freunde.* Bleibe immer bei der einmal gewählten Erzählform!
   - Nutze **Neugierwecker** und **Spannungswörter** (siehe **LERNBOX** Seite 35).
   - Verwende **Mitfühler** (siehe **LERNBOX** Seite 35).
   - Schreibe **lebendig** mit **treffenden Verben** und **anschaulichen Adjektiven**. Seite 207
3. **Sprachliche Richtigkeit:**
   - Verwende überwiegend das **Präteritum** und wechsle nur an spannenden Stellen oder beim Formulieren der wörtlichen Rede ins **Präsens**. Seite 50
   - Wähle **abwechslungsreiche Satzanfänge** *(Er rief ..., Dann sauste er ..., Als sie dort ankamen, sahen sie gleich ...)* und beginne nicht immer mit dem gleichen Satzglied *(er/sie, Simon, Trixi)*. Seite 213
   - Achte auf die **Rechtschreibung** und **Zeichensetzung**. Seite 51

In einer Schreibkonferenz Texte untersuchen

Ali: Was haben Trixi und Simon gedacht oder gesagt, als der Hund plötzlich auf das Spielfeld rannte?

Gesa: Ich habe nicht verstanden, wieso der Fußball zu dem Hund gerollt ist.

Peter: Du verwendest immer Perfekt statt Präteritum.

Jelko: In der 5. und 7. Zeile wiederholst du das Wort „sagte“. Du könntest z. B. „schrie“ oder „tobte“ schreiben.

Svantje: Du kannst den Absatz von Zeile 11–13 streichen.

Kai: Du solltest deine Sätze nicht immer gleich anfangen.

1 Macht euch klar, was man unter einer Schreibkonferenz versteht.
a) Lest dazu die **LERNBOX**.
b) Gebt in eigenen Worten wieder, wie eine Schreibkonferenz abläuft.

Seite 280–281

2 **a)** Lies die Rückmeldungen oben und entscheide, welchen Aspekt des Textes der Schüler oder die Schülerin jeweils untersucht hat.
b) Entscheide, welches Korrekturzeichen die Schüler jeweils in ihren Text einsetzen müssen, um die Überarbeitung zu kennzeichnen.
c) Tauscht euch über eure Ergebnisse aus.

3 Kai bezieht sich auf folgende Sätze aus einem Schülertext:
Trixi und Simon gingen dann zum Sportplatz. Sie trafen dort ihre Freunde. Sie redeten mit ihnen, bis das Spiel begann.
Stelle die Sätze so um, dass die Satzanfänge abwechslungsreicher sind.

LERNBOX

So überarbeitet ihr in einer Schreibkonferenz eure Texte:
1. Setzt euch in Vierer- oder Fünfergruppen zusammen.
2. Jeder gibt seinen Text mit einem Rückmeldebogen zu seinem linken Nachbarn. Ein Beispiel für einen Rückmeldebogen findest du auf Seite 281.
3. Wähle einen Punkt aus, den du in den Texten deiner Gruppenmitglieder untersuchen möchtest: *Handlung, Erzählweise* oder *sprachliche Richtigkeit.*
4. Nachdem die Texte von allen überprüft wurden, erhält jeder seinen Text mit den Rückmeldungen zurück.
5. Jeder überarbeitet mit folgenden Korrekturzeichen seinen Text:
   - = Streichungszeichen, Textstelle wird gestrichen
   - = Ergänzungszeichen vor einem Wort (z. B. *Zuschauer*) im Text, Ergänzung steht am Rand (z. B. *wütender*)
   - = Ersatzzeichen, Stelle wird durch eine andere Formulierung ersetzt (z. B. *sagte*), der Ersatz steht am Rand oder unter dem Text.

Texte überarbeiten I: Hat die Handlung einen roten Faden?

Zwölf Spieler für Havixbeck (Text von Sylvia)

Trixi und ich waren am letzten Wochenende wieder mal bei einem Fußballspiel des SC Havixbeck gegen SV Billerbeck. Wir nahmen auch unseren Hund Maxi mit, der ein begeisterter Anhänger des SC Havixbeck ist. Diesmal brachte uns aber seine Begeisterung für Fußball in eine peinliche Situation. Das Spiel lief schon über eine halbe Stunde. Jetzt mussten die Billerbecker ein Tor schießen, denn sie hatten sich fest vorgenommen, diesmal zu gewinnen. Billerbeck hatte nämlich in dieser Saison noch kein Spiel gewonnen, und deshalb hatte der Trainer seiner Mannschaft gesagt: „Wenn ihr diesmal wieder verliert, dann könnt ihr euch einen anderen Trainer suchen." Also mussten die Kicker von Billerbeck mindestens unentschieden spielen, denn ihren Trainer wollten sie natürlich nicht wieder enttäuschen. Trixi und ich drückten die Daumen, dass unser Verein seinen Vorsprung halten konnte. Bisher waren die Billerbecker damit beschäftigt, ein zweites Tor zu verhindern. Doch jetzt stürmten die Blauen, das sind die Billerbecker, wieder nach vorne. Plötzlich stand Maxi über dem Ball und knurrte alle Spieler an, die sich dem Ball nähern wollten.
Da musste der Schiedsrichter natürlich das Spiel abpfeifen. Die beiden Kinder waren sauer.

1 Untersuche die dargestellte Handlung und nutze die Korrekturzeichen: Folie
a) Was kann man sich gut vorstellen? Markiere Textstellen, die dir gut gefallen.
b) Gibt es in dem Text unnötige Abschweifungen? Streiche die Textstellen.
c) Drei Stellen wurden unterstrichen. Welche Unklarheiten bestehen hier? Mache Vorschläge dazu, was noch genauer dargestellt werden sollte.
d) Findest du die Überschrift gelungen? Begründe deine Einschätzung.
e) Tausche dich mit deinem Nachbarn über deine Ergebnisse aus.

2 **a)** Untersuche, in welcher Erzählform (Ich-Form oder Er-/Sie-Form) der Text geschrieben ist.
b) An einer Stelle wechselt Sylvia plötzlich die Erzählform. Markiere die Stelle und schreibe auf, wie der Satz richtig lauten muss. Folie

TIPPBOX

Zu 1 c):
- Zeile 12: Wieso Vorsprung? Hat Havixbeck schon ein Tor geschossen?
- Zeile 15: Wie erklärst du dir, dass Maxi plötzlich über dem Ball stand?
- Zeile 17: Schau dir den Schluss an, und überlege, ob der Schiedsrichter wegen eines Hundes das Spiel abpfeifen würde. Mache Vorschläge, wie der Schluss glaubwürdiger gestaltet werden könnte.

Zu 2 b): Den Satz findest du am Ende des letzten Absatzes.

Texte überarbeiten II: Ist die Erzählung spannend und anschaulich?

trottete

brav

Trixi und Simon hatten sich schon länger vorgenommen, sich das Fußballspiel SC Havixbeck gegen den SV Billerbeck anzuschauen. Daher gingen sie zum Sportplatz und Maxi ging an der Leine neben ihnen. Als sie am Platz ankamen, waren auch schon ein paar Freunde da. Sie stellten sich zusammen an den Rand des Spielfelds. Trixi war schon ganz aufgeregt und sagte: „Hoffentlich gewinnt unser Verein. Dann könnte er ja vielleicht aufsteigen.“ Simon sagte: „Havixbeck bleibt im Keller.“
Maxi lag auf dem Boden und schaute sich das Spiel an. Da kamen die Spieler mit Geschrei auf die Gruppe zugerannt. Einer aus der Billerbecker Mannschaft rannte mit dem Ball direkt an ihnen vorbei. Maxi sprang auf, riss Simon die Hundeleine aus der Hand und rannte hinter dem Spieler her. Mit Gebell rannte er an dem Spieler vorbei und schnappte sich den Ball. Trixi und Simon waren wie erstarrt. Die Zuschauer aber lachten. Der Spieler aus Billerbeck wusste nicht, was er tun sollte, denn Maxi knurrte. Keiner wagte sich an den Hund heran. Auch der Schiedsrichter war ratlos …

1 **a)** Steht am Anfang ein Neugierwecker? Ergänze ihn gegebenenfalls.
b) Stelle Vermutungen an, warum im Text einige Verben gelb markiert sind.
c) Ersetze die markierten Verben mithilfe der Ersatzprobe. Lies dazu den ersten Hinweis in der **LERNBOX**. Schreibe deine Lösungen so auf: Z. 3 trottete …
d) Vergleicht eure Lösungsvorschläge.

2 **a)** Erweitere bei diesem Zeichen einen Ausdruck durch ein geeignetes Adjektiv. Lies dazu den zweiten Hinweis in der **LERNBOX**. Notiere so:
Z. 3 brav …
b) Vergleicht eure Vorschläge.

3 Ergänze noch Spannungswörter oder Mitfühler (siehe **LERNBOX** Seite 35).

LERNBOX

1. Ersatzprobe:
Um Wortwiederholungen zu vermeiden, suche nach anderen passenden Ausdrücken. Schreibe z. B. nicht immer *sagte*, sondern finde auch andere treffende Verben.
2. Erweiterungsprobe:
Prüfe, an welcher Stelle du Nomen oder Verben durch Adjektive anschaulicher gestalten kannst:
mit wütendem Gebell – der Hund bellte wütend.

TIPPBOX

Zu 1 c): Wähle geeignete Verben aus:
Wortfeld gehen: *laufen, schlendern, trotten, trödeln, schleichen, stürmen, rennen, sausen, jagen, hasten, rasen, hetzen, toben …*
Wortfeld sagen: *sprechen, flüstern, meinen, antworten, entgegnen, erwidern, rufen, brüllen, schreien, schimpfen …*
Zu 2 a): Wähle passende Adjektive aus:
schnell, langsam, ruhig, brav, gehetzt, ungeduldig, fröhlich, interessiert, gelangweilt, spöttisch, laut, leise, verblüfft, wütend, böse, gereizt, gefährlich, knurrend …

Texte überarbeiten III: Ist sprachlich alles richtig?

... Dann mischten sich die Zuschauer auch noch ein und haben gerufen: T 1
Jetzt geht doch endlich zu eurem hund und nehmt ihm den Ball weg.“ Z 1, R 1
Trixi und Simon wussten nicht, ob sie auf das spielfeld laufen durften. R 2
Aber der Schiedsrichter war damit einverstanden. Denn er wollte be-
stimmt, dass das Spiel weitergehen konnte. Eilig liefen beide zu Maxi, der
schon mit dem Schwanz wedelte. Dann hat Simon Maxi gestreichelt und T 2
sagte zu ihm „Ganz ruhig, Kleiner!“ Trixi holte aus ihrer Hosentasche ein Z 2
paar leckerchen und sofort ließ Maxi den Ball los. Klar, denn er interessierte R 3
sich jetzt nur noch für den Hundekuchen. Simon hat daraufhin blitzschnell T 3
den Ball genommen und ihn dem netten Schiedsrichter gegeben. Der T 4
lachte, weil ihm so etwas bisher noch nie Passiert war. Anschließend R 4
gingen die beiden mit ihrem Hund vom platz und das Spiel konnte weiter- R 5
gehen. Ihre Freunde am Spielrand begrüßten sie johlend. Weil die Spieler
von Billerbeck dann noch ein Tor geschossen haben, stand es am Ende 1:1. T 5
Trixi und Simon unterhielten sich noch eine weile mit ihren Freunden. R 6
Jetzt konnten beide auch über den Vorfall lachen. „Das nächste mal R 7
lassen wir Maxi zu Hause!“ sagte Trixi zu Simon. Z 3

1 Untersuche die gelb markierten Stellen: Lies dazu den ersten Hinweis in der **LERNBOX** und verbessere an den markierten Stellen die Zeitform (= Tempus). Schreibe so auf: T 1 = riefen.

Seite 50

2 Korrigiere die Rechtschreibfehler R1–R7 und die Fehler in der Zeichensetzung Z 1–Z 3. Der Fehlerschwerpunkt dieses Schülers liegt in der Groß- und Kleinschreibung und in der Zeichensetzung bei wörtlicher Rede.

Seite 51

LERNBOX Seite 253

LERNBOX

Auf richtige Grammatik und Rechtschreibung achten

1. Überprüfe die **Zeitformen**: Beim **schriftlichen Erzählen** verwendest du für die Vergangenheit meist das **Präteritum**: *ich suchte, ich lief.*
2. Überprüfe die **Rechtschreibung** und **Zeichensetzung:**
   a) Achte bei deinen eigenen Texten auf deine **Fehlerschwerpunkte** (siehe Seite 229).
   b) Achte bei der Zeichensetzung auf **Satzschlusszeichen, Kommasetzung** und die **Zeichen der wörtlichen Rede.**

TIPPBOX

Zu 1: Beachte, dass sich bei den unregelmäßigen Verben der Wortstamm ändern kann: *laufen – ich lief – ich bin gelaufen.* Schlage auf Seite 295 nach, wenn du unsicher bist.

Zu 2:
- Sechs Nomen wurden nicht großgeschrieben. Ein Wort wurde großgeschrieben, obwohl es kein Nomen ist.
- Spüre die Fehler in der Zeichensetzung bei wörtlicher Rede auf: Prüfe, ob vor und nach dem gesprochenen Satz Anführungszeichen stehen. Untersuche, ob beim vorangestellten Begleitsatz ein Doppelpunkt oder beim nachgestellten Begleitsatz ein Komma gesetzt wurde.

Eine Erlebniserzählung inhaltlich und sprachlich überarbeiten

Leo hat zu dem Bild eine Geschichte aus der Sicht des Jungen geschrieben und sie der Schreibkonferenz vorgelegt. Seine Mitschüler haben schon einige Rückmeldungen am Rand des Textes notiert.

Überschrift ist	Angeln am Wochenende
langweilig.	Vor zwei Wochen bin ich mit meinem Vater an einen Teich gefahren,
2 Tempusfehler:	um zu angeln. Es war das erste Mal, dass mein Vater mich mitgenommen
T1, T2	hat, und ich freute mich riesig darauf.
	Ich musste an diesem Tag besonders früh aufstehen, denn mein Vater
R1	sagte, dass die Fische am morgen am besten beißen. Mit ihren Rädern
Ich-Form nicht	fuhren sie eine halbe Stunde, bis sie die Angelstelle erreichten. Mein
eingehalten	Vater sagte mir, wie ich am besten die Angel halte und wie man den
Wdh. vermeiden	Köder an den Haken macht. Da wir Karpfen angeln wollten, haben wir
T3	zum Anfüttern schon etwas eingeweichtes Brot in den Teich geworfen.
streichen, da	Bei anderen Fischarten muss man ganz anders vorgehen. Einen Hecht
Spannungskiller	oder eine Forelle kann man am besten mit einem Blinker angeln, das sind
	nämlich Raubfische, die vom Blinker angelockt werden.
	Wir hielten schon über eine Stunde die Angeln ins Wasser, aber es
	passierte nichts. Dann zuckte es an der Angel von meinem Vater. Tat-
T4	sächlich ist ein Fisch an der Leine gewesen, aber es war nur eine kleine
R2	Rotfeder. Bei mir aber passierte über zwei stunden nichts. Immer wenn
	ich meine Angel aus dem Wasser zog, war der Köder weg. Wir wollten
R3	schon nach hause fahren. Dann stellte ich mich auf einen Stein, der etwas
T5	weiter im Wasser lag, und habe wieder meine Angel ausgeworfen. Doch
	es blieb alles ruhig. Dann zuckte es an meiner Angel und ich rollte die
T6	Leine ein. Dann hat es an der Leine gerüttelt und ein Karpfen zappelte
Warum fielst du	am Haken. Ich rief nach meinem Vater. Doch bevor er mir helfen konnte,
ins Wasser?	machte es platsch und ich lag im Wasser. Ich hielt natürlich meine Angel
T7	auch im Wasser fest, aber der Fisch hat sich losgerissen und verschwand.
R4	Gott sei dank war es Sommer und das Wasser nicht so kalt. Ich trocknete
	mich mit einem Handtuch und legte meine nassen Sachen in die Sonne.
T8, R5	Wir haben dann gefrühstückt, bevor wir wieder nach hause fuhren. Das
R6	war ein richtig aufregendes erlebnis.

1 Lies den Text und mache dich mit dem Inhalt vertraut.

2 Überprüfe den Text mithilfe der **CHECKLISTE** und notiere stichwortartig Verbesserungsvorschläge. Verwende folgende Korrekturzeichen:
⊢—⊣ streichen ⌈ einfügen ↳ ↵ anders ausdrücken

a) Untersuche die **Handlung** der Erzählung. Du findest am Rand schon drei Hinweise. Notiere dir dazu Überarbeitungsvorschläge.

b) Untersuche die **Erzählweise**. Zu den ersten beiden Abschnitten haben die Mitglieder der Schreibkonferenz auch hierzu schon Tipps gegeben. Überprüfe nun den Rest der Erzählung und notiere Verbesserungen.

c) Überprüfe die **sprachliche Richtigkeit**. Dazu findest du am Rand ebenfalls Hinweise: Das T bedeutet Tempusfehler (= falsche Zeitform), das R verweist auf einen Rechtschreibfehler.

3 An einer besonders spannenden Stelle hätte Leo auch ins Präsens wechseln können. Markiere diese Textstelle und formuliere sie ins Präsens um.

Folie

Weitere Übungsmöglichkeiten findest du im Arbeitsheft auf Seite 12–13.

AH, Seite 12–13

CHECKLISTE

Erlebniserzählungen überarbeiten:

1. **Untersuche die Handlung:**
   - Ist die Überschrift gut gewählt?
   - Ist die Handlung nachvollziehbar?
   - Gibt es in der Erzählung Abschweifungen (Spannungskiller)?
2. **Untersuche die Erzählweise:**
   - Wird die Erzählform (Ich-Form oder Er-/Sie-Form) beibehalten?
   - Gibt es am Anfang einen Neugierwecker?
   - Wo lassen sich Spannungswörter ergänzen?
   - An welchen Stellen kannst du treffende Verben oder anschauliche Adjektive einsetzen?
   - An welchen Stellen kannst du noch Mitfühler (Gedanken und Gefühle durch wörtliche Rede) einfügen?
3. **Überprüfe die sprachliche Richtigkeit:**
   - Ist die Geschichte im Präteritum geschrieben?
   - Sind die Satzanfänge abwechslungsreich?
   - Hast du Fehler in der Rechtschreibung und Zeichensetzung vermieden?

TIPPBOX

Zu 2 a):
- In der Überschrift könnte schon das Ereignis der Geschichte angedeutet werden, z. B. *Ein unfreiwilliges Bad im Teich* oder *So ein Pech!*
- Streiche im 2. Absatz zwei überflüssige Sätze.
- Erläutere, warum der Junge ins Wasser gefallen ist, z. B. weil er sich durch den Fisch erschrak oder der Stein glatt war ...

Zu 2 b):
- Die Spannungswörter sind im dritten Absatz immer gleich: *Dann ..., Dann ...* Ersetze sie z. B. durch *plötzlich, auf einmal, jetzt ...*
- Ergänze, was der Junge gedacht oder gefühlt hat, als er ins Wasser fiel.

Zu 2 c):
- Achte auf zusammengesetzte Zeitformen: *ist gelaufen, hat gelacht.* Ersetze diese Perfektformen durch das Präteritum.
- Die Rechtschreibfehler beziehen sich auf die Groß- und Kleinschreibung.

Kompetenz-Check A: Erzählung überarbeiten

1 Überarbeite die Erzählung auf Seite 47. Gehe so vor:
a) Lies den Text und mache dich mit dem Inhalt vertraut.

Folie

b) Die folgenden Kommentare aus einer Schreibkonferenz geben dir Hinweise für die Überarbeitung. Notiere Verbesserungs- und Korrekturvorschläge am Rand des Textes oder auf einem Extrablatt.

A Handlung:
1. Formuliere die Überschrift so um, dass sie besser zum Text passt.
2. Streiche Sätze, die nicht zur Handlung gehören.

B Erzählweise:
1. Überprüfe die Erzählform im Text ab Zeile 21 und korrigiere sie.
2. Setze an der unterstrichenen Stelle ein geeignetes Spannungswort ein.
3. Vermeide Wiederholungen, indem du an den blau markierten Stellen treffende Verben einsetzt.
4. Ergänze an den angemerkten Stellen (⌈) anschauliche Adjektive.
5. An der Stelle, an der der Junge seine Schwester zum Kentern bringt (Z. 14–16), könntest du noch wörtliche Rede einfügen, z. B.:
   - Was hat seine Schwester geschrien?
   - Was hat er selbst in dem Moment gedacht?
   - Was haben die Eltern gesagt?

C Sprachliche Richtigkeit:
Korrigiere die gelb markierten Tempusfehler (T = Zeitfehler) und Rechtschreibfehler (R). Notiere dir dazu die richtige Schreibweise:
T 1 = machte ...

2 **a)** Schreibe die Erzählung überarbeitet ab und beziehe dabei deine Verbesserungsvorschläge ein.
b) Überprüfe am Schluss deine Überarbeitung im Hinblick auf Grammatik-, Rechtschreib- und Zeichensetzungsfehler.

Die Paddeltour

In den letzten Sommerferien hat unsere Familie einen Urlaub an einem T1
See in Mecklenburg gemacht. Unser Ferienhaus lag direkt am Wasser und
hatte einen Steg, an dem unsere paddelboote lagen. Fast jeden Tag haben R1, T2
wir damit einen Ausflug auf dem See gemacht. Eine Paddeltour war
besonders aufregend.

An einem morgen wollten wir mit den Booten zu einer Insel fahren und R2
dort picknick machen. Ich musste aber erst auf dem Steg meine Angel R3
wegräumen, denn die lag noch vom Abend vorher dort. Zwei Fische hatte
ich gefangen, aber sie waren zu klein zum Essen. Zunächst ist alles gut T3
gegangen. Claudia und ich fuhren voraus und meine Eltern fuhren hinter
uns her. Meine Schwester rief kurz vor der Insel: „Guckt mal da drüben,
da ist ein Fischreiher!“ Ich schaute mich um und achtete nicht mehr auf
mein Boot. Da ich ordentlich Schwung hatte, fuhr ich Claudia in die Seite.
Claudia schrie und versuchte das Gleichgewicht zu halten, aber Vergeb- R4
lich. Mit einem Platschen lag sie im Wasser. Claudia schrie und wollte
mich auch versenken. Aber da griffen meine Eltern ein. Ich musste das
Boot von Claudia mit einem Seil an meinem Boot festmachen und zur
Insel bringen. Das war ganz schön anstrengend! Claudia hat sich an das T4
Boot von meinen Eltern gehängt und wurde von ihnen zur Insel gezogen.
Da wir für alle Wechselsachen dabeihatten, konnte Claudia am Ufer ihren
trockenen Badeanzug anziehen. Nach diesem Schrecken packten die bei-
den Kinder und ihre Eltern ihre Brote aus und aßen zu Mittag. Später bade-
ten sie noch an einem kleinen Sandstrand.

Am Abend sind wir ohne weitere Zwischenfälle wieder zurückgefahren. T5
Es war dann doch noch ein schöner Tag.

Kompetenz-Check B: Erzählung überarbeiten

1 Überarbeite die Erzählung auf Seite 49. Gehe so vor:

a) Lies den Text und mache dich mit dem Inhalt vertraut.

Folie

b) Die folgenden Kommentare aus einer Schreibkonferenz geben dir Hinweise für die Überarbeitung. Notiere Verbesserungs- und Korrekturvorschläge am Rand des Textes oder auf einem Extrablatt.

A Handlung:
1. Formuliere die Überschrift so um, dass sie besser zum Text passt.
2. Streiche Sätze, die nicht zur Handlung gehören.

B Erzählweise:
1. An einer Stelle wird die Erzählform nicht eingehalten.
2. Überlege, an welcher Stelle du noch Spannungswörter einsetzen kannst.
3. Vermeide durch den Austausch passender Verben Wortwiederholungen.
4. Der Text enthält nur wenige Adjektive. Überlege, an welchen Stellen du anschauliche Adjektive einsetzen kannst.
5. Ergänze an geeigneten Stellen noch wörtliche Rede und weitere Mitfühler.

C Sprachliche Richtigkeit:
Suche die am Rand angegebenen Tempusfehler (T = Zeitfehler) und Rechtschreibfehler (R) und korrigiere sie.
Notiere so: T 1 = machte …

2 **a)** Schreibe die Erzählung überarbeitet ab und beziehe dabei die von dir notierten Verbesserungen ein.

b) Überprüfe am Schluss deine Überarbeitung im Hinblick auf Grammatik-, Rechtschreib- und Zeichensetzungsfehler.

Die Paddeltour

In den letzten Sommerferien hat unsere Familie einen Urlaub an einem T1
See in Mecklenburg gemacht. Unser Ferienhaus lag direkt am Wasser und
hatte einen Steg, an dem unsere paddelbote lagen. Fast jeden Tag haben R1, T2
wir damit einen Ausflug auf dem See gemacht. Eine Paddeltour war be-
sonders aufregend.
An einem morgen wollten wir mit den Booten zu einer Insel fahren und R2
dort picknik machen. Ich musste aber erst auf dem Steg meine Angel R3
wegräumen, denn die lag noch vom Abend vorher dort. Zwei Fische hatte
ich gefangen, aber sie waren zu klein zum Essen. Zunächst ist alles gut ge- T3
gangen. Claudia und ich fuhren voraus und meine Eltern fuhren hinter uns
her. Meine Schwester rief kurz vor der Insel: „Guckt mal da drüben,
da ist ein Fischreiher!“ Ich schaute mich um und achtete nicht mehr auf
mein Boot. Da ich ordentlich Schwung hatte, fuhr ich Claudia in die Seite.
Claudia schrie und versuchte das Gleichgewicht zu halten, aber Vergeb- R4
lich. Mit einem Platschen lag sie im Wasser. Claudia schrie und wollte
mich auch versenken. Aber da griffen meine Eltern ein. Ich musste das
Boot von Claudia mit einem Seil an meinem Boot festmachen und zur Insel
bringen. Das war ganz schön anstrengend! Claudia hat sich an das Boot von T4
meinen Eltern gehängt und wurde von ihnen zur Insel gezogen. Da wir für
alle Wechselsachen dabeihatten, konnte Claudia am Ufer ihren trockenen
Badeanzug anziehen. Nach diesem Schrecken packten die beiden Kinder
und ihre Eltern ihre Brote aus und aßen zu Mittag. Später badeten sie noch
an einem kleinen Sandstrand.
Am Abend sind wir ohne weitere Zwischenfälle wieder zurückgefahren. T5
Es war dann doch noch ein schöner Tag.

Im Blickpunkt: Sprache betrachten

Zeitformen Perfekt und Präteritum

Text 1

Letzten Samstag bin ich mit meinem Vater und meinem Bruder zu einem Schminkkurs in die Stadthalle gefahren. Dort hat mich eine Frau in einen Piraten verwandelt. Auf meine Wangen hat sie einige Bartstoppeln getupft. Unter meine Nase hat sie einen schwungvollen Schnurrbart gemalt. Später habe ich mir noch eine Augenklappe gekauft.

Text 2

Ich fuhr mit meiner Schwester Lena und meinem Vater zu einem Schminkkurs. Dort verwandelte sich Lena in einen Piraten. Ich ließ mich als Vampir schminken und erhielt ein bleiches Gesicht. Der Veranstalter schenkte mir sogar ein paar Vampirzähne. Das fand ich nett. Ich wusch mir am Abend die Schminke wieder ab.

1 **a)** Im Text 1 erzählt Lena mündlich von einem Erlebnis. Schreibe die Verbformen mit dem Subjekt heraus:
ich bin gefahren / eine Frau hat …
b) Im Text 2 hat ihr Bruder das Erlebnis schriftlich erzählt. Schreibe auch aus diesem Text die Verbformen heraus: *Ich fuhr …*
c) Vergleiche die Verbformen aus beiden Texten: Welche Unterschiede kannst du feststellen?
d) Überprüfe dein Ergebnis mithilfe der **LERNBOX**.

2 **a)** Formuliere Text 1 in einen schriftliche Erzählung um.
b) Was könnte noch passiert sein? Setze die Erzählung fort.

3 **a)** Notiere die folgenden Sätze als mündliche und als schriftliche Erzählung.
Am letzten Wochenende (fahren) ich mit meinen Eltern zum Hochseilgarten nach Oberhausen. Wir (ansehen) uns die verschiedenen Strecken und (entscheiden) uns für den „Fun-Parcours". Zuerst (anziehen) wir uns einen Sicherungsgürtel. Dann (steigen) wir an einer Strickleiter auf eine Plattform. Das (sein) schon ganz schön anstrengend …
b) Schreibe die Geschichte weiter.

LERNBOX

Zeitformen Perfekt und Präteritum

1. Erlebnisse erzählst du in der **Vergangenheit**.
   a) Wenn du etwas **mündlich** erzählst, wählst du als Zeitform meistens das **Perfekt**: *Ich bin gegangen. / Ich habe gelacht.*
   b) Wenn du etwas **schriftlich** erzählst, verwendest du als Zeitform meistens das **Präteritum**: *Ich ging. / Ich lachte.*
2. Beachte, dass sich bei den **unregelmäßigen Verben** der Wortstamm ändert:

Infinitiv	Präteritum	Perfekt
helfen	*half*	*geholfen*

Seite 295

Im Blickpunkt: richtig schreiben

Groß- und Kleinschreibung

Es war ein Verregneter Freitag. Mir war mal wieder langweilig, denn auf Facebook gab es auch keine neuig-keiten. Daher beschloss ich, trotz des Nassen Wetters mit meinen inlinern rauszugehen.
Ich ging in den park, wo ich mit meinen Superschnellen Inlinern fahren wollte. Als ich das Eiserne Tor zum park passierte, hörte der feine nieselregen endlich auf. Ich zog auf einer Bank meine Inliner an und flitzte durch die pfützen, dass es nur so spritzte.

1 a) Markiere im Text oben die Fehler in der Groß- und Kleinschreibung. In der LERNBOX findest du Hinweise dazu, wann du ein Wort großschreiben musst.
b) Schreibe die korrigierten Wörter in dein Heft. Notiere dabei auch die Wörter, die mit dem Nomen eine Gruppe bilden: *ein verregneter Freitag.*

Folie

2 Schreibe den Text unten in der richtigen Groß- und Kleinschreibung in dein Heft. Kennzeichne dazu vorher die Signalwörter für Nomen oder mache die Artikelprobe.

Folie

dann kamen ali und jennifer. das sind freunde, die ich fast immer auf diesem platz treffe. sie sind schon etwas älter und beherrschen schon mehr tricks als ich. wir sind dann rüber zur rampe gegangen, dort stand in der mitte noch wasser. trotzdem fuhren wir abwechselnd die rampe rauf und runter und waren bald klatschnass. war das ein spaß!

LERNBOX

Wann schreibt man Wörter groß?

1. **Satzanfänge, Namen** und **Nomen** werden großgeschrieben.
2. Nomen erkennst du an den vorausgehenden **Signalwörtern:**
   - **Artikel:** *die Sonne, eine Wolke, zum (= zu dem) Mond*
   - **Pronomen:** *meine Bücher, dieses Wetter*

   Aber Achtung: Oft steht zwischen dem Signalwort und dem Nomen ein Adjektiv, das kleingeschrieben wird: *der schöne Garten.*
3. Wenn du kein Signalwort findest, mache die **Artikelprobe:** *Ich hasse Regen (den Regen).*

TIPPBOX

Zu **1** a):
- Es sind insgesamt zehn Fehler in der Groß- und Kleinschreibung.
- In vier Fällen wurde nach dem Artikel das Adjektiv groß- und nicht kleingeschrieben.

Zu **2**:
Alle Wörter sind kleingeschrieben. Achte daher nicht nur auf Nomen, sondern auch auf Satzanfänge und Namen.

Im Blickpunkt: Lesen

Die Geschichte von den drei Geschichtenerzählern

James Krüss (Textauszug)

In alter Zeit lebten in der Stadt Üsküb drei Geschichtenerzähler, die sich schlecht und recht von ihren Talenten ernährten. Täglich gingen sie auf den Basar, um Zuhörer und vielleicht ein paar Piaster zu gewinnen. Weil aber zu jener Zeit der Handel mit Stambul[1] immer schwieriger wurde (denn eine Räuberbande lauerte den Kaufleuten auf), so wurden die Waren teuer und das Geld knapp, und die drei Geschichtenerzähler wussten bald nicht mehr, wovon sie sich und ihre Familien ernähren sollten.

[1] Stambul: Stadtteil von Istanbul

Da beschlossen sie, dass fortan nur noch einer von ihnen Geschichten erzählen solle und dass die anderen beiden Badediener oder Wasserverkäufer werden sollten. Sie versicherten einander durch Handschlag, dass derjenige von ihnen Geschichtenerzähler bleiben dürfe, der in den folgenden drei Tagen am meisten Zuhörer um sich versammle, und sie versprachen einander, nur Geschichten von Dieben zu erzählen. [...]

Der erste Geschichtenerzähler Achmed erzählt die Geschichte von einem Dieb, der nachts Haare stiehlt, so miserabel, dass er vom Publikum verprügelt wird. Als Zweiter versucht Ibraim, es besser zu machen.

Am nächsten Morgen versuchte Ibraim, der Kürbiskopf, sein Glück im Geschichtenerzählen. Es hatte sich unterdessen in der Stadt herumgesprochen, dass die drei Geschichtenerzähler von Üsküb einen Wettstreit miteinander austrugen, und so hatte sich diesmal eine Menge Neugieriger und Spottlustiger auf dem Basar eingefunden.

Ibraim, der Kürbiskopf, hatte in der Nacht beschlossen, seine Zuhörer erst liebenswürdig anzureden, bevor er mit der eigentlichen Geschichte begann, denn er hatte an Achmed mit dem langen Kinn gesehen, dass es wichtig ist, die Gunst des Publikums zu gewinnen. So fing er folgendermaßen an:

„Allah sei mit euch, meine Freunde! Ich bin Ibraim, genannt der Kürbiskopf, weil mir gleich nach der Geburt eine Öllampe auf das Köpfchen fiel."

„Hört, hört!", riefen die Zuhörer. „Er erzählt uns die Geschichte vom Kürbiskopf. Das kann lustig werden!"

Ibraim fuhr fort: „Allah ist groß! Er gab mir zwar einen Kürbiskopf, aber über dem linken Auge, wo der Sitz der Fantasie ist, blies er mir das schöne Talent des Geschichtenerzählens ein, damit ich euch, meine Freunde, auf dem Basar unterhalten kann."

„Was erzählt er denn da für eine Geschichte?", fragten seine Zuhörer untereinander. „Man weiß nicht, worauf er eigentlich hinauswill."

Ibraim sprach weiter: „Ich habe die Kunst des Geschichtenerzählens nirgendwo gelernt, meine Freunde. Sie ist mir vom Himmel zugefallen."

„Vielleicht war sie in der Öllampe", rief ein Zuhörer, und da gab es das erste Gelächter, welches Ibraim, den Kürbiskopf, sehr verwirrte. Er beschloss, gleich mit seiner Geschichte anzufangen, damit man ihn nicht zum zweiten Mal verspotte. So fuhr er schnell fort: „Allah ist groß, und Mohammed ist sein Prophet!

Die Geschichte, die ich heute erzählen will, handelt von einem ganz besonderen Dieb."

„Erzähl uns die Geschichte von dem Dieb, der nachts die Haare stahl!", rief man ihm lachend zu.

„Allah sei mit mir!", rief Ibraim, der Kürbiskopf. „Ich möchte mit heilen Gliedern wieder nach Hause gehen."

Da hatte er die Lacher auf seiner Seite. Aber inzwischen waren seine Zuhörer ungeduldig geworden, denn sie wussten immer noch nicht, von was für einem besonderen Dieb die Geschichte handeln sollte. Einige gingen bereits weg, andere unterhielten sich laut miteinander über die hohen Preise und die unverschämten Kaufleute, und wieder andere hatten ihren Spaß daran, Ibraim weiter zu foppen.

Einer rief: „Erzähl uns die Geschichte von dem Dieb, der mit den Füßen stahl!" Ein anderer wollte die Geschichte vom Läusedieb hören. Ibraim, der Kürbiskopf, wurde unruhig. Er rief: „Diese Geschichte kenne ich nicht! Aber ich verspreche euch eine Geschichte, die mindestens ebenso unterhaltsam ist! Es ist zwar eine lange Geschichte, aber eine sehr schöne. Sie beginnt auf dem Basar in Bagdad, wo ich vor mehr als zehn Jahren selbst gewesen bin, und sie endet hier in Üsküb."

Diese Ankündigung Ibraims machte die Leute verdrießlich, denn der Weg von Bagdad nach Üsküb ist lang, und einer Geschichte von solcher Länge hört man nicht gern im Stehen zu.

So gingen die meisten Zuhörer weg, um sich bei türkischem Kaffee mit dem Dominospiel zu beschäftigen. Da konnte man wenigstens sitzen. Nur wenige Zuhörer blieben zurück, aber nicht wegen der Geschichte, sondern um mit Ibraim ihren Spaß zu haben. Sie riefen: „Was hast du in Bagdad getan? Hast du Öl für dein Lämpchen gekauft?"

Das gab wieder ein Gelächter, und nun wurde es Ibraim zu bunt.

„Unverständiges Pack!", schrie er. „Könnt ihr nicht in Ruhe abwarten, bis ich meine Geschichte beginne? Haben euch eure Prügelmeister nicht gut genug erzogen? Schweigt endlich still und hört mir zu!"

Aber nun fing das Geschrei erst richtig an.

„Seht ihn euch an, den Kürbiskopf!", rief man. „Erst fängt er mit seiner Geschichte nicht an, und dann kriegen wir die Schuld, dass er nicht angefangen hat! Wo steckt da der Sinn?"

Man wurde richtig böse auf Ibraim, und plötzlich flog von irgendwo eine Melone auf ihn zu. Das Unglück wollte es nun, dass Ibraim gerade unter der hochgelegenen Werkstatt eines Kupferschmiedes stand und dass die Melone im Fluge drei kupferne Öllampen von der Auslage herunterriss. Diese Öllampen fielen ihm eine nach der anderen auf den Kopf, sodass er erst Sterne, dann den Mond und schließlich siebenunddreißig Sonnen vor seinen Augen tanzen sah und sich heulend im Kreise zu drehen begann.
Da schrie die Menge: „Der Kürbiskopf tanzt!“ Und man klatschte in die Hände und hielt sich vor Lachen die Bäuche.
Nur Jussuf aus Bagdad, der dritte Geschichtenerzähler, lachte nicht mit, sondern packte den hopsenden, wirbelnden Ibraim am Kaftan und zerrte ihn durch das johlende Volk den ganzen Basar entlang nach Hause.
Ibraim aber lief nun mit drei eiergroßen Beulen auf dem Kopf herum und sah aus wie ein Kürbis mit drei Hörnern.

Wie es dem dritten Märchenerzähler ergeht, könnt ihr in dem Jugendbuch „Mein Urgroßvater und ich“ von James Krüss nachlesen. Ihr findet es bestimmt in eurer Bücherei.

Seite 272

1 Erschließe „Die Geschichte von den drei Geschichtenerzählern“ mit der **Lesemethode für erzählende Texte**.

2 Die gesuchten Fremdwörter findest du in den angegebenen Textstellen. Schreibe sie auf.

A besondere Begabungen (Z. 2) (Wort mit acht Buchstaben)
B Marktplatz (Z. 2) (Wort mit fünf Buchstaben)
C orientalisches Geld (Z. 3) (Wort mit sieben Buchstaben)
D Verkündiger (Z. 38) (Wort mit sieben Buchstaben)

3 Überprüfe die folgenden Aussagen zur Geschichte. Wenn du eine falsche Aussage findest, schreibe sie im Heft richtig auf.

A Die Geschichte spielt in der Stadt Üsküb.
B Die Geschichtenerzähler führen einen Wettstreit durch.
C Die Erzähler verdienen in ihrem Beruf viel Geld.
D Ibraim fängt ohne Einleitung an, seine Geschichte zu erzählen.
E Die Leute hören Ibraim aufmerksam zu.
F Ibraims Kopf wird mit einer Melone verglichen.
G Ibraim sieht siebenunddreißig Sonnen vor seinen Augen tanzen, als ihm die Öllampen auf den Kopf fallen.

4 Welche Ratschläge würdest du Ibraim geben, damit er ein besserer Geschichtenerzähler wird? Schreibe deine Ratschläge in einem Brief an Ibraim auf. So kannst du beginnen:

Lieber Ibraim,
da hattest du auf dem Basar ja großes Pech.
Sind deine Beulen kleiner geworden? Ich möchte dir ein paar Tipps geben, damit dir nicht wieder so ein Missgeschick passiert.

Lernbegleitbogen *Ein aufregendes Wochenende*: eine Erzählung überarbeiten

Kompetenz / Inhalt Ich kann mündlich erzählen und dabei ...	Selbstein-schätzung ☺ 😐 ☹	Fremdein-schätzung ☺ 😐 ☹	Bemer-kungen	Hier kannst du weiter-üben:
– eine Erzählkarte für eine mündliche Erzählung anlegen (S. 36)				
– Neugierwecker, Spannungswörter und Mitfühler verwenden (S. 35, 36)				
– den Erzählvortrag durch deutliches Sprechen und durch Mimik und Gestik unterstützen (S. 36–37)				
– den Erzählvortrag eines anderen bewerten (S. 37)				
Ich kann eine schriftliche Erzählung überarbeiten und überprüfen, ob ...				
– die Überschrift passend ist und Neugier weckt (S. 39, 41, 44–45)				AH, S. 12–13
– der rote Faden zu erkennen ist (S. 39, 41, 44–45)				AH, S. 12–13
– die Erzählform (Ich- oder Er/Sie-Form) eingehalten wird (S. 39, 41, 44–45)				AH, S. 12–13
– am Anfang ein geeigneter Neugierwecker steht (S. 39, 42, 44–45)				AH, S. 12–13
– geeignete Spannungswörter vorhanden sind (S. 39, 42, 44–45)				AH, S. 12–13
– Mitfühler ergänzt werden sollten (S. 39, 42, 44–45)				AH, S. 12–13
– Wortwiederholungen vermieden wurden (S. 39, 42, 44–45)				SB, S. 221 AH, S. 12–13
– anschauliche Adjektive verwendet wurden (S. 39, 42, 44–45)				SB, S. 207 AH, S. 12–13
– die Verben im Präteritum stehen (S. 44–45)				SB, S. 205 AH, S. 12–13
– die Satzanfänge abwechslungsreich sind (S. 39, 44–45)				SB, S. 213 AH, S. 12–13
– Rechtschreibung und Zeichensetzung richtig sind (S. 39, 43, 44–45)				S. 51 AH, S. 12–13
Ich verwende Perfekt und Präteritum richtig (S. 39, 43, 44–45, 50).				SB, S. 204–205
Ich beachte die richtige Groß- und Kleinschreibung (S. 39, 43, 44–45, 51)				SB, S. 246–247
Ich kann eine Erzählung verstehen (S. 52–54).				

AH = Arbeitsheft, SB = Schülerband

Trainiere die Kompetenzen, bei denen du selbst oder ein anderer ein 😐 oder ☹ eingetragen hat.
Tipps zum Üben findest du in der letzten Spalte.
→ Überprüfe anschließend dein Wissen und Können, indem du einen der **Kompetenz-Checks** (Seite 46–49) bearbeitest. Vergleiche dein Ergebnis mit dem Mustertext im Lösungsheft.

Märchenhaft

F R O _ _ _ _ _ _ _ _

F R A U _ _ _ _ _

R O T _ _ _ _ _ _ _ _

_ _ _ _ _ _ _ I G E L

_ _ _ _ _ T A L E R

R U M P E L _ _ _ _ _ _ _ _ _

A _ _ _ _ _ P U T T _ _

_ _ _ _ _ _ G L Ü _ _

1 Welche Märchen erkennst du auf dem Spielfeld? Übertrage das Kreuzworträtsel in dein Heft und löse es. Das Lösungswort nennt ein Märchen, das hier abgebildet ist.

2 **a)** Lies die Textausschnitte auf Seite 57. Notiere, zu welchen Märchen sie passen.
b) Erzähle eines der Märchen.

3 Die Aufgaben zum Märchenspiel findest du auf Seite 58. Überprüfe damit dein Märchenwissen.

A „Knusper, knusper knäuschen, wer knuspert an meinem Häuschen?“

B Als nun der Hase oben ankam, rief ihm der Swinegel entgegen: „Ich bin schon da!“

C Und wie es so stand und gar nichts mehr hatte, fielen die Sterne vom Himmel und waren lauter harte blanke Taler.

D „Bleib bei mir, wenn du alle Arbeit im Haus ordentlich tun willst, so soll dir’s gut gehen. Du musst nur achtgeben, dass du mein Bett gut machst und es fleißig aufschüttelst, dass die Federn fliegen.“

E „Königstochter, jüngste, mach mir auf! Weißt du nicht, was gestern du zu mir gesagt bei dem kühlen Brunnenwasser?“ ☆

F „Was siehst du, Grauschimmel?“, fragte der Hahn. „Was ich sehe?“, antwortete der Esel, „einen gedeckten Tisch mit schönem Essen und Trinken und Räuber sitzen daran und lassen’s sich wohl sein.“ ☆

In diesem Kapitel lernst du verschiedene Märchen und Märchenmerkmale kennen, damit du ein eigenes Märchen schreiben kannst.

Märchenspiel: Findet die Märchenexperten!

1 **a)** Setzt euch zu viert zusammen und bildet je zwei Teams. Verwendet die Seiten 56–57 als Spielplan. Ihr benötigt für das Märchenspiel einen Würfel und Spielfiguren.

b) Würfelt abwechselnd; das jüngere Team darf anfangen. Wenn ihr auf ein blaues Feld kommt, müsst ihr eine der Aufgaben unten lösen. Wählt dazu selbst aus: **A** ist etwas leichter als **B**. Tipp: Wer die Sternchen-Aufgaben auf den Einstiegseiten lösen konnte, sollte es mit B versuchen!
Das Team, das A richtig löst, darf ein Feld vor. Bei falscher Antwort geht das Team ein Feld zurück. Das Team, das B richtig löst, darf zwei Felder vor. Bei einer falschen Antwort geht es zwei Felder zurück.
Die richtigen Lösungen sollten vorne in der Klasse ausliegen.

1 A Vervollständigt den Titel: *„Der Wolf und …“*
B In einem Märchen spielen Zwerge eine wichtige Rolle. Wie viele sind es?

2 A Nennt zwei Personen, die in einem Märchen verzaubert werden.
B Nennt drei Personen, die in einem Märchen verzaubert werden.

3 A Nennt zwei Märchen, in denen Tiere sprechen können.
B Nennt drei Märchen, in denen Tiere sprechen können.

4 A Wer gibt in dem Märchen *„Schneewittchen“* die Antwort auf die Frage nach der Schönheit?
B Womit versucht die böse Königin, Schneewittchen zu vergiften?

5 A Gebt einen Märchenspruch wieder, z. B. mit Reim.
B Nennt drei typische Märchensprüche.

6 A Mit welchen Worten beginnen und mit welchen enden viele Märchen?
B Erklärt, wie der Prinz sein Aschenputtel nach dem Tanz wiederfindet.

7 A Nennt aus Märchen eine Person und ein Tier, die gut sind.
B Zählt drei bekannte Märchenpaare auf.

8 A Was bringt Rotkäppchen der Großmutter?
B Welche Aufgaben werden in dem Märchen *„Frau Holle“* gestellt?

9 A Ergänzt den Spruch: *„Ach, wie gut, dass niemand weiß, …!“*
B Löst Aufgabe A und ergänzt auch noch: *„Heute back ich, morgen …!“*

10 A Wie kennzeichnen Hänsel und Gretel den Weg in den Wald?
B Wie lange schläft Dornröschen?

11 A Nennt aus Märchen eine Person und ein Tier, die böse sind.
B Welches Tier sitzt bei den *„Bremer Stadtmusikanten“* ganz oben, welches steht unten?

Wertet das Spiel aus: Wer sind die Märchenexperten in eurer Klasse?

Es war einmal ... – Märchenmerkmale sammeln

1 **a)** In dem Spiel konntest du feststellen, dass Märchen vieles gemeinsam haben. Diese Besonderheiten nennt man *Märchenmerkmale*. Lies dazu die **LERNBOX**.
b) Lege dir zu diesen Märchenmerkmalen jeweils eine Karteikarte an. Die Karteikarten helfen dir später, ein eigenes Märchen zu schreiben.
c) Ergänze auf jeder Karte Beispiele aus den Märchen in diesem Buch.
d) Ergänze weitere Beispiele für Merkmale aus Märchen, die du kennst.

Zaubergegenstände:
– „Froschkönig“: die goldene Kugel

Zeit und Ort sind unbestimmt:
– Es war einmal vor langer, langer Zeit ...

Zahlen:
– „Der Wolf und die sieben Geißlein“

???

Märchensprüche:
– Rumpelstilzchen: „Ach, wie gut, dass niemand weiß, dass ich Rumpelstilzchen heiß.“

2 Um euch die Märchenmerkmale einzuprägen, gestaltet für eure Klasse ein Plakat, auf dem ihr sie in Form einer **Mindmap** **(siehe Seite 279)** darstellt. Geht so vor:
a) Entwickle in Einzelarbeit zunächst einen Entwurf, indem du die Merkmale geordnet und vollständig anordnest.
b) Vergleiche die Inhalte deiner Mindmap mit denen deines Partners. Tauscht euch über Inhalte und Formulierungen aus.
c) Einigt euch in der Klasse auf eine Darstellungsform. Danach überträgt einer die Mindmap auf ein großes Plakat, das ihr aushängen könnt.

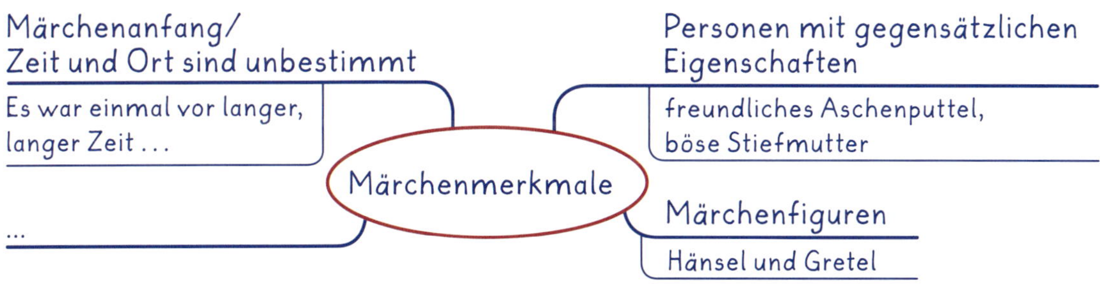

LERNBOX

Merkmale von Märchen

1. Im Märchen sind **Ort** und **Zeit** unbestimmt: *Es war einmal ...*
2. Häufig stehen sich **Personen mit gegensätzlichen Eigenschaften** gegenüber: *faul und fleißig, schön und hässlich ...*
3. In Märchen können **Tiere sprechen**. Es gibt **Zauberei** *(Zaubergegenstände)*, und **fantastische Figuren** *(Zwerge, Riesen, Hexen ...)* treten auf.
4. Die Hauptfigur muss **Aufgaben lösen** und **Gefahren bestehen**.
5. Oft kommen die **Zahlen 3** und **7** vor: *drei Wünsche, sieben Geißlein ...*
6. In vielen Märchen gibt es **Märchensprüche**.
7. Am **Ende siegt das Gute** über das Böse.

Märchenmerkmale überprüfen

1 Lest das Märchen zu zweit in Murmelstimme. Wenn einer über ein Wort stolpert, lest den Satz gemeinsam noch einmal.

2 Mache dir den Inhalt des Märchens klar: Lies den Text dazu nochmals gründlich und nutze die Worterklärungen. Wenn du Fragen hast, wende dich an die Märchenexperten.

Jorinde und Joringel

Jakob und Wilhelm Grimm, nacherzählt von Jörg Steiner

A = Zauberin verwandelt Mädchen in Vogel

Es war einmal ein Schloss mitten in einem großen Wald. In dem Schloss wohnte eine Frau ganz allein, das war eine Zauberin. Wenn jemand zu nahe an ihr Schloss herankam, so musste er stillstehen und konnte sich nicht von der Stelle bewegen, bis sie ihn wieder erlöste[1]. Wenn sich ein Mädchen im Walde verirrt hatte, verzauberte die Zauberin es in einen Vogel, und den Vogel sperrte sie in einen Korb, und den Korb trug sie in ihr Schloss. Sie verzauberte sogar sich selbst. Am Tage machte sie sich zur Katze oder zur Eule. Aber wenn die Sonne unterging, verwandelte sie sich wieder in einen Menschen.

Jorinde und Joringel waren schon oft in dem dunklen Wald spazieren gegangen. Einmal aber, als es schon gegen Abend ging, merkten die beiden, dass sie den Weg verloren hatten. Joringel weinte, und Jorinde fing auch an zu weinen. Sie wussten beide nicht mehr, wohin sie nach Hause gehen sollten.

Joringel schaute durchs Gebüsch und sah die alte Mauer des Schlosses nah vor sich. Er konnte sich auf einmal nicht mehr bewegen, er konnte nichts mehr sagen. Und neben ihm sang Jorinde leise: „Ziküth, Ziküth, Ziküth."[2] Die Zauberin hatte sie in eine Nachtigall verwandelt. Joringel: „Bitte, o bitte, gebt mir meine Jorinde wieder." Zauberin: „Nein, sie soll nie wieder zu dir zurückkehren." Die Zauberin berührte Joringel mit ihrem Zauberstab, und nun konnte er sich wieder bewegen. „Mach, dass du mir aus den Augen kommst"[3], sagte die Zauberin. Da ging Joringel weit fort in ein fremdes Dorf.

Einmal hatte Joringel einen seltsamen Traum. Er träumte von einer roten Blume. Alles, was er mit der roten Blume berührte, war von der Zauberei frei und erlöst. Er hatte die Blume im Traum so deutlich gesehen, dass er beschloss, sie suchen zu gehen. Und wirklich, am neunten Tage fand er sie.

Nun endlich konnte Joringel in den verwunschenen[4] Wald mit den hohen Maibuchen[5] zurückkehren, und weil er von Weitem die vielen gefangenen Vögel singen hörte, fand er das Schloss ohne Mühe. Als aber die Zauberin Joringel sah, wurde sie sehr böse und spie Gift und Galle[6] gegen ihn. Aber Joringel hatte seine Wunderblume, und gegen die Blume konnte die Zauberin nichts machen. Joringel merkte nur, dass sie heimlich ein Körbchen wegnahm. Er stürzte auf sie zu und berührte das Körbchen mit seiner Blume – und auf einmal stand Jorinde da und war so schön wie nie zuvor. Joringel erlöste auch die anderen Mädchen: Nachtigallen, Spatzen, Amseln, Tauben, Krähen, Kirschkernbeißer, Bachstelzen, Meisen und Möwen. Zuletzt erlöste er auch die Zauberin: Nun wollte sie nicht mehr zaubern. Als alle frei waren, ging Joringel mit seiner Jorinde nach Hause, und sie lebten lange vergnügt zusammen.

[1] befreite
[2] Ton des Vogels Nachtigall
[3] „Verschwinde!"
[4] verzauberten
[5] Rotbuchen (Baumart)
[6] beschimpfte ihn

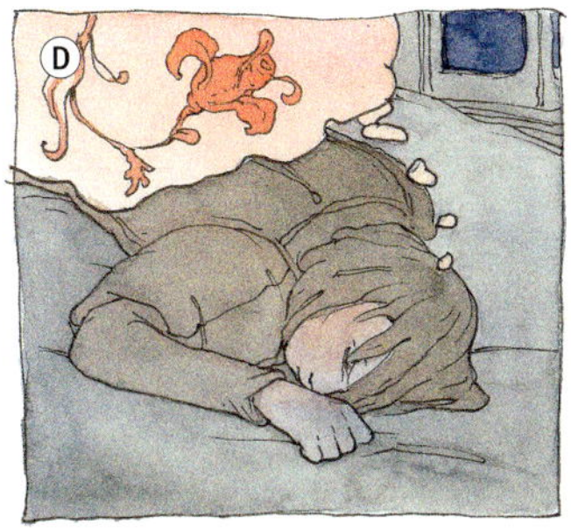

3 Überprüfe, ob du das Märchen verstanden hast:
a) Die Bilder geben die einzelnen Handlungsschritte wieder. Schreibe für jedes Bild eine Bildunterschrift auf und gib dazu die jeweiligen Zeilen an:
A = → Z. 1–8: Zauberin verwandelt Mädchen in Vögel
b) Vergleiche deine Bildunterschriften mit einem Partner. Welche fassen den Inhalt gut zusammen, welche nicht? Übernehmt die passenderen.
c) Ergänze zu jeder Bildunterschrift Stichwörter, um den Inhalt später wiedergeben zu können.

4 **a)** Erzähle deinem Partner mithilfe deiner Bildunterschriften das Märchen nach. Dieser überprüft den Inhalt anhand der Bilder und klopft auf den Tisch, sobald du etwas nicht ganz richtig erzählt hast.
b) Tauscht anschließend die Rollen.

5 **a)** Welche Märchenmerkmale findest du in diesem Märchen wieder?
b) Tauscht euch darüber aus und ergänzt eure Karteikarten.

Bearbeite im Arbeitsheft die Aufgaben zu den Märchenmerkmalen. **AH, Seite 14–16**

TIPPBOX

Zu 3 a): Abschnitte zu den Bildern:
B → Z. 9–12, C → Z. 13–20, D → Z. 21–24, E → Z. 25–36

Zu 4 a): So kannst du beginnen:
„Es war einmal eine böse Zauberin, die lebte in einem Schloss im Wald. Immer wenn ein Mädchen in den Wald kam, verzauberte sie es …“

Zu 5 a): Diese Beispiele kannst du den Märchenmerkmalen zuordnen: *Es war einmal ein Schloss mitten in einem großen Wald. / Zauberin / verzaubertes Mädchen = Vogel / Zauberin: böse, Jorinde und Joringel: gut / Zauberstab / Wunderblume / Jorinde und die anderen Mädchen werden erlöst / … und sie lebten lange vergnügt zusammen*

So entstanden Märchen – Märchenerzähler kennenlernen

1 **a)** Wie sind Märchen entstanden? Lies dazu den Text.
b) Betrachte das Bild und erkläre, wie Bild und Text zusammenhängen.

In früheren Zeiten ohne Fernsehen und Internet spielte das Erzählen von Geschichten eine viel größere Rolle für die Unterhaltung als heute.
Die meisten Märchen stammen von unbekannten Erzählerinnen und Erzählern. Viele der bei uns bekannten Märchen sind wahrscheinlich an langen Winterabenden entstanden, wenn man an Feuerstellen in Wirts- oder Wohnstuben beisammensaß. Besonders gelungene Geschichten wurden von anderen weitererzählt. So verbreiteten sie sich mündlich und wurden dabei oft verändert. Der Begriff für diese Märchen ist **Volksmärchen**. Dass sie uns heute noch bekannt sind, ist Schriftstellern zu verdanken, die sie gesammelt und aufgeschrieben haben.
Die bekanntesten Märchensammler in Deutschland waren die Brüder Jakob (1785–1863) und Wilhelm Grimm (1786–1859). Sie ließen sich die Märchen erzählen und schrieben sie auf. Ihre Sammlung „Kinder- und Hausmärchen" von 1857 enthält 200 verschiedene Märchentexte.
In Märchen geraten Menschen oft unverschuldet in eine Notlage, aus der sie meist durch die Hilfe anderer erlöst werden. Die Handlungen sind so allgemein verständlich, dass sie überall auf der Welt erzählt werden. Allerdings werden die Geschichten oftmals den Besonderheiten des jeweiligen Landes angepasst, beispielsweise ändern sich die Namen der Menschen sowie die Pflanzen- und Tierarten. So lässt sich das europäische Märchen „Rotkäppchen" zum Beispiel mit dem chinesischen Märchen „Tigeroma" vergleichen. Die Handlung ist in beiden Märchen ähnlich, nur die Tierarten ändern sich: Bei „Rotkäppchen" ist es ein böser Wolf, der sich als Großmutter ausgibt und das Kind frisst, bei „Tigeroma" ist ein „Tiger" der Übeltäter.

Seite 76

2 **a)** Lies die folgenden Sätze und notiere, welcher Satz mit dem Inhalt des Textes übereinstimmt und welcher nicht. Gib die passende Zeile als Beleg an.
b) Tausche dich mit einem Nachbarn über deine Ergebnisse aus.

A Die Brüder Grimm haben sich viele Märchen ausgedacht.
→ falsch (Z. 17–18)
B Die Brüder Grimm haben Märchen gesammelt und aufgeschrieben.
C Wilhelm Grimm ist ein Jahr älter als sein Bruder.
D Die eigentlichen Autoren der Volksmärchen sind bekannt.
E Das Erzählen von Märchen diente der Unterhaltung an langen Winterabenden.
F Märchen gibt es in vielen Ländern.

Märchen mit der Lesemethode erschließen und nacherzählen

Erschließe das folgende Märchen mit der **Lesemethode für erzählende Texte**, damit du es anschließend selbst nacherzählen kannst. Gehe dazu so vor, wie in den Aufgaben 1–5 beschrieben:

1 Lies die Überschrift des Märchens und betrachte das Bild unten. Stelle Vermutungen dazu an, worum es in dem Märchen gehen könnte.

1. Schritt: sich orientieren

Prinzessin Mäusehaut

Jakob und Wilhelm Grimm

Ein König hatte drei Töchter. Da er wissen wollte, welche ihn am liebsten hätte, ließ er sie vor sich kommen[1] und fragte sie. Die älteste sprach, sie habe ihn lieber als das ganze Königreich; die zweite, als alle Edelsteine und Perlen auf der ganzen Welt; die dritte aber sagte, sie habe ihn lieber als das Salz. Der König war aufgebracht[2], dass sie ihre Liebe zu ihm mit so einer geringen Sache verglich, übergab sie einem Diener und befahl, er solle sie in den Wald führen und töten. Wie sie in den Wald gekommen waren, bat die Prinzessin den Diener um ihr Leben[3]; dieser war ihr treu und würde sie auch nicht getötet haben. Er sagte, er wolle mit ihr gehen und ganz nach ihren Befehlen tun[4]. Die Prinzessin verlangte aber nichts als ein Kleid von Mäusehaut[5], und als er ihr das geholt hatte, wickelte sie sich hinein und ging fort.

Sie ging geradezu an den Hof eines benachbarten Königs, gab sich für einen Mann aus und bat den König, dass er sie in seine Dienste nehme[6]. Der König sagte es zu. Abends musste sie ihm die Stiefel ausziehen, die warf er ihr allemal an den Kopf. Einmal fragte er, woher sie sei. „Aus dem Land, wo man den Leuten die Stiefel nicht um den Kopf wirft." Da wurde der König aufmerksam. Endlich brachten ihm die anderen Diener einen Ring; Mäusehaut habe ihn verloren, der sei zu kostbar, den müsse er gestohlen haben. Der König ließ Mäusehaut vor sich kommen und fragte, woher der Ring sei. Da konnte sich Mäusehaut nicht länger verbergen[7], sie wickelte sich von der Mäusehaut los, ihre goldgelben Haare quollen hervor[8], und sie trat heraus, so schön, dass der König gleich die Krone von seinem Kopf abnahm und ihr aufsetzte und sie für seine Gemahlin[9] erklärte.

Zu der Hochzeit wurde auch der Vater der Mäusehaut eingeladen, der glaubte, seine Tochter sei schon längst tot, und er erkannte sie nicht wieder. Auf der Tafel aber waren alle Speisen, die ihm vorgesetzt wurden, ungesalzen. Da wurde er ärgerlich und sagte: „Ich will lieber nicht leben, als solche Speisen essen!" Wie er das Wort ausgesagt hatte, sprach die Königin zu ihm: „Jetzt wollt Ihr nicht leben ohne Salz, und doch habt Ihr mich einmal wollen töten lassen, weil ich sagte, ich hätte Euch lieber als das Salz!" Da erkannte er seine Tochter und küsste sie und bat sie um Verzeihung, und es war ihm lieber als sein Königreich und alle Edelsteine der Welt, dass er sie wiedergefunden hatte.

[1] er rief die Töchter zu sich
[2] wütend
[3] der Diener sollte sie nicht töten
[4] das machen, was sie verlangte
[5] aus der Haut von Mäusen gemacht
[6] sie wollte für ihn arbeiten
[7] verstecken, verstellen
[8] waren erkennbar
[9] Ehefrau

2 Lies das Märchen und überprüfe deine Vermutungen.

2. Schritt: unbekannte Begriffe klären Folie

3 Lies das Märchen ein zweites Mal „mit dem Stift“.

a) Markiere beim ersten gründlichen Lesen mit einer Wellenlinie Begriffe und Ausdrücke, die du nicht kennst. Einige Worterklärungen findest du schon am Rand des Textes auf Seite 63.

b) Erschließe die Bedeutung der unbekannten Wörter aus dem Textzusammenhang oder mit einem Wörterbuch.

3. Schritt: Schlüsselstellen markieren Folie

4 **a)** Schau dir die Markierungen und Notizen unten zum ersten Sinnabschnitt des Märchens an. Das sind *Schlüsselstellen*, die etwas über die Personen aussagen oder die für die Handlung wichtig sind.

b) Markiere solche Schlüsselstellen in den weiteren Absätzen im Text und schreibe eigene Notizen an den Rand. Orientiere dich dazu am Beispiel:

König, 3 Töchter; Prüfung
3 Antworten

3. Antwort macht König wütend
→ Strafe

1. Sinnabschnitt:

Ein König hatte drei Töchter. Da er wissen wollte, welche ihn am liebsten hätte, ließ er sie vor sich kommen und fragte sie. Die älteste sprach, sie habe ihn lieber als das ganze Königreich; die zweite, als alle Edelsteine und Perlen auf der ganzen Welt; die dritte aber sagte, sie habe ihn lieber als das Salz. Der König war aufgebracht, dass sie ihre Liebe zu ihm mit so einer geringen Sache verglich, übergab sie einem Diener und befahl, er solle sie in den Wald führen und töten.

Wie sie in den Wald gekommen waren, bat die Prinzessin den Diener um ihr Leben; dieser war ihr treu und würde sie auch nicht getötet haben …

4. Schritt: Wichtiges herausschreiben:
a) Sinnabschnitte
b) Zwischenüberschriften
c) Notizen zu Sinnabschnitten

5 **a)** Unterteile den Text in *Sinnabschnitte*. Lies dazu die **LERNBOX**. Nach jedem Abschnitt ziehst du mit dem Lineal eine Linie im Text wie unter dem ersten Abschnitt im Beispiel.

LERNBOX

Was sind Sinnabschnitte?
Du bildest **Sinnabschnitte**, um dich besser im Text zurechtzufinden.
Ein Sinnabschnitt umfasst einen oder mehrere Absätze, die inhaltlich eng zusammengehören. Immer, wenn etwas Neues geschieht, das heißt ein neuer Handlungsschritt beginnt, eine neue Person auftaucht oder Ort und Zeit sich ändern, beginnt ein neuer Sinnabschnitt.

TIPPBOX

Zu 3 b): *Wörter aus dem Textzusammenhang erschließen* bedeutet, dass du einen Satz oder mehrere zusammenhängende Sätze mehrfach liest. Wenn du die anderen Wörter verstanden hast, kannst du dir die Bedeutung des unbekannten Wortes im Zusammenhang selbst denken, z. B. *„Der König sagte es zu.“ (Z. 13–14) → Der König stimmte zu.*
Zu 4 b): Folgende Fragen können beim Aufspüren von *Schlüsselstellen* hilfreich sein:
Welche Personen handeln? / Wo spielt das Märchen? / Worum geht es? / Was ist das Problem? / Welche Gefahren muss die Märchenfigur bestehen, welche Aufgaben muss sie lösen? / Wie kommt es zu dem guten Ende?

b) Die folgenden Zwischenüberschriften A–D zu den Sinnabschnitten sind vermischt. Kläre die richtige Reihenfolge und gib die jeweiligen Zeilen aus dem Märchen (Seite 63) an. Schreibe die Lösungen in dein Heft und lasse dazwischen mehrere Zeilen Platz, damit du später Stichwörter hinzufügen kannst. Achtung: Eine Zwischenüberschrift fehlt. Ergänze sie.
Schreibe so:
1. Sinnabschnitt (Z. 1–6): Die Prüfung der drei Töchter

A Enttarnung der Prinzessin und Heirat
B Die jüngste Tochter wird zu Prinzessin Mäusehaut
C Im Dienst des benachbarten Königs
D Die Prüfung der drei Töchter

6 Was passiert in dem Märchen? Schreibe dir zu den einzelnen Zwischenüberschriften Stichworte zur Handlung auf, mit deren Hilfe du das Märchen selbst nacherzählen kannst. Schreibe so:

1. Sinnabschnitt (Z. 1–6): Die Prüfung der drei Töchter
- König will wissen, welche Tochter ihn am liebsten hat
- die dritte Tochter sagt, sie habe ihn lieber als Salz
- König ist gekränkt und bestraft sie dafür

7 Ergänze auf deinen Karteikarten zu den Märchenmerkmalen Beispiele aus diesem Text.

8 Bereite dich mit einem Partner darauf vor, das Märchen *„Prinzessin Mäusehaut“* wie ein richtiger Märchenerzähler nachzuerzählen:
a) Lest gemeinsam noch einmal eure Stichworte zu den Sinnabschnitten durch. Ergänzt oder verändert sie, wenn nötig.
b) Teilt die Nacherzählung auf und übt den Vortrag. Erzählt dabei möglichst lebendig und spannend, damit ihr eure Zuhörer fesselt und unterhaltet.

9 **a)** Setzt euch mit einem weiteren Team zusammen und erzählt das Märchen abwechselnd nach. Währenddessen hören die beiden anderen zu.
b) Danach geben die Zuhörer eine Bewertung ab, indem sie folgende Fragen beantworten: *Wurde der Inhalt richtig wiedergegeben? War die Nacherzählung lebendig und spannend? Wurden wir gut unterhalten?*
c) Tauscht anschließend die Rollen und verfahrt ebenso.

TIPPBOX

Zu 5 b): Die Zwischenüberschrift zum letzten Sinnabschnitt ist nicht angegeben. Fasse in einer Überschrift zusammen, dass der Vater sein falsches Verhalten erkennt und deshalb seine Tochter um Verzeihung bittet.
Zu 6 : Nimm dazu die Schlüsselwörter aus dem Sinnabschnitt auf und formuliere sie in eigenen Worten stichwortartig um, z. B.: – *Diener lässt Prinzessin am Leben ... (→ 2. Sinnabschnitt).*

Ein eigenes Märchen schreiben

1 Schreibe ein eigenes Märchen. Schau dir dazu die Vorschläge A–C an und wähle den Vorschlag aus, zu dem du die meisten Ideen hast. Bevor du mit dem Schreiben beginnst, arbeite auf der nächsten Seite weiter.

Vorschlag A: Einen Märchenanfang fortsetzen

Es war einmal ein Müller[1], der hatte drei Töchter. Lange Jahre lebten er und seine Familie glücklich, denn die Mühle[2] lief ständig und brachte gute Einnahmen.
Eines Nachts erwachte er, weil ungewohnte Stille über dem Hause lag. Das Rumpeln des Mühlrades war nicht mehr zu hören. Schnell sprang der Müller aus dem Bett und lief nach draußen. Da sah er die Bescherung. Das Bachbett[3] war ausgetrocknet und alle Räder standen still. Aber zwischen den Steinen bemerkte er einen Gegenstand. Und als er nachschaute, lag dort eine kleine Kiste ganz aus Eisen. Vorsichtig löste er den Riegel und öffnete sie …

[1] stellt aus Korn Mehl her

[2] Anlage zum Zerkleinern von Getreide

[3] Boden des Baches

Vorschlag B: Sich von einem Bild zu einem Märchen anregen lassen

☆ **Vorschlag C: Zu Stichwörtern schreiben**

Wähle eine Stichwortfolge aus und verfasse dazu einen Märchentext, in dem diese Stichwörter vorkommen:

1. ein Haus im Wald – eine leere Kiste – eine schöne Prinzessin
2. ein goldener Ring – drei Brüder – ein verwunschenes Schloss
3. ein Drache – ein Zauberer – eine Höhle voller Schätze
4. ein verzaubertes Pferd – ein steinalter Zwerg – eine Quelle mit zauberkräftigem Wasser

- Worum soll es in dem Märchen gehen?
- Welche **Personen**, **Märchenfiguren** und **Zaubergegenstände** sollen in dem Märchen vorkommen?
- Welche **Aufgaben** müssen gelöst, welche **Gefahren** bestanden werden?
- Welche **Zahlen** spielen eine Rolle?
- Willst du einen **Spruch** verwenden?
- Kommen die Personen durch Geschicklichkeit oder mit Hilfsmitteln ans Ziel?
- Welches **gute Ende** soll das Märchen haben?

2 Sammle Ideen für dein Märchen. Schau dir noch einmal ganz genau deinen ausgewählten Vorschlag an und beantworte dazu die Fragen oben. Übertrage dann die folgende Mindmap in dein Heft und fülle sie für dein Märchen aus. Nutze dazu auch deine Karteikarten mit den Märchenmerkmalen.

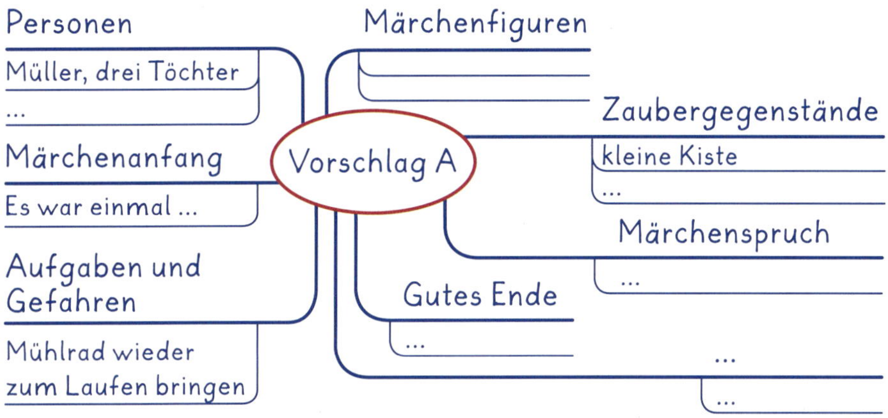

Weitere Ideen findest du im Arbeitsheft: *Hinweise zum Leitfaden.* **AH, Seite VIII**

TIPPBOX

Zu 2: Ideen zu Vorschlag A:
Personen: *Müller; drei Töchter, die wundervoll singen konnten; seine Frau; Prinz ...*
Märchenfiguren: *der Mühlengeist; drei winzige Zwerge, die das Mühlrad antrieben ...*
Zaubergegenstände: *kleine Kiste mit einem Schlüssel; Lied der drei Töchter ...*
Aufgaben/Gefahren: *Müller musste die Zwerge aufwecken; den Mühlengeist erlösen ...*
Märchenspruch: *„Mühlgeist, Mühlgeist, mach, dass unser Wasser fließt, dass es in großem Schwalle wieder aus der Quelle schießt!“*
gutes Ende: *Die jüngste Tochter heiratete den erlösten Prinzen, im Bach floss wieder Wasser, das Mühlrad drehte sich und die Familie lebte glücklich bis an ihr Lebensende.*

Ideen zu Vorschlag B:
Personen: *Bruder und Schwester; Prinz und Prinzessin ...*
Zauberwesen: *eine sprechende alte Eiche, die von einem gemeinen Kobold geplagt wurde; eine verwunschene Seerose, die eigentlich eine Fee war ...*
Zaubergegenstände: *der Zauberstab der Fee unter den Wurzeln der Eiche ...*
Aufgaben/Gefahren: *den Kobold überlisten und die Eiche befreien; die verzauberte Seerose in eine Fee verwandeln; das Schloss mit Prinz und Prinzessin erlösen ...*
gutes Ende: *der Bruder verlobte sich mit der Prinzessin; die Schwester mit dem Prinzen*

3 Lege zu deinem Märchen einen Schreibplan wie unten an und setze ihn fort. Dabei sollen die einzelnen Handlungsschritte deutlich werden.
Achte darauf, dass das Märchen einen roten Faden hat und zu dem Textanfang oder zum Bild passt. Formuliere in Stichworten.

4 Schreibe einen Entwurf für dein Märchen. Berücksichtige dabei die Hinweise in der **LERNBOX**.

AH, Seite VII Nutze auch den Leitfaden: *Ein Märchen schreiben* im Arbeitsheft.

AH, Seite 17 Eine weitere Übung zum Schreiben von Märchen findest du im Arbeitsheft.

LERNBOX

So erzählst du ein Märchen:

1. Beachte die **Märchenmerkmale**. Nutze dazu deine Karteikarten.
2. Bleibe bei der Handlung: Achte darauf, dass sie zum Märchenanfang oder zum Bild passt, und erzähle sie folgerichtig, damit der **rote Faden** deutlich wird.
3. Benutze **wörtliche Rede**. Auch Tiere und Pflanzen können im Märchen sprechen.
4. Gib **Gedanken und Gefühle** der Personen wieder.
5. Verwende **passende Verben**, die genau das ausdrücken, was du meinst. Schau dir dazu die Wortfelder zu *sagen* und *gehen* an **(Seite 42, 99)**.
6. Benutze **anschauliche Adjektive**, damit sich dein Leser eine deutliche Vorstellung machen kann: riesiger / *grässlicher / fürchterlicher / zorniger / wutschnaubender* Drache.
7. Schreibe im **Präteritum** (=einfache Vergangenheit) **(Seite 74)**.
8. Suche für dein Märchen eine treffende **Überschrift.**

TIPPBOX

Zu 3: Vorschlag A: ... → in der Kiste aus Eisen lag ein geheimnisvoller Schlüssel → Müller fand eine alte Holztür unter der Mühle, die er noch nie geöffnet hatte → traf auf drei Zwerge, die schliefen → was er auch versuchte, er konnte sie nicht wecken → ...
Vorschlag B: Geschwisterpaar wohnte in der Nähe eines düsteren Schlosses → alte Eiche in ihrem Garten klagte ihnen ihr Leid, dass ein Kobold sie plagen würde → sprechende Seerose war eine Fee, die von ihnen erlöst werden konnte → Schwester fand sie und holte sie aus dem Wasser → Fee erzählte ihnen von ihrem Zauberstab unter den Wurzeln der Eiche → Geschwister sprachen mit der Eiche und gruben ein Loch → fanden den Zauberstab ...
Zu 4: Märchenanfang zu Vorschlag B:
Es war einmal ein Geschwisterpaar, das lebte in einem fernen Land in der Nähe eines großen, düsteren Schlosses.
Im Garten ihres kleinen Häuschens stand eine knorrige, alte Eiche. Als Bruder und Schwester eines Abends im Garten spazieren gingen, ...

Ein Märchen überarbeiten

Ein trauriger Drache sucht einen Freund

Es war einmal ein kleiner Drache. Der lebte ganz allein in einem Wald. Im Wald war es ganz furchtbar dunkel und manchmal hatte er sogar Angst, weil er so allein war und keinen zum Reden oder Spielen hatte. Dann weint er still und leise vor sich hin.

Eines Tages geht ein Junge im Wald spazieren. Er sieht den Drachen und erschreckt sich erst einmal ganz furchtbar, weil der Drache so dasaß und ganz rot glühte. Außerdem kamen Dampfwolken aus seiner Nase und um ihn herum waren ganz viele Wasserpfützen. Dass er so viel geweint hatte, wusste der Junge natürlich nicht. Er glaubt, der Drache will ihn bedrohen. Da sagt der Drache auf einmal: „Ich bin ein Drache, der einen Freund sucht!“ Der Junge war sehr verdutzt und entgegnete: „Ach, du willst mir gar nichts tun?“ „Nein, wo denkst du hin? Wir könnten doch etwas zusammen spielen?“ Der Junge war so verdattert, dass er gar nichts mehr sagen konnte.

„Wenn du mit mir spielst, dann bekommst du eine Belohnung von mir!“, lockte ihn der Drache. „Na gut“, antwortete der Junge und setzte sich zu ihm.

Nach dem Spiel bekam der Junge eine Wunderrose geschenkt. Damit suchte sich der Junge eine Prinzessin, die er später heiratete. Sie bekamen viele Kinder und wohnten auf dem Schloss der Prinzessin. Die Wunderrose bewahrten sie in der Schatzkammer auf und sie blühte ihr ganzes Leben und brachte ihnen ganz viel Glück. Und wenn sie nicht gestorben sind, dann leben sie noch heute.

Überschrift passt nicht! ↳ ↵

Am Anfang benutzt du treffende Verben und anschauliche Adjektive, später nicht mehr.

Präteritum verwenden!
ging sah erschreckte

Den Märchenanfang finde ich gut gelungen, aber im Hauptteil erfährt man gar nicht, wie der Junge die Prinzessin findet.

Einfach so?

Die Wunderrose ist doch ein Zaubergegenstand. Was kann sie eigentlich?

Das Ende ist prima. Das Märchen geht gut aus.

1 **a)** Lies die Anmerkungen aus der Schreibkonferenz.
b) Tausche dich mit einem Partner darüber aus, ob die Tipps und Anmerkungen richtig sind und worauf sie sich beziehen.

Folie **2** Vieles bleibt in diesem Märchen unklar.
Untersuche, wo der Text noch verbessert werden kann. Orientiere dich dabei an der **CHECKLISTE** und setze mithilfe einer Folie die Anmerkungen am Rand auf Seite 69 fort. Verwende die folgenden Korrekturzeichen:

streichen ├──┤
einfügen ⌐
ersetzen ↳ ↲

3 **a)** Schreibe den Text neu und berücksichtige dabei die Anmerkungen aus der Schreibkonferenz sowie deine eigenen Überarbeitungshinweise.
b) Tausche deinen Text danach mit einem Partner aus. Beurteilt, ob ihr das Märchen nun besser gelungen findet.
Ihr könnt zur Überprüfung noch einmal die **CHECKLISTE** nutzen und einen Kommentar unter den Text schreiben.

AH, Seite 18 Eine weitere Übung zur Überarbeitung von Märchen findest du im Arbeitsheft.

CHECKLISTE

Märchen überarbeiten

1. Beginnt das Märchen mit „Es war einmal ...“?
2. Hat das Märchen einen **roten Faden**?
3. Wo muss etwas **deutlicher dargestellt** werden? / Wo kann **Überflüssiges gestrichen** werden?
4. Enthält das Märchen die wichtigsten **Märchenmerkmale**?
5. Ist das Märchen **spannend und lebendig** formuliert?
6. Ist der **Schluss typisch** für ein Märchen?
7. Passt die **Überschrift** zum ganzen Text?
8. Ist die Erzählung im **Präteritum** geschrieben?
9. An welchen Stellen kannst du noch **wörtliche Rede** einfügen?
10. An welchen Stellen kannst du noch **treffendere Verben** oder **anschaulichere Adjektive** einfügen?
11. Wo lassen sich **Wortwiederholungen vermeiden**?

TIPPBOX

Zu 2:

- Die Überschrift passt nicht zum Text, denn es geht auch um einen Jungen, der eine Prinzessin erobert, sowie um die Wunderrose.
- Das Märchen hat keinen roten Faden und es gibt zu viele offene Fragen: Was macht der Junge mit der Wunderrose? Wie findet er die Prinzessin? ... Also muss der Hauptteil erweitert werden.
- Einige Märchenmerkmale fehlen: Aufgaben / Gefahren, weitere Zauberwesen, Zahlen, Märchenspruch, Personen mit gegensätzlichen Eigenschaften ...
- Zum Schluss wirkt das Märchen nicht spannend und lebendig. Hier müssen noch Handlungsschritte ergänzt werden.

Kompetenz-Check A: Märchen schreiben

Es waren einmal ein alter Mann und eine alte Frau, die waren sehr arm. Sie hatten einen Sohn, den sie über alles liebten. Eines Tages sprach der Sohn: „Vater, Mutter! Ich werde in die Welt hinausziehen und mein Glück machen. Dann wird es uns nie mehr schlecht gehen." Die Alten wollten den Jungen nicht ziehen lassen, denn sie hatten Angst, ihn zu verlieren. Ihr Häuschen stand nämlich am Rande eines dunklen Waldes, in dem viele Drachen hausten ...

1 Setze dieses Märchen fort und bringe es zu einem guten Ende. Gehe so vor:
a) Sammle **Schreibideen** zu dem Märchenanfang. Wähle dazu Ideen aus den Vorschlägen unten aus. Du kannst auch eigene Ideen finden. Halte deine Schreibideen in einem Cluster auf einem Extrablatt fest.

- Welche **Personen, Tiere** und **Zauberwesen** sollen in deinem Märchen vorkommen?
  alter Mann / alte Frau / mutiger Sohn / drei böse Drachen und ein guter / eine kluge, liebreizende Königstochter / eine kluge Eule im Hohlraum einer Eiche / ein schlauer Bauernbursche ...
- Welche **besonderen Zahlen** sollen in dem Märchen vorkommen?
  drei böse Drachen / drei Wünsche frei ...
- Welche **Aufgaben** muss der Sohn lösen?
  Sohn will die kluge, liebreizende Königstochter aus der Drachenhöhle befreien / Sohn muss die drei bösen Drachen überlisten / der gute Drache hilft ihm, weil er die bösen Drachen nicht leiden kann / Bauernbursche will ihm helfen, er kennt eine kluge Eule / Sohn muss die Königstochter sicher nach Hause ins Schloss bringen ...
- Sollen **Zaubergegenstände** dabei eine Rolle spielen?
  magische Feder der klugen Eule / das Feuer des guten Drachen ...
- Welchen **Spruch** soll der Sohn einsetzen?
  „Drache hin, Drache her – euch zu besiegen, das ist gar nicht schwer." / „Liebe Eule, hilf mir doch, den Eingang finden muss ich noch." ...
- Überlege dir auch, **welches gute Ende** das Märchen haben soll.

b) Entwickle einen **Schreibplan** auf einem Extrablatt. Die folgenden Handlungsschritte kannst du nutzen und fortführen.

2 Schreibe den **Entwurf** deines Märchens auf. Berücksichtige dabei folgende Hinweise:
- Halte in deinem Märchen den **roten Faden** ein und achte darauf, dass deine Fortsetzung zum Textanfang passt.
- Berücksichtige die **Märchenmerkmale**, die du vorher ausgewählt hast.
- Formuliere **anschaulich und lebendig**. Verwende dazu **passende Verben** *(reiten, kämpfen, überlisten, versöhnen, ausrufen, entgegnen ...)* und **anschauliche Adjektive** *(listig, dunkel, geheimnisvoll, treu, wunderschön, einsam, still, unheimlich ...)*.
- Erzähle im **Präteritum**.
- Verwende **wörtliche Rede**. Beachte dabei die richtige Zeichensetzung.
- Stelle dar, was die **Personen fühlen und denken**.
- Formuliere eine **Überschrift**, die neugierig macht.

So kannst du den Anfang weiterschreiben:
... Nachdem der Sohn seine Eltern doch davon überzeugt hatte, dass er in die weite Welt hinauswandern musste, packte er seine Siebensachen und schritt davon. Die Eltern winkten ihm traurig hinterher ...

3 Überarbeite dein Märchen. Überprüfe dazu, ob du die Hinweise aus Aufgabe **2** berücksichtigt hast.

4 Schreibe dein Märchen noch einmal sauber und fehlerfrei auf.

Kompetenz-Check B: Märchen schreiben

Es waren einmal ein alter Mann und eine alte Frau, die waren sehr arm. Sie hatten einen Sohn, den sie über alles liebten. Eines Tages sprach der Sohn: „Vater, Mutter! Ich werde in die Welt hinausziehen und mein Glück machen. Dann wird es uns nie mehr schlecht gehen." Die Alten wollten den Jungen nicht ziehen lassen, denn sie hatten Angst, ihn zu verlieren. Ihr Häuschen stand nämlich am Rande eines dunklen Waldes, in dem viele Drachen hausten ...

1 Setze dieses Märchen fort und bringe es zu einem guten Ende. Gehe so vor:

a) Sammle in einem Cluster Schreibideen zu dem Märchenanfang.
- Welche Personen, Tiere und Zauberwesen sollen vorkommen?
- Welche besonderen Zahlen willst du einsetzen?
- Welche Aufgaben muss der Sohn lösen?
- Sollen Zaubergegenstände dabei eine Rolle spielen?
- Welchen Spruch soll der Sohn verwenden?
- Überlege dir auch, welches gute Ende das Märchen haben soll.

b) Entwickle einen Schreibplan, in dem du die Handlungsschritte notierst.

2 Schreibe den Entwurf zur Fortsetzung des Märchen auf. Berücksichtige dabei folgende Hinweise:
- Halte in deinem Märchen den **roten Faden** ein und achte darauf, dass es zum Textanfang passt.
- Berücksichtige die **Märchenmerkmale**, die du vorher ausgewählt hast.
- Formuliere **anschaulich und lebendig**. Verwende dazu **passende Verben** und **anschauliche Adjektive**.
- Erzähle im **Präteritum**.
- Verwende **wörtliche Rede**. Beachte dabei die richtige Zeichensetzung.
- Stelle dar, was die Personen **fühlen und denken**.
- Formuliere eine **Überschrift**, die neugierig macht.

3 Überarbeite dein Märchen: Überprüfe dazu, ob du die Hinweise aus Aufgabe **2** berücksichtigt hast.

4 Schreibe dein Märchen noch einmal sauber und fehlerfrei auf.

Im Blickpunkt: Sprache betrachten

Im Präteritum erzählen

er hieß
er war

Der weiße Handschuh (Janis, 10 Jahre)

Es war einmal ein Junge, der heißt Gottfried. Er ist der älteste Sohn eines armen Bauern gewesen. Seine Familie war so arm, dass die drei Brüder niemals richtig satt geworden sind.
Eines Abends hat der Vater zu dem Ältesten gesagt: „Gehe auf den Markt und kaufe billig eine Gans. Wir wollen wenigstens am Geburtstag deiner Mutter einen Braten auf den Tisch bringen.“ Da hat sich Gottfried auf den Weg gemacht. Doch als er auf dem Markt angekommen ist, waren bereits alle Gänse verkauft. Betrübt dreht er sich um und will nach Hause gehen, als er etwas Weißes auf dem Boden liegen sieht. Er hebte es auf, und siehe da, es war ein weißer Handschuh. Gottfried ziehte ihn an und dachte: „Ach, was habe ich Hunger!“ Kaum hatte er das gedacht, da hat auch schon eine reich gedeckte Tafel vor ihm gestanden. Freudig saß er sich hin, musste jedoch feststellen, dass er sich allein fühlte. Da seufzte er: „Was würden die Leute schauen, wenn ich, der Sohn eines armen Bauern, mit einer Prinzessin speisen würde.“ Kaum hatte er diesen Gedanken gefasst, da hat auch schon eine Prinzessin neben ihm gesessen. Sie war wunderschön. Gottfried spricht sie an, doch er hat keine Antwort bekommen. Stattdessen hat es geblitzt und gedonnert und eine Hexe von schrecklicher Gestalt steht hinter der Königstochter. Das Mädchen schrie aus Leibeskräften: „Gottfried, ich kann nur bei dir bleiben, wenn du mich von dieser Hexerei erlöst.“
Die Hexe ist auf Gottfried zugegangen und sprach: „Du hast dich mir widersetzt. Dafür sollst du bestraft werden.“ Sie zieht ihm den Handschuh mitsamt seiner Hand ab und ist verschwunden. Gottfried fiel auf der Stelle in Ohnmacht. So hat er drei Tage und drei Nächte gelegen. Und als er endlich aufgewacht ist, liegt neben ihm ein goldenes Buch, das auf einer Seite aufgeschlagen war …

1 Lies den Märchenanfang: Was fällt dir an den unterstrichenen Verben auf?

Seite 205

2 **a)** Zum schriftlichen Erzählen benutzt du das **Präteritum**. Das wurde im Text häufig nicht beachtet. Lies auf Seite 205 nach, wie es gebildet wird.
b) Im ersten Teil sind die falschen Zeitformen (Präteritum, Perfekt, falsch gebildetes Präteritum) bereits unterstrichen. Schreibe die Zeitformen im Präteritum mit Personalpronomen auf. Lies dazu, wie die **Zeitformen von unregelmäßigen Verben** gebildet werden.
c) Im zweiten Teil des Textes sind die falschen Verbformen nicht mehr unterstrichen. Finde sie heraus und setze sie ebenfalls ins Präteritum.

Seite 295

3 Schreibe das Märchen weiter und bringe es zu einem guten Ende.

Im Blickpunkt: richtig schreiben

Satzschlusszeichen und wörtliche Rede

Der Schatz (Marie, 10 Jahre)

Es war einmal ein Zwerg, der lebte im Wald. Jeden Tag suchte er nach
schönen Blättern, die er verkaufen konnte eines Tages kam der Zwerg an Z
einer Höhle vorbei. In der sah er Diamanten glitzern da wollte der Zwerg Z
in die Höhle gehen. Plötzlich sprang ihm ein Drache vor die Füße und rief:
Nichts kriegst du von meinen Diamanten!“ Der Zwerg antwortete: „Aber Z
ich brauche dringend Diamanten! Doch der Drache ließ sich nicht über- Z
reden und der Zwerg ging fort.
Er seufzte: „Ach, ich wünschte, ich käme an die Diamanten heran. Z
Da hörte er eine Stimme, die sprach: „Ich könnte dir behilflich sein.“
„Ja, wie denn?“, fragte der Zwerg. Die Stimme sagte: „Komm, wir gehen
gemeinsam zur Höhle. Ich kann den Drachen überreden, weil ich ihn
kenne.“ Der Zwerg wanderte zurück zur Höhle, unterwegs fiel vor ihm ein
Sack Gold zu Boden, der Zwerg eilte zu ihm hin und steckte das Gold in
seine Taschen. Er ging weiter aber als er an der Höhle angekommen war, Z
neckte ihn der Drache: „Du willst wohl nie aufgeben, was“ Der Zwerg rief: Z
„Ich habe jemanden mitgebracht, der dich überreden kann. Der Drache Z
war erstaunt. Da rief die Stimme: „Das ist doch ein armer Zwerg willst du Z
ihm nicht etwas abgeben?“ Der Drache fragte: „Bist du es, der mich auf
die Welt gebracht hat? Bist du der Zauberer“ Die Stimme antwortete: Z
„Ja, der bin ich. Also, gib ihm etwas ab!“ Der Drache marschierte in die
Höhle und brachte einige besonders große Diamanten mit. Hier, das woll- Z
test du doch.“ Der Zwerg bedankte sich: „Oh, das ist aber nett jetzt wird Z
aus mir ein reicher Zwerg.“
Der Zwerg ging nach Hause er sprach zu der Stimme: „Könntest du mir
auch eine Arbeit verschaffen?“ „Nun gut, du sollst eine Arbeit auf dem
Markt haben. Damit war der Zwerg zufrieden und gab dem Zauberer
seine Blätter, die er gesammelt hatte. Gut, dass ich eine Arbeit habe ich
kann mich schon gar nicht mehr daran erinnern, dass ich mal arm war.“
Als er im Hafen ein schönes Schiff sah, wünschte er sich, Matrose zu sein
auch dies wurde sogleich Wirklichkeit so wurde er ein berühmter Seefah-
rer. Wenn er nicht gestorben ist, ist er immer noch auf hoher See.

1 a) Der Text enthält einige Zeichensetzungsfehler. Im ersten Teil (Z. 1–23) sind die Fehler am Rand gekennzeichnet. Lies die **LERNBOX** über **Satzschlusszeichen** und die **LERNBOX** zu **Zeichen bei der wörtlichen Rede**.
b) Füge die Satzzeichen ein. Im ersten Teil fehlen fünf Punkte, zwei Fragezeichen und fünfmal Anführungsstriche. Schreibe außerdem den unterstrichenen Bandwurmsatz in drei Sätzen auf.

Seite 211
Seite 253
AH, Seite 76

2 Suche im zweiten Teil (Z. 24–31) die sechs Zeichenfehler und korrigiere sie.

Im Blickpunkt: Lesen

Der dicke fette Pfannkuchen

(Märchen aus England, Russland und Tschechien)

Es waren einmal drei alte Weiber, die gerne Pfannkuchen essen wollten; da gab die erste ein Ei dazu her, die zweite Milch und die dritte Fett und Mehl. Als der dicke Pfannkuchen fertig war, richtete er sich in der Pfanne in die Höhe und lief den drei alten Weibern weg und lief immerzu und lief kantapper, kantapper in den Wald hinein. Da begegnete ihm ein Häschen, das rief: „Dicker, fetter Pfannkuchen, bleib stehn, ich will dich fressen!" Der Pfannkuchen antwortete: „Ich bin drei alten Weibern weggelaufen und soll dir Häschen Wippschwanz nicht entwischen?" und lief kanntapper, kantapper in den Wald hinein. Da kam ein Wolf angelaufen und rief: „Dicker, fetter Pfannkuchen, bleib stehn, ich will dich fressen!" Der Pfannkuchen antwortete: „Ich bin drei alten Weibern weggelaufen und Häschen Wippschwanz, und soll dir Wolf Dickschwanz nicht entwischen?" und lief kantapper, kantapper in den Wald hinein. Da kam ein Reh herzugesprungen und rief: „Dicker, fetter Pfannkuchen, bleib stehn, ich will dich fressen!" Der Pfannkuchen antwortete: „Ich bin drei alten Weibern weggelaufen, Häschen Wippschwanz, Wolf Dickschwanz und soll dir Reh Blitzschwanz nicht entwischen?" und lief kantapper, kantapper in den Wald hinein. [...]

Da kamen drei Kinder daher, die hatten keinen Vater und keine Mutter mehr und sprachen: „Lieber Pfannkuchen, bleib stehen! Wir haben noch nichts gegessen den ganzen Tag!" Da sprang der dicke, fette Pfannkuchen den Kindern in den Korb und ließ sich von ihnen essen.

1 Kennt jemand von euch das Märchen? Tauscht euch darüber aus, woher das Märchen stammt.

Folie

2 Welche Aussagen stimmen mit dem Märchen überein? Kreuze an:

	richtig	falsch
A Für Pfannkuchenteig braucht man Ei, Milch, Mehl und Zucker.	*	*
B Der Pfannkuchen begegnet einem Hasen, Wolf und Reh.	*	*
C Das Reh darf den Pfannkuchen fressen, weil es hungrig ist.	*	*
D Die armen Kinder legen den Pfannkuchen in ihren Korb.	*	*

3 Erkläre, warum sich der Pfannkuchen von den Kindern verspeisen lässt, nicht aber von den Tieren.

4 Was könnte der sich immer wiederholende Ausdruck „kantapper, kantapper" (Z. 10, 16, 23, 30) bedeuten? Erkläre den Sinn aus dem Satzzusammenhang.

5 In Zeile 31 findest du Auslassungszeichen [...]. Ergänze das Märchen an dieser Stelle: Der Pfannkuchen soll noch mindestens zwei weiteren Tieren im Wald begegnen. Überlege dir auch passende Namen für die Tiere.

6 **a)** Auch dieser Text enthält bekannte Märchenmerkmale, wie du sie in diesem Kapitel kennengelernt hast. Notiere die Merkmale stichwortartig.
b) Vergleiche dein Ergebnis mit einem Nachbarn.

Lernbegleitbogen *Märchenhaft*: ein Märchen schreiben

Kompetenz / Inhalt Ich kann ...	Selbsteinschätzung ☺ 😐 ☹	Fremdeinschätzung ☺ 😐 ☹	Bemerkungen	Hier kannst du weiterüben:
Märchen wiedererkennen (S. 56–58)				
Märchenmerkmale sammeln (S. 59)				AH, S. 14–16
eine Mindmap zu Märchenmerkmalen erstellen (S. 59)				SB, S. 279
Märchenmerkmale überprüfen (S. 60–61)				AH, S. 14–16
den Inhalt eines Märchens anhand von Bildern wiedergeben (S. 61)				
Wissen über Märchen erweitern (S. 62)				SB, S. 76
Märchen mit der Lesemethode erschließen: – mich orientieren (S. 63) – unbekannte Begriffe klären (S. 64) – Schlüsselstellen markieren (S. 64) – Wichtiges herausschreiben (S. 65)				SB, S. 272–273
ein Märchen anhand von Notizen nacherzählen (S. 65)				
ein eigenes Märchen schreiben: – Ideen in einer Mindmap sammeln (S. 67) – Handlungsschritte in einem Schreibplan festhalten (S. 68) – einen Entwurf schreiben (S. 68)				SB, S. 74, 279 AH, S. 17 AH, S. VII AH, S. VIII
ein Märchen überarbeiten (S. 69–70)				AH, S. 18
im Präteritum erzählen (S. 74)				SB, S. 69–70, 202–205, 295
Satzschlusszeichen setzen (S. 75)				SB, S. 211
Zeichen der wörtlichen Rede setzen (S. 75)				SB, S. 253
Märchen verstehen (S. 76)				AH, S. 14–15

AH = Arbeitsheft, SB = Schülerband

Trainiere die Kompetenzen, bei denen du selbst oder ein anderer ein 😐 oder ☹ eingetragen hat. Tipps zum Üben findest du in der letzten Spalte.

→ Überprüfe anschließend dein Wissen und Können, indem du einen der **Kompetenz-Checks** bearbeitest: **Kompetenz-Check A** (Seite 71–72) oder **Kompetenz-Check B** (Seite 73). Vergleiche dein Ergebnis mit dem Mustertext im Lösungsheft.

A **wind**
Eugen Gomringer

w w
d i
n n n
i d i d
w w

B **Das Drachenabeceh**
Dieter Brembs

Akumander
Blomotram
Claculac
und Daschitil
fraßen oft und fraßen viel,
Echogröl
und Famofax
lutschten gern
auch Bienenwachs.
Gnoloton, Hydraulolux
sind die zwei
mit Riesenwuchs.
Imipril
und Jodelschodel
Knastor
und auch Lummerlatt
wurden montags
selten satt, …

C

Gedichte mit Pfiff

1 Untersuche, wie in den Gedichten oben mit Wörtern gespielt wird:
a) Finde Beispiele zu folgenden Sprachspielen:
- Wörter werden in ein Bild gefügt und erzählen dadurch eine Geschichte.
- Wörter wurden neu erfunden und ergeben keinen Sinn.
- Wörter werden neu zusammengesetzt.

b) Vergleiche deine Ergebnisse mit einem Partner.
c) Warum handelt es sich dabei um „Gedichte mit Pfiff"? Erklärt, was mit der Überschrift des Kapitels gemeint ist.

2 **a)** Wähle ein Gedicht aus, mit dem du weiterarbeiten möchtest. Anregungen zur Weiterarbeit findest du auf den Zetteln auf Seite 79.
b) Stelle dein Ergebnis in der Klasse vor und erkläre, wie du vorgegangen bist.
c) Gebt Rückmeldungen, ob euren Mitschülern die Umsetzung gut gelungen ist.

☆ **3** Wähle einen weiteren Vorschlag zur Weiterarbeit aus und setze ihn um.

D **Langeweile? Tu was!**
Nora Clormann-Lietz

Roll möpse
Speise eis
Mal stifte
Rate spiele
Bau klötze
Fang körbe
Schüttel reime
Lösch blätter

E

F **Kennst du's?**
Ortfried Pörsel

Von Muschel zu Muschel
lauter Getuschel,
lauter Gequassel,
lauter Gequark
und das jeden Tag!
(nofeleT)

A, C und E: Wähle dir ein eigenes Wort, das du in einem Bild gestaltest. Du kannst die Bedeutung durch das Bild veranschaulichen (A, C) oder eine Geschichte zu deinem Wort gestalten (E).

B: Vervollständige das Drachen-ABC von M–Z. Ergänze dabei Dinge, die deine Drachen gerne tun.

D: Ergänze Vorschläge, wie man Langeweile verhindern kann. Achte darauf, dass die zusammengesetzten Nomen immer aus einem Verb und einem Nomen bestehen, z. B. *Schreib-tisch* oder *Reit-stiefel*. Du kannst auch Bilder zu den Vorschlägen malen.

☆ **F:** Notiere weitere Rätsel, in denen Gegenstände verschlüsselt beschrieben werden. Lass deine Mitschüler erraten, was gemeint ist.

Auf den folgenden Seiten lernst du weitere Gedichte „mit Pfiff" kennen. Du übst, sie vorzutragen, durch Bilder zu veranschaulichen oder sie vorzuspielen.

Überraschendes Ende – Reimwörter finden

1 Schau dir das Bild an und lies die Überschrift des Gedichts. Tausche dich mit einem Partner darüber aus, welches Abenteuer hier erzählt werden könnte:

Abenteuer in der Nacht

Hans Manz

Hatte mich im Wald verirrt,
fragte mich durch.
Die Antwort eines Spechts:
Erst links, dann ______________.
Der Rat eines Finks:
Erst rechts, dann ______________.
Nein doch, gradaus,
sprach eine ______________,
sonst gehst du im Kreise.
Ach wo, bleib doch hier,
sagte ein ______________,
in meinem Nest wär noch ______________.
Das brachte mich zum Lachen,
und das Lachen ließ mich erwachen.

2 **a)** Mache dir klar, was Reimwörter sind. Lies dazu den ersten Hinweis in der **LERNBOX** und ergänze die fehlenden Reimwörter.
b) Vergleicht eure Ergebnisse und sprecht darüber, wie ihr vorgegangen seid. An welchen Stellen hattet ihr noch Schwierigkeiten?

3 **a)** Vergleiche das Abenteuer, das das lyrische Ich (vgl. 2. Hinweis in der **LERNBOX**) erlebt, mit deinen Erwartungen, die du vor dem Lesen hattest: Was ist eingetroffen, womit hast du nicht gerechnet?
b) Erkläre, worüber das lyrische Ich am Ende lacht. Worin besteht also das überraschende Ende im Gedicht?

LERNBOX

1. Was sind Reimwörter?
Reimwörter klingen gleich. Sie enden mit gleichen Buchstaben: *Haus / Maus* oder *hell / schnell*.
Reimwörter entstehen, wenn du die Konsonanten austauschst *(**H**all, **Kn**all, **F**all, **pr**all)* oder Buchstaben vor das Wort setzt *(ein, **h**in**ein**, **B**ein, **kl**ein)*. Aber nicht immer werden Reimwörter gleich geschrieben, manchmal klingen sie nur gleich *(Saal / Pfahl)*. In beiden Wörtern wird das „a“ lang gesprochen.
2. Das Ich in einem Gedicht nennt man „lyrisches Ich“.
„Lyrisch“ ist das Adjektiv zu Lyrik, dem Oberbegriff für Gedichte. Dieses „Ich“ ist nicht der Autor des Gedichts.

TIPPBOX

Zu 2 a):
Wähle passende Reimwörter aus:
links – Meise – Maus – rechts – Adler – Spatz – einer – Latz – Platz – weiter.
Achte darauf, dass das Kind nur mit Vögeln spricht.

4 Was könnte um Mitternacht in einem Geisterschloss passieren? Stelle Vermutungen an.

Achtung! Spukzeit!

Roswitha Fröhlich

In der Nacht, in der Nacht, wenn der bleiche Mond erwacht, hört man vor des Schlosses Toren grässlich grausliches Rumoren. Eine Stimme zischelt: „Hier! Schlossgespenster! Folget mir! Es ist Spukzeit! Aufgewacht! Horch! Gleich schlägt es Mitternacht!“ Da! Kaum hat es zwölf geschlagen, geht's dem Schlossherrn an den Kragen. Denn schon flitzen sie herbei mit Gewimmer und Geschrei! Flattern wild durch Tor und Fenster – hundertdreizehn Schlossgespenster! Rumpeln, pumpeln, kichern, keuchen! Bis sie – hui! – ganz schnell entfleuchen. Schluss! Die Spukzeit ist vorbei. Morgen spuken sie aufs Neu.

5 Wollt ihr selbst einmal eine solche Spukzeit miterleben? Sprecht darüber.

6 **a)** Lies den Text mit Murmelstimme und achte auf Reimwörter. Die ersten Reimwörter sind schon unterstrichen.
b) Unterstreiche beim zweiten Lesen die weiteren Reimwörter (es sind noch 14). Folie
c) Schreibe den Text in Gedichtform ab.

7 **a)** Untersuche mithilfe der **LERNBOX**, in welchem Reimschema das Gedicht geschrieben ist.
b) Stelle die ersten vier Verse des Gedichts so um, dass sie zunächst einen Kreuzreim und anschließend einen umarmenden Reim enthalten. Schreibe die Vierzeiler nebeneinander.
c) Welches Reimschema passt am besten zum Gedicht? Tauscht euch über eure Einschätzungen aus.

LERNBOX

Was ist ein Reimschema?
In vielen Gedichten gibt es Reime.
Drei Muster (= Reimschemata) treten häufig auf:

a) **Paarreim:**
Knall
Fall
hell
schnell

b) **Kreuzreim:**
Knall
hell
Fall
schnell

c) **umarmender Reim:**
Knall
hell
schnell
Fall

TIPPBOX

Zu 6 c):
So schreibst du einen Text in Gedichtform auf:
Bei einem Gedicht schreibst du nicht bis zum Ende einer Zeile, sondern hörst auf, wenn ein Reimwort erscheint. Anschließend beginnst du eine neue Zeile. Die Reimwörter stehen dann untereinander:

In der Nacht, in der Nacht,
wenn der bleiche Mond erwacht,
hört man vor des Schlosses Toren
grässlich grausliches Rumoren.

Wie sieht denn ein Kamelefant aus? – Inhalte gestalterisch umsetzen

1 **a)** Welche Tiere kannst du im Bild erkennen?
b) Finde heraus, zu welchen Tiernamen im Gedicht das Bild passt.

Schnurpsenzoologie (Teil 1)

Michael Ende

Im Urwald, Forschern unbekannt,
lebt fröhlich der *Kamelefant*.

Durch Wüstensand trabt mit Gewackel
ein seltnes Tier, der *Dromedackel*.

Im bunten Federkleid ganz leis
meckert im Stall die *Papageiss*.

Mit viel Gequiek und viel Gewerkel
fliegt auf den Baum das *Maikäferkel*.

Es piekt im Bett mal dort, mal da
gestreift und platt das *Wanzebra*.

Im Vogelkäfig riesengroß
singt das *Kanarhinozeros*.

Man zählt erstaunt der Beine sechse
(trotz Schwanz!) bei jeder *Ameidechse*.

Durchs Wasser schwimmt mit buntem Fittich
laut zwitschernd der *Forellensittich*.

Besonders schmerzensreiche Bisse
verursacht uns die *Nashornisse*.

Wohl weil er nackt ist, braucht er solch
ein Flügelpaar, der *Fledermolch*.

2 Erkläre, wie der Autor die Tiernamen pfiffig zusammengesetzt hat. Schau dir hierzu die folgenden Beispiele an:

Papa~~gei~~ + Geiss → Papageiss

Nachti~~gall~~ + Gaul → Nachtigaul

Schnurpsenzoologie (Teil 2)

Ein Tier mit Haus, das kriecht, nennst du,
wenn's plötzlich hüpft: *Schneckänguruh.*

Es wiehert süß mit offenem Maul
bei Mondenschein der *Nachtigaul.*

Mit Hörnern krabbeln durch die Tropen
die *Feuersalamantilopen.*

Zum Kämmen brauchst du einen Striegel
und Heldenmut beim *Krokodigel.*

Sehr scheu, und ganz und gar kein Krieger,
lebt im Gebirg' der *Murmeltiger.*

Durchs Fenster, ohne aufzustehn,
kann der *Giraffenpinscher* sehn.

Es schlängelt sich, im Maul ein Körnchen,
den Baum hinauf das *Blindschleichhörnchen.*

Du meinst, es gibt kein einz'ges Tier
von allen, die ich nannte hier?

Sei doch so gut und mal sie mir,
dann gibt es sie – auf dem Papier.

3 Folge der Bitte des Dichters in der letzten Strophe und male Tiere aus der „Schnurpsenzoologie".

4 Ergänze noch eigene Strophen:
- **a)** Bilde zuerst neue Tiernamen. Gehe dabei vor, wie in Aufgabe **2** dargestellt.
- **b)** Suche dann Reimwörter für den Paarreim.
- **c)** Formuliere nun mit den Tiernamen und Reimwörtern neue Strophen.

5 Male auch deine eigene „Schnurpsenzoologie" und lasse deine Mitschüler erraten, um welches Fantasietier es sich jeweils handelt.

TIPPBOX

Zu 4 a): Suche zwei Tiernamen, die gemeinsame Buchstaben haben, d. h. das zweite Tier fängt mit den letzten Buchstaben des ersten Tieres an, z. B.:
*P**ferd** + **Erd**hörnchen → Pferdhörnchen.*
Du kannst auch diese Tiernamen miteinander verbinden:
*Kat**ze** und **Ze**bra, Goril**la** und **La**us, Fi**sch** und **Sch**wein ...*

Mit Worten zaubern – Gedichte wirkungsvoll vortragen

Gerald Jatzek

Knister Knaster Knollenbier || selbstsicher sprechen
sei gefälligst nett zu mir

Knister Knaster Knäckebrot
weil sonst großer Schrecken droht

Knister Knaster Knochengrab
schwinge ich den Zauberstab

Knister Knaster Knallbonbon
wird aus dir ein Schuhkarton

Knister Knaster Knoblauchzeh
tun mir diese Schuhe weh

Knister Knaster Knopflochrand
das ist ziemlich hirnverbrannt

Knister Knaster Kniesebein
lass uns lieber Freunde sein

Seite 276–277

1 Lest das Gedicht im „Tandem". Wie diese Lesemethode funktioniert, könnt ihr auf den Seiten 276–277 nachlesen.

2 **a)** Sprecht darüber, was das lyrische Ich durch den Zauberspruch bewirken will. Achtet dabei besonders auf die letzte Strophe.
b) Wähle einen Titel für das Gedicht, der gut zum Inhalt des Gedichts passt.
c) Stellt euch eure Vorschläge gegenseitig vor und begründet eure Wahl.

Folie

3 Du sollst das Gedicht zum Vortrag vorbereiten. Gehe dabei so vor:
a) Notiere mithilfe der **LERNBOX** auf Seite 85, wie du das Gedicht vortragen möchtest.
b) Stell dir vor, du hast dich über jemanden geärgert und willst ihm mit den ersten vier Strophen deine Meinung sagen. In den weiteren Strophen änderst du deine Meinung. Probiere dazu unterschiedliche Sprechweisen aus.
c) Übt eure Vorträge und stellt sie in der Klasse vor. Sprecht darüber, ob die Meinungsänderung deutlich wird.

TIPPBOX

Zu 2 b): Du kannst eine der folgenden Überschriften auswählen:
Mit Worten zaubern / Freundschaftszauber / Hokuspokus / Hin und her

Mirjam Pressler

Wenn schräg tagnachts der Klubu schreint | unheimlich, heiser sprechen
Und lasch der Lamenturo weint,
Die Warzenwogen schlingen,
Dann will ich wallewalle wingen.
Wenn aus dem Wald der Wodu wiebelt,
Der Hodudodu sich bekriebelt,
Die Sagabundas ächzkrächz singen,
Dann will ich wallewalle wingen.
Und wenn der Nebulosu schleift
Und Akakazias heiß bereift,
Die Wiebelkiebel klingen,
Dann will ich wallewalle wingen.

4 **a)** Welche Bilder entstehen beim Lesen des Gedichts in deinem Kopf? Tausche dich mit einem Partner darüber aus.
b) Wie gelingt es der Autorin, diese Bilder entstehen zu lassen? Nenne dazu Ausdrücke aus dem Text, die z. B. unheimlich, lustig oder traurig wirken.

5 Sprecht darüber, wieso auch dieses Gedicht ein Gedicht mit Pfiff ist.

6 Ihr sollt dieses Gedicht zu zweit vortragen. Geht dabei so vor:
a) Entscheidet, welche Verse ihr allein und welche ihr zu zweit sprechen wollt.
b) Macht euch Notizen dazu, in welcher Stimmlage ihr welchen Vers vortragt.
c) Übt den gemeinsamen Vortrag.
d) Stellt euren Vortrag in der Klasse vor und vergleicht eure Ergebnisse.

7 Beide Gedichte tragen den Titel „Zauberspruch".
a) Erkläre, welcher Zauber deiner Meinung nach durch das Gedicht von Mirjam Pressler bewirkt werden soll.
b) Beschreibe, wodurch sprachlich deutlich wird, dass es ein Zauberspruch ist.

8 **a)** Schreibe einen eigenen Zauberspruch. Du kannst dazu Wörter erfinden.
b) Lies den Spruch wirkungsvoll vor; die anderen sollen erraten, was der Zauber bewirken soll.

! LERNBOX

So trägst du ein Gedicht wirkungsvoll vor:
Betonung und Sprechpausen helfen dem Zuhörer, ein Gedicht zu verstehen. Wenn du ein Gedicht für den Vortrag vorbereiten sollst, gehe so vor:
1. Lies das Gedicht im Murmelton und markiere schwierige Wörter. Übe diese.
2. Unterstreiche Stellen, die du betonen willst. *Knister Knaster Knollenbier*
3. Kennzeichne kurze Pausen mit einem Strich | und lange Pausen mit zwei Strichen ||: *Knister Knaster Knollenbier* ||
4. Überlege, in welcher Stimmlage du vortragen möchtest, z. B. geheimnisvoll flüstern, bedrohlich sprechen, zwischen laut und leise wechseln ...

Windige Angelegenheit – Gedichte szenisch darstellen

Bunt
die Drachen
fliegen am Himmel
stark bläst der Wind
Drachenzeit

Stürmische Windbö
braust durch Wälder und Städte
such Schutz, Kind, zu Haus

Bäume. Sturmbewegt
lassen sie mich die Botschaft
des Windes hören.

Sanft
Wehender Wind
Um meine Nase
Vom Schein der Sonne
Gewärmt

1 **a)** Beschreibe, welche Erfahrungen mit dem Wind in den Gedichten dargestellt werden.
b) Lies die **LERNBOX** und ordne die Gedichtarten den Beispielen oben zu.
c) Bringe durch einen wirkungsvollen Vortrag die unterschiedlichen Stimmungen in den Gedichten zum Ausdruck.

2 Schreibe selbst entweder ein Haiku oder ein Elfchen zu deinen Erfahrungen mit dem Wetter. Du kannst dabei aus verschiedenen Wetterlagen auswählen: Sturm, Schnee, Hagel, Regen, Sonne ...

! LERNBOX

Einfache Gedichtformen

1. Das **Haiku** ist eine japanische Gedichtform.
   Es besteht aus 17 Silben, die auf drei Verse verteilt werden:
   1. Vers – 5 Silben / 2. Vers – 7 Silben / 3. Vers – 5 Silben.
2. Das **Elfchen** heißt so, weil es aus elf Wörtern besteht, die so aufgebaut sind:
   1. Vers – 1 Wort · 2. Vers – 2 Wörter · 3. Vers – 3 Wörter · 4. Vers – 4 Wörter · 5. Vers – 1 Wort

Der Wind vor dem Richter

Oskar Dreher

Richter: Wer hat etwas gegen den Wind zu sagen?
1. Kläger: Mir hat er ein Fenster eingeschlagen.
2. Kläger: Mich packte er wie ein Hund am Röckchen.
3. Kläger: Mir warf er vom Fenster ein Blumenstöckchen.
4. Kläger: Mir zog er die Wäsche vom Seil auf den Rasen.
5. Kläger: Mir hat er die Zeitung vom Tisch geblasen.
6. Kläger: Mir hat er den Staub ins Gesicht geweht.
7. Kläger: Mir hat er den Regenschirm umgedreht.
8. Kläger: Mir lässt sein Heulen im Schlaf keine Ruh,
er bläst im Kamin und schlägt Läden zu.

Richter: Das sind ja ganz böse Geschichten.
Wer weiß nun Gutes vom Wind zu berichten?
1. Zeuge: Mir wär ohne Wind kein Drachen gestiegen.
2. Zeuge: Auch ich kann ihn brauchen beim Segelfliegen.
3. Zeuge: Er trocknet die Wäsche und trocknet die Erde.
4. Zeuge: Er lenkt doch die Wolken wie der Hund seine Herde.
5. Zeuge: Er ist auch ganz lustig, wenn er spielt mit den Hüten.
6. Zeuge: Er macht fruchtbar Millionen von Blüten.
7. Zeuge: Auch muss er die Flügel der Windmühlen drehen,
dem Wind soll darum kein Leid geschehen.

Richter: Man bringe den Angeklagten hierher, dann stelle er
sich selber zur Wehr.
Diener: *(kommt aufgeregt herein)* Herr Richter, ich suchte im
ganzen Haus, ich glaube, er flog zum Schornstein
hinaus.
Richter: Dann ist er freilich nicht mehr zu fassen.
Wir wollen ihn weiterhin blasen lassen.

3 Lies den Text und mache dir den Inhalt klar:
a) Wo befindet sich der Wind?
b) Was werfen die Kläger dem Wind vor?
c) Wie verteidigen die Zeugen den Wind?

4 Entscheide dich, ob du eher für oder gegen den Wind aussagen würdest, und begründe deinen Standpunkt mithilfe der Aussagen im Gedicht.

5 Wie findest du das Urteil des Richters?
a) Hättest du genauso entschieden? Begründe deine Meinung.
b) Erkläre, warum dieser Urteilsspruch „pfiffig“ ist.

6 Ihr sollt das Gedicht im Folgenden selbst vorspielen. Betrachtet dazu das Foto neben dem Text und ordnet die verschiedenen Rollen den Kindern zu: Wer ist der Richter? Wer sind wohl die Kläger und wer die Zeugen? Begründet eure Zuordnungen.

7 Bereitet euer eigenes szenisches Spiel vor:

a) Setzt euch in Sechsergruppen zusammen und verteilt die Rollen. Damit ihr nicht zu viele Mitspieler braucht, könnt ihr den Text der Kläger und der Zeugen auf jeweils zwei Schüler verteilen.

b) Jeder schreibt seine Verse ab und ergänzt Hinweise zur Betonung, zur Sprechweise und zur Gestaltung durch Mimik und Gestik.

c) Plant das Spiel: Wer steht oder sitzt wo? Wer schaut wen an? Wie könnt ihr Bewegung in euer Spiel bringen?

d) Übt den gemeinsamen Vortrag und die richtigen Einsätze.

e) Lerne deinen eigenen Text mithilfe der **LERNBOX** auswendig.

8 Stellt euer Spiel in der Klasse vor und gebt euch gegenseitig Rückmeldungen:

a) Jeder überträgt vorher den Rückmeldebogen in sein Heft.

b) Füllt nach dem Spiel für jede Gruppe eine Spalte aus und gebt den Gruppen eine Rückmeldung dazu, wie euch das Spiel gefallen hat.

	Gruppe 1	Gruppe 2	Gruppe 3	Gruppe 4
Ihr seid gut in die Rolle der Personen geschlüpft.	☺ 😐 ☹	☺ 😐 ☹	☺ 😐 ☹	☺ 😐 ☹
Ihr habt sinnvolle Betonungen und Pausen gewählt.	☺ 😐 ☹	☺ 😐 ☹	☺ 😐 ☹	☺ 😐 ☹
Ihr habt das überraschende Ende deutlich gemacht.	☺ 😐 ☹	☺ 😐 ☹	☺ 😐 ☹	☺ 😐 ☹
Ihr habt den Text auswendig gesprochen.	☺ 😐 ☹	☺ 😐 ☹	☺ 😐 ☹	☺ 😐 ☹
Ihr habt gut zusammengearbeitet und auf eure Einsätze geachtet.	☺ 😐 ☹	☺ 😐 ☹	☺ 😐 ☹	☺ 😐 ☹

LERNBOX

So lernst du einen Text auswendig:

1. Schreibe das, was du auswendig lernen musst, ab.
2. Übe deinen Text abschnittsweise ein, d. h., lies erst nur ein oder zwei Verse und decke den Rest ab.
3. Wenn du diesen Teil beherrschst, gehe zum nächsten Teil über.
4. Gehe mit den weiteren Textabschnitten genauso vor.

TIPPBOX

Zu 7 c):

- Um euch die Szene besser vorstellen zu können, zeichnet eine Skizze. Tragt darin die Plätze für den Richter, die Kläger und Zeugen sowie den Diener ein.
- Ihr könnt auch verschiedene Gesichtsausdrücke ausprobieren und diese fotografieren. Entscheidet anschließend, welche Mimik gut zu eurer Rolle passt.

Seltsames Zusammentreffen – Gedichte spielerisch umsetzen

Fünfter sein
Ernst Jandl

tür auf
einer raus
einer rein
vierter sein

tür auf
einer raus
einer rein
dritter sein

tür auf
einer raus
einer rein
zweiter sein

tür auf
einer raus
einer rein
nächster sein

tür auf
einer raus
selber rein
tagherrdoktor

Die freche Gesellschaft
Robert Reinick

Wir Kinder hatten im Garten gesessen,
Hatten getrunken dort und gegessen,
Gingen spazieren darauf durch die Büsche,
Kamen zurück und – ei der Tausend –
Eine Gesellschaft fanden wir schmausend,
Trinkend und jubelnd an unserem Tische.
'’s waren Leut, ganz anders als wir,
Hatten so ihre eigne Manier:
Schön in Kleidern mit Federn geziert,
Taten sie doch sehr ungeniert.
Standen frech auf Tisch und Bank,
Schrien gewaltig mit lautem Zank,
Konnten das Kratzen und Beißen nicht lassen,
Stiegen zuletzt gar in Teller und Tassen.
Ja, ihr meint, ’s wär nicht zu glauben?
Gut, so hört die Namen an:
Jungfer Ent und Fräulein Tauben,
Madam Huhn, Herr Spatz, Herr Hahn,
Nebst Familie waren da;
Aber kaum, dass man uns sah,
Flogen sie alle mit Saus und Braus
Wie der Wind zum Garten hinaus,
Und aus war es mit dem Schmaus.

Die Verliebten
Peter Maiwald

Anna ist verliebt,
weil es Paule gibt.

Annostraße vier.
Und was ist mit ihr?

Anna geht herum
geht zurück nur um

einmal Paul zu sehn.
Und was ist mit dem?

Paule geht herum
vor dem Fenster um

einmal Anna sehn
auch nur kurz wär schön:

Annostraße acht.
Was die Anna macht?

Anna geht herum
geht zurück nur um

einmal Paul zu sehn.
Und was ist mit dem?

Paule geht herum
vor dem Fenster um

einmal Anna sehn
auch nur kurz wär schön:

Annostraße acht.
Was wohl Anna macht?

Sieben kecke Schnirkelschnecken
Josef Guggenmos

Sieben kecke Schnirkelschnecken
saßen einst auf einem Stecken,
machten dort auf ihrem Sitze
kecke Schnirkelschneckenwitze.
Lachten alle so:
„Ho, ho, ho, ho, ho!“

Doch vor lauter Ho-ho-Lachen,
Schnirkelschneckenwitzemachen
fielen sie von ihrem Stecken:
alle sieben Schnecken.
Liegen alle da.
Ha, ha, ha, ha, ha!

1 Arbeitet mit einem der Gedichte produktiv weiter. Geht dabei so vor:

a) Setzt euch in Kleingruppen zusammen.

b) Lest die Gedichte auf Seite 89 abwechselnd vor und wählt eines aus.

c) Macht euch den Inhalt klar, indem ihr die folgenden Fragen beantwortet:

- Was erfährst du über die Personen oder Tiere im Gedicht?
- Welches Zusammentreffen findet statt oder wird herbeigesehnt?
- Wie bewerten die Personen dieses Treffen?
- Was macht das Gedicht zu einem „Gedicht mit Pfiff“?

2 Lest die Vorschläge zur Weiterarbeit mit dem Gedicht und einigt euch auf eine Möglichkeit:

A Malt Bilder, in denen der Weg zum (ersehnten) Zusammentreffen deutlich wird. Notiert die einzelnen Handlungsschritte und teilt unter euch auf, wer welches Bild malt.

B Einer aus der Gruppe trägt das Gedicht vor, die anderen spielen pantomimisch (= ohne Worte), was im Gedicht passiert. Ihr könnt für das Spiel Gegenstände oder Masken benutzen, um die Situation deutlich zu machen.

C Schreibt selbst ein Gedicht über ein merkwürdiges Zusammentreffen und gestaltet es jeweils auf einem DIN-A4-Blatt. Ihr könnt dabei die Form eines Haikus oder Elfchens übernehmen (vgl. Seite 86).

D Tragt das Gedicht mit verteilten Rollen vor. Überlegt gemeinsam, wer was sagt oder was ihr gemeinsam sagen wollt. Bereitet dann das Gedicht für den Vortrag vor (Pausen, Betonungen) und übt den Vortrag ein (vgl. Seite 85).

E Spielt das Gedicht szenisch vor. Dazu müsst ihr Folgendes planen:
- Wie viele Personen müssen mitspielen?
- Wie verhalten sich die Personen? Was passiert?
- Wie fühlen sich die Personen?
- Wie könnt ihr die Stimmung der Personen durch Gestik und Mimik sowie durch wörtliche Rede verdeutlichen?

3 Stellt eure Ergebnisse in der Klasse vor und gebt euch Rückmeldungen. Lobt dabei eure Mitschüler, wenn euch etwas gut gefallen hat, und gebt ihnen Tipps, wenn sie noch etwas verbessern können:

Ihr habt den Inhalt eures Gedichts gut umgesetzt, indem ihr …

Ihr solltet noch deutlicher sprechen / den Text flüssiger vortragen / mehr Gestik und Mimik einsetzen …

Ich fand euren Vortrag lustig / spannend / unterhaltsam, weil ihr …

Ihr solltet in eurem Elfchen / Haiku noch einmal die Anzahl der Wörter bzw. Silben überprüfen.

Lernbegleitbogen *Gedichte mit Pfiff*: produktiv mit Gedichten umgehen

Kompetenz / Inhalt Ich kann …	Selbsteinschätzung ☺ 😐 ☹	Fremdeinschätzung ☺ 😐 ☹	Bemerkungen	Hier kannst du weiterüben:
Sprachspiele erkennen und zuordnen (S. 78–79)				Versuche am Ende des Kapitels noch einmal, die Aufgabe zu lösen. AH, S. 19
Reimwörter erkennen und in ein Reimschema bringen (S. 80–81)				SB, 82–85, 89 AH, S. 20
Wortzusammensetzungen in Bildern auflösen (S. 82)				AH, S. 20
Wörter nach einem vorgegebenen Muster zusammensetzen (S. 83)				AH, S. 20
Gedichte wirkungsvoll vortragen (S. 85)				SB, S. 89–90 AH, S. 21
einfache Gedichtformen zuordnen (S. 86)				
Gedichte vorspielen (S. 86–88)				SB, S. 89–90 AH, S. 21
Gedichte durch Fragen geleitet verstehen (S. 90)				SB, S. 78, 80, 84, 87
Aus Vorschlägen zur Weiterarbeit auswählen und produktiv mit einem Gedicht umgehen: malen, vortragen szenisch spielen oder selbst ein Gedicht schreiben (S. 89–90)				SB, S. 79, 84–85, 86–88

AH = Arbeitsheft, SB = Schülerband

Trainiere die Kompetenzen, bei denen du selbst oder ein anderer ein 😐 oder ☹ eingetragen hat. Tipps zum Üben findest du in der rechten Spalte.

Das Gespenster-Casting

Das Jenseits sucht den Super-Geist!
Auf zum Gespenster-Casting!!!

- Wenn du überdurchschnittlich spuken kannst, über ein angemessen schreckliches Aussehen verfügst und die Jury von deinen Fähigkeiten überzeugst, bist du unser „Super-Geist“.
- Ein attraktiver Sonderpreis wartet auf dich. Interessierte Kandidaten treffen sich um Mitternacht im Schlosshotel.
- Willkommen oder besser: „Spuk rein“!

Fiete von Prahlen

1 **a)** Was ist ein Gespenster-Casting? Sprecht darüber, was ihr darunter versteht.
b) Was erfahrt ihr über das Casting? Notiert die Informationen in Stichworten: Wann und wo findet es statt? Was kann man gewinnen? Welche Voraussetzungen müssen die Kandidaten erfüllen?

2 Tragt zusammen, was ihr über die Kandidaten erfahrt: Welche Eigenschaften haben sie? Aus welchem Grund nehmen sie am Casting teil?

3 Erfinde einen eigenen Kandidaten, z. B. *den gruseligen Karol*. Stelle ihn wie oben in einer Sprechblase vor. ☆

Auf den folgenden Seiten geht es um ein Gespenster-Casting im Schlosshotel. Du lernst, eine spannende Gespenstergeschichte nach Vorgaben zu schreiben.

Einladung zum Gespenster-Casting

Seite 272–273

1 Erschließe den Text mit der **Lesemethode für erzählende Texte**. Verwende dazu eine Folie.

Das Jenseits[1] sucht den Super-Geist

Ort des Castings: Schlosshotel Kolvenstein: Schwimmbad/ Tennisplatz/ Disco

Noch war es ruhig im feinen Schlosshotel Kolvenstein, und die Gäste genossen den ausklingenden Abend: Manche saßen entspannt vor dem Kamin in ihrem Zimmer und sahen fern, andere kraulten[2] sportlich im Schwimmbad, wieder andere spielten noch bei Flutlicht auf dem Tennisplatz oder tobten sich in der Discothek aus. Wie sollten die Hotelgäste auch wissen, dass sich die hohe Gespensterjury ausgerechnet das Schlosshotel Kolvenstein für den erstmalig auszutragenden Wettbewerb „Das Jenseits sucht den Super-Geist" ausgesucht hatte? Bisher hatte Fiete von Prahlen, der Jury-Vorsitzende und Chef der Gespenster-Vereinigung, sein angestammtes Spukschloss streng unter Verschluss gehalten und es lediglich für den privaten Gebrauch genutzt. Die letzten hundert Jahre jedoch stand dem alten Gespenst der Sinn nicht mehr nach Spuken. Jetzt schien es ihm aber, als sei es wieder an der Zeit, das Gemäuer[3] auf seine Spuktauglichkeit zu überprüfen.

Mit einem Mal taten sich draußen gespenstische Dinge: Der Mond verdunkelte sich, Fledermäuse trafen in Scharen ein, nur die Schlossglocke durchdrang die unheimliche Stille: ... Schlag neun, Schlag zehn, Schlag elf, Schlag zwölf – Mitternacht!

Geister treffen sich

Das eben noch völlig leere Schlossverlies[4] erwachte zum Leben: Von überallher schwebten die sonderlichsten Gestalten herbei. Einige kamen direkt durch die Wand, wieder andere trafen polternd, Ketten rasselnd oder kopflos am Casting-Treffpunkt ein.

Teilnehmer

Zwischen all dem Gewusel eilte Malte Raffzahn, der Starreporter der Zeitung *Geister-News*, umher und versuchte, die Kandidaten zu einem Interview zu bewegen. In einer Ecke des Verlieses machten sich die Kandidaten Heinrich, Jerome sowie Aurora miteinander bekannt. Heinrich zappelte begeistert zu den Klängen seines MP3-Players hin und her und genoss das Gewimmel um sich herum. Jerome erzählte bereits von der ersten Geisterminute an von sich, während Aurora sich immer tiefer in ihr weißes Gewand[5] verkroch. „Wisst ihr, ich muss hier auftreten und meine Schüchternheit überwinden. Ansonsten darf ich nicht mehr zurück auf meine Burg, sondern muss auf der Geisterbahn einer Kirmes die Besucher erschrecken", verkündete Aurora mit ihrem dünnen Stimmchen. Plötzlich ertönte ein lang gezogener schriller Pfiff, der durch Mark und Bein[6]

[1] das Jenseits: die Gespensterwelt, die Welt der Toten

[2] kraulen: Schwimmart

[3] das Gemäuer: Mauern eines alten Gebäudes

[4] das Verlies: dunkles Gefängnis

[5] das Gewand: Kleid

[6] durch Mark und Bein gehen: schrill, unangenehm laut sein

ging. Die Gespensterschar verstummte und blickte gespannt auf die Jury: Fiete von Prahlen schwebte Respekt einflößend über dem Richtertisch, neben ihm hockte Vladimir Krück, ein faltiger Wassergeist und berüchtigt[7] für seine Strenge. Die Jury wurde ergänzt durch Gräfin Tamara, eine Vampirin mit ausgezeichnetem Geschmack, was Blutgruppen anging. „Sehr verehrte Geister und Gespenstinnen, ihr seid erschienen, um euch der Jury zu stellen und Super-Geist zu werden. Ich verkünde nun die Aufgabenstellung:
Erstens: Erschreckt die Hotelgäste durch furchterregendes Erscheinen.
Zweitens: Lasst Gegenstände verschwinden oder unerwartet auftauchen.
Drittens: Verwandelt euch in etwas, das die Hotelgäste verängstigt.
Alle drei Aufgaben müsst ihr in diesem Hotel durchführen. Den Ort und den Zeitpunkt dafür bestimmt ihr selbst. Wer die Gäste am besten zum Gruseln bringt, gewinnt. Er wird nicht nur den Titel erhalten, sondern auch noch ein eigenes Spukschloss in Schottland." Ein Raunen ging durch das Gewölbe. Heinrich, Jerome und Aurora steckten die Köpfe zusammen[8]. „Es tut mir ein wenig leid um euch, denn ich finde euch recht sympathisch, aber ihr werdet sehen, dass ihr gegen mich keine Chance auf den Titel habt. Vor allem du nicht, Aurora", äußerte Jerome. „Nun mal langsam", entgegnete Heinrich, „jeder hat doch die Möglichkeit, die Jury von sich zu überzeugen. Schlagt ein! Auf einen fairen Wettkampf!"
Erneut erklang der Pfiff. „Wir beginnen in Kürze. Findet euch zu den jeweiligen Aufgaben ein." Mit diesen Worten galt das erste Gespenster-Casting als eröffnet.

[7] berüchtigt: bekannt und gefürchtet

[8] die Köpfe zusammenstecken: sich untereinander austauschen

2 Kontrolliert, ob ihr den Text richtig verstanden habt, indem ihr in einem Interview den Inhalt wiedergebt. Formuliert dazu Fragen des Reporters Malte Raffzahn und die entsprechenden Antworten von Fiete von Prahlen:
Reporter: *„Herr von Prahlen, was passiert hier heute um Mitternacht?"*
Fiete von Prahlen: *„Nun, Sie werden heute Zeuge des ersten ..."*

3 Schreibe mithilfe deiner Notizen einen kurzen Text für die Gespensterzeitung, in dem du über das Casting informierst.
So kannst du beginnen:
Erstes Gespenster-Casting im Schlosshotel Kolvenstein
Um Mitternacht ist es endlich so weit: Die Veranstaltung „Das Jenseits sucht den Super-Geist" findet nach langen Vorbereitungen zum ersten Mal im Schlosshotel Kolvenstein statt. Neben anderen nehmen auch ... daran teil. Die Kandidaten ...

TIPPBOX

Zu 2: Das könnte der Reporter fragen:
Wo findet das Treffen der Gespenster statt? Welche Aufgaben werden den Teilnehmern gestellt? Wo können die Teilnehmer denn hier spuken? Was können sie gewinnen? Wie heißen die Jurymitglieder? Gibt es schon einen Favoriten?

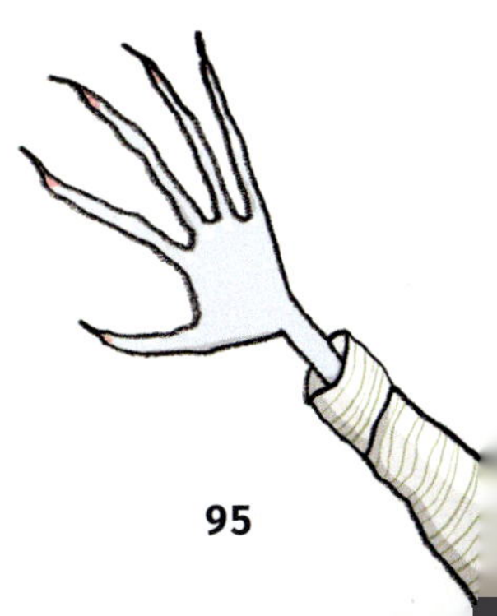

Kandidaten und ihre Aufgaben – eine spannende Erzählung schreiben

Heinrich, Aurora und Jerome stellen sich den Aufgaben der Jury. Was sie erleben, bestimmst du in deiner Gespenstergeschichte.

1 Lies den folgenden Anfang einer Gespenstergeschichte, den ein Schüler geschrieben hat. Überprüfe anhand der Tabelle unten, für welche Möglichkeiten (welches Gespenst, welche Aufgabe, welchen Ort) sich der Schüler entschieden hat.

Heinrich freute sich auf diese Aufgabe besonders. „Wo rechnen die Hotelgäste wohl am wenigsten damit, dass ein Gespenst erscheint?“, überlegte er. Sollte er auf dem Dachboden erscheinen oder lieber im Schlossturm? Fröhlich pfeifend entschied er sich dafür, im Schwimmbad zu spuken. Dort könnte er fantastisch viel Unheil anrichten. Er hatte da schon einige Ideen. Was würden die Gäste wohl dazu sagen, wenn die Handtücher verschwänden? Und sicher wären sie erstaunt, wenn plötzlich Seifenstücke wie Schiffchen auf dem Wasser schwämmen …

Gespenst:	Heinrich	Aurora	Jerome	?
	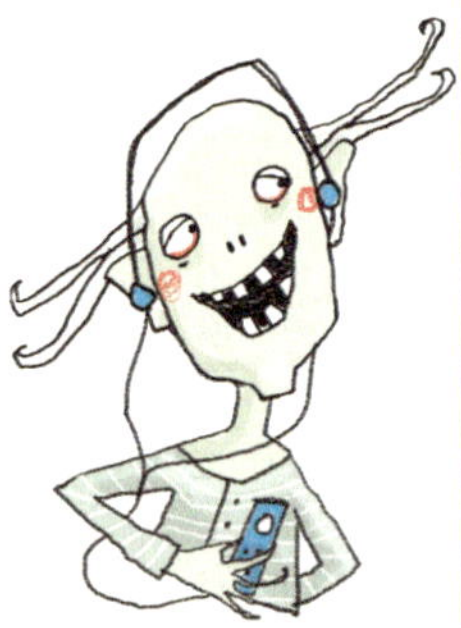			
Aufgaben:	A Erschrecke die Hotelgäste durch furchterregendes Erscheinen.	B Lass Gegenstände verschwinden oder auftauchen.	C Verwandle deine Form und erschrecke so die Hotelgäste.	D Denke dir eine Aufgabe aus, die die Hotelgäste in Schrecken versetzt.
Ort:	Schwimmbad	Restaurant	Disco	?

2 **a)** Erfinde deine eigene Erzählung zu dem Gespenster-Casting und schreibe sie auf. Entscheide dich zunächst mithilfe der Tabelle für einen Kandidaten, eine Aufgabe und einen Ort, an dem dein Gespenst spuken soll.
b) Entscheide, aus welcher Sicht (Erzählform) du schreiben willst. Lies dazu den 7. Hinweis in der **LERNBOX** auf Seite 98.
c) Sammle Ideen für deine Geschichte. Lege dazu in deinem Heft ein **Cluster** wie im Beispiel unten an.

Seite 278

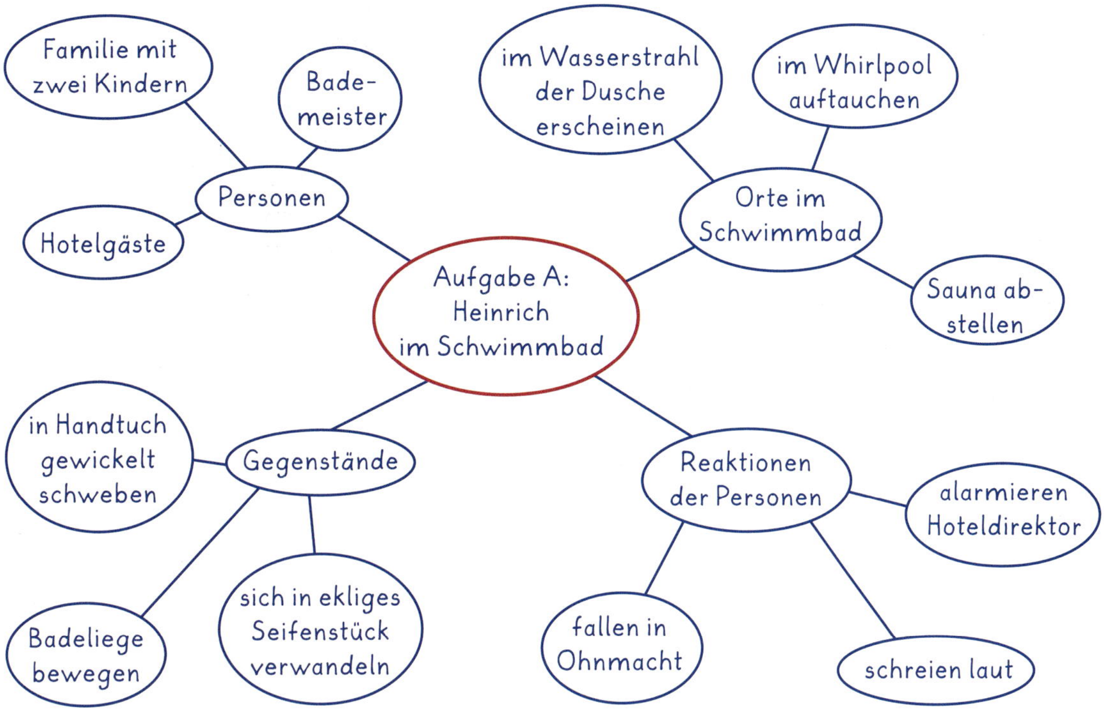

TIPPBOX

Zu 2 c): Du kannst die Anfänge von Seite 96 oder Seite 98 für deine Geschichte nutzen.
Beantworte folgende Fragen, um deine Geschichte zu planen. Wähle die Hilfe, die zu deiner Geschichte passt:

Spukaufgabe A: (Du kannst auch das **Cluster** nutzen.)
- Wo und wie könnte dein Gespenst auftauchen?
- Welche Gegenstände könnte das Gespenst für seinen Auftritt verwenden?
- Wie reagieren die Hotelgäste auf sein Erscheinen?

Spukaufgabe B:
Welche Gegenstände könnte dein Gespenst verschwinden oder auftauchen lassen?
- Welche Stellen an dem Ort könnte es für seinen Auftritt nutzen?
- Wie reagieren die Hotelgäste auf den Spuk?

Spukaufgabe C:
- In was und womit kann sich dein Gespenst verwandeln?
- Wie führt es seine Verwandlung durch?
- Wie reagieren die Hotelgäste auf seinen Auftritt?

3 Lies die folgenden Anfänge von Gespenstergeschichten und entscheide, ob du einen davon für deine Geschichte nutzen willst.

Als zukünftiges Model freue ich mich natürlich über ein großes Publikum. An meinem Aussehen sollen sich möglichst alle Gäste erfreuen können. Die Discothek ist dazu bestens geeignet. Ich habe auch schon eine Idee: Ich – der schöne Jerome – werde auf der Tanzfläche für einen sensationellen Spuk sorgen. Ich werde mich nämlich verwandeln, und zwar in …

Im Restaurant war zu den Essenszeiten stets der Teufel los! Daher hatte Aurora sich für diesen Ort entschieden. Bei der Lautstärke hörten die Gäste vielleicht nicht so schnell ihre vor Aufregung klappernden Knochen. Sorgsam erkundete sie den Raum, um nach passenden Stellen zu schauen, die sie für ihren Auftritt nutzen könnte. Als Erstes sah sie …

4 Lege einen Schreibplan an und halte darin in Stichpunkten deine Ideen zur Handlung fest.

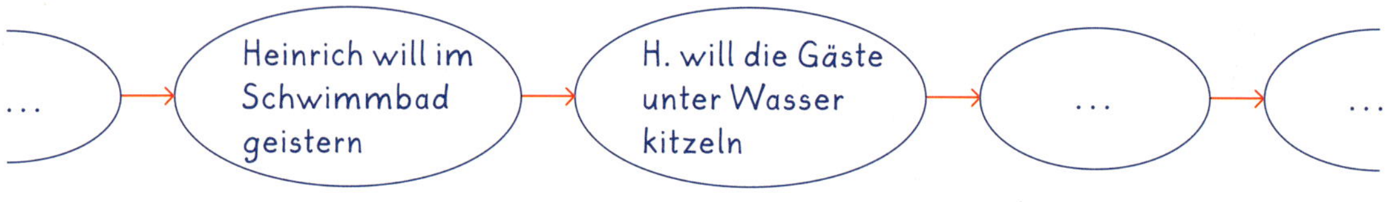

5 Lass eine Zeile für die Überschrift frei und schreibe mithilfe der **LERNBOX** den Entwurf deiner Gespenstergeschichte. Passende Wörter findest du auf Seite 99. Ergänze am Schluss eine spannende Überschrift.

AH, Seite 22–24 Eine weitere Übung zum Schreiben einer Gespenstergeschichte findest du im Arbeitsheft.

LERNBOX

So erzählst du eine Gespenstergeschichte lebendig und anschaulich:

1. Beginne deine Geschichte mit einem **Neugierwecker**.
2. Versetze dich in die Personen und verwende **Mitfühler**: Was erleben sie? Was denken sie? Was fühlen sie? Setze dazu die **wörtliche Rede** (Seite 253–254) ein.
3. Verwende **treffende Verben**.
4. Benutze **anschauliche Adjektive**.
5. Verwende **Spannungswörter**.
6. Die Erzählzeit ist das **Präteritum:** *Hugo schwebte herbei.*
7. Entscheide dich für eine **Erzählform:**
   - **Ich-Form:** Du erzählst aus der Sicht von Heinrich, Aurora oder Jerome: *Ich beschloss, sofort ins Schwimmbad zu gehen. Dort konnte ich die Gäste am besten erschrecken.*
   - **Er/Sie-Form:** Du erzählst als Erzähler über die Gespenster: *Heinrich beschloss, sofort ins Schwimmbad zu gehen. Dort konnte er die Gäste am besten erschrecken.*

TIPPBOX

Zu 5: Wähle eine der folgenden unvollständigen Überschriften aus und ergänze sie so, dass sie deine Leser neugierig macht:

… im Schwimmbad
… im Restaurant
… in der Disco
Gäste in Panik …
Das … (setze ein passendes Adjektiv ein, z. B. *unheimliche, gruselige, schaurige) Hotelschwimmbad*
Das … Restaurant
Die … Disco

Neugierwecker

- Heinrich hatte schon einen genauen Plan, wo und wie er spuken wollte …
- Schon immer einmal wollte Karol in einem Hotelzimmer geistern. Dort gab es für ihn unzählige Möglichkeiten, Unheil anzurichten …

Mitfühler

„Was soll ich jetzt nur tun?“, fragte sich Heinrich.
Da rief Aurora aus: „Das habe ich nun wirklich gut gemacht!“
„Wenn die Hotelgäste jetzt noch schreiend davonlaufen“, überlegte sich Jerome, „könnte ich einen Zusatzpunkt bekommen.“
„Das war die schrecklichste Nacht, die ich je erlebt habe“, rief die reiche Witwe. „Nie wieder werde ich in dieses Hotel kommen!“

Achte auf die **Zeichensetzung** bei der wörtlichen Rede.

Seite 106

Treffende Verben

- **„gehen“-Wörter:** *schweben – poltern – gleiten – sich schlängeln – sich bewegen – flüchten – sich verkriechen – rennen – laufen …*
- **„sagen“-Wörter:** *ächzen – stöhnen – kreischen – sprechen – flüstern – schreien – krächzen – flehen – rufen – brüllen – keuchen – fluchen – stammeln – stottern …*

Anschauliche Adjektive

- **Adjektive, die Bewegungen anschaulich beschreiben:** *zögerlich – schleppend – blitzartig – hektisch …*
- **Adjektive zur Beschreibung der Räume im Schloss:** *herrschaftlich – finster – düster – freundlich – hell – feucht – klamm …*
- **Geister riechen …** *verfault – vergammelt – modrig – muffig – süßlich – säuerlich – streng – widerlich – grässlich …*

Ausdrücke und sprachliche Bilder, die Angst deutlich machen

am ganzen Körper zittern – mit den Zähnen klappern – vor Angst schlottern – vor Angst schwitzen – Herzklopfen bekommen – der Puls rast – mit erstickter Stimme sprechen – weiche Knie bekommen – einen trockenen Mund bekommen – wie Espenlaub[1] zittern – starr wie ein Kaninchen vor der Schlange …

[1] die Espe: Pappelart, ein Baum

Spannungswörter

plötzlich – auf einmal – in diesem Moment – auf unheimliche Weise – schlagartig – unvermittelt – völlig überraschend – augenblicklich – aus heiterem Himmel …

Eine Gespenstergeschichte in der Schreibkonferenz überarbeiten

Erzählform ist die Sie-Form!

Ersatzprobe! besser: schlängelte

Hier brauchst du die wörtliche Rede!

Präteritum: hatten

Aurora musste sich nun entscheiden. Nicht mehr lange und die ersten Gäste waren mit dem Essen fertig. Jetzt musste ich handeln! Sie ging auf den erstbesten Tisch zu, machte sich ganz flach und bewegte sich unter die Tischdecke. Gerade als der Mann an diesem Tisch seine Suppe löffeln wollte, machte sie sich groß. Für die Gäste sah es so aus, als würde die Tischdecke schweben. Der Mann schaute erstaunt auf seinen Teller. Die Suppe war natürlich herausgeschwappt. Schnell ging Aurora zum nächsten Tisch und sorgte auch dort dafür, dass die Tischdecke schwebte. Immer schneller wurde sie. Die Gäste kümmerten sich nicht mehr um ihr Essen, sondern versuchten, ihre Tischdecken festzuhalten. Natürlich ohne Erfolg. Niemand traute sich mehr, weiterzuessen. Eine Frau guckte auf ihren Teller, eine andere hielt ihr Besteck fest. Ein Mann schrie auf, ein Kind war sauer, weil sein Glas umgekippt war. Alle haben große Angst. Aurora war glücklich. Sie hatte ihre Aufgabe erfüllt.

Annika: *Die Idee mit der Tischdecke ist toll! Du hast aber nur gesagt, dass die Gäste Angst haben. Drück die Angst noch genauer aus!*

Bastian: *Deine Geschichte finde ich lustig! Mich würde aber noch interessieren, was die Gäste denken und reden.*

Sinan: *Ich finde deinen Anfang und dein Ende gut. Man merkt aber nicht, dass die Aufgabe Aurora schwerfällt. Auch die Überschrift fehlt.*

Seite 99

1 **a)** Vergleiche die Rückmeldungen von Annika, Bastian und Sinan aus der Schreibkonferenz mit der **CHECKLISTE**. Auf welche Punkte beziehen sie sich?
b) Überarbeite den Text mithilfe der Rückmeldungen.
c) Vergleicht mit einem Partner, was ihr geändert habt.

CHECKLISTE

Gespenstergeschichten überarbeiten

1. Hat die Geschichte eine passende **Überschrift**?
2. Startet die Geschichte mit einem **Neugierwecker**?
3. Ist die **Handlung** nachvollziehbar?
4. An welchen Stellen kannst du die Geschichte durch
   - anschauliche **Adjektive**,
   - treffende **Verben**,
   - **Spannungswörter** interessanter machen?
5. Wo lassen sich Gedanken und Gefühle durch **wörtliche Rede** bzw. **Mitfühler** darstellen?
6. Wo gibt es **Wortwiederholungen**, die du ersetzen kannst?
7. Wird die gewählte **Erzählform** (Ich- oder Er-/Sie-Form) eingehalten?
8. Ist die Geschichte im **Präteritum** geschrieben?

Erweiterungsprobe, Seite 105

Ersatzprobe, Seite 105

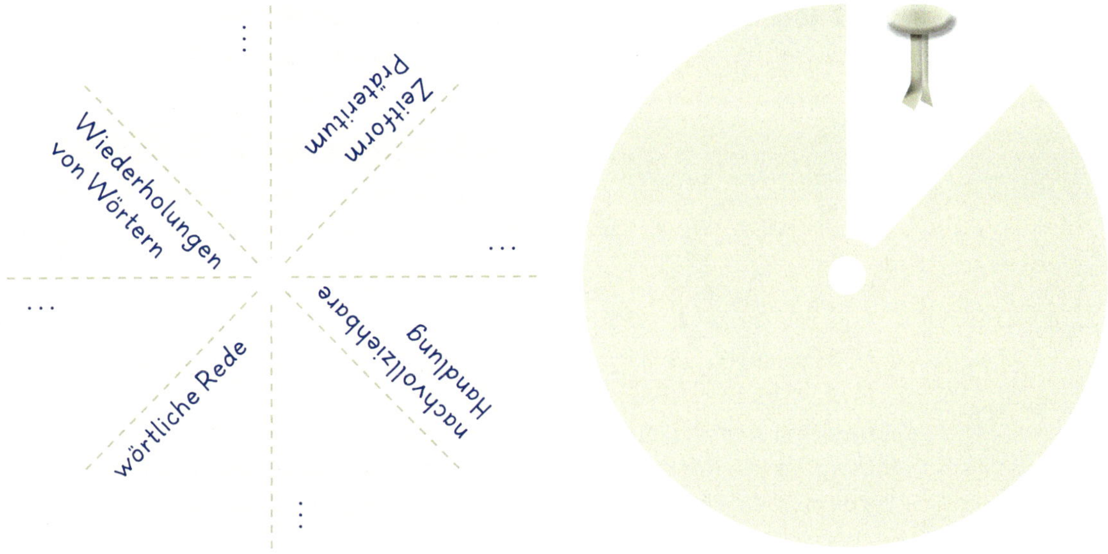

2 Hier siehst du eine Geschichten-Kontrollscheibe. Sprecht darüber, wie ihr diese Kontrollscheibe in einer Schreibkonferenz nutzen könnt.

3 Die abgebildete Scheibe ist noch nicht vollständig beschriftet. Ergänze auf den freien Feldern die Überarbeitungspunkte, die noch fehlen.
Verwende dazu die **CHECKLISTE**.

1. Schneide aus Karton zwei Scheiben aus (Durchmesser: 12 cm).
2. Zeichne in eine Scheibe acht gleiche Felder und trage Stichworte für die Überarbeitung ein.
3. Schneide in der zweiten Scheibe ein Feld aus.
4. Lege beide Scheiben übereinander und verbinde sie mit einer Klammer.

4 Führt zu euren Texten eine **Schreibkonferenz** durch. Setzt dabei die Kontrollscheibe ein. Lest dazu die **LERNBOX**.

Seite 280–281

! LERNBOX

So setzt ihr eine Geschichten-Kontrollscheibe ein:

1. Setzt euch in Kleingruppen (zwei bis drei Personen) zusammen.
2. Jeder gibt seine Geschichte dem linken Nachbarn.
3. Jeder übernimmt ein Feld (z. B. das Feld *wörtliche Rede*) auf der Scheibe.
4. Jeder liest den ihm vorliegenden Text und beachtet besonders den ausgewählten Bereich. Vermerkt unter dem Text, was euch gut gefallen hat, und macht Vorschläge, wo man etwas verbessern kann.
5. Reicht anschließend die Texte nach links weiter. Jeder hat wieder einen neuen Text zur Beurteilung vorliegen. Gebt eure Geschichten so lange weiter, bis alle Texte von jedem beurteilt wurden.
6. Jeder liest die Rückmeldungen zu seiner Geschichte und fragt nach, wenn er einen Hinweis nicht verstanden hat.
7. Zum Schluss überarbeitet jeder seine Geschichte.

Kopf an Kopf kurz vor dem Ziel ...

Heinrich, Aurora und Jerome haben ihre Castingaufgabe erfolgreich gemeistert. Der Jury fällt es daher sehr schwer zu entscheiden, wer den Titel „Super-Geist" verdient hat. Daher sollen alle drei eine gemeinsame Spukaufgabe lösen.

1 Erfindet in einer Erzählrunde (siehe **LERNBOX**) eine Geschichte, in der Heinrich, Aurora, Jerome oder dein eigener Kandidat eine gemeinsame Spukaufgabe lösen müssen. Plant eure Geschichte mithilfe folgender Fragen:
- Wie könnte die neue Spukaufgabe heißen?
- Wie reagieren die Gespenster jeweils auf die Aufgabe?
- Wie helfen sich die Geister gegenseitig?

So könnt ihr beginnen:

Aurora schwebte zitternd zwischen ihren Konkurrenten hin und her. „Ich werde kaum mit den anderen mithalten können. Wieso sollten sie gerade mir helfen?" Doch da schlug Heinrich Folgendes vor: ...

„Eure Hilfe werde ich selbstverständlich kaum brauchen", meinte Jerome, „aber die Jury will es ja wohl nicht anders. Also sage ich euch, wie wir jetzt vorgehen. Als Erstes ..."

„Das wird ein Spaß! Zusammen haben wir ja noch viel mehr Möglichkeiten", dachte sich Heinrich. Wenn jeder von uns das tut, was er am besten kann, dann wird dies ein furchtbarer Spuk für die Gäste!" ...

2 Stellt aus euren Geschichten ein „Gespensterbuch" zusammen. Ergänzt eure Texte mit passenden Zeichnungen.

LERNBOX

So sammelt ihr Ideen in einer Erzählrunde:
1. Setzt euch in einem Kreis mit drei bis vier Schülern zusammen.
2. Einigt euch auf einen Erzählanfang.
3. Macht nacheinander Vorschläge, wie es weitergehen soll.
4. Ein Protokollführer notiert die Vorschläge und nennt sie anschließend noch einmal.
5. Löst die Erzählrunde auf und schreibt mithilfe eurer Ideen in Einzelarbeit die Geschichte.
6. Kommt erneut in der Erzählrunde zusammen und tragt euch eure Geschichten vor.
7. Gebt einander Rückmeldungen.
8. Wählt eine Geschichte aus, die in der Klasse vorgestellt werden soll.

Kompetenz-Check A: Erdachtes erzählen

Das Gespenster-Casting im Schlosshotel Kolvenstein ist beendet.
Heinrich beschließt nun, einmal in einer Schule zu spuken.

1 Schreibe eine Gespenstergeschichte, in der Heinrich durch seinen Spuk die Schule unsicher macht.

a) Plane deine Geschichte mithilfe eines Clusters.
Du kannst das folgende Cluster übernehmen und ergänzen:

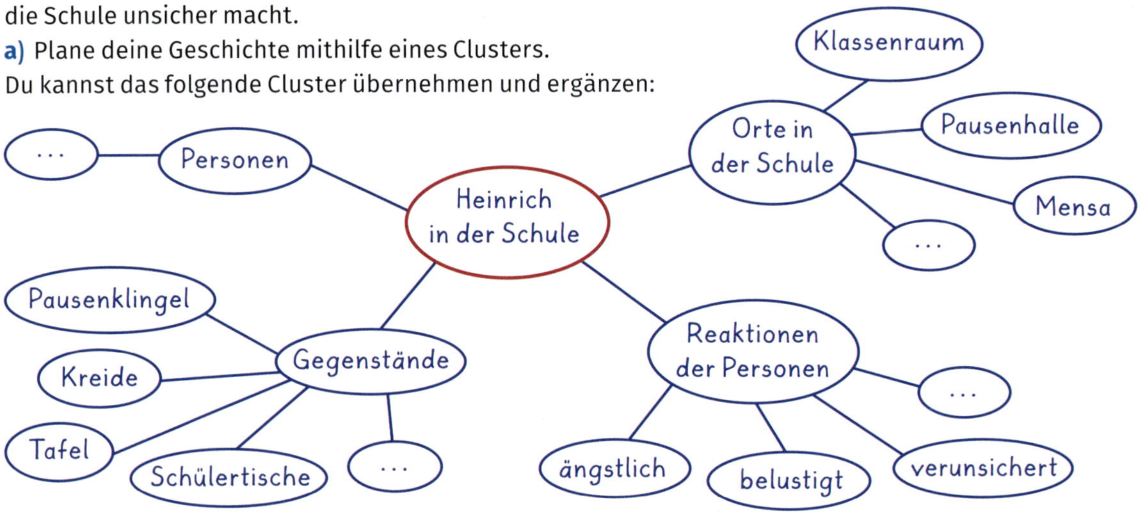

b) Erstelle einen Schreibplan und halte in Stichpunkten die Handlung fest:

2 **Verfasse** deine Geschichte und beachte dabei folgende Hinweise:

- Beginne mit einem Neugierwecker.
- Drücke die Gedanken und Gefühle der Personen in wörtlicher Rede aus bzw. verwende Mitfühler.
- Verwende treffende Verben: *verstecken, vertauschen, betätigen, zwicken ...*
- Verwende anschauliche Adjektive: *hektisch, rasant, zögerlich, knirschend ...*
- Verwende Spannungswörter.
- Schreibe im Präteritum: *er rief, sie liefen, sie flüchtete, ich lachte ...*
- Suche eine passende Überschrift.

So kannst du beginnen:
Kaum hatte Heinrich die Schule betreten, da sah er schon eine Menge geeigneter Stellen, um mit seinem Spuk zu beginnen. Als Erstes schnappte er sich ...

3 **a)** Überprüfe, ob du Aufgabe **2** vollständig bearbeitet hast.
b) Überarbeite deine Geschichte, wenn du etwas vergessen hast oder noch etwas verändern möchtest.

Kompetenz-Check B: Erdachtes erzählen

Das Gespenster-Casting im Schlosshotel Kolvenstein ist beendet. Heinrich beschließt nun, einmal in einer Schule zu spuken.

1 Schreibe eine Gespenstergeschichte, in der Heinrich durch seinen Spuk die Schule unsicher macht.

a) Plane deine Geschichte. Erstelle dazu ein Cluster:
- Welche Personen kommen vor?
- An welchen Orten in der Schule spukt Heinrich?
- Welche Gegenstände verwendet er?
- Wie reagieren die Schüler, die Lehrer, der Hausmeister ...?
- ...

b) Erstelle einen Schreibplan und halte in Kurzform die Handlung fest.

Heinrich in der Schule → jongliert mit Kreide → ...

2 **Verfasse** deine Geschichte und beachte dabei die folgenden Hinweise:
- Starte mit einem Neugierwecker.
- Drücke die Gedanken und Gefühle der Personen in wörtlicher Rede aus.
- Verwende treffende Verben und anschauliche Adjektive.
- Verwende Spannungswörter.
- Schreibe im Präteritum.
- Finde eine Überschrift, die den Leser neugierig auf die Geschichte macht.

So kannst du beginnen:
Kaum hatte Heinrich die Schule betreten, da sah er schon eine Menge geeigneter Stellen, um mit seinem Spuk zu beginnen.
Als Erstes schnappte er sich ...

3 Überarbeite deine Geschichte. Beachte dabei die Hinweise in Aufgabe **2**.

Im Blickpunkt: Sprache betrachten

Erweiterungsprobe und Ersatzprobe anwenden

Durch den Einsatz verschiedener Proben kannst du Geschichten abwechslungsreicher und lebendiger gestalten.

Nach dem Gespenster-Casting sah man ⌈Gespenster in Gruppen zusammenstehen und sich unterhalten. Einige schwebten über den Stehtischen, andere zogen sich in eine Ecke zurück, wieder andere hockten auf den Mauerresten. Dann begann die Vampirband, den Knochensong zu spielen, und brachte die Masse der Gespenster in Bewegung. Alle stürzten auf die Tanzfläche und es wurden die Hüften geschwungen bis zum Morgen.

⌈*fröhliche*

1 **a)** Im Text oben kannst du an mehreren Stellen Adjektive einsetzen. Kennzeichne die Stellen, die du erweitern willst. Lies dazu den ersten Hinweis in der **LERNBOX**.
b) Erweitere die gekennzeichneten Stellen, indem du dort ein passendes Adjektiv einsetzt.

Folie

Am Morgen nach dem großen Gespenster-Casting nahte der Abschied. Alle lagen sich weinend in den Armen und versprachen, sich bald wieder zu treffen. Der Hund von Geist Gruselmeier schien besonders durcheinander zu sein. Zuerst leckte der Hund Gräfin Tamara das Blut aus den Mundwinkeln. Danach schnappte der Hund nach einer Rippe des alten Skeletts Kasimir, um sich zu trösten. Das war zu viel, und der Hund wurde kurzerhand in die Reisetasche seines Herrchens gesperrt.

das traurige Tier

2 **a)** Kennzeichne im Text die Wörter, die sich wiederholen.
b) Ersetze die Wörter, die du gekennzeichnet hast (**LERNBOX**, zweiter Hinweis).
c) Suche weitere Stellen im Text, die du durch andere Ausdrücke ersetzen kannst.

Folie

LERNBOX

So überarbeitest du deinen Text mit der Erweiterungs- und der Ersatzprobe:

1. Wenn du Wörter (z. B. Adjektive) ergänzen willst, wende die **Erweiterungsprobe** an: ⌈ .
2. Die **Ersatzprobe** wendest du an, wenn du ein Wort oder einen Ausdruck ersetzen willst: ⌊→ ←⌋. Schreibe am Rand das Wort, das du ersetzen willst.
3. Auch die **Umstellprobe** hilft dir, einen Text zu verbessern. Lies dazu die **LERNBOX** auf **Seite 213**.

TIPPBOX

Zu 1 b): Wähle aus folgenden Adjektiven aus: *angeregt – lebhaft – still – brüchig – bekannt – heftig – beliebt – früh*

Zu 2 b): Finde weitere Ausdrücke für das Nomen *Hund*. Du kannst am Computer unter „Überprüfen“ bei „Thesaurus“ den Begriff eingeben.

Im Blickpunkt: richtig schreiben

Zeichen der wörtlichen Rede setzen

Aurora kam die Casting-Aufgabe sehr gelegen. Gut, dass ich in meinem früheren Leben so sportlich war, murmelte sie vor sich hin. Am besten spuke ich auf dem Tennisplatz, sprach sie weiter.
Zwei Hotelgäste kämpften dort bereits erbittert um jeden Punkt. Hin und her flogen die Bälle. Einige Zuschauer feuerten die Spieler an. Doch auf einmal schienen die Herren durcheinander zu sein. Der eine warf mit Schwung den Ball zum Aufschlag in die Höhe, doch als er ihn mit dem Schläger treffen wollte, schlug er ins Leere. So ein Mist, fluchte er. Verwirrt schaute er um sich. Der Ball war nirgends zu sehen. Ein Zuschauer machte eine spöttische Bemerkung. Der Spieler wiederholte den Aufschlag, doch wieder löste sich der Ball in Luft auf. Während er sich nach ihm umschaute, traf ihn der Ball am Hinterkopf. Wütend ging der Gast auf seinen Gegner zu und beschimpfte ihn. Sein Mitspieler nahm darauf den Ball, spielte ihn mühelos auf die andere Seite und sagte grinsend Siehst du! Es liegt nur an dir. Doch gerade als der Ball in Höhe des Netzes kam, schien dieses zu wachsen. Immer höher stieg es und fing den Tennisball ein. Was machst du da nur, schrie der ältere Tennisspieler. Da stotterte der andere Ich, ich glaube, hier stimmt was nicht.
Plötzlich begannen alle Bälle zu erwachen. Ohne mit dem Schläger in Berührung zu kommen, hüpften sie über den Platz.

Seite 253–254

1 Ergänze die Zeichen der **wörtlichen Rede** (Folie). Unterstreiche zuvor den Begleitsatz und die wörtliche Rede in zwei Farben. Lies dazu in der **LERNBOX** nach.

2 An einigen Stellen kannst du im Text noch wörtliche Rede einfügen. Schreibe auf, was die Personen sagen, schreien oder wie sie schimpfen können. Achte darauf, dass du die Zeichen der wörtlichen Rede richtig verwendest.

3 Schreibe die Geschichte zu Ende.

LERNBOX

Zeichensetzung bei wörtlicher Rede

1. **Wörtliche Rede mit nachgestelltem Begleitsatz**
   „Ich komme morgen“, sagte sie.
   „Kommt ihr auch morgen?“, fragte sie.
   „Kommt doch bitte auch!“, bat sie.
2. **Vorangestellter Begleitsatz und wörtliche Rede**
   Sie sagte: „Ich komme morgen.“
   Sie fragte: „Kommt ihr auch morgen?“
   Sie bat: „Kommt doch bitte auch!“

TIPPBOX

Zu 2: Du kannst in folgenden Sätzen die wörtliche Rede einsetzen:
- *Einige Zuschauer feuerten die Spieler an: ...*
- *Ein Zuschauer machte eine spöttische Bemerkung: ...*
- *Wütend ging der Gast auf seinen Gegner zu und beschimpfte ihn: ...*

Im Blickpunkt: Lesen

Spukschloss „Super-Geist"

„So, wir kommen zur Entscheidung", verkündete Fiete von Prahlen. Aufgeregt standen alle Casting-Kandidaten in gebührendem Abstand vor dem Tisch der Jury und warteten darauf, was nun folgen würde.

Sogar der sonst doch so von sich überzeugte Jerome wirkte deutlich ruhiger und hielt sich mit Kommentaren[1] zu seiner Schönheit und Überlegenheit zurück. Für Heinrich hingegen war dies alles einfach nur ein Riesenspaß. Er hatte die Casting-Nacht und seine Aufgabe von ganzem Herzen genossen. Herrlich falsch sang er vor sich hin: „An Tagen wie diesen ..." und zappelte dazu im Gangnam-Style[2]. Insgeheim dachte er sich: „Was soll ich eigentlich mit dem Gewinn? Ein Spukschloss in Schottland hört sich ja gut an, aber das liegt doch wirklich absolut einsam. Schade nur, dass ich Aurora und Jerome nicht mehr sehen werde. Die beiden werde ich wohl vermissen."

Aber wie ging es eigentlich Aurora? Das schüchterne Gespenst war kaum wiederzuerkennen: Gerade noch hatte sie dem Reporter der *Geister-News* ein Interview gegeben, in dem sie strahlend von ihrem tollen Auftritt im Hotel-Restaurant berichtete und dabei vor Selbstbewusstsein glühte. Nichts mehr war von dem unscheinbaren Geist zu Beginn des Castings zu entdecken!

Nun aber wurde es wirklich ernst! Gräfin Tamara ergriff das Wort: „Liebe Casting-Teilnehmerinnen und -Teilnehmer, ihr alle habt uns viel Freude gemacht mit euren Vorführungen. Jeder von euch hat seine Aufgabe perfekt gemeistert. So ist uns als Jury vor der Gespenster-Zukunft nicht bange. Ihr alle seid absolut in der Lage, weiterhin unter den Menschen Angst und Schrecken zu verbreiten. Kommen wir also zur Entscheidung ..." Die stolze Vampirin legte eine bedeutungsvolle Pause ein. Heinrichs Tanzschritte wurden langsamer, Aurora hielt den Atem an, obwohl Gespenster ja eigentlich nicht mehr atmen brauchen, und Jerome stand doch tatsächlich der Mund offen vor lauter Anspannung.

„... Aus allen Teilnehmern mussten wir eine Auswahl treffen. Das ist uns nicht leichtgefallen. Drei Gespenster haben es letztendlich geschafft, uns besonders zu überzeugen. Dies sind ..." – wieder folgte eine längere Pause, bevor der erste Name fiel – „Jerome ..." – erneut eine kurze Pause – „Heinrich". Die Menge raunte, Aurora war absolut verzweifelt und fiel kurz in ihre alte Schüchternheit zurück. „Niemals wird die Jury mich berücksichtigen. Das ist jetzt wohl wirklich das Aus für mich", dachte sie. „Und als Letzte Aurora", verkündete da Gräfin Tamara.

Sprachlos trat Aurora vor die Jury, dahin wo bereits Jerome und Heinrich standen. Jetzt übernahm Fiete von Prahlen die Ansprache an die drei Kandidaten für den Super-Geist. „Jerome, du hast uns mit deinem Verwandlungs-

[1] der Kommentar: eine Bemerkung/Äußerung

[2] der Gangnam-Style: ein Tanz

programm in der Disco absolut überzeugt. Selbst mir standen zuletzt meine restlich verbliebenen Haare vor Angst zu Berge. Gratuliere!“ Er wandte sich an Heinrich. „Lieber Heinrich, du bist ein ganz besonderes Gespenst: Leider hast du uns nicht erschrecken können, aber dein Auftritt war etwas Besonderes. Ich weiß nicht, wann ich das letzte Mal so gelacht habe. Vielen Dank für die gute Unterhaltung! Und nun zu dir, Aurora.“ Damit wandte er sich an die Letzte in der Runde. „Niemals hätte ich gedacht, dass du so spuken kannst! Das war ganz großes Gruselkino! Deine Vorstellung war einfach großartig! Ich komme jetzt dazu, aus euch dreien den Sieger zu ermitteln. Wir haben uns einstimmig und sehr schnell für“ – eine schier endlos lange Pause folgte. „Na klar, ich habs geschafft! Jerome, Model und Super-Geist! Genial!!!“, ging es Jerome durch den Kopf. Heinrich dagegen dachte: „Ich würde es Aurora richtig gönnen. Meinen Spaß hatte ich ja schon.“ Aurora wiederum war viel zu nervös, um irgendetwas denken zu können. „Aurora entschieden“, ertönte es da laut und deutlich. Die Menge tobte, Heinrich schnappte sich Aurora und warf sie mehrfach in die Luft, Jerome musste heftig seine Enttäuschung bekämpfen, löste dann jedoch fair Heinrich ab und nahm Aurora auf die Schultern. Die aber konnte ihren Sieg gar nicht fassen. Fiete von Prahlen hängte ihr eine große Medaille[3] um, auf der *Sieger im ersten Gespenster-Casting* stand, und sie schwebte stolz damit über die Köpfe der Anwesenden hinweg. „Geht nicht weg!“, flüsterte sie Heinrich und Jerome noch zu. Nachdem sich die erste große Freude gelegt hatte, trat sie zu ihren neuen Freunden. „Ihr beide habt mir großartig geholfen, dieses Casting durchzustehen. Ohne euch hätte ich das nicht geschafft! Was haltet ihr davon, mit mir auf das Schloss in Schottland zu gehen und dort gemeinsam zu spuken?“ Weder Heinrich noch Jerome mussten lange darüber nachdenken. „Ab jetzt sind wir die Inhaber[4] von Spukschloss *Super-Geist* und ich übernehme die Werbung“, schlug Jerome vor. „Typisch Jerome“, seufzte Heinrich, „du wirst dich wohl nie ändern!“, während Aurora entspannt dazu lächelte.

[3] die Medaille:

[4] der Inhaber: der Besitzer

Seite 272–273

1 Erschließe den Text mit der **Lesemethode für erzählende Texte** (Folie).

2 Beantworte die folgenden Fragen:
- Welche Gespenster kommen in die letzte Runde?
- Wer gewinnt das Casting und wird *Super-Geist*?
- Was erhält Aurora von Fiete von Prahlen?
- Was schlägt Aurora Heinrich und Jerome vor?

Folie

3 Aurora hat sich durch das Gespenster-Casting verändert.
Kreuze die richtige Antwort an.
Sie ist nun …

☐ unhöflich. ☐ langweilig.
☐ schüchtern. ☐ selbstsicher.

4 Welchem der Kandidaten ist das Spukschloss in Schottland letztlich egal?

☐ Jerome ☐ Heinrich ☐ Aurora ☐ Karol

☆ **5** Äußere dich dazu, ob du die Entscheidung der Jury richtig findest. Begründe deine Meinung.

Lernbegleitbogen *Das Gespenster-Casting*: Erdachtes erzählen

Kompetenz / Inhalt Ich kann ...	Selbsteinschätzung ☺ 😐 ☹	Fremdeinschätzung ☺ 😐 ☹	Bemerkungen	Hier kannst du weiterüben:
einen Text mit der Lesemethode erschließen (S. 94): – unbekannte Wörter klären – Textstellen markieren – wichtige Informationen in Stichpunkten festhalten				SB, S. 272–273 AH, S. 8
mein Textverständnis sichern, indem ich Fragen an den Text stelle und sie beantworte (S. 95)				
mithilfe von Stichpunkten einen kurzen Text schreiben (S. 95)				
einen Textanfang fortsetzen oder eine eigene Geschichte entwickeln (S. 96–98, 102): – dazu ein Cluster erstellen (S. 97) – durchgängig in einer Erzählform schreiben (S. 97) – eine passende Überschrift formulieren (S. 98) – Gedanken und Gefühle der Personen in wörtlicher Rede ausdrücken (S. 98) – treffende Verben verwenden (S. 98) – anschauliche Adjektive verwenden (S. 98) – Neugierwecker verwenden (S. 98) – im Präteritum schreiben (S. 98)				AH, S. 22–24, AH, S. I, II AH, S. 24 AH, S. 24
fremde oder eigene Texte mithilfe der Checkliste überarbeiten (S. 100–101)				AH, S. 24
die Erweiterungsprobe und/oder die Ersatzprobe anwenden (S. 105)				
Zeichen der wörtlichen Rede setzen (S. 106)				SB, S. 253–254
eine kürzere Erzählung verstehen (S. 107–108)				

AH = Arbeitsheft, SB = Schülerband

Trainiere die Kompetenzen, bei denen du selbst oder ein anderer ein 😐 oder ☹ eingetragen hat. Tipps zum Üben findest du in der letzten Spalte.

→ Überprüfe anschließend dein Wissen und Können, indem du einen der **Kompetenz-Checks** bearbeitest. **Kompetenz-Check A** (Seite 103) oder **Kompetenz-Check B** (Seite 104). Vergleiche dein Ergebnis mit dem Mustertext im Lösungsheft.

Ein Besuch im Zoo

1 Welche Tiere schaut ihr euch im Zoo am liebsten an? Malt eure drei Lieblingstiere und stellt diese in der Klasse vor. Begründet dabei eure Wahl.

2 **a)** Du sollst einem Partner den Weg von der Kasse zu deinem Lieblingstier beschreiben, ohne es zu verraten. Halte ihn in Stichworten fest (siehe **LERNBOX**).
b) Beschreibe deinen Weg. Dein Partner verfolgt den Weg mit dem Finger.

! LERNBOX

So beschreibst du einen Weg:

1. Nenne auffällige **Orientierungspunkte**: *Affenhaus, Streichelzoo …*
2. Wähle geeignete **Verben** aus: *folgen, abbiegen, sich (rechts) halten …*
3. Beziehe die Sätze aufeinander durch Wörter wie *hier, da, dort, jetzt, nun …*
4. Verwende das **Präsens** *(Du biegst zuerst rechts ab …)* oder die Befehlsform *(Folge dem Weg …)*.

3 Sprecht über die Schwierigkeiten, einen Weg genau zu beschreiben.

4 **a)** Beschreibe einem Mitschüler den Weg zu den Giraffen oder entwickle eine Wegbeschreibung für einen Rundweg, auf dem man alle Tiere des Zoos sehen kann. Mache dir Notizen dazu. Starte an der Kasse.
b) Überprüft eure Ergebnisse mit einem Partner. Verfolge mit dem Finger den Weg, den dir dein Partner beschreibt. Wechselt anschließend die Rollen.

Es gehört zu unserem Alltag, einen Weg oder einen Gegenstand zu beschreiben, damit ein anderer ihn sich vorstellen kann. In diesem Kapitel lernst du, wie du etwas möglichst genau und abwechslungsreich beschreiben kannst.

Tiere im Aquarium genau beschreiben

1 Finde heraus, welche Bewohner des Aquariums mit den Beschreibungen gemeint sind. Ordne die Aussagen der Besucher jeweils einem Tier zu.

2 **a)** Manche Beschreibungen kannst du nicht so gut zuordnen. Verändere diese Beschreibungen so, dass man eindeutig erkennen kann, um welchen Aquariumsbewohner es sich handelt.
b) Lies die Änderungen, die du vorgenommen hast, vor und begründe, warum diese für das Erkennen wichtig sind.

Seite 125

3 Wähle einen Fisch aus dem Aquarium aus und beschreibe sein Aussehen möglichst genau. Dein Partner soll anschließend raten, um welchen Fisch es sich handelt. Lies die **LERNBOX** und verwende Fachbegriffe aus der Skizze. So kannst du beginnen: Der Fisch, den ich beschreiben möchte, ist eher klein und schmal. Seine Kopfform hingegen …

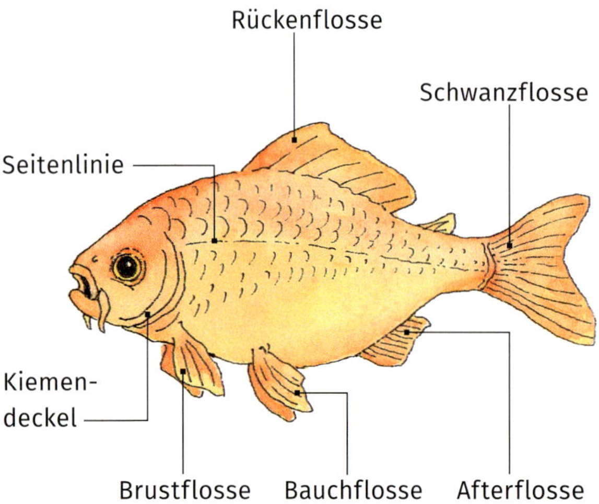

! LERNBOX

So beschreibst du Farben genau:
Ergänze zu der Farbe Wörter, die einen Vergleich ermöglichen, um eine genaue Vorstellung zu erhalten.
grün: *grasgrün, olivgrün, minzgrün …*
rot: *purpurrot, weinrot …*
blau: *himmelblau, stahlblau …*
Wortzusammensetzungen aus Nomen *(Zitronen)* und Adjektiv *(gelb)* schreibst du klein und zusammen: *zitronengelb* (Seite 126).

TIPPBOX

Zu 3: So lässt sich das Aussehen genau beschreiben:
Größe: *groß, mittelgroß, klein, winzig ...*
Körperbau: *schmal, breit, stabil, kräftig, muskulös ...*
Kopfform: *rund, spitz, schmal, breit ...*
Flossen: *gezackt, spitz ...*
Farben: *minzgrün, weinrot, himmelblau, zitronengelb ...*
Muster: *gestreift, kariert, gepunktet ...*
Besondere Merkmale: ...

Ein Tiermagazin erstellen – Tiere schriftlich beschreiben

Ihr sollt in eurer Klasse ein Tiermagazin erstellen. Darin stellt ihr Wissenswertes über Tiere zusammen. Auf den folgenden Seiten erfahrt ihr, wie ihr ein solches Tiermagazin gestalten könnt.

1 Warst du schon einmal in einem Safaripark?
a) Wenn ja, berichte deinen Klassenkameraden davon.
b) Wenn nein, vermute, welche Tiere dort leben könnten. Was unterscheidet einen Safaripark von einem normalen Zoo?

2 Schau dir die Bilder genau an:
a) Welche Tiere kannst du darauf erkennen?
b) Was weißt du bereits über diese Tiere?

3 Plane deinen Text für das Tiermagazin. Gehe so vor:
a) Wähle ein Tier aus, das du beschreiben möchtest.
b) Mache dir zu den einzelnen Körperteilen und zum Aussehen des Tieres Notizen. Verwende dazu passende Nomen und zutreffende Adjektive aus der Materialkiste.

Materialkiste für deine Beschreibung

Körperteile und Aussehen	Beschreibende Adjektive
Kopf	schmal, flach, breit ...
Hörner	gebogen, spitz, dunkel ...
Schnauze/Maul	spitz, rund, breit ...
Haut/Fell/Schnurrhaare	glatt, lang, lockig ...
Körper	bullig, schlank, kräftig ...
Schwanz	herabhängend, stummelig, kurz ...
Beine	dünn, knochig, breit ...
Pfoten/Tatzen	breit, schmal, kräftig ...
Farben/Muster	bunt, gescheckt, gestreift ...

4 Schreibe deinen Text und orientiere dich dabei an der **LERNBOX**. Du kannst mit den besonderen Merkmalen beginnen.

5 Überprüft in einer **Schreibkonferenz** mithilfe der **LERNBOX** eure Beschreibungen:
- Welche wichtigen Angaben können noch ergänzt werden?
- An welchen Stellen kann noch genauer formuliert werden?

Seite 280–281

Im Arbeitsheft findest du weitere Übungen zur Tierbeschreibung.

AH, Seite 25–26

LERNBOX

So beschreibst du genau und anschaulich:
Beschreibungen müssen exakt und eindeutig sein, damit sich der Leser ein genaues Bild von dem Tier machen kann. Gehe so vor:

1. Beschreibe Größe, Körperbau, Kopfform und besondere Merkmale. Beschreibe das Tier von oben nach unten oder von vorne nach hinten.
2. Verwende **passende Adjektive**, um genau zu beschreiben.
3. Verwende **Fachausdrücke:** *Pfoten, Hinterläufe, Hufe.*
4. Um Unterschiede oder Gemeinsamkeiten deutlich zu machen, verwende Vergleiche: *Das Tier sieht aus wie ein kleines Pferd.*
5. Verzichte auf persönliche Äußerungen wie z. B.: *ein ganz süßes Tier.*
6. Schreibe den Text im **Präsens**.

TIPPBOX

Zu 4:
Diese Satzanfänge kannst du in deinem Text verwenden:
Das Tier, das ich beschreiben möchte, ist ein ...
Es hat ein weiches, flauschiges Fell ...
Besonders auffällig sind die ...
Im Unterschied zu den anderen Tieren ...
Ungewöhnlich bei diesem Tier sind sicherlich die ...
Zu den markantesten Stellen gehören die ...
Das auffälligste Merkmal dieses Tieres ist ...

Was ist ein Wüstenschiff? – Sich über Tiere genauer informieren

Kopf und Huf vom Dromedar

Maja hat sich entschieden, im Tiermagazin über Kamele zu schreiben.

- Wie lange kommen Kamele ohne Wasser aus?
- Warum können Kamele in der Wüste leben?
- ...

1 **a)** Notiere Fragen, zu denen Maja Informationen suchen sollte, auf einem Zettel.
b) Bildet Kleingruppen und legt die Zettel mit den Fragen in die Mitte eures Tisches. Welche Fragen sind gleich oder ähnlich? Streicht gleiche Fragen durch.
c) Wie lassen sich die Fragen nach Oberbegriffen ordnen? Macht Vorschläge.
d) Schreibt die Oberbegriffe an die Tafel und ordnet die Fragen (Unterbegriffe) zu. Schreibt diese dazu ebenfalls an die Tafel.

TIPPBOX

Zu 1 c) und d): Oberbegriffe fassen ähnliche Begriffe zusammen:

Wovon ernährt sich ein Kamel?
Wie viel frisst ein Kamel?
Wie viel Wasser trinkt es?
} *Nahrung* = Oberbegriff

Weitere mögliche Oberbegriffe sind: *Kamelarten, Lebensraum, Aussehen, Besonderheiten ...*

Wo finde ich was? – Informationen suchen

1 **a)** Sammle stichwortartig Ideen dazu, wo du Informationen über Kamele findest. Schau dir die Abbildungen oben an.

b) Wie kannst du dir diese Informationen beschaffen? Tausche dich mit deinem Tischnachbarn darüber aus.

c) Du kannst auch im Internet suchen. Welche Stichworte eignen sich für die Suchmaschine, wenn du etwas über Kamele herausfinden möchtest? Notiere sie. Lies dazu die **LERNBOX**.

d) Sei kreativ: Du kannst, falls möglich, auch in den Zoo gehen, in einer Schulbibliothek oder einer Stadtbücherei nach geeigneten Büchern suchen.

! LERNBOX

So suchst du Informationen im Internet:

Das Internet bietet nahezu unendlich viele Informationen. Viele Texte wenden sich an Fachleute. Aber es gibt auch Seiten, die sich besonders an Jugendliche richten, z. B. www.geolino.de, www.blindekuh.de, www.wasistwas.de, www.quarks.de.

So gehst du vor:

1. Gib in das **Suchfeld** einer **Suchmaschine** (z. B. www.google.de oder www.yahoo.de) geeignete Stichworte ein: *Kamel + Lebensraum*. Du kannst bei der Suche auch deine Oberbegriffe verwenden.
2. Es werden dir verschiedene Texte angeboten. Überfliege sie und entscheide, ob sie Antworten auf deine Fragen enthalten.
3. Drucke geeignete Texte aus.

Einen Beitrag für das Tiermagazin vorbereiten – Sachtexte erschließen und auswerten

Auf den folgenden Seiten findest du Materialien, die Maja bei ihrer Recherche gefunden hat.

Interview mit einem Kamelexperten

unterschiedliche Kamelarten: Dromedare und Trampeltiere

Frage: *Welche Kamelarten gibt es?*

Antwort: Es gibt ganz viele unterschiedliche Kamelarten. Die bekanntesten sind sicherlich die einhöckrigen Dromedare aus Nordafrika und Arabien sowie die zweihöckrigen Trampeltiere aus Asien. Unser Paul aus dem Zoo ist ein Trampeltier und schon seit drei Jahren bei uns.

Frage: *Warum sehen deren Füße so seltsam aus?*

Antwort: Dromedare und Trampeltiere gehören zur Familie der Kamele und zu den sogenannten Schwielensohlern. Diese Tiergruppe heißt so, weil die Sohlenflächen ihrer Füße mit dicken, federnden Schwielen gepolstert sind. Das sieht schon merkwürdig aus, ist aber sehr wichtig. Die Schwielen an den Füßen sorgen dafür, dass das Gewicht der Tiere auf dem losen Sandboden verteilt wird und sie nicht einsinken.

Frage: *Wie groß können die Kamele denn werden?*

Antwort: Kamele haben eine Schulterhöhe von 2,3 bis 2,5 Metern. Von der Schnauze bis zum Po messen sie zwischen 2,2 und 3,4 Meter, sind also teilweise höher als ein Dreimeterbrett im Schwimmbad. Der Schwanz wird 50 bis 70 Zentimeter lang, sie wiegen zwischen 450 und 650 Kilogramm. Das ist so viel wie ein halber Kleinwagen. Sie können 40 bis 50 Jahre alt werden.

Frage: *Woran kann man ein Kamel erkennen?*

Antwort: Typisch sind die langen Beine, der lange, nach unten durchgebogene Hals und die Höcker: Dromedare besitzen einen, die Trampeltiere zwei Höcker. Beide Tierarten haben ein recht dickes Fell aus krausem, wolligem Haar. Es kann unterschiedliche Beige- und Brauntöne haben, aber auch weiß sein oder sogar schwarz. Die Oberlippe der Kamele ist gespalten, die Nasenlöcher sind schlitzförmig. Sie können verschlossen werden und sind so vor Sand geschützt.

Frage: *Wozu dienen die Höcker?*

Antwort: Anders als viele glauben, speichern Kamele in ihren Höckern kein Wasser, sondern bis zu 200 Kilogramm Fett und Bindegewebe. Das Fett kann mithilfe von Sauerstoff in Wasser umgewandelt werden – indirekt dienen die Höcker also doch als Wasserspeicher.

Seite 270–271

1 Erschließe das Interview mithilfe der **Lesemethode für Sachtexte** (Folie):

a) Markiere unbekannte Wörter und kläre diese mithilfe eines Lexikons oder aus dem Zusammenhang.

b) Lies den Text erneut und markiere Schlüsselwörter.

c) Teile den Text in Sinneinheiten ein und formuliere Zwischenüberschriften.

d) Schreibe dir die wichtigsten Informationen stichwortartig auf.

Kamele können wochenlang ohne zusätzliches Wasser auskommen. Die Höcker schützen den Körper vor der Sonne, indem sie die Wärme aufnehmen. Die Körpertemperatur der Kamele sinkt nachts sehr stark ab. Erst bei einer Körpertemperatur von 41° Celsius fangen sie an zu schwitzen. So verlieren sie kaum Flüssigkeit. Kamele, die berühmten Lasttiere der Karawanen[1], werden häufig „Wüstenschiffe" genannt.

[1] die Karawane: durch unbewohnte Gebiete ziehende Gruppe von Reisenden oder Kaufleuten

Kamele beim Arzt

Kai Hirschmann

Bert Geyer fühlt jede Woche den Kamelen, die auch Trampeltiere genannt werden, im Frankfurter Zoo auf den Zahn. Er prüft, ob im Gebiss der Wüstentiere[1] alle Zähne gesund sind.
Ein Dutzend Reporter stehen mit Bert Geyer um 10 Uhr vor dem Trampeltiergehege – darunter auch ich. Noch trennt uns ein Wassergraben von sechs ausgewachsenen Kamelen. „Eigentlich werden die Kamele bei uns als gefährliche Wildtiere eingestuft", erklärt Bert Geyer. „Aber unsere Tiere sind sehr friedlich, zumindest jetzt", fährt Tierarzt Geyer fort, „denn noch ist keine Brunftzeit[2]."
Wir Reporter folgen dem Tierarzt ins Gehege. Die Kamele Ephra und Kasi hören sofort auf zu frühstücken und kommen neugierig auf uns zu. Bert Geyer hat bereits mit der Untersuchung von Hiras Zähnen begonnen. Trampeltiere haben oben im Mund eine Kauleiste[3] und nur unten nachwachsende Zähne. Damit sie unten nicht zu lang werden und am Ende schräg aus dem Mund ragen, bekommen die Trampeltiere im Zoo Holz zum Knabbern.
Doch oh Schreck – die sind ja alle braun und schwarz. Wenn dein Zahnarzt solche Zähne bei dir entdecken würde, dann hättest du große Probleme. Doch Bert Geyer winkt ab: „Das ist völlig normal. Gesunde Zähne bei Trampeltieren sind braun gefärbt. Das liegt an der Gerbsäure[4] in den Pflanzen." Der Zootierarzt schmust noch ein bisschen mit Hira. Bei solchen Kontrollübungen wird spielerisch der Ernstfall geübt, wenn der Zahn wirklich einmal faul sein sollte.
Wenn Kamele ärztliche Hilfe brauchen, dann ist das gar nicht lustig, denn sie können nicht längere Zeit ruhig stehen bleiben. Außerdem haben sie Angst vor Spritzen – da geht es ihnen nicht anders als mir. Wenn so ein Tier in Panik gerät, wird es sogar richtig gefährlich. Sein Tritt kann Menschen schwer verletzen.
Gott sei Dank sind schwere Verletzungen im Zoo sehr selten. In der freien Wildbahn werden Kamele dagegen oft verletzt, denn sie werden von ihren Fressfeinden angegriffen. Außerdem müssen sie mit Naturkatastrophen wie wochenlanger Dürre[5] und reißenden Fluten nach Regenfällen klarkommen.

[1] das Wüstentier: ein Tier, das in der Wüste lebt

[2] die Brunftzeit: Paarungszeit

[3] die Kauleiste: Gebiss

[4] die Gerbsäure: im Pflanzenreich weitverbreiteter organischer Stoff

[5] die Dürre: lange Zeit ohne Regen und Wasser

2 Erschließe den Text „Kamele beim Arzt" mithilfe der **Lesemethode für Sachtexte (Seite 270–271)** (Folie).

3 **a)** Vergleiche die beiden Texte auf dieser Seite miteinander:
Welcher ist informativer, welcher ist unterhaltsamer? Begründe deine Meinung.
b) Entscheide, welche Informationen aus den Texten du in den Beitrag für das Tiermagazin übernehmen würdest.

Interessantes zu Kamelen – einen informierenden Text planen

Seite 279

1 Du hast in den Texten auf Seite 118–119 Schlüsselwörter unterstrichen und Zwischenüberschriften formuliert. Ordne nun diese Informationen nach Ober- und Unterbegriffen in einer **Mindmap** an.

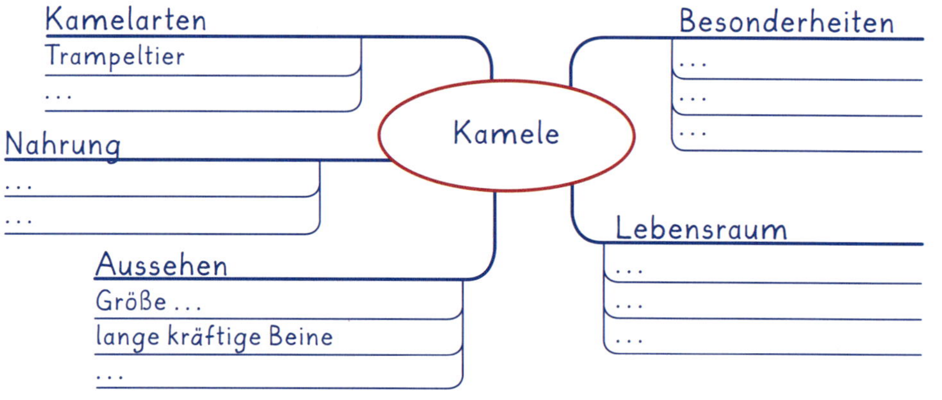

2 **a)** Betrachte die Fotos auf den Seiten 116, 119 und 121 und ergänze in deiner Mindmap deine Beobachtungen. Halte sie mit anschaulichen Adjektiven fest: *buschig, weich, langsam.* Nutze dazu die Materialkiste auf Seite 114.

b) Füge auch die Informationen aus dem Lexikoneintrag auf Seite 119 hinzu.

Seite 288

c) Vergleicht eure Mindmaps mithilfe des **Lerntempoduetts** miteinander.

3 Lege einen Schreibplan an, um deine Beschreibung sinnvoll zu gliedern. Nummeriere dazu die Ober- und Unterbegriffe deiner Mindmap durch.

4 Lies die unten abgedruckten Anfänge einer Beschreibung. Welchen dieser Texte würdest du am liebsten weiterlesen? Begründe deine Entscheidung.

Das Kamel (Ronja)
Zu den Kamelen gehören die einhöckrigen Dromedare und die zweihöckrigen Trampeltiere. Man nennt sie auch Schwielensohler, weil die Sohlenflächen ihrer Füße mit dicken Schwielen gepolstert sind ...

Das Wüstenschiff (Lukas)
Wer hat sich nicht schon gefragt: Hat ein Kamel eigentlich einen oder zwei Höcker? Und wie heißt dann das andere Tier aus der Familie der Kamele? Hier kommt die Auflösung: Trampeltiere haben zwei Höcker, und das Tier mit einem kleinen „Rucksack" auf dem Rücken heißt Dromedar ...

TIPPBOX

Zu 1: Folgende Informationen kannst du zuordnen:
Schwielen an den Füßen / Schulterhöhe 2,3–2,5 m / Gewicht 450–650 kg / dickes Fell aus krausem Haar / Nasenlöcher können geschlossen werden / speichern bis 200 kg Fett in den Höckern.

Über Kamele informieren – sachlich und anschaulich schreiben

1 **a)** Welcher Textanfang gefällt dir besser? Begründe deine Meinung.
b) Überprüfe, ob die Punkte 4.–6. aus der **LERNBOX** berücksichtigt wurden.

Kamele können ganz schön groß werden. Sie hatten eine Schulterhöhe von 2,3 bis 2,5 Meter und zwischen Po und Schnauze messen sie zwischen 2,2 und 3,4 Meter. Der Schwanz wird über einen halben Meter lang und Kamele können bis 650 Kilogramm wiegen. Ganz schön schwer, finde ich. Die Wüstenschiffe – so nennt man die Tiere auch – hatten außerdem ein ziemlich dickes Fell aus krausem, wolligem Haar. Meistens ist es braun oder beige, manchmal aber sogar weiß oder schwarz. Ich habe mal ein weißes Kamel gesehen, das sah wirklich toll aus ...

Habt ihr gewusst, wie groß Kamele überhaupt werden können? Falls nicht, liefere ich euch nun die Auflösung: Allein die Schulterhöhe beträgt 2,3 bis 2,5 Meter, zwischen Po und Schnauze messen die Wüstenschiffe stolze 2,2 bis 3,4 Meter. Jetzt könnt ihr euch wahrscheinlich auch vorstellen, dass diese großen Tiere so einiges an Gewicht mitbringen. 650 Kilogramm können die Kamele wiegen, das ist fast das achtfache Gewicht eines erwachsenen Mannes.

2 Formuliere deine eigene Tierbeschreibung. Du kannst einen der Anfänge übernehmen. Lies dazu die **LERNBOX**.

3 Formuliere eine Tierbeschreibung zu einem Tier deiner Wahl für euer Tiermagazin. Gehe dafür die erlernten Schritte nach und nach durch.

LERNBOX

So schreibst du über ein Tier:

1. Du beschreibst nicht nur, wie das Tier aussieht, sondern du stellst auch dar, wo das Tier lebt und **welche Besonderheiten** es hat.
2. Stelle deine Informationen in einer **sinnvollen Reihenfolge** dar.
3. Schreibe genau und anschaulich über das Tier. Verwende dazu **treffende Adjektive** und **Vergleiche**.
4. Schreibe **sachlich**, aber nicht langweilig.
5. Verzichte auf persönliche Äußerungen.
6. Schreibe im **Präsens**.

Tierbeschreibung – Texte überarbeiten

1 **a)** Überprüfe den folgenden Text mit der **CHECKLISTE**. Setze dazu die Randnotizen weiter fort.
b) Vergleiche deine Verbesserungsvorschläge mit einem Partner.
c) Schreibe den Text überarbeitet in dein Heft.

persönliche Äußerung vermeiden

Satzanfänge abwechseln

Der Orang-Utan

Der Orang-Utan gehört zu den Menschenaffen. Orang-Utan heißt ins Deutsche übersetzt „Waldmensch". Ich finde auch, dass er dem Menschen ähnlich sieht. Er lebte in den Wäldern Sumatras und Borneos. Er hat sehr lange Arme und Beine und kann deshalb sehr gut klettern. Der Orang-Utan hält sich deswegen auch die meiste Zeit auf Bäumen auf, wo er sich von Blättern und Früchten ernährt. Am Boden ist er weniger geschickt als die Gorillas oder die Schimpansen. Die sehen eigentlich viel niedlicher aus. Die Orang-Utans sind von der Ausrottung bedroht. Die Menschen haben Schuld daran. Na klar – wie immer! Es werden immer größere Gebiete für Ackerbau und Viehzucht benötigt, weil es immer mehr Menschen gibt. Deshalb wird der Wald gerodet. Aber nur im Wald finden die Orangs Schutz und Nahrung. Orang-Utans sind inzwischen streng geschützt. Ein junger Orang wird nach einer Tragezeit von fast acht Monaten geboren. Der kleine Orang-Utan wiegt dann 1,1–1,5 kg und klammert sich im langen Fell der Mutter fest. Der Orang-Utan wuchs sehr langsam und war mit etwa zehn Jahren geschlechtsreif. Der Orang-Utan frisst größtenteils Früchte und Blätter. Aber auch Insekten und kleine Wirbeltiere wurden manchmal verspeist. Igitt! Ich dachte, das sind Pflanzenfresser.

2 Überprüft in der Schreibkonferenz eure eigenen Texte.

CHECKLISTE

Beschreibung überarbeiten

1. Überprüfe, ob die Fragen, die dich zu Beginn interessiert haben, beantwortet werden (zur Nahrung, zum Verhalten ...).
2. Hast du sachlich formuliert und persönliche Äußerungen vermieden?
3. Hast du durchgängig das Präsens als Zeitform verwendet?
4. Hast du abwechslungsreich geschrieben und dabei auf unnötige Wiederholungen und gleiche Satzanfänge verzichtet?
5. Wo kannst du durch Absätze deinen Text gliedern?

TIPPBOX

Zu 1: Überarbeitungshinweise:

- Deine Satzanfänge sind nicht abwechslungsreich. Wende die Umstellprobe an.
- Du schreibst ab und zu im Präteritum. Verwende das Präsens.
- Denke an die Absätze, damit dein Text übersichtlicher wird.
- Vermeide persönliche Äußerungen im Text.
- Du wiederholst dich oft. Verwende Pronomen *(Orang-Utan = Menschenaffe, er ...)*.

Kompetenz-Check A: Tiere beschreiben

Interview mit einer Schimpansenforscherin

Frage: *Wo leben Schimpansen und wie groß können sie werden?*
Antwort: Schimpansen leben in den Waldgebieten und Savannen[1] des Flachlands von Afrika. Die Männchen werden bis 50 Kilogramm schwer und erreichen aufgerichtet fast 1,70 Meter; Weibchen sind etwas kleiner.
Frage: *Wie bewegen sich Schimpansen?*
Antwort: Schimpansen bewegen sich auf allen Vieren fort und stützen sich dabei mit den Handgelenken oder Fingerknöcheln auf. Die Arme sind deutlich länger als die Beine. Sie besitzen mehr als doppelt so viel Muskelmasse wie ein Mensch, damit sie ihr Gewicht stemmen können.
Frage: *Wovon ernähren sich Schimpansen?*
Antwort: Schimpansen ernähren sich vor allem von Früchten und Pflanzenkost. Zuweilen wird dies durch Fleisch oder Insekten ergänzt. Sie haben sehr kräftige Zähne. Die Vorlieben für bestimmte Nahrung hängen vom Umfeld ab. So kommt es, dass Schimpansen in einigen Gebieten Eier lieben und woanders nicht mögen. Sie trinken sehr selten.
Frage: *Was ist so besonders an Schimpansen?*
Antwort: Schimpansen sind sehr intelligent. Sie besitzen ein hohes Lernvermögen und lernen durch reines Zuschauen. So stellt z.B. das Öffnen eines Schlosses mit einem Schlüssel im Zoo für sie kaum eine Herausforderung dar. Zum Schlafen ziehen sich Schimpansen in Bäume zurück, aber die meiste Zeit verbringen sie am Boden. Mit neun bis elf Jahren werden sie geschlechtsreif. Schimpansen erreichen ein Alter von knapp 40 Jahren.

[1] die Savanne: Sammelbegriff für die Zone zwischen dem tropischen Regenwald und der Wüste

Schimpansen gefährdet!

WWF (World Wide Fund For Nature) berichtet: Die große Nachfrage nach Affenfleisch und die Rodung[1] der Wälder bedrohen die Zukunft der Schimpansen am meisten. Derzeit gibt es schätzungsweise noch etwa 200 000 Schimpansen auf der Welt. Diese sind jedoch über 21 Länder verteilt.

[1] die Rodung: dauerhafte Entfernung von Bäumen, Wäldern und Sträuchern

1 Schreibe einen Text über Schimpansen für euer Tiermagazin. Nutze dazu die Informationen aus den Texten und das Foto der Affen. Gehe dabei so vor:
a) **Erschließe** die Texte mit der **Lesemethode für Sachtexte** (Folie).
Seite 270–271
b) Lege dir eine Mindmap zu Aussehen, Größe, Alter, Verhalten, Lebensweise, Lebensraum, Ernährung und besonderen Merkmalen als Schreibplan an.
c) Nummeriere die Äste deiner Mindmap für die Gliederung deines Textes durch.
d) Schreibe deinen Text genau und anschaulich. Denke daran, dass die Beschreibung den Leser ansprechen soll. Schreibe im Präsens.
So kannst du beginnen: *Wisst ihr eigentlich, dass der Schimpanse sehr intelligent ist und ein hohes Lernvermögen hat? …*
e) Überarbeite deinen Text mithilfe der **CHECKLISTE** von Seite 122.

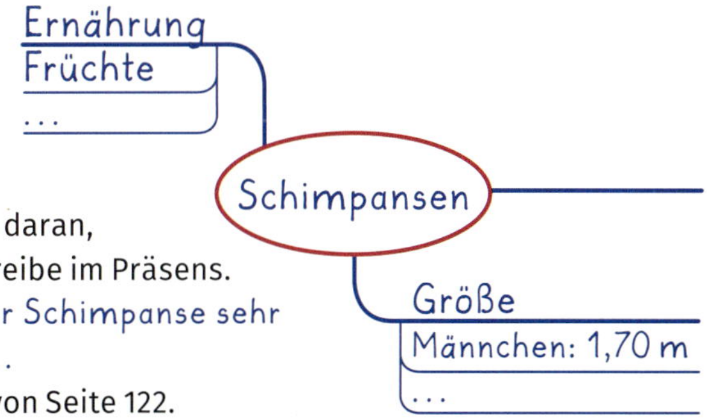

Kompetenz-Check B: Tiere beschreiben

Ein Schimpansenexperte erklärt:

„Hier seht ihr die Schimpansen. Sie leben in den Waldgebieten und Savannen[1] des Flachlands von Afrika. Die Männchen werden bis 50 Kilogramm schwer und erreichen aufgerichtet fast 1,70 Meter; Weibchen sind etwas kleiner. Schimpansen bewegen sich auf allen Vieren fort und stützen sich dabei mit den Handgelenken oder Fingerknöcheln auf. Die Arme sind deutlich länger als die Beine. Sie besitzen mehr als doppelt so viel Muskelmasse wie ein Mensch und haben sehr kräftige Zähne. Schimpansen ernähren sich vor allem von Früchten und Pflanzenkost. Zuweilen wird dies durch Fleisch oder Insekten ergänzt. Schimpansen sind sehr intelligent. Sie besitzen ein hohes Lernvermögen und lernen durch reines Zuschauen. So stellt z.B. das Öffnen eines Schlosses mit einem Schlüssel im Zoo für sie kaum eine Herausforderung dar. Zum Schlafen ziehen sich Schimpansen in Bäume zurück, aber die meiste Zeit verbringen sie am Boden. Schimpansen erreichen ein Alter von knapp 40 Jahren."

[1] die Savanne: Sammelbegriff für die Zone zwischen dem tropischen Regenwald und der Wüste

Interview mit der Schimpansenforscherin Jane Goodall

SPIEGEL ONLINE: *Was sind derzeit die größten Gefahren für das Überleben der Schimpansen?*

Goodall: Die große Nachfrage nach Affenfleisch und die Rodung[1] der Wälder bedrohen ihre Zukunft am meisten. Derzeit gibt es noch etwa 200 000 Schimpansen auf der Welt. Diese sind jedoch über 21 Länder verstreut.

SPIEGEL ONLINE: *Was war der beeindruckendste Moment in ihrer Arbeit?*

Goodall: Ein einzigartiger Augenblick war, als Flo zum ersten Mal ihr Junges zu mir ließ und mir so sehr vertraute. Das war eine wilde Schimpansin, die so ängstlich war, dass ich über ein Jahr lang nicht einmal in ihre Nähe konnte. Aber der wichtigste Moment von allen war wahrscheinlich, als mich David Greybeard als Erster der Schimpansen in seine Nähe ließ. Ich folgte David Greybeard durch den Wald und dachte schon, ich hätte ihn verloren, als ich ihn vor mir sitzen sah. Neben ihm lag eine kleine rote Palmnuss[2]. Schimpansen lieben diese Nüsse, deshalb nahm ich sie und bot sie ihm an. Ich hielt sie ihm hin, aber er drehte den Kopf weg. Als ich sie ihm noch dichter hinhielt, drehte er sich um und sah mir direkt in die Augen. Er nahm die Nuss, legte sie weg, nahm stattdessen meine Hand und drückte sie ganz sanft. Das ist bei Schimpansen eine beruhigende Geste.

[1] die Rodung: dauerhafte Entfernung von Bäumen, Wäldern und Sträuchern

[2] die Palmnuss:

1 Schreibe einen Text über Schimpansen für euer Tiermagazin. Nutze dazu die Informationen aus den Texten und das Foto der Affen. Gehe dabei so vor:

Seite 270–271

a) **Erschließe** die Texte mit der **Lesemethode für Sachtexte** (Folie).
b) Lege dir eine Mindmap zu Aussehen, Größe, Alter, Verhalten, Lebensweise, Lebensraum, Ernährung und besonderen Merkmalen als Schreibplan an.
c) Nummeriere die Äste deiner Mindmap für die Gliederung deines Textes.
d) Schreibe deinen Text genau und anschaulich. Denke daran, dass die Beschreibung den Leser ansprechen soll. Schreibe im Präsens.
So kannst du beginnen: *Wisst ihr eigentlich, dass der Schimpanse …*
e) Überarbeite deinen Text mithilfe der **CHECKLISTE** von Seite 122.

Im Blickpunkt: Sprache betrachten

Wortzusammensetzungen

Streichelzoo
Zoogaststätte
Affenhaus
Kleintiergehege
Hängebauchschwein
Seelöwe
Spielplatz
Schwielensohler

Faultier
Elefantenschule
Schneeleopard
Vogelkäfig
Hornschnecke
Vogelarten
Springmaus
Wüstenschiff

1 **a)** Wörter kannst du zusammensetzen. Lies dazu die **LERNBOX**.
b) Gib durch Striche an, aus welchen Teilen die Wörter oben bestehen. Folie
c) Erkläre die zusammengesetzten Wörter oben. Schreibe so:
der Streichelzoo = Teil des Zoos, in dem man kleine Tiere streicheln kann.

2 Erfinde neue Tierarten, indem du verschiedene Wörter zusammensetzt:
das Singhuhn, der Kletterfisch, der Krümelwurm …

3 Wer kann den längsten Tiernamen bilden? Beginne mit einem Tier und ergänze dann jeweils ein weiteres Wort wie im Beispiel unten. Schreibe den passenden Artikel dazu.

das Schwein	der Bär	die Kröte	???
das Stachelschwein	der Grünbär	die Kriechkröte	???
das Schniefstachelschwein	der Ameisengrünbär	???	???
das Nadelschniefstachelschwein	???	???	???

! LERNBOX

Was sind Wortzusammensetzungen?

Seite 225

1. Wörter kann man zusammensetzen. Dadurch entstehen neue Bedeutungen wie bei der folgenden Zusammensetzung von zwei Nomen:
   der Stachel + das Schwein = das Stachelschwein
   Bestimmungswort **Grundwort**
   Das **Bestimmungswort** erläutert das Grundwort näher.
   Das **Grundwort** bestimmt die Wortart und bei Nomen auch den Artikel.
2. Auch Adjektive oder Verben lassen sich mit Nomen zusammensetzen:
   groß + das Wild = das Großwild (Adjektiv + Nomen)
   kriechen + das Tier = das Kriechtier (Verb + Nomen)

Im Blickpunkt: richtig schreiben

Schreibung von zusammengesetzten Wörtern

Himmel – Gras – Schnee Nacht – Olive – Taube Sonne – Klee – Maus Ozean – Tomate – Smaragd hell – dunkel	+	weiß – schwarz blau – rot grün – gelb – grau

1 a) Bilde anschauliche Farbadjektive: *himmelblau*.
Lies den ersten Hinweis in der **LERNBOX**.
Manchmal musst du das Nomen leicht verändern.
b) Formuliere mit den Zusammensetzungen eigene Sätze.

2 Beschreibe den abgebildeten Papagei. Benutze dazu möglichst viele zusammengesetzte Adjektive.

3 a) Bilde Zusammensetzungen mit den Wörtern aus den ersten beiden Kästen unten. Lies dazu den zweiten Hinweis in der **LERNBOX**. Manchmal musst du die Wörter aus dem ersten Kasten verändern. Ergänze stets den korrekten Artikel: *das Kriechtier.*

☆ b) Verlängere deine Zusammensetzungen mit Wörtern aus dem dritten Kasten, z. B. *die Großwildspuren.*

groß – klein – blind – frei – wild streicheln – schmusen – kriechen Affe – Tier – Haus – Elefant Vogel – See	+	Haus – Wild – Zoo Tier – Käfig – Art Löwe – Schleiche – Bär Elefant – Anlage	+	Futter – Höhle – Gebrüll – Verkauf – Spuren – Fußabdrücke – Gehege

! LERNBOX

Wie schreibt man zusammengesetzte Wörter?
Grundsätzlich werden Wörter getrennt geschrieben.
Aber es gibt Ausnahmen:

1. **Wortzusammensetzungen mit Adjektiven** werden zusammengeschrieben:
   hell + *blau* = *hellblau* = Adjektiv + Adjektiv
   Taube + *blau* = *taubenblau* = Nomen + Adjektiv
   Da das Grundwort ein Adjektiv ist, sind auch diese Wortzusammensetzungen Adjektive und werden kleingeschrieben.
2. **Wortzusammensetzungen mit Nomen** schreibt man zusammen:
   streicheln + *Zoo* = *der Streichelzoo*
   Da das Grundwort ein Nomen ist, sind auch diese Wortzusammensetzungen Nomen und werden großgeschrieben.

Lernbegleitbogen Ein Besuch im Zoo: sachlich beschreiben

Kompetenz / Inhalt Ich kann ...	Selbstein-schätzung ☺ 😐 ☹	Fremdein-schätzung ☺ 😐 ☹	Bemer-kungen	Hier kannst du weiter-üben:
einen Weg mithilfe von Orientierungspunkten beschreiben (S. 110–111)				
das Aussehen eines Tieres möglichst genau beschreiben (S. 112–115)				AH, S. 25–26
bei meiner Tierbeschreibung passende Fachbegriffe und Adjektive verwenden (S. 112–115)				AH, S. 25–26; AH, S. 37, 38
Fragen zu einem Tier sammeln und diese Oberbegriffen zuordnen (S. 116)				
Informationen zu einem Tier für meinen Text eigenständig im Internet oder in der Bücherei finden (S. 117)				
Sachtexte mit der Lesemethode erschließen (S. 118–119): – mich orientieren – unbekannte Begriffe klären – Schlüsselstellen markieren – Zwischenüberschriften bilden – Wichtiges herausschreiben				SB, S. 270–271
über ein Tier schreiben und den Text überarbeiten: – Informationen in einer Mindmap sammeln (S. 120) – einen Schreibplan anlegen (S. 120) – einen Entwurf schreiben (S. 121) – eine Tierbeschreibung überarbeiten (S. 122)				SB, S. 112–113 AH, S. 25–26, AH, S. I, II AH, S. 39
Wörter zusammensetzen (S. 125)				SB, S. 225
zusammengesetzte Wörter richtig schreiben (S. 126)				

AH = Arbeitsheft, SB = Schülerband

Trainiere die Kompetenzen, bei denen du selbst oder ein anderer ein 😐 oder ☹ eingetragen hat. Tipps zum Üben findest du in der letzten Spalte.

→ Überprüfe anschließend dein Wissen und Können, indem du einen der **Kompetenz-Checks** bearbeitest: **Kompetenz-Check A** (Seite 123) oder **Kompetenz-Check B** (Seite 124). Vergleiche dein Ergebnis mit dem Mustertext im Lösungsheft.

Schlagfertiges Känguru – über Ereignisse berichten

In den Ferien war Tatjana Hille mit ihrer Oma im Zoo in Hermsbeck. Am Abend erzählt sie ihrer Mutter am Telefon, was ihr dort passiert ist:

„Hallo, Mama, hier Tatjana. Stell dir vor, was mir heute passiert ist. Oma Gertrud ist mit mir in den Zoo gefahren. Zuerst haben wir uns die Vogelkäfige angeschaut. Das war langweilig, nur ein Beo[1] war lustig. Er schrie die ganze Zeit: „Überfall!“ Plötzlich musste Oma zum Klo. Ich ging schon mal zu den Kängurus. Ich war allein am Zaun und hatte noch etwas von dem Trockenfutter, das Oma gekauft hatte. Also habe ich eine Handvoll Futter aus der Tüte genommen und meine Hand durch die Holzplanken des Zauns gehalten. Plötzlich kam eines der Kängurus direkt zum Zaun gesprungen. Da habe ich meine Hand erschreckt zurückgezogen. Das fand das Känguru gar nicht witzig. Es hat einen Riesensatz gemacht und ist über den Zaun gesprungen. Ich konnte gar nicht so schnell reagieren, da hat es mich schon geboxt und mir die Tüte weggenommen. Ich lag auf dem Boden, und das Tier hopste unter den nächsten Baum und hat angefangen zu futtern. Als Oma angerannt kam, rief sie: „Du hast ja ein blaues Auge und dein Kleid ist auch zerrissen!“ Wir haben die Flucht des Kängurus dann schnell bei der Zoodirektion gemeldet. Ich bekam Eis zum Kühlen und zwei Freikarten für mich und Oma.“

[1] der Beo:

1 Gib mit eigenen Worten wieder, was Tatjana passiert ist.

2 Tatjana muss der Versicherung melden, wie es zu dem Unfall gekommen ist. Schreibe anstelle von Tatjana diesen Bericht. Gehe so vor:
a) Notiere aus dem Text oben die wichtigsten Antworten zu den W-Fragen.
b) Schreibe deinen Bericht mithilfe der **LERNBOX**.

LERNBOX

So schreibst du einen Bericht:
Ein Bericht muss das Ereignis und seine Folgen genau wiedergeben:

1. Notiere in Stichworten Antworten auf folgende Fragen: **Was** passierte? / **Wer** war beteiligt? / **Wann** geschah es? / **Wo** ereignete sich alles? / **Wie** und **warum** passierte es? / **Welche Folgen** ergaben sich daraus?
2. Gliedere deinen Text in einem Schreibplan:
   Einleitung: Stelle das Ereignis dar (Was? Wer? Wann? Wo?).
   Hauptteil: Schreibe, wie und warum es dazu kam.
   Schluss: Nenne die Folgen (Welche Folgen?).
3. Schreibe den Bericht im **Präteritum**.
4. Formuliere **sachlich**.

TIPPBOX

Zu 2 b): Folgende Satzanfänge kannst du nutzen:
- *Ich war am Samstag, den 27. Juli mit meiner Oma im Zoo Hermsbeck. Dort …*
- *Ich stand mit einer Tüte Trockenfutter am Zaun des Geheges und streckte meine Hand, gefüllt mit Futter, durch den Zaun …*
- *Durch dieses Ereignis wurde mein Kleid zerrissen und …*
- *Als wir den Vorfall bei der Zoodirektion meldeten …*

Unfall im Zoo – sachlich berichten

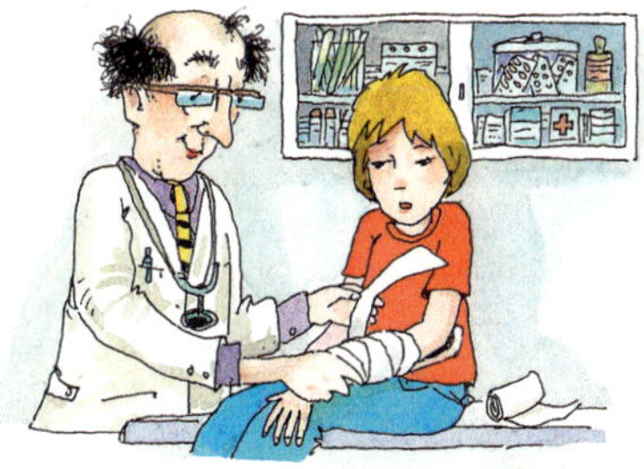

Am 23. Mai 20.. – nachmittags – ich stolperte rücklings über die Leine – 15.00 Uhr – Münster – Allwetterzoo – Mark Meyer (11 Jahre) – ich wich zurück – Terrier rannte weg und zog an der Leine – meine Eltern – Unfall durch Unachtsamkeit – Angst vor Panther – Panther schlich auf das Gitter zu – ältere Dame mit Hund – Arm gebrochen – Gips im Krankenhaus

1 Du sollst einen Unfallbericht aus der Sicht von Mark schreiben.
a) Notiere die Informationen aus den Bildern stichwortartig. Orientiere dich dazu an den W-Fragen in der **LERNBOX** auf Seite 128.
b) Formuliere einen zusammenhängenden Bericht. Achte auf die richtige Reihenfolge und verwende als Zeitform das Präteritum. Nutze das Wortmaterial.

2 Überprüfe deinen Bericht mit der **CHECKLISTE**.

Eine weitere Aufgabe zum Berichten findest du im Arbeitsheft. AH, Seite 27

CHECKLISTE

Einen sachlichen Bericht überarbeiten

1. Gibt dein Bericht Antworten auf alle W-Fragen?
2. Sind die Informationen in einer sinnvollen Reihenfolge angeordnet?
3. Findest du Stellen, die überflüssig sind?
4. Wo kannst du noch genauer formulieren?
5. Hast du auf Spannungsmacher und Gefühlsäußerungen verzichtet?
6. An welchen Stellen musst du die Sätze umstellen, damit der Text nicht eintönig wirkt? Wende die Umstellprobe **(Seite 213)** an.
7. Verwendest du immer das Präteritum?

TIPPBOX

Zu **1 b)**: Formulierungshilfen:
- *Am 23. Mai 20.. hatte ich nachmittags um 15 Uhr einen Unfall im ...*
- *Im Allwetterzoo Münster brach ich mir am 23. Mai 20.. den Arm, als ich ...*
- *Ich betrachtete gerade den Panther in seinem Gehege, als sich eine ältere Dame mit ihrem Hund neben mich stellte ...*
- *Im Krankenhaus wurde festgestellt, dass ich mir ...*

Einen Unfallbericht überarbeiten

Uhrzeit ergänzen

keine Umgangssprache

Gestern ereignete sich im Meerkatzengehege des Zoos in Münster ein Unfall, bei dem ich mich ~~wirklich total~~ schwer verletzte. ~~Ich werde jetzt einfach mal beschreiben, wie das passiert ist, denn das interessiert euch ja sicherlich.~~ Als ich abends die Meerkatzen füttern wollte – das gehört zu meinen Aufgaben – fiel mir auf, dass Maja und Mirja zwar schon sehnsüchtig auf mich warteten, doch Mojo, das ist ein kleiner, frecher Meerkatzenjunge, konnte ich nirgends entdecken. Daher gab ich den beiden Mädels schon mal Futter. Sie stürzen sich jedes Mal ganz gierig darauf, denn sie bekommen ja tagsüber nichts Gescheites. Dann suchte ich das Gehege noch einmal ganz genau nach dem Frechdachs ab. Schließlich fand ich ihn: Er hatte sich auf den obersten Ast eines im Gehege stehenden Baums geflüchtet und schien allein nicht mehr hinunterzukommen. Das war mal wieder typisch! Jedenfalls jammerte der kleine Kerl da oben ganz entsetzlich. Schnell besorgte ich eine Leiter und verkeilte sie zwischen dem Stamm und dem untersten Ast. Ohne mir eine Strategie zu überlegen oder ein Körbchen mitzunehmen, kletterte ich flink nach oben, um den „Meerkater“ zu retten. Schließlich tat mir der kleine Kerl ja auch furchtbar leid.

Als er mich gesehen hatte, sprang er plötzlich auf meine Schultern und presste sich ganz fest an mich. Leider hielt er mir dabei ein Auge zu. Und so fiel mir der Abstieg ziemlich schwer. Die letzte Stufe habe ich dann auch prompt verfehlt. Mojo sprang im Fallen, jetzt wieder ganz selbstbewusst, noch schnell auf den Boden und ist flink zum Futternapf gerannt. Doch ich rutschte durch die Sprossen und kippte samt Leiter um. Die drei fressenden Meerkatzen schauten mich erstaunt an, ließen sich aber nicht stören. Unheimlich dankbar, diese Kerlchen. Ich lag währenddessen hilflos im Gehege und wurde erst eine halbe Stunde später von einem anderen Pfleger gerettet.

Folie

1 Tierpfleger Justin ist beim Retten einer Meerkatze aus einer Buche gestürzt. Noch im Krankenhaus verfasst er einen Unfallbericht für seine Versicherung. Überarbeite den Bericht des Tierpflegers für die Versicherung mithilfe der **CHECKLISTE** auf Seite 129.

2 Schreibe den überarbeiteten Unfallbericht in dein Heft.

TIPPBOX

Zu 1:
- Ergänze die fehlenden Informationen in der Einleitung und im Schluss.
- Wandle die Verben, die noch nicht im Präteritum stehen, um.
- Streiche überflüssige Informationen durch.
- Formuliere persönliche Äußerungen zu sachlichen Textstellen um.

Kompetenz-Check A: Berichten

Am 17. Mai 20.. – mittags um 12 Uhr – Besuch im Zoo Duisburg mit meiner Mutter – am Affengehege – ich wollte dem Affen eine Banane geben – Affe klaute mir die Brille – ich konnte nichts mehr sehen – Affe ließ die Brille fallen – Brille war kaputt – Jahreskarte für den Zoo als Entschädigung

1 **Verfasse** aus der Sicht der Tochter den Bericht für die Versicherung.

a) Schreibe dir in Stichworten zu jedem Bild auf, was passiert ist.

b) Lege dir einen Schreibplan an, in dem du die Antworten zu den W-Fragen geordnet aufschreibst. Nutze dazu auch das Wortmaterial.

c) Schreibe den Entwurf für einen sachlichen Bericht. So kannst du beginnen:
Am 17. Mai 20.. zerbrach mir im Duisburger Zoo ein Affe meine Brille ...

2 Überarbeite deinen Text mithilfe der folgenden Fragen:
- Gibt dein Bericht Antworten auf die W-Fragen?
- Berichtest du die Informationen in einer sinnvollen Reihenfolge?
- Hast du im Präteritum geschrieben?
- Hast du Spannungsmacher und Gefühlsäußerungen vermieden?

Kompetenz-Check B: Berichten

1 **Verfasse** aus der Sicht der Tochter den Bericht für die Versicherung.
a) Schreibe dir in Stichworten zu jedem Bild auf, was passiert ist.

Bild 1: – Zoo Duisburg
– Samstag, 17. Mai 20.., mittags um 12 Uhr
– Zoobesuch mit meiner Mutter
– ...

b) Lege dir einen Schreibplan an, in dem du die Antworten zu den W-Fragen geordnet aufschreibst.
c) Schreibe mithilfe deiner Vorarbeiten den Entwurf für einen sachlichen Bericht.

2 Überarbeite deinen Text mithilfe der folgenden Fragen:
- Gibt dein Bericht Antworten auf die W-Fragen?
- Berichtest du die Informationen in einer sinnvollen Reihenfolge?
- Hast du im Präteritum geschrieben?
- Hast du auf Spannungsmacher verzichtet und Gefühlsäußerungen vermieden?

Lernbegleitbogen Ein Besuch im Zoo: über Ereignisse berichten

Kompetenz / Inhalt Ich kann über ein Ereignis berichten und dabei ...	Selbstein-schätzung ☺ 😐 ☹	Fremdein-schätzung ☺ 😐 ☹	Bemer-kungen	Hier kannst du weiter-üben:
– zur Textplanung in Stichworten Antworten auf die W-Fragen (Was? Wer? Wann? Wo? Wie? Warum? Welche Folgen?) geben (S. 128–129)				AH, S. 27, III, IV
– meinen Text mithilfe eines Schreibplans gliedern (S. 128–129)				AH, S. 27, III, IV
– den Bericht im Präteritum schreiben (S. 128–129)				AH, S. 27, III, IV
– sachlich und ohne gefühls-betonte Darstellung schreiben (S. 128–129)				AH, S. 27, III, IV
– die wichtigsten Informationen in einer sinnvollen Reihenfol-ge aufführen (S. 128–129)				AH, S. 27, III, IV
– überflüssige und unwichtige Informationen unberück-sichtigt lassen (S. 128–129)				AH, S. 27, III, IV
– einen vorgegebenen Bericht überarbeiten (S. 130)				
einen erzählenden Text erschließen und Fragen zum Inhalt beantworten (S. 134–137)				

AH = Arbeitsheft, SB = Schülerband

Trainiere die Kompetenzen, bei denen du selbst oder ein anderer ein 😐 oder ☹ eingetragen hat. Tipps zum Üben findest du in der letzten Spalte.

→ Überprüfe anschließend dein Wissen und Können, indem du einen der **Kompetenz-Checks** bearbeitest: **Kompetenz-Check A** (Seite 131) oder **Kompetenz-Check B** (Seite 132). Vergleiche dein Ergebnis mit dem Mustertext im Lösungsheft.

Im Blickpunkt: Lesen

Ein Bär wächst bis zum Dach

Hans Bender

„Wie sahen die Jungen aus?“, fragte der Kommissar. Der Wärter sagte: „Sie trugen blaue Hosen und gelbe Hemden; sie waren so groß“, und er hielt dabei die Hand über den Tisch. „Sonst haben Sie keinen Anhaltspunkt[1]?“ „Nein, sonst habe ich keinen Anhaltspunkt“, sagte der Wärter.

[1] der Anhaltspunkt: Hinweis

Am nächsten Tag stand in der Zeitung unter „Lokales“ mit fettgedruckter Überschrift:

Übermütiger Diebstahl im Tiergarten

Drei Jungen im Alter von 10 bis 12 gelang es gestern am späten Nachmittag, den im März zur Welt gekommenen Jungbären Puh an sich zu nehmen und zu entführen. Die Täter entkamen über den Zaun zur Flussseite. Nach Aussagen des Wärters trugen die Jungen blaue Hosen und gelbe Hemden. Der Verein für Tierschutz e.V. bittet die Bevölkerung, bei der Suche behilflich zu sein und zweckdienliche Angaben an ihn direkt oder an das nächstgelegene Polizeirevier zu machen.

★

Alle, die die Notiz gelesen hatten, hielten auf der Straße nach den Jungen Ausschau. Mungo hatte am Morgen, als die Zeitung durch den Türspalt raschelte, die Zeitung aufgeschlagen und die Notiz entdeckt. Er ging in sein Zimmer zurück, nahm die Lederhose aus dem Schrank, zog sie an und steckte sein kariertes Hemd in den Bund.

Seine Mutter sagte in der Küche: „Warum ziehst du schon jetzt die Lederhose an? Es ist doch bitterkalt[2].“ „Gar nicht kalt“, sagte Mungo. Er trank zwei Tassen Milch, aß ein Brötchen, und zwei steckte er, als seine Mutter die Bettvorlage[3] auf dem Balkon klopfte, in die Taschen. Er lief durch die Straße, klingelte zweimal bei Simson und sah hinauf, bis dessen blonder Kopf oben am Fenster erschien. „Ich komme gleich!“, rief er von oben. Als er aus der Tür kam, sagte Mungo: „Hast du die Zeitung gelesen?“ „Warum soll ich Zeitung lesen?“ „Es steht drin. Und wie wir angezogen waren, steht drin.“ „Wie wir angezogen waren?“ „Blaue Hosen und gelbe Hemden.“ Mungo sah Simson an, und Simson sah an sich herab: blaue Hosen – gelbes Hemd. „Zieh dich schleunigst[4] um“, sagte Mungo „Und nimm was zu fressen für ihn mit!“, rief er Simson nach.

Manfred wohnte vor der Stadt, in der Siedlung[5] zwischen dem Gaskessel[6], dem Stadion und dem Rangierbahnhof. Im letzten Häuschen der Relaisstraße wohnte er bei seiner Mutter, die immer im Bett lag. Breitbeinig, die Hände in den blauen Hosen, stand er vor dem Zaun. „Ihr könnt es wohl nicht mehr erwarten, mit ihm zu spielen“, empfing er die beiden. „Das auch“, sagte Mungo. „Aber zuerst musst du eine andere Hose und ein anderes Hemd anziehen.“ „Warum?“ „Es steht in der Zeitung: Die Täter trugen blaue Hosen und gelbe Hemden.“ „Los, zieh was anderes an“, sagte Simson. „Ich hab nichts anderes“, sagte Manfred.

[2] bitterkalt: sehr kalt

[3] die Bettvorlage: kleiner Teppich neben dem Bett

[4] schleunigst: sehr schnell

[5] die Siedlung: Gruppe gleichartiger, kleinerer Wohnhäuser

[6] der Gaskessel:

Im Schuppen[7], hinten im Garten, zwischen Holzstapeln, Brettern, einem zersprungenen Fass, einem verrosteten Bettgestell, zwischen Autoreifen, Kübeln und Eimern, dem Kaninchenstall und der verdrahteten Kiste mit den Meerschweinchen hatten sie den kleinen Bären versteckt. Zur Kugel gerollt lag er auf der Erde. Er äugte zu ihnen herauf, streckte die Tatzen vor und leckte sie mit tiefem Gebrumm[8]. Er erhob sich und trottete zu Mungo, der ihm ein Brötchen vorhielt. Er schnappte danach, doch es fiel ihm zwischen die Tatzen[9]. Er nahm es von der Erde auf, und in zwei, drei Sekunden hatte er es verschlungen. Mungo gab ihm das zweite Brötchen. Simson zog ein belegtes Brot aus der Tasche, und Manfred brachte eine Schüssel voll Milch aus dem Haus. Nichts blieb übrig. Puh, der Bär, reckte und streckte sich. Er gähnte. Er rieb sein dickes, schwarzbraunes Fell am Fass, dass es umfiel. Er kugelte auf den Rücken. Er tappte[10] rückwärts. Er hatte es gern, wenn die Jungen ihm durch das Fell strichen. Nein, niemand hatte ein schöneres Spielzeug! Die Tage waren für die drei zu kurz, mit Puh zu balgen[11], Löwenzahn, Mäuse, Milch und Brötchen zu besorgen, ihm zuzusehen und zu lachen, bis die Tränen aus den Augen rollten. Als die Ferien zu Ende gingen, war Puh so groß wie ein Pudel. Eines Morgens, als Manfred in den Schuppen kam, fand er den Bären, wie er den Draht vom Kaninchenstall riss. Das weiße Kaninchen saß in der hintersten Ecke der Kiste und sah mit großen, ängstlichen Lichtern zu ihm her. Das schwarze Kaninchen war verschwunden. Manfred nagelte die Lücke zu. Er suchte das schwarze Kaninchen zwischen den Holzstapeln, den Brettern, den Autoreifen, den Kübeln und Eimern. Er suchte es im Garten und fand es nicht. Dann sah er die Blutflecken auf der Erde und am Fell des Bären. Als Mungo und Simson kamen, sagte Manfred: „Er hat das schwarze Kaninchen gefressen!“ „Das kann nicht sein!“, sagte Mungo. „Aber wo ist es denn? Hab ich's vielleicht gefressen?“ „Es ist weggelaufen“, sagte Simson. „Ich habe überall gesucht.“ Puh stieß die Schnauze an Manfreds Bein. Er ließ sich hinterrücks[12] umfallen. Sie lachten alle drei. Sie spielten einen Nachmittag lang mit ihm. Einmal aber schlug er seine rechte Vordertatze in Mungos Rücken und kratzte mit seinen Krallen fünf rote Risse in die Haut.

Drei Tage später war auch das weiße Kaninchen weg. Die Kiste der Meerschweinchen lag auf der Erde. Der Draht hing zerrissen, und die Meerschweinchen waren verschwunden, bis auf eines, das tot unter Puhs Tatzen lag. Manfred lief zu Simson. Sie liefen zu Mungo, und alle drei liefen sie zum Schuppen, wo der Bär zwischen dem Gerümpel stand. Aufrecht stand er da, fest auf den Hinterbeinen. Er war so groß wie Manfred, der Kleinste der drei, und sie fürchteten sich. Mungo sagte: „Der wächst bis zum Dach.“ „Sicher wächst er bis zum Dach“, sagte Simson. „Darüber hinaus“, sagte Manfred. Und sie wagten nicht mehr, mit ihm zu spielen. „Wir melden es der Polizei“, sagte Manfred. „Du spinnst“, sagte Mungo. „Da wären wir schön dumm“, sagte Simson. „Lieber bringen wir ihn in der Nacht zurück.“ „Ich nicht! Nein, ich rühre den Kerl nicht mehr an!“, sagte Manfred. „Nur weil er deine ollen[13] Meerschweinchen verschlungen hat?“ „Und die Kaninchen“, sagte Manfred. „Die blöden Kaninchen.“ „Ich mag ihn nicht mehr sehen“, sagte Manfred. Mit hängenden Köpfen gingen sie auseinander.

Am nächsten Tag kam Mungo allein. Er brachte ein Stück gebratenes Fleisch mit, das er in hohem Bogen Puh hinwarf. Am Abend ließ Manfred die Tür des Schuppens offen. Lange lag er wach und dachte immerfort: am besten, wenn er

[7] der Schuppen:

[8] das Gebrumm: Brummen

[9] die Tatze: Pfote eines größeren Raubtieres

[10] tappen: vorsichtig bewegen

[11] balgen: ringen, raufen

[12] hinterrücks: überraschend

[13] ollen: alten

wegläuft – am besten, wenn er wegläuft. In der Nacht blieb alles still. Und doch war der Bär am Morgen fort.

Manfred ging zur Schule wie jeden Tag. Die Lehrerin fragte: „Wo entspringt der Rhein[14]?“ Sie kam durch die Reihen von Manfreds Bank und fragte nochmals: „Manfred, wo entspringt der Rhein?“ Er hörte die Frage erst, als die Lehrerin sie wiederholte und ihm dabei mit den Fingerspitzen an die Brust tippte. „Woran denkst du schon wieder, Manfred?“ Er fuhr auf[15]. Alle Buben und Mädel hatten die Gesichter zu ihm gedreht. „Wo der Rhein entspringt, habe ich gefragt!“ „Ich weiß es nicht“, sagte Manfred. Theo wusste es. Er leierte herunter[16]: „Es gibt einen Vorderrhein und einen Mittelrhein. Sie entspringen am St. Gotthard. Das ist ein Berg in den Alpen. Der St. Gotthard ist 3 197 Meter hoch.“

Gegen Abend gingen Fräulein von Osten und Fräulein Lortzing, die Klavierlehrerin, im Stadtpark spazieren. „Die Astern[17] blühen schon“, sagte Fräulein von Osten. „Ach, die Astern“, seufzte Fräulein Lortzing. „Astern machen so traurig. Astern bedeuten Herbst.“ „Aber doch nicht für Sie, Gertrude“, sagte Fräulein von Osten. Unter solchen Gesprächen wandelten sie den Pfad zum Goldfischteich hinab. Wo der Pfad durch die Tannen führt, stand ein Bär. Er hob die Tatzen hoch und sperrte das Maul auf. Die ältlichen Fräulein ließen die Handtaschen und Schirme fallen und liefen laut schreiend den Pfad zurück. „Hilfe! Hilfe! Ein Bär!“ Die Leute, die vor dem Konzertpavillon[18] auf den Bänken saßen, sprangen auf, ihnen entgegen. „Ein Bär! Ein Bär!“, schrien die Fräulein grell. „Aber, meine Damen“, sagte ein dicker Herr, „im Stadtpark gibt es doch keine Bären. Sicher war es ein Hund, ein großer, zottiger Hund.“ „Nein, ein Bär“, sagte Fräulein von Osten. „Ich schwöre, ein Bär“, sagte Frau Lortzing. Ein Polizist kam von der Straße herüber. Er sagte: „Es ist schon möglich, dass es ein Bär ist.“ Die Fräulein mussten mit zur Wache gehen. Sie wollten weinen, doch sie hatten keine Taschentücher, in die sie hätten weinen können, deshalb lächelten sie nervös.

Am nächsten Morgen wurde Puh, der Bär, von den Feuerwehrleuten und den Wärtern des Tiergartens eingefangen und in den Zwinger[19] zurückgebracht. Die Bärin beschnupperte ihn von allen Seiten. Sie trottete einige Male um ihn herum, dann legte sie ihre vier Tatzen um Puh, und auch die Schnauze deckte sie noch über ihn. Wie in einer Wiege lag Puh bei ihr. Die Mitglieder des Tierschutzvereins und mehr Besucher als sonst kamen, den eingefangenen Bären zu sehen. Sie warfen Brötchen, Bonbons, Äpfel und Bananenstücke hinab. Sie riefen: „Mach bittschön!“ Aber es dauerte eine Weile, bis die beiden unten reagierten.

Auch Mungo, Simson und der kleine Manfred kamen in den Tiergarten, den eingefangenen Bären zu sehen. Als sie über die Mauer des Zwingers lehnten, kam der Wärter Greiner von der Seite, blieb stehen, sah die drei an und sagte: „Ihr kommt mir so bekannt vor.“ Ihre Gesichter wurden weiß. Sie spannten die Beinmuskeln, um wegzulaufen, doch Mungo sagte schlagfertig: „Sicher bekannt. Wir gehen nämlich öfter in den Zoo. Wir haben Tiere gern.“ „Vor allem kleine Bären“, sagte der Wärter. „Auch andere Tiere“, sagte Mungo. „Kaninchen und Meerschweinchen“, piepste Manfred. „Hoffentlich habt ihr sie nicht zu gern“, sagte der Wärter. „Nein, das bestimmt nicht“, sagte Mungo. Der Wärter blieb noch ein paar Sekunden stehen, dann ging er weg. Die drei atmeten wieder. Sie sahen hinab zu Puh, der die tollsten Späße vollführte. Aber so sehr sie auch riefen, nicht einmal sah er zu ihnen herauf.

[14] der Rhein: Fluss in Westeuropa (u.a. Deutschland)

[15] auffahren: aufschrecken

[16] herunterleiern: ohne Interesse aufsagen

[17] die Aster:

[18] der Konzertpavillon:

[19] der Zwinger: Raubtierkäfig

1 Erschließe die Geschichte mit der **Lesemethode für erzählende Texte**. Seite 272–273

2 Zeige, dass du den Text richtig verstanden hast, indem du nur die richtigen Antworten ankreuzt: **Folie**

1. Wie wurden die jungen Täter in der Zeitung beschrieben?

A Die Jungen trugen blaue Hosen und gelbe Hemden.
B Alle Beteiligten waren mit dem Fahrrad unterwegs.
C Die unbekannten Täter wurden auf 10 und 13 Jahre geschätzt.

2. Warum zog Mungo nach dem Lesen der Zeitung ein kariertes Hemd an?

A Er hatte sich beim Frühstück bekleckert.
B Seine Mutter wollte, dass er gut aussah.
C Das Hemd passte besser zu seiner Lederhose.
D Er wollte nicht erkannt werden.

3. Wo halten die Jungen den kleinen Bären versteckt?

A in einem Schrebergarten
B in einer Höhle im Wald
C im Schuppen hinten im Garten
D im Keller bei Manfreds Eltern

4. Wie groß ist Puh nach den Ferien?

A Puh ist so groß wie Simsons Kuscheltier.
B Puh hat die Größe eines Pudels.
C Der Bär ist so groß wie die Eingangstür.

3 Beantworte die folgenden Fragen in ganzen Sätzen:

A Die Nahrung reicht für Puh nicht aus. Was frisst er deshalb noch?
B Warum hat Manfred schließlich Angst, den Bären anzurühren?
C Welchen Trick wendet Mungo an, damit sie den Bären loswerden?
D Wie gelangt Puh zurück in den Zoo?
E Was vermutet der Wärter des Zoos beim Besuch der Jungen und wie kommt er darauf?

4 Erkläre, warum die Jungen den Bären wieder loswerden wollen.

5 Was hältst du von der Aktion der drei Jungen? Schreibe deine Meinung auf und begründe sie.

6 Verfasse einen Zeitungsbericht über das Ereignis. Orientiere dich dazu an den W-Fragen.

Eine Bibliothek erkunden

1 Warst du schon einmal in einer Bücherei? Erzähle davon.

2 Sammelt, welche Büchereien (Bibliotheken) es in eurer Umgebung gibt.

3 In einer Bücherei gibt es nicht nur Bücher und man kann dort nicht nur lesen. Betrachtet die Abbildung oben wie auch das Bild auf der Doppelseite 140–141:
- Welche Angebote kannst du erkennen?
- An wen wenden sich diese Angebote?

4 Kennst du schon einige Fachbegriffe, die für die Benutzung einer Bücherei wichtig sind? Ordne dazu die folgenden Wörter den richtigen Ziffern im Bild zu. Das Lösungswort erhältst du, wenn du die markierten Buchstaben in der richtigen Reihenfolge notierst:
Titel – Titelbild – Illustrator – Verlag – Signatur – Klappentext – Autor – Cover – Ausleihe

5 Lege ein kleines Lexikon mit Fachbegriffen rund um die Bibliothek an.
a) Notiere die Begriffe aus dem Rätsel und schreibe zu jedem Wort eine kurze Erklärung auf. Du kannst auch weitere Begriffe ergänzen.
Klappentext: kurzer Text auf der Rückseite des Umschlags eines Buches, der meist den Inhalt kurz zusammenfasst und Lust aufs Lesen macht
b) Tausche deine Erklärungen mit denen eines Partners und ändere oder ergänze deine Erklärungen, wenn nötig.

6 Erkläre das Lösungswort: Was findet dort statt? Wo könnte man eine solche Veranstaltung durchführen?

In diesem Kapitel lernst du, wie du dich in einer Bibliothek zurechtfindest und dort Medien (z. B. Bücher, Filme, Spiele und Hörbücher) ausleihen kannst.

„Schatzkiste“ Bücherei erkunden

1 Erkundet diese Bücherei, indem ihr euch in einer Kleingruppe über die folgenden Fragen austauscht. Macht euch dazu Notizen:

a) Wo befinden sich Jugendbücher für eure Altersstufe?

b) Welche Medien (Bücher, Spiele, Hörbücher, Zeitschriften …) könnt ihr dort ausleihen?

c) Gibt es besondere Angebote, die für euch interessant sind (z. B. Autorenlesungen)?

d) Wann ist die Bücherei geöffnet?

e) Wie könnt ihr Bücher und andere Medien ausleihen?

2 Tauscht euch mit einer anderen Gruppe über eure Antworten aus und überarbeitet eure Notizen, wenn es nötig ist.

3 In einer Bücherei ist nicht alles erlaubt. Stelle fest, welche der dargestellten Verhaltensweisen in einer Bücherei verboten sind, und nenne Gründe dafür: *Man darf in einer Bibliothek nicht …, weil …*

4 Warum kann man eine Bücherei auch als „Schatzkiste“ bezeichnen? Erkläre.

5 Erkundet eure Schulbibliothek oder eine Bücherei in eurem Wohnort. Ihr könnt dabei die Fragen aus Aufgabe **1** übernehmen und eigene Fragen ergänzen, z. B.: *Was passiert, wenn man ein Buch nicht rechtzeitig zurückgibt?*

CDs + DVDs CD, DVD
Das schöne Buch!
Erzählungen ERZ
Noten NOT
Romane ROM
Kunstbücher KLT
Reiseliteratur RLT
Türkische Bücher TLT
Abenteuerromane für 10-12-Jährige ARO
Suche
Platz 1
Platz 2
MOBY DICK
GEO
ANIME
COMIC
BRAVO
Schließfächer
Autorenlesung Stefanie Rost
GEFÄHRLICHES SPIEL
Frau Gärtner
Öffnungszeiten Bibliothek

Mit dem Computer Bücher suchen

1 Hast du schon einmal in einer Bibliothek Medien ausgeliehen? Erzähle, wie du dabei vorgegangen bist.

2 In den meisten Bibliotheken helfen dir Computer bei der Suche nach einem Buch. Ordne die Bilder den Schritten in der **LERNBOX** zu.

3 Erkläre die Abkürzungen im Bibliotheksplan mithilfe des Bildes auf Seite 140–141. Für die Abkürzung SPO musst du selbst eine Erklärung finden.

LERNBOX

So findest du mit dem Bücherei-Computer ein Buch:

1. **Schritt:** Gib deinen **Suchbegriff** ein. Das kann ein **Buchtitel** oder der **Name eines Autors** sein, wenn du schon weißt, wonach du suchst.
   Wenn du keine genaue Vorstellung hast, kannst du eine **Buchart und ein Thema** eingeben, z. B.: *Jugendbuch Abenteuer* oder *Sachbuch Dinosaurier.*
2. **Schritt:** Auf dem Bildschirm erscheinen Angaben zu dem gewünschten Buch oder zu mehreren Büchern. Dabei ist für dich die Signatur wichtig, z. B.:
   ERZ 82 Dahl (ERZ – Erzählungen/82 – Regalstellplatz / Dahl – Autor).
   Diese Signatur findest du auch auf dem Buchrücken.
   Außerdem zeigt dir der PC, ob das Buch vorhanden oder ausgeliehen ist.
3. **Schritt:** Schreibe die Signatur auf.
4. **Schritt:** Schau auf dem Bibliotheksplan, in welchem Regal du Erzählungen (= Signatur: *ERZ*) findest.
5. **Schritt:** Suche im Regal das Buch: Wo stehen die Bücher mit der Ziffer *82*?

Stadtbibliothek

Suche | „Meine Liste“ | Konto | weitere Angebote | Anmelden

Einfache Suche | Erweiterte Suche | Suchhistorie | **Suchergebnis**

Ihre Suchanfrage Freie Suche = Charlie und die Schokoladenfabrik

1. Titel Charlie und die Schokoladenfabrik. – Sonderausg. – Reinbek: Rowohlt Taschenbuch Verlag, 2005. – 158 S.: mit Zeichn.
Dahl, Roald
Signatur ERZ 82 Dahl
Status: **ausleihbar**

2. Titel Charlie und die Schokoladenfabrik (Tonträger)
Signatur: CD P 2005
Status: **ausleihbar**

3. Titel Charlie und die Schokoladenfabrik (Bildtonträger)
Signatur: DVD / P 2005
Status: **ausgeliehen**

Vormerkung (gebührenpflichtig 0,50 Euro)

4 Untersuche die Ergebnisliste oben:
- Welche Medien kannst du ausleihen?
- Welche Medien sind bereits von anderen Nutzern ausgeliehen?
- Welche Signatur hat das Buch „Charlie und die Schokoladenfabrik“?

5 **a)** Stell dir vor, du willst das Buch „Charlie und die Schokoladenfabrik“ ausleihen. Beschreibe mithilfe des Bildes auf Seite 140–141 den Weg von der Theke zum richtigen Regal.
b) Schau dir das Regel rechts an: Wo findest du das Buch?

6 Welche Suchbegriffe würdest du am Computer eingeben, wenn du ein Jugendbuch über das Leben von Indianern suchst? Tausche dich mit einem Partner darüber aus.

7 **a)** Erkunde in einer Bibliothek, wie die Signaturen aufgebaut sind.
b) Probiere aus, welche Suchbegriffe für dich die besten Ergebnisse bringen. Überlege dir vorher, ob du Titel und Autor schon kennst oder ob du noch keine genaue Vorstellung hast, wonach du suchst.
c) Sprecht in der Klasse über eure Erfahrungen:
- Wann erhält man zu viele oder unbrauchbare Angaben?
- Wie kann man durch Suchbegriffe die Auswahl eingrenzen?

8 Wie gehst du vor, wenn du einen entliehenen Titel vormerken möchtest?

Ein „süßes“ Buch – sich einlesen

Elftes Kapitel: Das Wunder

Roald Dahl (Textauszug)
Aus: Charlie und die Schokoladenfabrik

Charlie Bucket lebt mit seinen Eltern und Großeltern in einem windschiefen Häuschen in der Nähe der riesigen Schokoladenfabrik des geheimnisvollen Willy Wonka. Und obwohl lange Zeit niemand mehr den seltsamen Besitzer gesehen hat, verlassen doch täglich Lastwagen voll der leckersten Schokoladen die Fabriktore. Süßigkeiten, von denen Charlie nur träumen kann: Das Geld ist knapp bei der Familie Bucket. Aber dann versteckt Herr Wonka fünf Goldene Eintrittskarten in fünf Schokoladen, die den Finder für einen Tag in sein sagenhaftes Schokoladenreich einladen. Charlie wünscht sich nichts sehnlicher, als eine Eintrittskarte zu bekommen. Dann findet er im Schnee eine Dollarnote. Endlich kann er sich eine Wonka-Schokoladentafel kaufen …

Charlie betrat den Laden und legte die feuchte Dollarnote auf die Theke. „Eine Tafel Schokolade bitte – Wonkas Wunder-Weich-Creme-Füllung“, sagte er, denn er dachte daran, wie gut ihm seine Geburtstagsschokolade geschmeckt hatte.

Der Mann hinter dem Tresen war dick und wohlgenährt. Er drehte sich um, nahm eine Tafel Schokolade aus dem Regal und gab sie Charlie. Charlie riss das Papier auf und machte einen Riesenbissen. Und noch einen … und noch einen … Oh, was für eine Wohltat, sich den Mund mit süßer Schokolade vollzustopfen!

„Na, das scheint dir ja zu schmecken“, sagte der Ladenbesitzer freundlich.

Charlie nickte nur. Er hatte den ganzen Mund voll Schokolade. Der Ladenbesitzer legte das Wechselgeld auf die Theke. „Langsam, lass dir Zeit, mein Junge. Du kriegst Bauchweh, wenn du die Schokolade hinunterschlingst, ohne zu kauen“, sagte er.

Aber Charlie konnte nicht langsam essen. Er verschlang die ganze Tafel in kaum einer halben Minute. Danach war er ganz außer Atem, aber auch so glücklich wie schon lange nicht mehr. Er streckte die Hand aus, um das Wechselgeld zu nehmen. Plötzlich hielt er inne. Charlie war gerade groß genug, um auf den Tresen sehen zu können. Er starrte auf die kleinen Silbermünzen … neun silberne Zehn-Cent-Münzen. Sicher machte es nichts aus, wenn er noch eine davon ausgab … nur eine einzige?

„Ich glaube … ich nehme noch eine Tafel Schokolade“, sagte er leise. „Die gleiche Sorte wie eben, bitte.“

„Warum nicht?“ Der dicke Ladenbesitzer griff wieder hinter sich und legte noch eine Tafel auf den Tresen. Charlie riss das Papier auf … und plötzlich … unter dem Papier blitzte ihm etwas Goldenes entgegen. Charlie glaubte, das Herz bliebe ihm stehen.

„Eine Goldene Eintrittskarte!“, rief der dicke Ladenbesitzer und sprang beinahe einen halben Meter hoch in die Luft. „Du hast die letzte Goldene Eintrittskarte erwischt! Nein, so was! Nun seht euch das einmal an, alle miteinander! Der Junge hat Wonkas letzte Goldene Eintrittskarte gefunden! Da ist sie! Er hält sie in der Hand!“

Der Ladenbesitzer schrie so, dass draußen die Leute verwundert stehen blieben. „Er hat die letzte Goldene Eintrittskarte gefunden, hier in meinem Laden!

Jemand muss sofort bei der Zeitung anrufen und Bescheid sagen. Sei vorsichtig, Junge! Pass auf, dass du die Eintrittskarte nicht beim Auspacken zerreißt! Das Ding ist was wert!“

Nach wenigen Minuten umringten mindestens zwanzig Leute Charlie, und immer mehr Menschen drängten von der Straße herein. Alle wollten die Goldene Eintrittskarte und den glücklichen Finder sehen.

„Wo ist sie? Halt sie hoch, damit wir sie alle sehen können!“, rief jemand.

„Da ist sie! Er hat sie in der Hand! Man sieht das Gold blitzen!“, rief ein anderer.

„Ich möchte bloß wissen, wie *der* das fertiggebracht hat!“, schimpfte ein großer Junge ärgerlich. „Ich habe wochenlang jeden Tag *zwanzig* Tafeln gekauft – alles umsonst!“

„Stellt euch mal die Süßigkeiten vor, die er jetzt sein Leben lang umsonst bekommt!“, sagte ein anderer Junge neidisch.

„Er kann's gebrauchen, der arme, magere kleine Kerl“, sagte ein junges Mädchen lachend.

Charlie hatte sich noch nicht von der Stelle gerührt. Er hatte nicht einmal die ganze Schokolade ausgepackt und die Goldene Eintrittskarte herausgenommen. Er stand einfach nur da und hielt seine Schokolade mit beiden Händen fest, während die Menge um ihn herum schob und schrie und mit den Armen herumfuchtelte. Charlie war völlig benommen. Ein eigenartiges, schwebendes Gefühl überkam ihn, als würde er gleich wie ein Ballon in die Luft aufsteigen. Seine Füße schienen den festen Boden nicht mehr zu berühren. Das Herz schlug ihm bis zum Halse. Da wurde ihm bewusst, dass eine Hand leicht auf seiner Schulter lag, und er sah auf.

Ein großer Mann stand neben ihm, beugte sich über ihn und flüsterte: „Hör zu, ich kaufe dir die Eintrittskarte ab. Ich gebe dir fünfundzwanzig Dollar dafür. Was sagst du dazu? Und auch noch ein neues Fahrrad. Einverstanden?“

„Sind sie *verrückt*?“, schrie eine Frau, die ebenfalls dicht neben Charlie stand. „Ich würde ihm *fünfhundert* Dollar für die Eintrittskarte geben! Verkaufst du sie für fünfhundert Dollar, junger Mann?“

„Jetzt reicht's aber!", brüllte der dicke Ladenbesitzer, schob sich durch die Menge und nahm Charlie energisch beim Arm. „Lasst den Jungen in Ruhe! Platz da, lasst ihn hinaus!" Er bahnte Charlie einen Weg zur Tür und flüsterte ihm zu: „Lauf lieber schnell nach Hause, ehe jemand an das Ding rankommt. Renn den ganzen Weg, und bleib nicht stehen, bis du glücklich zu Hause angelangt bist. Verstanden?"

Charlie nickte.

„Weißt du was?" Der Ladenbesitzer sah Charlie lächelnd an. „Ich habe das Gefühl, du kannst dieses Glück brauchen. Ich freue mich, dass du die letzte Eintrittskarte erwischt hast. Alles Gute, mein Junge!"

„Vielen Dank!", sagte Charlie, und dann rannte er los, so schnell ihn seine Beine tragen konnten. Als er an Herrn Wonkas Schokoladenfabrik vorbeirannte, winkte er und rief: „Ich komme dich besuchen, ich komme dich besuchen, bald!"

Fünf Minuten später war Charlie zu Hause.

1 Habt ihr die Geschichte genau gelesen? Testet euch gegenseitig mit dem Spiel „Der große Preis". Übertragt dazu die folgende Tabelle an die Tafel.

DER GROSSE PREIS	
Personen	Gegenstände
50	50
100	100
150	150
200	200
250	250

Spielanleitung: Teilt eure Lerngruppe in zwei Teams ein und wählt einen Spielleiter. Das erste Team beginnt und wählt aus der Tabelle eine beliebige Aufgabe aus (z. B. „Personen 200"). Der Spielleiter liest nun der Klasse die zu ergänzende Aussage vor, während das erste Team versucht, diese innerhalb von 20 Sekunden zu ergänzen. Achtet darauf, dass die erste genannte Antwort gilt. Die Gruppe muss sich also gemeinsam Gedanken machen und sich auf eine Lösung einigen. Ist die Antwort richtig, erhält das Team die entsprechenden Punkte (hier 200), und das nächste Team darf eine Aufgabe aus der Tabelle auswählen.

Wenn eine Aussage falsch, gar nicht oder nur teilweise ergänzt wird, darf das nachfolgende Team die Aufgabe lösen und erhält die Punkte. Die Punkte werden an der Tafel vom Spielleiter notiert.

Wenn alle Aufgaben gelöst wurden, ist das Spiel zu Ende. Das Team mit den meisten Punkten gewinnt.

Aussagen für den Spielleiter:

Personen

50: Die Leute stürmen in den Laden, weil sie ...
100: Eine Frau will Charlie überreden, dass er ...
150: Der ältere Junge schimpft so ärgerlich, weil er ...
200: Der Ladenbesitzer flüstert Charlie zu, dass er ...
250: Charlie fühlt sich in der Menge ...

Gegenstände

50: Die Schokolade, die Charlie verschlingt, heißt ...
100: Charlie hat ... Dollar gefunden.
150: Charlie kauft sich ... Tafeln Schokolade.
200: Die Goldene Eintrittskarte berechtigt dazu, dass ...
250: Eine Tafel Schokolade kostet ...

Lernbegleitbogen *Eine Bibliothek erkunden*

Kompetenz / Inhalt Ich kann ...	Selbsteinschätzung ☺ 😐 ☹	Fremdeinschätzung ☺ 😐 ☹	Bemerkungen	Hier kannst du weiterüben:
Fachbegriffe zu Büchern und Büchereien erklären (S. 138–139)				
Angebote von Büchereien nennen (S. 140–141)				
Verhaltensregeln für eine Bücherei nennen (S. 140–141)				
mich in einer Bücherei zurechtfinden (S. 140–141)				AH, S. 6–7; S. 28
mithilfe des Bücherei-Computers Medien finden (S. 142–143) – geeignete Stichwörter als Suchbegriffe in den PC eingeben – mithilfe der Signatur Medien in der Bücherei finden				
einen erzählenden Text verstehen (S. 144–146)				

AH = Arbeitsheft, SB = Schülerband

Trainiere die Kompetenzen, bei denen du selbst oder ein anderer ein 😐 oder ☹ eingetragen hat. Tipps zum Üben findest du in der rechten Spalte.

Unterwegs mit der Bahn

1 Was wisst ihr über das Bahnfahren? Sprecht über eure Erfahrungen und Kenntnisse:
- Welche Arten von Zügen kennt ihr?
- Was findet man alles auf einem Bahnhof?
- Worauf muss man bei einer Bahnfahrt achten?
- Welche Möglichkeiten kennt ihr, günstig mit der Bahn zu reisen?
- ...

2 Bist du selbst schon einmal mit der Bahn gefahren? Erzähle deinem Partner von deinen Reiseerlebnissen. Du kannst auch zu einer der folgenden Situationen eine Geschichte erfinden. Dein Partner muss dann erraten, welche deiner Geschichten wahr und welche ausgedacht ist.
Fahrkarte verloren – mit dem Oldtimerzug gefahren – Zug verpasst – in den falschen Zug gestiegen – Tasche im Zug vergessen – ...

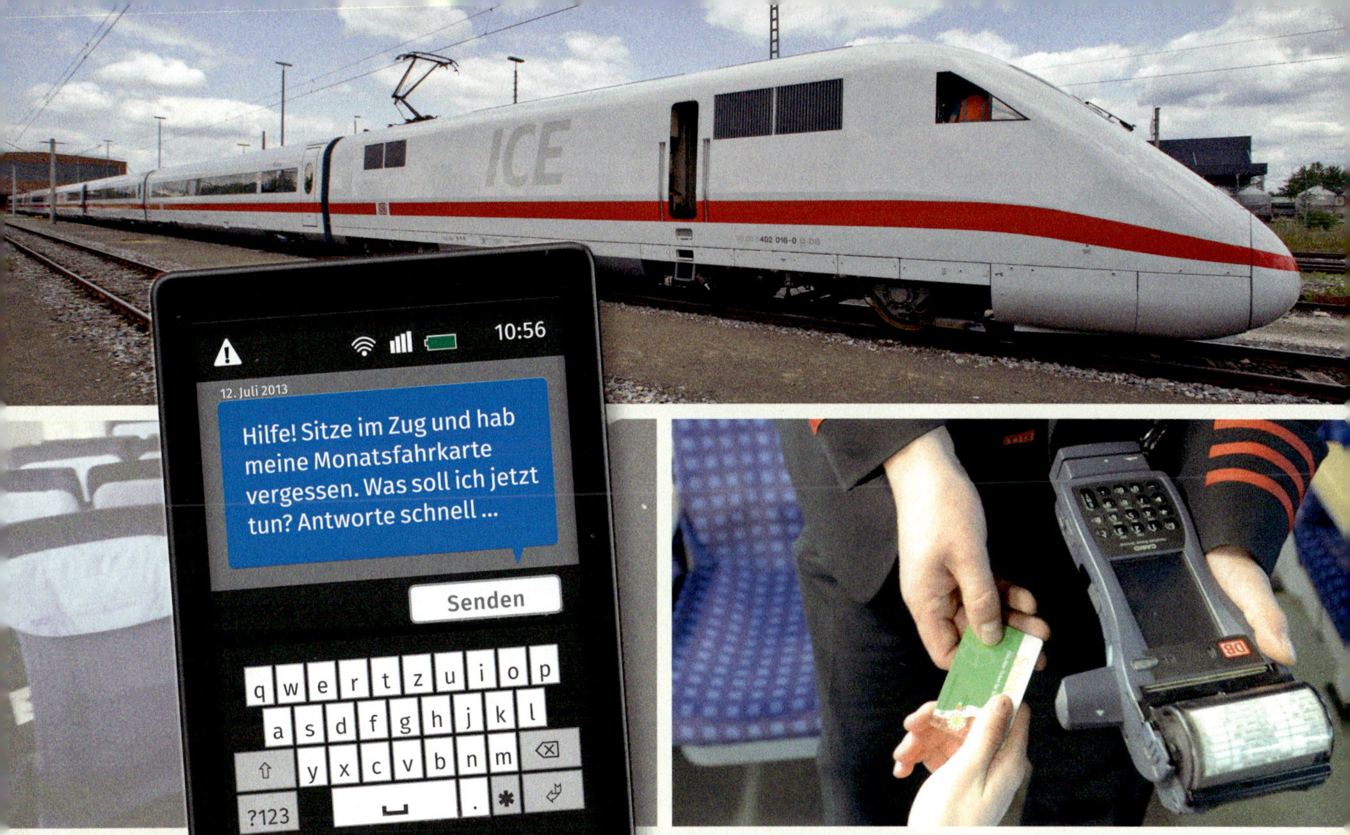

An	paps@freenet.de
Betreff	Klassenfahrt
Anfügen	Foto_Jugendherberge

Hallo Paps,
sind endlich in der Jugendherberge gelandet! Mussten viermal umsteigen und dann noch mit vollem Gepäck über die Bahnsteige rasen, weil unser Lehrer sich mit dem Gleis vertan hat. Haben zum Glück noch eben so den Zug erreicht.
Bis Freitag!

3 **a)** Sprecht darüber, was ihr auf diesen Seiten über die Bahn entdecken könnt. Legt dazu ein Cluster an, in dem ihr festhaltet, was ihr auf den Bildern seht.
b) Erfindet mithilfe eures Clusters Quizfragen. Nutzt dazu Fachbegriffe rund um die Bahn. Tauscht die Fragen anschließend untereinander aus und löst sie.

A Die Fahrkarte kontrolliert der SCH□□□□□□.
B ...

Dieses Kapitel handelt von der Geschichte und Gegenwart der Bahn.
Ihr lernt, wie ihr Informationen aus Texten entnehmen und miteinander vergleichen könnt.

Zug um Zug – einen Sachtext erschließen und den Inhalt zusammenfassen

Seite 270–271

1. Schritt: sich orientieren

1 Wie kam es zur Erfindung der Bahn? Informiere dich mithilfe des Sachtextes auf der rechten Seite und fasse den Inhalt in einem kurzen informierenden Text zusammen. Nutze dazu die **Lesemethode für Sachtexte**.

a) Was weißt du schon über die Geschichte der Eisenbahn? Mache dir Notizen und nutze die Fotos.

b) Was möchtest du über die Geschichte der Eisenbahn wissen? Stelle W-Fragen an den Text: Wer hat die Eisenbahn erfunden? Seit wann gibt es sie? …

Folie

2. Schritt: unbekannte Begriffe klären

2 Lies den Text auf Seite 151 mit dem Stift.

a) Kennzeichne während des Lesens unbekannte Begriffe mit einer Wellenlinie.

b) Kläre die Begriffe mithilfe eines Wörterbuchs oder aus dem Zusammenhang. Schau dir dazu das Beispiel im zweiten Absatz an.

Folie

3. Schritt: Schlüsselstellen markieren

3 Bereite die Zusammenfassung des Textes vor.

a) Untersuche die Markierungen im ersten und zweiten Absatz: Auf welche Fragen aus Aufgabe **1 b)** geben sie eine Antwort?

b) Lies den Text ein zweites Mal und markiere alle Schlüsselstellen in den Abschnitten (3)–(5). Lies dazu die **LERNBOX** und gehe vor wie im ersten und zweiten Absatz. Notiere am Textrand Stichworte zu den Schlüsselstellen.

c) Tauscht euch aus, warum ihr gerade diese Stellen markiert habt. Nehmt, wenn nötig, Änderungen oder Ergänzungen vor.

! LERNBOX

Was sind Schlüsselstellen?

1. Ein Text enthält viele Informationen. Du musst die für dich wichtigen Angaben herausfinden. Dies sind zum einen Stellen, die **Antworten auf die W-Fragen** zum Text geben. Dies sind **Schlüsselstellen**.
2. Zu den Schlüsselstellen gehören auch Informationen, die **interessant** oder **neu** für dich sind oder die du für die Aufgaben zum Text benötigst.
3. Achtung: Markiere nur die wichtigsten Wörter und Textstellen und nicht den ganzen Satz. Sonst verlierst du den Überblick. Z. B.: *Vor mehr als 200 Jahren, am 13. Februar 1804, fuhr die erste Dampflokomotive der Geschichte.*

Als die Eisenbahn geboren wurde

(1) Erste Dampflok 1804 in England

Vor mehr als 200 Jahren, am 13. Februar 1804, fuhr die erste Dampflokomotive der Geschichte. Mit der Erfindung der Dampflokomotive konnten nicht nur problemlos schwere Güter transportiert werden, sondern auch die Menschen kamen nun viel schneller von einem Ort zum anderen. Es war ein ungeheurer Fortschritt im Transportwesen. Bis dahin waren Pferde die einzigen Transport- und Fortbewegungsmittel. Für die Menschen damals war die Eisenbahn etwas vollkommen Neues. Eine Maschine, die sich selbst bewegt und dabei lärmt, dampft und schnaubt. Das konnte einem schon Angst machen, denn so etwas hatte man bis dahin noch nicht gesehen.

erste Dampflok 1804
jetzt: Lok befördert schwere Güter/Menschen
früher: nur mit Pferden möglich
Eisenbahn war Menschen unheimlich

(2) ....

Der Engländer Richard Trevithick konstruierte die erste Dampflokomotive. Der Grund war eine Wette zwischen zwei Eisenwerksbesitzern. Die Bahn sollte die Zugpferde ersetzen, die bisher als Transportmittel zu einem 15 km entfernten Kanal dienten. Außerdem sollte sie viel mehr Material als bisher und Personen transportieren können.

baute
R. Trevithick erfand Dampflok
Grund: Wette

(3) ....

Um die erste Dampflokomotive bauen zu können, waren zwei andere Erfindungen nötig, die schon vorher gemacht wurden. Zum einen die Fahrt von Wagen auf Schienen: Bei der Eisenbahn gehören, anders als bei einem Auto oder einem Schiff, das Fahrzeug und der Fahrweg untrennbar zusammen. Eine Eisenbahn kann nur dort fahren, wo es Schienen gibt. Diese Idee mit den Schienen kommt aus dem Bergbau, wodurch der Abtransport von Schutt[1] und Erz[2] sehr erleichtert wurde.

(4) ....

Die andere wichtige Erfindung, ohne die es damals keine Wette und damit auch keine Dampflokomotive gegeben hätte, war die Dampfmaschine. Um 1800 gab es für damalige Verhältnisse schon leistungsstarke und halbwegs zuverlässig funktionierende Dampfmaschinen. Trevithick, der englische Ingenieur, kannte sich gut mit Dampfmaschinen aus. Er setzte eine Dampfmaschine auf Räder und verwendete die Kraft dieser Maschine dazu, ihre eigenen Räder anzutreiben. So konstruierte Trevithick die erste Lokomotive.

(5) ....

Am 13. Februar 1804 schließlich gelang die Jungfernfahrt[3]. In gut vier Stunden fuhr Trevithicks Lokomotive mit einer Höchstgeschwindigkeit von 8 km/h die Strecke vom Eisenwerk zum Kanal. Dabei transportierte sie zehn Tonnen Eisen und einige Grubenarbeiter. Die Wette war gewonnen.

Heutzutage haben die Dampfloks ausgedient. Auf den Schienen fahren Züge, die mit Strom angetrieben werden. Diese elektrischen Loks oder E-Loks sind schneller, leiser und sauberer als die alten Dampfloks.

Richard Trevithick

[1] der Schutt: Steine oder Reste von Mauern

[2] das Erz: ein Mineralstoff

[3] die Jungfernfahrt: die erste Fahrt

4. Schritt: Wichtiges herausschreiben

4 **a)** Lege dir einen Notizzettel an, auf dem du die wichtigsten Informationen des Textes herausschreibst. Nutze dazu die **LERNBOX**.
b) Formuliere zu den Sinnabschnitten (1)–(5) jeweils eine Überschrift.
c) Ergänze zu jeder Überschrift wichtige Informationen (Schlüsselstellen) in Stichworten.

Richard Trevithick erfand 1804 die Dampflokomotive.

Die Erfindung der Eisenbahn
(1) Erste Dampflok 1804 in England
- jetzt: Lok befördert schwere Güter und Menschen
- früher: nur mit Pferden möglich
- Eisenbahn war Menschen unheimlich

(2) Erfinder der Dampflokomotive: Richard Trevithick
- Grund: ...

d) Vergleiche deinen Notizzettel mit einem Partner. Falls ihr unterschiedliche Informationen notiert habt, entscheidet, ob diese wichtig und sachlich richtig sind. Ergänze, verändere oder streiche unwichtige und unsachliche Informationen auf deinem Notizzettel.

LERNBOX

So schreibst du wichtige Informationen aus einem Text heraus:

1. Formuliere zu jedem Sinnabschnitt eine passende Überschrift.
   Achte darauf, dass die Überschrift zum ganzen Absatz passt:
   Erste Dampflok 1804 in England.
2. Du kannst die Überschriften stichwortartig oder als kurzen Satz formulieren.
   - *Erfinder der Dampflokomotive: Richard Trevithick* oder
   - *Richard Trevithick erfand die Dampflokomotive.*
3. Ergänze unter der Überschrift wichtige Informationen, die du in diesem Textabschnitt findest. Sieh dir dazu die Schlüsselstellen an.
4. Gliedere die Stichworte durch Spiegelstriche (–) oder Punkte (•).

TIPPBOX

Zu 4 b): Aus diesen Zwischenüberschriften kannst du auswählen:
Die Dampfmaschine / Erste Dampflok 1804 in England / Die erste Fahrt der Eisenbahn / Erfinder der Dampflokomotive: Richard Trevithick / Schienen als Fahrweg / Wette gewonnen / Die Jungfernfahrt

Zu 4 c): So kannst du Stichworte formulieren:
Um die erste Dampflokomotive bauen zu können, waren zwei andere Erfindungen nötig, die schon vorher gemacht wurden: ... (Z. 18–19).
- Orientiere dich an den **Schlüsselstellen**, die du markiert hast.
- Notiere **Fakten**, **Zahlen** oder wichtige **Namen**.
- Bilde daraus einen **unvollständigen Satz**, möglichst mit eigenen Worten:
  vorab zwei Erfindungen für Dampflok notwendig.

5 Fasse nun den Inhalt des Textes mithilfe deines Notizzettels in eigenen Worten zusammen:

a) Lies zuerst die **LERNBOX**.

b) Schreibe einen Entwurf und orientiere dich dabei an deinen Notizen.

So kannst du beginnen:

Die Erfindung der Eisenbahn

Die Eisenbahn gibt es schon seit über 200 Jahren, nämlich seit 1804. Ihr Erfinder ist der Engländer Richard Trevithick. Vor der Erfindung der Bahn konnten schwere Lasten und Menschen nur mit Pferden transportiert werden. Danach konnte dies die Eisenbahn übernehmen.

Der Anlass für die Erfindung der Bahn war eine Wette. ...

6 Stellt eure Texte in einer **Schreibkonferenz** vor. Arbeitet mit einem Partner oder in einer Kleingruppe. Wenn ihr in einer Gruppe arbeitet, könnt ihr die Beobachtungskriterien aufteilen. Gebt euch zu folgenden Kriterien Rückmeldung:

Seite 280–281

- Sind alle wichtigen Informationen genannt?
- Sind die Informationen (Zahlen, Fakten, Namen) richtig?
- Ist der Text verständlich und sachlich geschrieben?
- Wurde in eigenen Worten formuliert?

7 Wenn du weitere Informationen über die Erfindung der Dampflokomotive zusammentragen möchtest, recherchiere im Internet unter dem Suchbegriff *Erfindung der Dampflokomotive*.

LERNBOX

So fasst du den Inhalt eines Textes zusammen:

Formuliere so, dass auch Leser, die den Text nicht kennen, durch deine Zusammenfassung gut informiert sind.

1. Nenne in der **Überschrift**, wovon der Text handelt: *Die Erfindung der Eisenbahn.*
2. Fasse die wichtigen Informationen sachlich richtig und **in eigenen Worten** zusammen. Bilde dazu aus deinen Stichworten vollständige Sätze.
3. Schreibe nicht aus dem Text ab. Formuliere mit eigenen Worten. Fachbegriffe, Namen und Fakten kannst du aber aus dem Text übernehmen.
4. Achte auf eine sinnvolle **Reihenfolge**. Orientiere dich dabei an den Sinnabschnitten des Textes.

TIPPBOX

Zu 5: Wenn du für eine Zusammenfassung aus Stichworten vollständige Sätze machen willst, gehe so vor:
Verwende die Stichworte von deinem Notizzettel. Baue daraus vollständige Sätze. Ergänze z. B. Artikel sowie passende Verben und verwende Konjunktionen *(weil, denn, um, daher ...)*, um die Sätze miteinander zu verbinden, z. B.:
Stichworte: *Bahn braucht Schienen: Idee aus Bergbau*
Satz: *Die Eisenbahn braucht Schienen, um fahren zu können. Diese Idee stammt aus dem Bergbau.*

Diese Wörter kannst du für deinen Text verwenden:
notwendig / benötigen / einsetzen / viel darüber wissen / bauen / entwickeln / zusammenbauen / schaffen / erreichen / ankommen.

Der ICE 3: Schneller geht's nicht! – Das Textverständnis überprüfen

Seite 270–271

1 Worum geht es in dem Quiz und wer wird angesprochen? Erkläre anhand des Plakats, worüber die Teilnehmer Bescheid wissen sollten.
Auf den Seiten 154–157 findet ihr verschiedene Materialien, mit denen ihr die Quiz-Aufgaben lösen könnt.

2 Der folgende Text informiert dich über den ICE 3. Erschließe dir den Text mit der **Lesemethode für Sachtexte** (Folie).
Die Schritte kannst du am Rand der Seite 150 und 152 nachlesen.

Der ICE 3 – mit Tempo 300 über die Schiene

ICE 3 = 300 km/h schnell

(1) ....

Der ICE 3, bis zu 300 Kilometer pro Stunde schnell, ist ein Wunderwerk der Technik. Er ist noch schneller und luxuriöser[1] als seine beiden Vorgänger. Weil der ICE 3 durch seine Schnelligkeit viele Städte in kurzer Zeit miteinander verbinden kann, ist er eine echte Alternative[2] zu einem Inlandsflug.
Jeder „InterCityExpress" fährt fast 500 000 Kilometer im Jahr. Dabei befördert der Zug täglich 75 000 Fahrgäste.

(2) ....

Insgesamt sind bislang 63 ICE-3-Züge im Einsatz, davon sind 37 ausschließlich für das deutsche Streckennetz bestimmt. Am Anfang und Ende des Zuges gibt es ein spezielles Abteil, das durch eine Glaswand vom Lokführer getrennt ist.

[1] luxuriös: besonders gut ausgestattet

[2] die Alternative: andere Möglichkeit

So haben die Fahrgäste die Möglichkeit, dem Lokführer über die Schulter zu schauen.

Jede Nacht werden in den sechs Betriebswerken der Bahn die ICEs überprüft.

(3) ....

Frühere ICEs hatten am vorderen und am hinteren Ende des Zuges jeweils große Lokomotiven, die sie antrieben. Als die Deutsche Bahn eine Schnellstrecke zwischen Frankfurt und Köln einrichten wollte, musste sie einen neuen Zug entwickeln. Denn auf diesem Abschnitt gibt es viele Steigungen und Gefälle, und die Schienen müssen sich der hügeligen Landschaft anpassen. Die alten ICEs konnten die Berge nicht mit Höchstgeschwindigkeit bewältigen – und deshalb wurde der ICE 3 entwickelt. Er hat eine viel kompliziertere Technik als die alten Züge der Deutschen Bahn. Der ICE 3 wird von 16 Elektromotoren angetrieben, die im ganzen Zug verteilt im Fahrwerk sitzen. Er hat etwa 11 000 PS – das ist ungefähr so viel wie 160 normale Autos zusammen.

(4) ....

Damit sich die Fahrgäste auch immer sicher fühlen können, wird der Zug regelmäßig kontrolliert. Dazu überwachen 200 Prozessoren[3] den Zug ständig schon während der Fahrt. Sie checken, ob das Getriebe, die Bremsen und die Motoren störungsfrei arbeiten. Das System zeichnet aber auch auf, wie schnell die Türen schließen, und ob die Klimaanlage oder die Kaffeemaschinen funktionieren. Die Daten werden direkt an die Leitstellen der Deutschen Bahn in Frankfurt und Duisburg weitergeleitet. In einem der sechs Betriebswerke der Deutschen Bahn, nämlich in Hamburg, München, Berlin, Frankfurt, Basel, Köln und Dortmund, finden dann alle weiteren Untersuchungen am ICE 3 statt, und zwar in der Nacht. Weil die meisten Fehler des Zuges ja bereits während der Fahrt von den Prozessoren erkannt wurden, wissen die Mitarbeiter der Betriebswerke, schon bevor der Zug bei ihnen angekommen ist, welche Reparaturen sie erledigen müssen. Ein Bordcomputer hat nämlich alle Mängel am Zug per Funk an das Betriebswerk geschickt. Dort liegen dann schon Ersatzteile bereit. Ist der ICE 3 in einem Betriebswerk angekommen, übernimmt ein Techniker den Platz des Lokführers. Er führt dieselben Handlungen aus, die der Fahrer tagtäglich macht, und überprüft, ob der Zug seinen Befehlen folgt.

[3] der Prozessor: kleines Teil eines Computers, auf dem Daten gespeichert werden können

(5) ....

Selbst wenn alles zu funktionieren scheint, heißt das nicht, dass die Arbeit der Techniker getan ist. Sie müssen den ganzen Zug auch von außen von Kopf bis Fuß überprüfen. Es kann zum Beispiel sein, dass Funken von den Hochspannungsleitungen auf das Dach des Zuges sprühen. Dadurch brennen kleine Löcher in die Aluminiumhaut, die dann abgeschliffen und überlackiert werden müssen. Manchmal sind die Löcher auch ein bisschen größer und die Arbeit deswegen etwas aufwendiger. Große Löcher müssen verschweißt werden, damit kein Wasser in den Zug dringen kann. Denn dadurch könnte die Elektronik an Bord beschädigt werden, wodurch Kurzschlüsse entstehen könnten. Außerdem wirbeln auch manchmal größere Steine oder andere Gegenstände, die auf den Schienen liegen, bei der schnellen Fahrt hoch. Dadurch entstehen Risse in der Frontscheibe, obwohl die Scheibe aus dickem Panzerglas[4] gemacht wurde. Die Mechaniker im Betriebswerk müssen das schwere Glas dann auswechseln.

[4] das Panzerglas: sehr hartes Glas, das nicht bricht

Quizteil A: Werde zum ICE-3-Experten!

Aufgabe 1: Wofür stehen die Buchstaben ICE?
A Inter City Eilzug
B Inter City Ente
C Inter City Express

Aufgabe 2: Was ist das Besondere an dem Abteil am Anfang und Ende des ICEs 3?
A Dort befinden sich die Speisewagen.
B Dort können die Fahrgäste durch ein Fenster den Lokführer beobachten.
C Dort hat man Internetanschluss.

Aufgabe 3: Ergänze in den folgenden Sätzen die fehlenden Angaben.
A Zurzeit verfügt die Bahn über 63 ICE-3-Züge.
Mehr als die Hälfte – nämlich (?) Züge – sind nur in (?) unterwegs.
B Den Ort, an dem ein ICE 3 ständig kontrolliert wird, nennt man (?).
Davon gibt es (?) Stück.
C Ein ICE 3 wird von (?) Elektromotoren angetrieben, die zusammen eine Leistung von (?) ergeben.

Aufgabe 4: Erläutere, welche Aufgabe die 200 Prozessoren im Zug haben.

Aufgabe 5: Erkläre, was ein Techniker macht, wenn der ICE 3 in einem Betriebswerk angekommen ist.

☆ **Aufgabe 6:** Erkläre, warum in der Aluminiumhaut des ICEs Risse entstehen können und warum diese schnell repariert werden müssen.

3 **a)** Überprüfe dein Textverständnis, indem du die Quizfragen beantwortest. Lies dazu die **LERNBOX**. Notiere zu deiner Antwort immer auch die Zeile, in der du die Antwort gefunden hast.
b) Vergleicht eure Antworten miteinander.

! LERNBOX

So beantwortest du Quizfragen zu einem Text:

1. Markiere **in der Aufgabe** die Schlüsselwörter: *Wie viele Kilometer fährt der ICE im Jahr?*
2. Suche **im Text** diese Schlüsselwörter und unterstreiche sie.
3. Kreuze dann die richtige Antwort an oder ergänze sie.
4. Wenn du frei formulieren sollst, antworte in **vollständigen Sätzen**. Greife dazu die Formulierung der Aufgabe auf *(Der ICE fährt fast 500 000 Kilometer im Jahr).* Ergänze die Zeile, in der die Antwort steht *(Z. 6).*

TIPPBOX

Zu 3 a):In diesem Fall sind die Schüsselstellen die Lösungen der Aufgaben.
Spüre die Antworten auf die Quizfragen mithilfe der folgenden Zeilenangaben auf und unterstreiche sie im Text:
(Z. 6), (Z. 10–13), (Z. 9–10, 14, 23–24), (Z. 27–31), (Z. 36–43), (Z. 47–57).

Das Streckennetz des ICEs – ein Schaubild erschließen und Informationen entnehmen

1 **a)** Werte das Schaubild aus. Die **LERNBOX** hilft dir dabei.
b) Löse die Aufgaben des Quiz. Beantworte die Fragen in vollständigen Sätzen, z. B.: *Der ICE hält auf der Strecke von … nach … dreimal, nämlich in …*

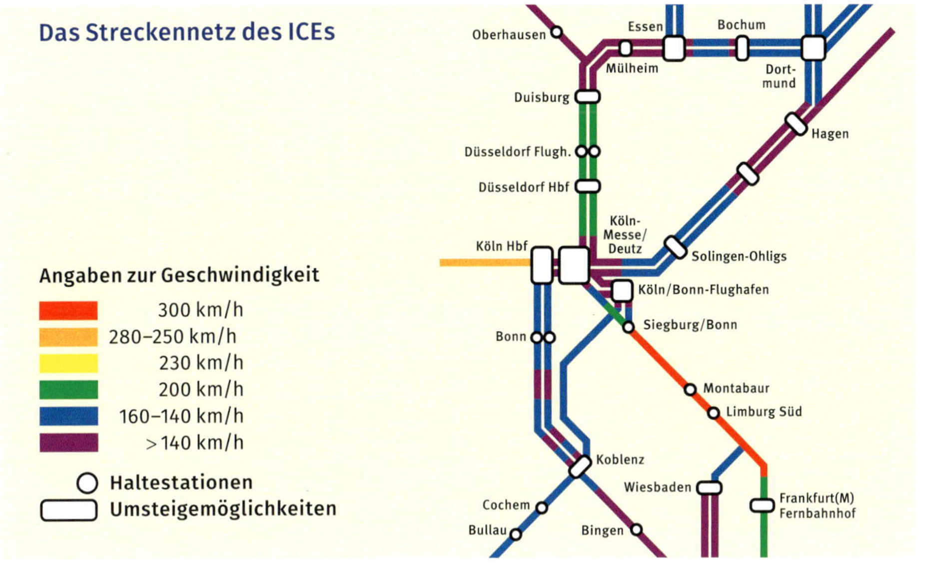

Quizteil B: Erkunde das Streckennetz!

A Der ICE fährt auf den einzelnen Strecken unterschiedlich schnell. Welche Haltepunkte liegen an der schnellsten Strecke?
B Wie oft hält der ICE auf der Strecke Köln Hbf bis Düsseldorf Flughafen?
C Notiere die Geschwindigkeiten des ICEs auf der Strecke von Köln über Düsseldorf nach Dortmund.

Ein weiteres Schaubild mit Aufgaben findest du im Arbeitsheft. **AH, Seite 29**

! LERNBOX

So erschließt du Informationen aus einem Schaubild:

1. Informiere dich anhand der **Überschrift**, worum es in dem Schaubild geht.
2. Lies die **Erklärungen** zu bestimmten Zeichen, Farben oder Abkürzungen.
3. Lies dich in das Schaubild ein, indem du die Bedeutung der Zeichen und Angaben an einem Beispiel genau untersuchst (z. B. die Fahrtstrecke von Köln nach Düsseldorf).

TIPPBOX

Zu 1 a):
– Orientiere dich an den Farben: grün z. B.: Strecke von Köln Messe über Düsseldorf nach Duisburg, rot: schnellste Geschwindigkeit.
– Berücksichtige: Umsteigemöglichkeiten sind auch Haltestationen.
– Bedeutung der Abkürzungen: *Hbf (Hauptbahnhof), Flugh. (Flughafen).*

Mit dem ICE 3 unterwegs – Informationen vergleichen und Schlüsse daraus ziehen

Quizteil C: Beweise dein Wissen!

Du hast den ICE 3 genauer kennengelernt und einen Ausschnitt aus dem Streckennetz des ICEs ausgewertet. Löse nun einige Expertenfragen, bei denen du dein Wissen kombinieren musst:

Aufgabe 1: Beurteile, ob der ICE auf der Strecke zwischen Siegburg und Limburg Süd seine absolute Höchstgeschwindigkeit fahren kann.

Aufgabe 2: Stell dir vor, ein ICE 3 muss überprüft werden. Erläutere, wo sich auf dem Streckennetzausschnitt Betriebswerke befinden, in denen der ICE 3 gewartet werden könnte.

Aufgabe 3: Du bist Techniker der Deutschen Bahn und sollst einen ICE 3 überprüfen, der von Düsseldorf nach Bochum fährt. Erläutere, wo du die nächste Leitstelle findest, an der du Daten über den Zug abfragen kannst.

Aufgabe 4: Schlussfolgere, warum die Reparaturen am ICE in der Nacht ausgeführt werden müssen.

1 **a)** Beantworte die Aufgaben 1 bis 3 des Quizteils C. Vergleiche dazu den Text über den ICE von Seite 154–155 und den Ausschnitt des Streckennetzes von Seite 157. Die **LERNBOX** hilft dir dabei.
b) Bearbeite auch die Aufgabe 4. So kannst du beginnen:
Die Reparaturen am ICE werden in der Nacht ausgeführt, weil …

LERNBOX

So vergleichst du Informationen und ziehst Schlüsse:
Werte die unterschiedlichen Materialien aus:

1. Unterstreiche und notiere aus jedem Material die Informationen, die du **laut Aufgabe** benötigst *(z. B. Höchstgeschwindigkeit).*
2. Vergleiche die Informationen miteinander: z. B. *Wie hoch ist die Höchstgeschwindigkeit laut Text? Wie hoch auf der Strecke des Streckennetzes?*
3. Entscheide und begründe, ob beide Informationen zueinanderpassen.
4. Wenn du schlussfolgern sollst, notiere zunächst in Stichpunkten, welche Gründe dir einfallen. Formuliere dann eine Antwort in vollständigen Sätzen. Begründe deine Meinung mithilfe der Materialien.

TIPPBOX

Zu 1 a):
Aufgabe 1: Notiere die Geschwindigkeit, mit der der ICE auf der Strecke von Siegburg nach Limburg Süd fährt. Vergleiche die Angabe mit dem ersten Textabschnitt.
Aufgabe 2: Markiere im Text, welche Betriebswerke genannt werden. Markiere im Schaubild die Orte, die du auch im Streckennetz findest.
Aufgabe 3: Im Text werden zwei Leitstellenorte genannt. Markiere sie und finde sie im Streckennetz.

Mit dem ICE auf der Schiene – eine Tabelle erschließen und Informationen entnehmen

Tim möchte mit dem ICE von Düsseldorf nach Köln fahren. Sein Fahrrad will er mitnehmen. Im Reisezentrum der DB bekommt er folgende Reiseverbindungen:

A Tims Reiseverbindungen

Bahnhof/Haltestelle	Zeit	Gleis	Produkte	Bemerkungen
Düsseldorf Hbf	09:33	15	ICE 121	Intercity-Express
Köln Messe/Deutz	09:52	11		
Fußweg 7 Minuten				umsteigen in S-Bahn
Köln Messe/Deutz	10:01	10	S 6	Richtung Köln Nippes
Köln Hbf	10:03	11		Fahrradmitnahme möglich,
Dauer: 0:30				aber reservierungspflichtig[1]
Düsseldorf Hbf	09:58	15	RE 10511	Regional-Express
Düsseldorf-Benrath	10:05	2		Achtung! Baumaßnahmen
Leverkusen-Mitte	10:14	2		Fahrradmitnahme möglich
Köln-Mühlheim	10:21	1		
Köln Messe/Deutz	10:26	8		
Köln Hbf	10:29	9		
Dauer: 0:31				
Düsseldorf Hbf	10:27	16	EC 9	Eurocity
Köln Hbf	10:50	7		Bordrestaurant
Dauer: 0:23				
Düsseldorf Hbf	10:33	15	ICE 105	Intercity-Express
Köln Hbf	10:55	6		Bordbistro[2]
Dauer: 0:22				Fahrradmitnahme möglich

[1] reservierungspflichtig: man muss beim Kauf der Fahrkarte sagen, dass man ein Fahrrad mitnimmt

[2] das Bordbistro: ein kleines Restaurant

1 Für welche Fahrt soll sich Tim entscheiden?
Überprüfe dazu die vorgeschlagenen Reiseverbindungen. Lege zu deiner Orientierung eine Tabelle an, in der du deine Ergebnisse festhältst. Gehe so vor:
a) Kreuze an, auf welcher Strecke ein ICE fährt.
b) Kreuze an, bei welchen Verbindungen Tim sein Fahrrad mitnehmen kann.
c) Errechne, wie lange die Bahnfahrt jeweils dauert.
d) Notiere, welche Besonderheiten es auf der Strecke gibt.
e) Werte deine Ergebnisse mithilfe der Tabelle aus und entscheide, welche Verbindung Tim nehmen sollte. Notiere dazu alle wichtigen Informationen.

	Verbindung 1	Verbindung 2	Verbindung 3	Verbindung 4
ICE	x			
Fahrrad				
Dauer				
Besonderheiten				

Auf dem Bahnhof kannst du viele verschiedene Durchsagen hören. Du musst genau hinhören, wenn du wissen willst, ob sie für dich wichtig sind.

Seite 165

B Lautsprecherdurchsagen auf dem Bahnhof

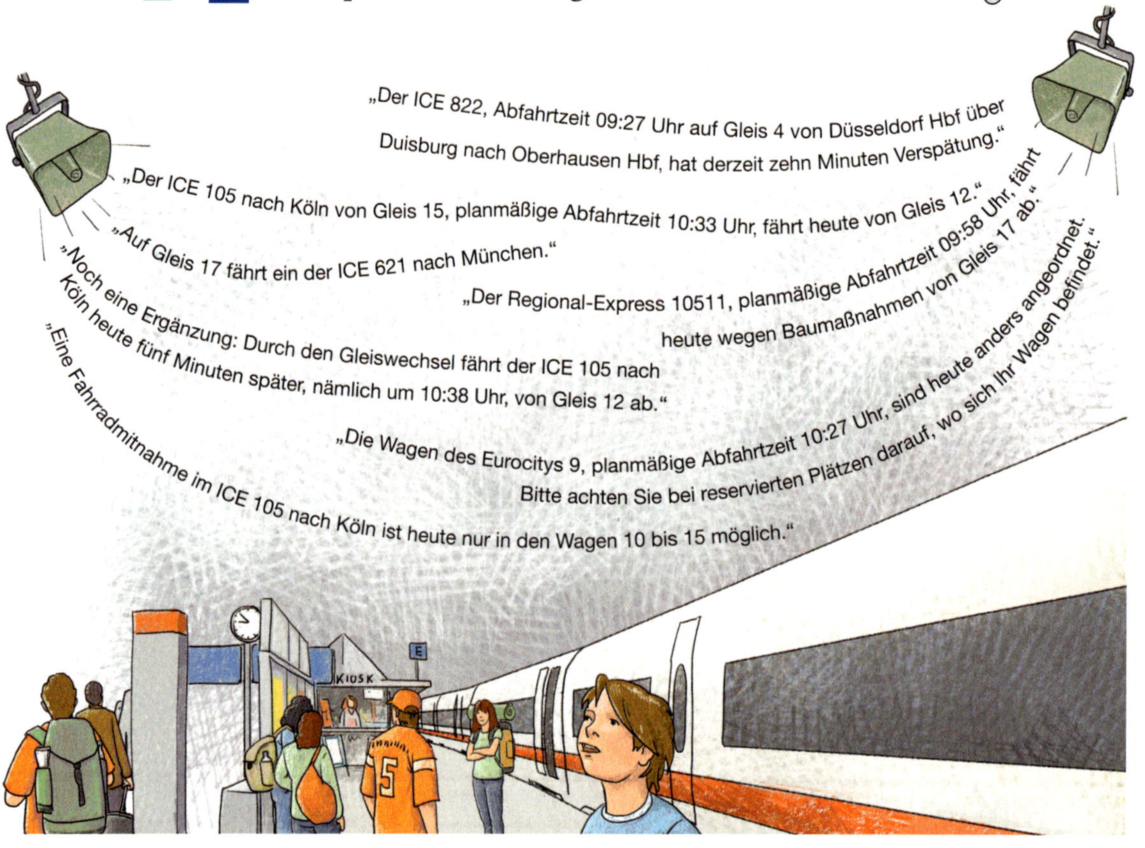

Folie

2 Erschließe die verschiedenen Durchsagen:
a) Markiere alle Züge, über die etwas durchgesagt wird.
b) Mache dir klar, um welche Änderungen es jeweils geht.

3 Welche Informationen der Durchsagen betreffen Tims Zug? Notiere diese Angaben.

4 Vergleiche Tims Reiseinformationen aus Aufgabe **1 e)** mit den Durchsagen. Notiere, was sich für die Zugfahrt, die du ausgewählt hast, ändert.

5 Formuliere einen Durchsagentext für folgende Situation:
RE 11113, Richtung Köln Hbf, Ankunft 10:58, Gleis 3,
Änderung: Zug endet in Köln-Mühlheim, Grund: Bauarbeiten.

TIPPBOX

Zu 3: Achte auf folgende Angaben: Abfahrtsgleis, Fahrradmitnahme, Abfahrtszeit.
Zu 4: Es gibt drei Änderungen, die Tims mögliche Verbindungen betreffen.

Eine Zusammenfassung schreiben und überarbeiten

1 Fasse deine Ergebnisse der Seiten 159–160 in einem kurzen Text zusammen. Berücksichtige darin alle Informationen, die für Tims Fahrt wichtig sind:
a) Nenne alle Angaben, die auf seiner Reiseverbindung stehen.
b) Nenne die Änderungen, die sich für Tim durch die Durchsagen ergeben.
c) Erläutere, worauf Tim achten muss, wenn er sein Fahrrad mitnimmt.
So kannst du beginnen: Tim möchte mit einem ICE fahren und sein Fahrrad mitnehmen. Deshalb sollte er den Zug mit der Nummer … nehmen. …

2 Überprüfe und überarbeite die folgende Zusammenfassung einer Schülerin mithilfe der **CHECKLISTE**. Folie

Nach dem Vergleich der Verbindungen schlussfolgere ich, dass Tim den ICE 105 nehmen sollte, wenn er von Düsseldorf nach Köln fahren will. Der ist richtig schnell. Außerdem gibt es dort ein Bordbistro, falls Tim Hunger oder Durst bekommen sollte. Er kann auch sein Fahrrad mitnehmen. Auf seiner Reiseverbindung steht, dass der Zug auf Gleis 15 abfährt. Und zwar um 10:33 Uhr. Das Gleis hat sich aber geändert. Der ICE fährt jetzt auch erst um 10:38 Uhr ab. Das heißt, er kommt um 11:00 Uhr an. Und zwar auf Gleis 6. Tim muss unbedingt darauf achten, dass er in den richtigen Wagen steigt. Mit seinem Fahrrad darf er nämlich nicht überall einsteigen.

3 Vergleicht nun eure eigenen Texte miteinander. Überprüft mithilfe der Angaben unter Punkt 4. der **CHECKLISTE**, ob eure Informationen vollständig sind.

4 Füge eine Begründung an, warum Tim den ICE 105 nehmen sollte und nicht den ICE 121. Orientiere dich dazu an deinen Auswertungsergebnissen.

Weitere Übungen findest du im Arbeitsheft. AH, Seite 30–31

CHECKLISTE

Informationen ermitteln, vergleichen und Schlüsse ziehen

1. Wurden die passenden Informationen aus den **Materialien** (hier: Reiseverbindungen und Durchsagen) herausgesucht?
2. Wurden die **Informationen** miteinander **verglichen** (hier: Reiseverbindungen und Durchsagen)?
3. Wurden **Schlüsse** gezogen bzw. wurde eine **Entscheidung** (hier: für einen Zug) getroffen?
4. Enthält die **Zusammenfassung** alle wichtigen Informationen (hier: Ankunftszeit, Abfahrtszeit, Zugnummer, Abfahrtsgleis, Ankunftsgleis, Besonderheiten, Änderungen)?

TIPPBOX

Zu 1: Formulierungshilfen: *ankommen / einfahren / Platz für Fahrrad reservieren / auf Wagen … achten / Gleis wird gewechselt / … fährt später ab / hat … Minuten Verspätung / neue Abfahrtszeit …*

Zu 2: Ergänze den Text:
- Welche Wagen darf Tim mit dem Fahrrad nehmen?
- Wie lange dauert die Fahrt?
- Auf welchem Gleis fährt der ICE ab?

Kompetenz-Check: Informationen vergleichen und Schlüsse ziehen

Marvins Oma wohnt in Hamburg. Sie will Marvin in Essen besuchen. Die Oma möchte früh losfahren und möglichst schnell ankommen. Im Reisezentrum hat sie folgende Informationen bekommen:

Material 1:

Fahrt A:	Bahnhof/Haltestelle	Datum	Zeit	Gleis	Produkte	Bemerkungen
	Hamburg Hbf	Fr, 12.06.	ab 06:12	13 a/b	ICE 1034	Intercity-Express
	Essen Hbf	Fr, 12.06.	an 08:53	1		Reservierungspflicht
						ICE Sprinter
						mit Aufpreis
						Bordrestaurant
	Dauer: 2:41; Preis: 74,00 EUR					

Fahrt B:	Bahnhof/Haltestelle	Datum	Zeit	Gleis	Produkte	Bemerkungen
	Hamburg Hbf	Fr, 12.06.	ab 07:58	12 a/b	ICE 787	Intercity-Express
	Hannover Hbf	Fr, 12.06.	an 09:23	4		Bordrestaurant
	Hannover Hbf	Fr, 12.06.	ab 09:31	12 D–G	ICE 942	Intercity-Express
	Essen Hbf	Fr, 12.06.	an 11:34	1		
	Dauer: 3:36; Preis: 70,00 EUR					

Fahrt C:	Bahnhof/Haltestelle	Datum	Zeit	Gleis	Produkte	Bemerkungen
	Hamburg Hbf	Fr, 12.06.	ab 06:46	14 a/b	EC 9	Eurocity
	Hamburg-Harburg	Fr, 12.06.	ab 06:57	3		Fahrradmitnahme
	Bremen Hbf	Fr, 12.06.	ab 07:44	9		reservierungspflichtig
	Osnabrück Hbf	Fr, 12.06.	ab 08:37	2		Fahrradmitnahme
	Münster Hbf	Fr, 12.06.	ab 09:03	9		begrenzt möglich
	Dortmund Hbf	Fr, 12.06.	ab 09:37	16		Bordrestaurant
	Bochum Hbf	Fr, 12.06.	ab 09:49	3		
	Essen Hbf	Fr, 12.06.	ab 09:58	2		
	Dauer: 3:12; Preis 73,00 EUR					

Material 2:

ICE Sprinter

Der ICE Sprinter ist die ideale Frühverbindung zwischen Deutschlands großen Städten. Genau das Richtige für Reisende, die es schnell und bequem haben möchten. In kürzester Zeit bringt er Sie an Ihren Zielort. Bitte beachten Sie, dass für Fahrten mit dem ICE Sprinter Reservierungspflicht[1] besteht.

1. Klasse – Service rundum

Die Zeit wird Ihnen nicht lang im ICE Sprinter. Zu Ihrem Frühstück oder Abendimbiss erhalten Sie eine Auswahl an heißen und kalten Getränken.

2. Klasse – Sie werden nichts vermissen

In der 2. Klasse bieten wir Ihnen eine Auswahl an Speisen und Getränken direkt an Ihrem Sitzplatz zum Kauf an. Kostenlose Tageszeitungen sind in jedem Wagen zur Selbstbedienung ausgelegt.

Bordrestaurant und Bordbistro – Genuss ist garantiert

Genießen Sie in aller Ruhe Ihr Lieblingsgericht.

[1] die Reservierungspflicht: Man kann nur mit dem Sprinter fahren, wenn man seine Fahrt rechtzeitig gebucht hat.

Kompetenz-Check A

1 Für welche Fahrt soll sich Marvins Oma entscheiden? **Erschließe** die Reiseverbindungen (Material 1). Gehe so vor:

a) Fülle zur Orientierung die folgende Tabelle aus.

	Fahrt A	Fahrt B	Fahrt C
Abfahrtzeit Hamburg Hbf			
Ankunftzeit Essen Hbf			
Reisedauer			
Fahrpreis			
Abfahrtgleis in Hamburg			
Ankunftgleis in Essen			
Zugnummer			
Besonderheiten (Bemerkungen)			

Folie

b) Beantworte die folgenden Fragen:

A **Welche Fahrt ist die schnellste?**
B **Bei welcher Fahrt kann die Oma keinen ICE nutzen?**
C **Auf welcher Fahrt muss die Oma umsteigen?**
D **Was muss die Oma beachten, wenn sie mit dem ICE 1034 fahren will?**

c) Entscheide mithilfe des Materials 1, welchen Zug die Oma nehmen soll. **Begründe** deine Wahl stichwortartig.

2 **Erschließe** den Werbetext (Material 2).

a) Bilde vollständige Sätze:

Dieser besondere ICE heißt Sprinter, weil ...
A **man in ihm frühstücken kann.**
B **eine Fahrt mit ihm besonders schnell ist.**
C **er viel Luxus bietet.**

Wenn du mit dem Sprinter fahren willst, musst du ...
A **ein Fahrrad mitnehmen.**
B **im Bordrestaurant essen.**
C **frühzeitig eine Fahrkarte bestellen.**

b) Welche Vorteile hat der ICE Sprinter? Notiere stichpunktartig:

Vorteile des Sprinters: – Fahrt ist schnell und bequem
– ...

3 **Fasse** deine Ergebnisse in einem kurzen Text **zusammen**:

a) **Nenne** alle Angaben, die Marvins Oma über die Fahrt wissen muss.

b) **Erläutere**, welche Fahrt du ihr empfehlen würdest und was für diese spricht.
Du kannst folgende Formulierungen nutzen:
Die Fahrt mit dem ... ist zwar teurer, aber ... / Bei der Buchung muss die Oma beachten, dass ... / Die Reisezeit beträgt nur ...
So kannst du beginnen: Marvins Oma sollte den Zug mit der Nummer ... nehmen. Dieser fährt in ... auf Gleis ... ab. ...

4 Überarbeite deinen Entwurf: Überprüfe Angaben und sprachliche Richtigkeit.

Kompetenz-Check B

1 Für welche Fahrt soll sich Marvins Oma entscheiden? **Erschließe** die Reiseverbindungen (Material 1). Gehe so vor:

a) Fülle zur Orientierung die folgende Tabelle aus.

Folie

	Fahrt A	Fahrt B	Fahrt C
Abfahrtzeit Hamburg Hbf			
Ankunftzeit Essen Hbf			
Reisedauer			
Fahrpreis			
Abfahrtgleis in Hamburg			
Ankunftgleis in Essen			
Zugnummer			
Besonderheiten (Bemerkungen)			

b) Beantworte die folgenden Fragen:

A **Welche Fahrt ist die schnellste?**

B **Bei welcher Fahrt kann die Oma keinen ICE nutzen?**

C **Auf welcher Fahrt muss die Oma umsteigen?**

D **Was muss die Oma beachten, wenn sie mit dem ICE 1034 fahren will?**

c) Entscheide mithilfe des Materials 1, welchen Zug die Oma nehmen soll. **Begründe** deine Wahl stichwortartig.

2 **Erschließe** den Werbetext (Material 2).

a) Ergänze die folgenden Satzanfänge zu vollständigen Sätzen:
Dieser besondere ICE heißt Sprinter, weil ...
Wenn du mit dem Sprinter fahren willst, musst du daran denken, ...

b) Welche Vorteile hat der ICE Sprinter? Notiere stichpunktartig.

3 **Fasse** deine Ergebnisse in einem kurzen Text **zusammen**:

a) **Nenne** alle Angaben, die Marvins Oma über die Fahrt wissen muss.

b) **Erläutere**, welche Fahrt du ihr empfehlen würdest und was für diese Fahrt spricht.
So kannst du beginnen: *Marvins Oma sollte den Zug mit der Nummer ... nehmen. Dieser Zug fährt in ... auf Gleis ... ab. ...*

4 Überarbeite deinen Entwurf: Überprüfe, ob
- alle Informationen wichtig und sachlich richtig sind.
- die Begründungen nachvollziehbar sind.
- der Text sprachlich richtig ist.

Im Blickpunkt: Sprache betrachten

Absichten von sprachlichen Äußerungen erkennen

1 **a)** Erkläre, welche Absicht die Personen oben mit ihren Äußerungen jeweils verfolgen. Lies dazu die **LERNBOX**.
b) Schreibe zwei weitere Äußerungen auf, die du auf dem Bahnhof hören kannst. Eine soll informieren, die andere appellieren.

Achtung! Bitte achten Sie auf die geänderte Wagenreihung beim EC 83 nach Dortmund. Die erste Klasse befindet sich heute hinter Wagen zehn.

Der ICE 1010 nach Berlin, planmäßige Ankunftzeit 9.15 Uhr, fährt heute ca. zehn Minuten später auf Gleis 16 ein.

Auf Bahnsteig zwei wurde ein Koffer gefunden. Der Besitzer kann ihn im Fundbüro der Deutschen Bahn abholen.

2 Untersuche die Lautsprecherdurchsagen:
a) Welche Informationen werden gegeben?
b) Welche Information ist für die Schülerin wichtig?
c) Welchen Appell erkennst du? Formuliere ihn in eigenen Worten.

3 Formuliere eine SMS, in der die Schülerin ihre Eltern über die Änderungen der Fahrt informiert.

LERNBOX

So erkennst du die Absicht von sprachlichen Äußerungen:
Die Äußerungen von Personen können unterschiedliche Absichten haben:
a) Sie können **informieren**: *Ihr Zug geht um 10.15 Uhr.*
b) Andere enthalten einen versteckten **Appell**, mit dem sie z. B. zu etwas **auffordern** wollen: *In Wagen Nummer drei und fünf sind die Toiletten ausgefallen. Sie finden die nächste in Wagen eins und sieben.*
Der Appell lautet: *Bitte benutzen Sie die Toiletten in Wagen eins und sieben und nicht die in Wagen drei und fünf.*

Im Blickpunkt: richtig schreiben

d oder *t*? *g* oder *k*?

Die Erfindung der Eisenbahn

Die Eisenbahn gibt es schon über 200 Jahre, nämlich seit 1804. Ihr Erfinder ist der Engländer Richard Trevithick. Bevor die Zei(1) für den ersten Zu(2) gekommen war, konnten schwere Lasten und Menschen nur mit dem Pfer(3) transportiert werden. Eine Wette zwischen zwei Eisenwer(4)sbesitzern war der Grun(5) für die Erfindun(6). Um die Dampflokomotive entwickeln zu können, waren zwei Voraussetzungen wichti(7): Man brauchte die Dampfmaschine sowie die Möglichkei(8) einer Fahr(9) auf Schienen. Die Idee, ein Fahrzeu(10) auf Schienen zu setzen, kommt aus dem Ber(11)bau. Da Richard Trevithick sich gut mit der Dampfmaschine auskannte, setzte er das Gerä(12) einfach auf Räder. Die Kraf(13) der Maschine trieb nun alle Räder an. Im Februar 1804 kam es dann zur ersten Fahr(14) der Lokomotive. Trevithicks Zu(15) schaffte es, vom Eisenwer(16) zum Kanal zu fahren – und zwar mit einer Ladun(17) von zehn Tonnen Eisen sowie einigen Arbeitern und einer Geschwindigkei(18) von 8 km/h.

1 a) Schreibe die Wörter mit den Ziffern 1–4 auf und verlängere sie. Welche Auslaute hast du dadurch zum Klingen gebracht?
b) Vergleiche dein Ergebnis mit der LERNBOX.
Folie c) Ergänze im Text alle weiteren fehlenden Buchstaben.
d) Übertrage die Wörter nach Buchstaben geordnet in einer Tabelle in dein Heft und begründe ihre Schreibweise durch die Verlängerungsprobe:
Wörter mit g: die Erfindung – die Erfindungen.

☆ **2** Sammle weitere Wörter aus dem Bereich der Bahn, die auf *d* oder *t* bzw. *g* oder *k* enden. Du kannst dazu auf den Seiten dieses Kapitels suchen.

! LERNBOX

So erkennst du Wörter mit g/k oder d/t im Auslaut:
Wörter, die mit *g* oder *k* enden, werden oft falsch geschrieben, da beide Laute wie (k) klingen. Bei Wörtern mit *d* oder *t* am Ende hört man oft nur den Laut (t). Durch die **Verlängerungsprobe** kannst du die Laute genauer unterscheiden:
1. Bilde bei Nomen den Plural: *der Zug – die Züge.*
2. Verwende Adjektive mit einem Nomen oder benutze die Steigerungsform: *stark – eine starke Lokomotive, stark – stärker.*

Achtung: Zusammengesetzte Wörter musst du erst zerlegen, bevor du die Verlängerungsprobe einsetzen kannst: *die Zugreise = Zug – Reise → Züge.*

Im Blickpunkt: Lesen

RailCab als Zukunftstraum

RailCab[1]– das erste Taxi auf Schienen

Man nehme eine Mischung aus Transrapid[2] und Taxi, setze diese auf herkömmliche Gleise und fertig ist ein Schienentaxi. Ganz so einfach ist es natürlich nicht. Bevor das Schienentaxi der Universität Paderborn, auch RailCab genannt, an den Start gehen darf, muss es noch viele Tests durchlaufen. Am 18.06.2003 ist es erstmalig über die eigens zu diesem Zweck erbaute Versuchsstrecke gerollt.

Die Bahn von morgen

„RailCab" ist ein Projekt der Uni Paderborn in Nordrhein-Westfalen. Das hier erstellte Verkehrskonzept könnte in Zukunft unser Eisenbahnsystem verändern, und das sieht dann so aus: Wir schreiben das Jahr 2023. Herr Müller aus Nürnberg sitzt gerade am Frühstückstisch und beißt in ein Brötchen, als ihm spontan die Idee kommt, mit seinen Kindern in den Berliner Zoo zu fahren. Er greift zu seinem Laptop und gibt im Internet für die Strecke Nürnberg – Berlin seine gewünschte Abfahrtszeit und seinen Wunsch-Bahnhof an. Festgelegte Fahrpläne und vorgeschriebene Abfahrtszeiten gibt es nicht mehr.
Um 11:00 Uhr ist es dann so weit. Als Familie Müller im Nürnberger Bahnhof eintrudelt, steht ihr Taxi auf Schienen schon bereit. Die völlig modern gestaltete Fahrkabine des RailCabs – Shuttle[3] genannt – bietet Platz für acht Personen. Es gibt weder einen Zugführer noch einen Schaffner. Ohne lästiges Umsteigen bringt das computergesteuerte Shuttle Familie Müller mit 180 km pro Stunde ans Ziel. Ab und an bildet ihr Shuttle mit anderen Shuttles, die den gleichen Weg haben, einen Konvoi[4]. Das Fahren im Windschatten anderer Shuttles spart nämlich Energie. Nicht alle Shuttles des Konvois sind gleich. Man unterscheidet sogenannte Cargo-Shuttles, die zum Gütertransport dienen, und Personen-Shuttles. Auf Wunsch gibt es sogar Fahrkabinen mit Konferenztischen.

Unterwegs auf Magnetschienen

Das RailCab hat mit einem herkömmlichen Zug nicht mehr viel gemeinsam. Der Antrieb der üblichen elektrischen Eisenbahnen erfolgt über Elektromotoren, die über Getriebe auf die Räder wirken. Nicht so beim Schienentaxi. Hier werden die Räder des Fahrzeugs nur noch zum Führen genutzt, auch Oberleitungen sind nicht mehr nötig. Das RailCab fährt auf einem Magnetfeld dahin. Damit dies überhaupt möglich ist, muss jedoch das herkömmliche Schienennetz um eine dritte Schiene – eine Magnetschiene – in der Mitte ergänzt werden. Noch ist das RailCab aber nur auf der neuen Teststrecke zu sehen. Dort wird das Versuchstaxi auf Herz und Nieren geprüft, bevor es Familie Müller in den Zoo bringen kann. Und das kann noch locker 15 Jahre dauern.

[1] das Cab: im Amerikanischen Bezeichnung für Taxi
[2] der Transrapid: Magnetschwebebahn
[3] das Shuttle: Bezeichnung für ein Fahrzeug, das im Pendelverkehr eingesetzt wird, z. B. im Weltraum
[4] der Konvoi: eine Gruppe von Fahrzeugen

Seite 274–275

1 Erschließe den Text gemeinsam mit einem Partner (siehe **LERNBOX**) oder in einer Kleingruppe. Wie das **Gruppenlesen** abläuft, könnt ihr auf Seite 274–275 nachlesen.

Folie

2 Überprüfe dein Wissen, nachdem du den Text genau gelesen hast, indem du folgende Fragen beantwortest:
a) Was bedeutet das Wort *RailCab*? Kreuze die richtige Lösung an.
A Transrapid [*]
B Schienentaxi [*]
C Shuttle [*]
D Versuchsstrecke [*]
b) Nenne die Zeile im Text, in der du diese Information gefunden hast.

3 Warum wird das RailCab mit einem Taxi verglichen? Kreuze an.
A Das RailCab holt die Fahrgäste direkt zu Hause ab. [*]
B Die Fahrpreise sind mit einer Taxifahrt vergleichbar. [*]
C Die Fahrgäste können die Abfahrtszeit und den Bahnhof selbst wählen. [*]
D Die Fahrer des RailCabs sind Taxifahrer. [*]

4 Im Text werden zwei verschiedene Arten von Shuttles genannt.
a) Ergänze im Heft den Satz: *Es gibt ?-Shuttles und ?-Shuttles.*
b) Schreibe auf, welche Aufgabe die Shuttles haben.

5 In Zeile 28 heißt es: *„Das RailCab hat mit einem herkömmlichen Zug nicht mehr viel gemeinsam."*
a) Schreibe auf, was am RailCab neu ist.
b) Erläutere, worin sich die heutige Eisenbahn und das RailCab unterscheiden.

6 Das RailCab ist eine Erfindung für die Zukunft. Äußere dich dazu, ob du das Schienentaxi gerne nutzen würdest, und begründe deine Meinung.

7 Stell dir vor, du bist die Tochter/der Sohn von Familie Müller. Berichte aus deiner Sicht, wie du die Fahrt mit dem RailCab zum Berliner Zoo erlebt hast.
So kannst du beginnen:
Da hat sich mein Vater was einfallen lassen! Eine Fahrt mit dem RailCab zum Berliner Zoo! War ich aufgeregt, als das Schienentaxi vorfuhr …

! LERNBOX

So liest du mit einem Partner:
1. Lest beide den ersten Abschnitt des Textes still.
2. Der Jüngere (A) von euch liest den Abschnitt noch einmal laut vor.
3. **Schüler A stellt** nun **Fragen** an den Abschnitt: *Wann fuhr das Versuchs-RailCab erstmals?* **Schüler B beantwortet** sie. Habt ihr den **Inhalt** und alle **Begriffe** verstanden?
4. Notiert die Begriffe, die ihr nicht klären könnt.
5. Tauscht die Rollen nach jedem Textabschnitt.
6. Schlagt die notierten Begriffe zum Schluss nach.

TIPPBOX

Zu 5 b): Denke dabei an das Aussehen der heutigen Züge sowie des RailCabs (siehe Abbildungen auf verschiedenen Seiten in diesem Kapitel), an die unterschiedliche Technik und die jeweils andere Nutzung durch die Reisenden.
Zu 7:
- Schreibe in der Ich-Form.
- Orientiere dich an den Zeilen 17–26.
- Schreibe in der Vergangenheit.

Lernbegleitbogen *Unterwegs mit der Bahn*: Informationen ermitteln, vergleichen und daraus Schlüsse ziehen

Kompetenz / Inhalt Ich kann ...	Selbsteinschätzung ☺ 😐 ☹	Fremdeinschätzung ☺ 😐 ☹	Bemerkungen	Hier kannst du weiterüben:
einen Text mit der Lesemethode erschließen und dabei ...				
– Vermutungen zum Inhalt anhand der Überschrift oder von Bildern äußern (S. 150)				SB, S. 270–271
– unbekannte Wörter klären (S. 150, 154)				SB, S. 270–271
– Fragen an einen Text stellen (S. 150, 154)				SB, S. 270–271, AH, S. 30–31
– im Internet weitere Informationen recherchieren (S. 153)				
– Schlüsselstellen im Text aufspüren (S. 150, 154)				SB, S. 270–271
– zu jedem Sinnabschnitt eine Überschrift formulieren (S. 152, 154)				SB, S. 270–271
– zu jeder Überschrift Stichpunkte notieren (S. 152, 154)				SB, S. 270–271, AH, S. 30–31
– aus den Stichpunkten vollständige Sätze bilden (S. 152, 154)				SB, S. 270–271, AH, S. 30–31
Ich kann ...				
– Fragen und Aufgaben zu einem Text bearbeiten (S. 156)				AH, S. 30–31
– Schaubilder entschlüsseln (S. 157)				AH, S. 29
– Informationen miteinander vergleichen (S. 158) – Schlüsse aus dem Vergleich ziehen (S. 158)				AH, S. 29
– Ergebnisse in einem kurzen Text zusammenfassen (S. 161)				AH, S. V, VI, 30–31
– fremde/eigene Texte überarbeiten (S. 153, 161)				AH, S. 31
Absichten von sprachlichen Äußerungen erkennen (S. 165)				
ermitteln, ob ein Wort mit *g/k* oder *d/t* geschrieben wird (S. 166)				SB, S. 243
einen Sachtext verstehen (S. 167–168)				

AH = Arbeitsheft, SB = Schülerband

Trainiere die Kompetenzen, bei denen du selbst oder ein anderer ein 😐 oder ☹ eingetragen hat. Tipps zum Üben findest du in der letzten Spalte.
→ Überprüfe anschließend dein Wissen und Können, indem du einen der **Kompetenz-Checks** (Seite 162–164) bearbeitest. Vergleiche dein Ergebnis mit dem Mustertext im Lösungsheft.

A Moritz hat in seinem Team Blau-Gelb richtig tolle Freunde gefunden. Doch leider läuft nicht alles rund. Niko, Moritz liebster Spielpartner, bekommt von seinem Vater wegen schlechter Schulnoten auf unbestimmte Zeit Fußball-Verbot. Da kommen die Teufelskicker ganz schön ins Schwitzen. Wie sollen sie ohne Niko gegen den starken Gegner und größten Konkurrenten VfB gewinnen? …

B Vanessa ist Fußballfreak: Sie will die erste Frau sein, die in der Männer-Nationalmannschaft spielen wird. Ihre Mädchen-Fußballmannschaft geht ihr auf den Keks, mit denen wird sie nie gewinnen. Als sie mit ihrem Vater nach München umziehen muss, meldet er sie in einer Jungen-Mannschaft zum Trainieren an – bei den Wilden Fußballkerlen. Doch die sind gar nicht begeistert …

Schieß den Ball ins Tor!

Cover: Vorderseite des Buchumschlags

Klappentext: kurze Information zum Inhalt des Buches (oft auf der Rückseite des Umschlags)

1 Tauscht euch über folgende Fragen aus und begründet eure Meinung:
a) Welche Fußballspieler und Fußballvereine kennt ihr?
b) Habt ihr einen Lieblingsspieler oder einen Lieblingsverein?
c) Wie steht ihr zum Fußball?
– Spielt ihr selbst gerne Fußball?
– Seht ihr euch Fußballspiele im Fernsehen oder live im Stadion an?
So könnt ihr eure Antworten formulieren: *Mein Lieblingsspieler ist … / An ihm gefällt mir besonders, dass … / Ich interessiere mich (nicht) für Fußball, weil … / Ich sehe mir Fußballspiele oft im … an, weil …*

2 **a)** Schau dir die Buchcover an und beschreibe sie. Kennst du bereits eines der Bücher? Dann gib kurz den Inhalt wieder.
b) Ordne die Klappentexte dem jeweiligen Cover zu. Tauscht euch darüber aus, wie ihr zu den Zuordnungen gekommen seid.
c) Welches Buch spricht dich am meisten an? Begründe deine Entscheidung.

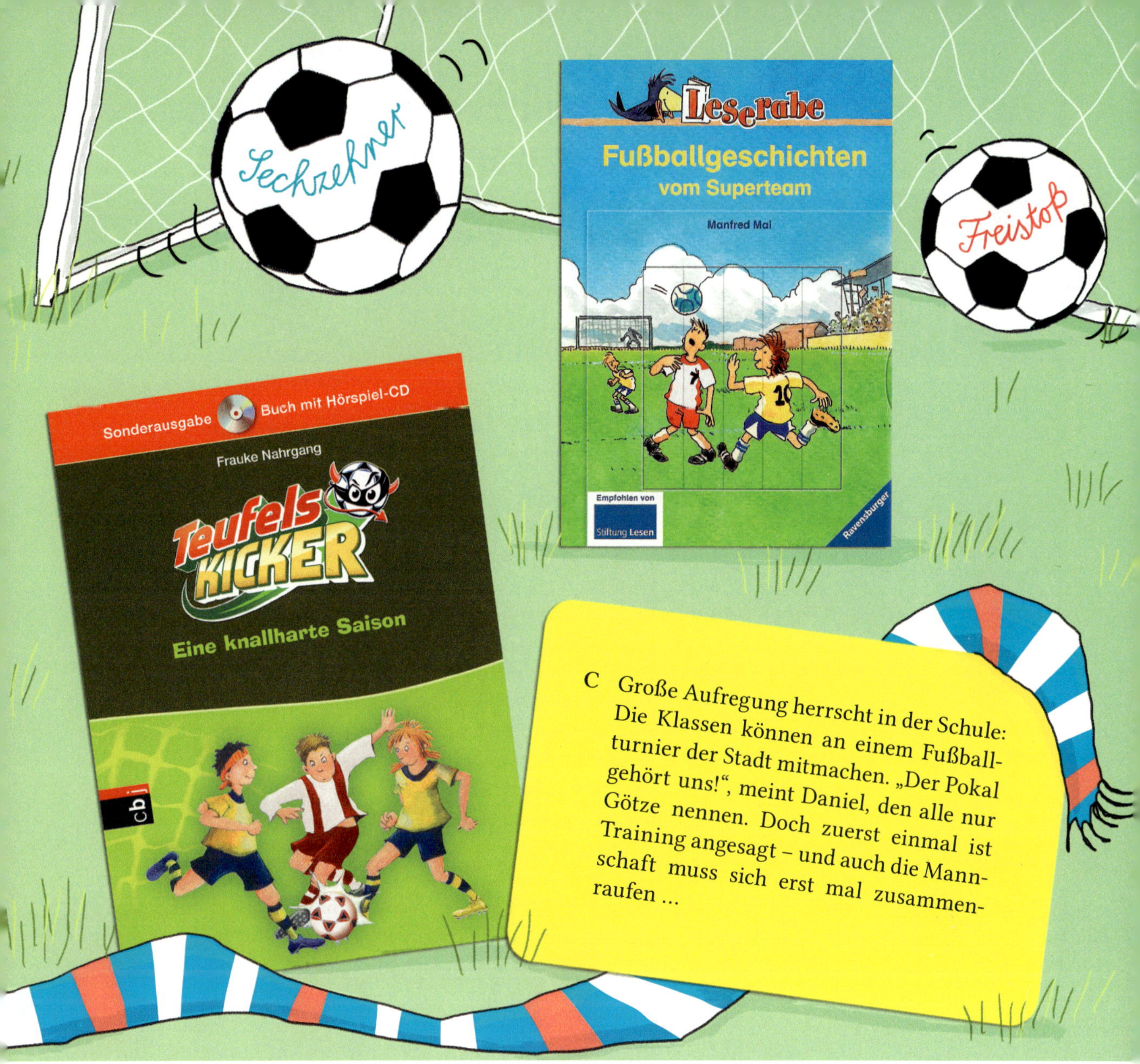

C Große Aufregung herrscht in der Schule: Die Klassen können an einem Fußballturnier der Stadt mitmachen. „Der Pokal gehört uns!", meint Daniel, den alle nur Götze nennen. Doch zuerst einmal ist Training angesagt – und auch die Mannschaft muss sich erst mal zusammenraufen …

3 Kennt ihr weitere Texte, die vom Fußball handeln? Erzählt davon oder sucht in der Bücherei nach einem passenden Buch und stellt es in der Klasse vor.

Seite 142

4 Wie gut kennt ihr euch mit der Fußballsprache aus (*Stürmer, Abseits …*)? Sammelt Fachbegriffe aus den Texten auf den folgenden Seiten. Einige Begriffe findet ihr schon auf dieser Doppelseite. Ihr könnt sie auf ein Plakat schreiben und wie in einem Wörterbuch erklären.

Stürmer:
Spieler in der vordersten Reihe; spielt aufs Tor

☆

In diesem Kapitel findest du Textauszüge aus den hier abgebildeten Jugendromanen. Du lernst auf den folgenden Seiten, wie du einen Text untersuchen kannst, um ihn besser zu verstehen. Dazu fasst du die Texte zusammen und beantwortest Fragen zum Inhalt.

Auf dem Fußballplatz – eine Erzählung erschließen und zusammenfassen

1 Worum geht es wohl in diesem Jugendbuchauszug?
a) Schau dir die Überschrift und das Bild an und notiere deine Ideen.
b) Vergleiche deine Vermutungen mit einem Partner.

Auf dem Fußballplatz

Joachim Masannek (aus: Vanessa, die Unerschrockene)

Vanessa ist gerade von ihrer Trainerin ausgewechselt worden und darüber fürchterlich wütend. Für sie spielt nun Amelie Dessert.

(1) Vanessa schimpft über Amelie Dessert
Verflixt und zugenäht! Amelie! Was war'n das für'n Gurkenpass[1]! Ich kann es nicht fassen! Amelie Dessert. Die spielt genauso, wie sie heißt. Wie Nachtisch, sprich Wackelpudding. Ja, so sieht die auch aus! Mensch, die geht doch nur in 'nen Fußballverein, weil sie keinen Rock tragen kann!

(2) ....
Ich war auf hundertachtzig[2], aber das half mir nicht weiter. Der Ball war beim Gegner und die *Pinneberger Kickerdirn*[3] griffen uns an. *Kickerdirn* – ja, ich weiß, aber das gehört zu den Dingen, die man aushalten muss, wenn man es mit Mädchenfußball zu tun kriegt. Wir waren die *Holsteiner Fußballschwalben*, und so weh das auch tut, es passte zu uns. Es passte zu uns wie das Ringelschwänzchen zum Schwein, denn so spielten wir auch.

(3) ....
Das heißt, so spielten die auf dem Platz. Ich hatte damit zum Glück nichts zu tun. Ich saß nämlich seit der dritten Minute schmollend im Gras. Frau Zimperlich, das ist unsere Trainerin, hatte mich nach dem ersten Wutanfall sofort vom Spielfeld gerufen. Seitdem wackelte Amelie für mich über den Platz, ja, und den Rest habt ihr mitgekriegt.

(4) ....
Die Pinneberger Kickerdirn griffen uns an. Ihre drei Stürmerinnen hüpften in Formation auf unseren Sechzehner[4] zu. Doch obwohl sie im Vergleich zu vielen anderen Teams schon verstanden, was eine Position im Spiel ist, durfte man nicht damit rechnen, dass sie auch abspielen würden. Stutenbissigkeit[5] nannte meine Oma so was, und ich sage euch, die weiß darüber Bescheid.

(5) ....
„Los! Greift sie an. Die passt nie im Leben!", schrie ich unsere Verteidiger an und ignorierte den vorwurfsvollen Blick von Frau Zimperlich. Doch meine liebreizenden[6] Mitspielerinnen ignorierten auch mich. Brav wie im Training deckten sie die beiden anderen Kickerdirn und ließen die dritte mit dem Ball ganz allein. Die würde schon passen, sagten sie sich und sahen mit offenem Mund zu Frau Zimperlich, als sie das natürlich nicht tat und den Ball ins Tor drosch. Neun zu null für Pinneberg. Das war genug. Ich sprang auf, ballte die Fäuste und holte tief Luft ... doch zu mehr kam ich nicht. „Vanessa!", warnte mich Frau Zimperlich. „Noch ein Wort und du kommst überhaupt nicht mehr auf den Platz!" Der Blick, den ich meiner Trainerin zuwarf, war mindestens tödlich[7], doch ich biss mir die Zunge ab und sagte kein Wort. Ich wollte unbedingt spielen.

[1] ein Gurkenpass: schlecht zugespielter Ball
[2] auf hundertachtzig: sehr wütend sein
[3] Pinneberger Kickerdirn: Name der Mannschaft; die Dirn = das Mädchen
[4] der Sechzehner: der Sechzehnmeter-Raum befindet sich um das Tor herum
[5] die Stutenbissigkeit: eifersüchtiges Verhalten zwischen Frauen
[6] liebreizend: nett (Vanessa meint hier aber das Gegenteil)
[7] mindestens tödlich (Vanessa übertreibt hier)

2 **a)** Sprecht darüber, warum Vanessa in dieser Situation so wütend ist.
b) Kannst du sie verstehen? Begründe deine Meinung.

3 Lies den Text und kennzeichne auf einer Folie alle unbekannten Wörter. Kläre die Begriffe aus dem Textzusammenhang oder mit dem Wörterbuch. Einige Wörter sind bereits am Rand erklärt.

Seite 272

Folie

4 Mache dir den Inhalt der Erzählung klar. Gehe dabei so vor:
a) Markiere alle Stellen im Text, die Antworten auf folgende W-Fragen geben. Das sind die Schlüsselstellen.
- Wo spielt die Erzählung? / – Wer sind die Hauptpersonen?
- Welche Figur erzählt hier? / – Was passiert: Welche Mannschaften spielen gegeneinander? Warum darf Vanessa nicht mitspielen? Wo sitzt Vanessa? Wie beschreibt Vanessa Amelie und die Trainerin? Wie ist der Spielstand? ...

b) Vergleicht in Partnerarbeit eure Schlüsselstellen und besprecht, ob ihr weitere wichtige Stellen markieren wollt.

Folie

5 **a)** Der Text ist bereits in fünf Sinnabschnitte eingeteilt. Formuliere zu jedem Sinnabschnitt eine passende Zwischenüberschrift. Lies dazu die **LERNBOX**.
b) Vergleicht in der Klasse eure Formulierungen: Welche Überschriften geben die Inhalte der Sinnabschnitte am genauesten wieder?

6 Gib den Inhalt der einzelnen Sinnabschnitte wieder: Formuliere dazu die Schlüsselstellen in Stichpunkte um und orientiere dich an Finns Notizen:
(1) Vanessa schimpft über Amelie Dessert
- Vanessa regt sich über Mitspielerin Amelie auf
- Amelie spielt schlecht, gibt schlechten Pass

(2) Pinneberger Kickerdirn gegen Holsteiner Fußballschwalben
- Vanessa spielt bei Fußballschwalben
- ärgert sich über schlechte Leistung ihrer Mannschaft

(3) ...

LERNBOX

So formulierst du Zwischenüberschriften zu Sinnabschnitten:
1. Orientiere dich immer an einem **Sinnabschnitt**. Ein Sinnabschnitt ist ein kurzer abgeschlossener Teil eines Textes. Ein neuer Sinnabschnitt beginnt meistens dann, wenn eine neue Person eingeführt wird, der Ort wechselt oder sich die Handlung ändert.
2. Beginne mit der **Hauptperson / den Hauptpersonen** des Sinnabschnitts: *Vanessa ..., Die Pinneberger Kickerdirn ...*
3. Setze den Satz fort, indem du sagst, **was** die Hauptperson / die Hauptpersonen **tut / tun**: *Vanessa schimpft über Amelie Dessert.*

TIPPBOX

Zu 5 a):
Aus den folgenden Zwischenüberschriften kannst du auswählen:
- *Vanessa schimpft über Amelie Dessert*
- *Vanessa nennt den Grund für ihre Auswechslung*
- *Die Pinneberger Kickerdirn und die Holsteiner Fußballschwalben spielen gegeneinander*
- *Pinneberg führt neun zu null*
- *Neuer Angriff der Kickerdirn*
- *Vanessa unterdrückt ihre Wut*
- *Vanessa ist nur Zuschauerin*

7 Mithilfe deiner Vorarbeiten sollst du im Folgenden eine Inhaltszusammenfassung schreiben. Formuliere zunächst einen passenden Einleitungssatz. Nutze dazu den dritten Hinweis in der **LERNBOX**.
Die folgenden Formulierungen kannst du verwenden:
Der Romanauszug hat den Titel „...". „..." hat das Buch geschrieben. /
Der Textauszug mit dem Titel „..." aus dem Jugendroman „..." stammt von „..." ...

8 Vergleiche Finns Inhaltszusammenfassung mit seinen Notizen aus Aufgabe **6**:
a) Überprüfe, bis zu welchem Sinnabschnitt Finn gekommen ist.
b) Wie hat er aus seinen Stichpunkten Sätze formuliert?
Vanessa schimpft über Amelie Dessert. Sie ist wütend auf Amelie, weil sie nicht gut im Fußball ist und gerade einen schlechten Pass gespielt hat. In dem Fußballspiel treten die Pinneberger Kickerdirn gegen die Holsteiner Fußballschwalben an. Vanessa gehört zu den Fußballschwalben, über deren schlechte Leistung sie sich sehr ärgert. Allerdings ist Vanessa ausgewechselt worden, weil sie einen Wutanfall bekommen hat. Deshalb sitzt sie beleidigt im Gras. Für sie spielt nun Amelie ...

9 **a)** Setze die Inhaltszusammenfassung fort. Formuliere mithilfe der **LERNBOX** aus deinen Zwischenüberschriften und Stichpunkten vollständige Sätze.
b) Tauscht eure Inhaltszusammenfassungen mit einem Partner aus und prüft, ob ihr in eurer Zusammenfassung alle Schlüsselstellen berücksichtigt habt.

10 Der Text endet mit: *„Ich wollte unbedingt spielen"* (Zeile 31). Wie kann Vanessa die Trainerin davon überzeugen, sie wieder spielen zu lassen?
a) Notiere mögliche Argumente.
b) Stellt eure Ideen vor und beurteilt, ob die Trainerin so überzeugt werden kann.
☆ **c)** Wählt einen Vorschlag aus und verfasst dazu einen Dialog zwischen Vanessa und der Trainerin. Ihr könnt den Dialog auch als Rollenspiel aufführen.

! LERNBOX

So fasst du Inhalte zusammen:
Eine Inhaltswiedergabe schreibst du so, dass eine Person, die die Geschichte nicht gelesen hat, weiß, worum es darin geht.
So planst du eine Inhaltszusammenfassung:
1. Formuliere zu jedem Sinnabschnitt eine **Zwischenüberschrift**.
2. Ergänze zu jeder Zwischenüberschrift **Stichwörter**, die die Handlung wiedergeben.

So schreibst du eine Inhaltszusammenfassung:
3. Beginne mit einem **Einleitungssatz**, in dem du **Titel, Textart** und Namen des **Autors/ der Autorin** (**TAT**) nennst.
4. **Formuliere** aus deinen Stichpunkten mit eigenen Worten **vollständige Sätze**.
5. Schreibe im **Präsens**: *Vanessa ist sauer.* Wenn du deutlich machen willst, dass ein Geschehen bereits in der Vergangenheit passiert ist, schreibe im **Perfekt**: *Vanessa ärgert sich, weil die Trainerin sie ausgewechselt hat.*
6. **Verzichte auf wörtliche Rede.**

Tor! Toor!! Toor!!! – Eine Inhaltszusammenfassung schreiben und überarbeiten

1 Lies die Überschrift des Romanauszugs unten und betrachte das Bild: Notiere in Stichworten, worum es in dem Textauszug vermutlich gehen könnte.

Was ist nur mit Niko los?

Frauke Nahrgang (aus: Die Teufelskicker. Eine knallharte Saison)

Niko hat von seinem Vater wegen seiner schlechten Noten Fußballverbot bekommen. Heute ist daher sein Abschiedsspiel.

(1) ....

Wow, was für eine herrliche Flanke[1] von Alex! Die Burgwälder haben es ihm allerdings wieder mal besonders einfach gemacht. In ihrer Abwehr klaffen[2] riesige Löcher. So hatte Alex alle Zeit der Welt, Niko mit einem Zuckerpass[3] zu verwöhnen. Der wird sich jetzt gleich mit einem Treffer zum 10 zu 0 bedanken. Moritz reißt schon mal die Arme hoch. Auch beim Jubeln immer der Erste sein. Leider auch der Einzige! Das gibt es doch nicht! Aus drei Metern trifft Niko das Tor nicht. Hämmert[4] haushoch drüber! Ein Kunststück, das auch nicht jeden Tag gelingt.

(2) ....

Ach, egal! 9 zu 0 oder 10 zu 0, bei einem Pokalspiel kommt es ja nicht aufs Torverhältnis an. Nur der Sieg zählt. Und der ist längst schon gebongt[5]. Aber Niko nimmt den Fehlschuss wohl trotzdem schwer. Mit Bleifüßen[6] trottet er Richtung Mittellinie. Ein Bild des Jammers! Da bekommt sogar der Burgwälder Keeper[7] Mitleid und versucht, ihn mit einem kleinen Geschenk aufzumuntern. Sein Ab-

[1] eine Flanke: ein Pass
[2] klaffen: offenstehen
[3] ein Zuckerpass: ein besonders gelungenes Zuspiel
[4] hämmern: mit voller Wucht schießen
[5] gebongt: alles ist schon klar
[6] Bleifüße: ganz schwere Beine
[7] der Keeper: Torwart

stoß landet genau auf Nikos Rücken. Niko muss sich nur umdrehen, ein paar Schritte gehen und – zack! Aber was ist bloß los mit dem Kerl? Pennt der, oder was?

(3) ....

Zum Glück ist Serkan hellwach. Ehe die Burgwälder kapieren, was los ist, kommt er angerauscht, schnappt sich das Leder und geht allein damit aufs Tor. Der Keeper kommt nur halbherzig[8] raus. Locker schiebt Serkan die Kugel an ihm vorbei. Da ist das 10 zu 0! Was für ein Festtag! Alle stürzen sich auf Serkan. Sogar Mehmet verlässt seinen Kasten, um den Torschützen zu feiern. Wohl auch, um sich selber ein bisschen Abwechslung zu verschaffen. Bis jetzt hat der Torhüter von Blau-Gelb nämlich einen ausgesprochen langweiligen Nachmittag verlebt. Nur einer jubelt nicht mit – Niko. Mürrisch läuft er hinüber in die eigene Hälfte. Gönnt er Serkan den Treffer nicht? Unsinn, das passt nicht zu Niko.

Egal wer die Tore schießt, Hauptsache es sind blau-gelbe Tore. So lautet das Motto des Mannschaftskapitäns. Heute sind besonders viele blau-gelbe Tore gefallen. Moritz hat allein drei Buden[9] gemacht. Sogar Catrina hat einmal getroffen.

(4) ....

Das ist sehr ungewöhnlich. Catrina ist eine knochenharte[10] Verteidigerin, die meistens in der Abwehr genug zu tun hat. Aber die Angreifer der Burgwälder sind so harmlos wie eine Kompanie Plüschhasen[11]. Deshalb hatte Catrina Zeit genug, sich selber in die Torjägerliste einzutragen. Nur Niko ist beim Schützenfest leer ausgegangen. Und wenn Moritz es sich recht überlegt: Das ganze Spiel ist irgendwie an ihm vorbeigelaufen. Wahrscheinlich ist er deshalb so sauer. Aber was soll's? Jeder erwischt mal einen schlechten Tag. Niko wird sich bald wieder einkriegen[12]. Spätestens bei der Siegesfeier nachher in der Kabine. Die Burgwälder beim Toranstoß, eine der wenigen Gelegenheiten, bei der sie auch mal in Ballbesitz sind. Aber auch diesmal können sie sich nicht lange daran erfreuen. Noch zwei Ballberührungen, dann hat der Schiedsrichter genug und pfeift die einseitige[13] Begegnung ab. (...)

(5) ....

„Wir präsentieren den neuen Spielstand!" Catrina. Sie spielt den Stadionsprecher. „Blau-Gelb?" „Zeeeehn!", kommt die vielstimmige begeisterte Antwort. „Burgwald?" „Nuuuull!" „Danke!" „Bitte!" Alex zieht die Schuhe aus und schlägt sie rhythmisch gegeneinander. Sofort tun es ihm die anderen gleich. Was für ein herrliches Getöse!

Eine Wolke aus Fußmief[14] und rotem Staub breitet sich in der Kabine aus. Angeekelt verzieht Niko das Gesicht. Komisch, so empfindlich ist er sonst nie. Schon beim Spiel stand er völlig neben sich. Ist er jetzt vielleicht auch beim Feiern ein Totalausfall? Catrina merkt nichts von Nikos schlechter Stimmung. Sie räuspert sich bedeutungsvoll. „O nein!", stöhnt Mehmet und stopft sich die Finger in die Ohren. Aber das hilft nichts, das weiß Moritz aus Erfahrung. Schon jault Catrina los: „Blau-gelb, oleeeee! Wir sind die Sportfreundeeeee. Wir holen den DFB-Pokal und wir werden Deutscher Meister." „Das ist ja schlimmer als ein Gegentor in der Nachspielzeit", beschwert sich Alex. „Schlimmer als Catrinas gefürchtete Blutgrätschen[15]", pflichtet Mehmet bei. „Schlimmer als ... als ..." Enes möchte auch etwas beisteuern. „Na ja, am schlimmsten eben." Catrina überhört alle Bemerkungen und will von Neuem loslegen: „Blau-gelb oleeeee! ..." Da fährt Niko grob dazwischen: „Kannst du nicht mal aufhören mit dem blöden Gewinsel[16]?" Das wirkt. Catrina verstummt. Verwundert starrt sie Niko an.

[8] halbherzig: strengt sich nicht richtig an

[9] eine Bude machen: ein Tor schießen

[10] knochenhart: ohne Mitleid

[11] eine Kompanie Plüschhasen: eine Mannschaft, die völlig ungefährlich ist

[12] sich einkriegen: sich beruhigen

[13] einseitig: das Spiel hat keine gleichwertigen Gegner

[14] der Fußmief: schlechter Fußgeruch

[15] eine Blutgrätsche: ein besonders brutales Foul

[16] das Gewinsel: unangenehmes Geräusch, Gejammer

2 Vergleiche nach dem Lesen deine Vermutungen aus Aufgabe **1** mit dem Text: Verstehst du den Titel jetzt anders? Begründe deine Meinung.

3 Erschließe den Text mithilfe der **Lesemethode für erzählende Texte**, damit du danach den Inhalt zusammenfassen kannst. Gehe so vor:

Seite 272

a) Kläre zunächst alle dir unbekannten Wörter und unklaren Textstellen.
b) Ermittle die Schlüsselstellen und markiere sie (Folie).
c) Bilde Sinnabschnitte und formuliere zu den einzelnen Sinnabschnitten passende Zwischenüberschriften.
d) Ergänze zu jeder Zwischenüberschrift passende Stichwörter. Nutze dazu die markierten Schlüsselstellen und formuliere daraus in eigenen Worten Stichpunkte:
Sinnabschnitt 1: Niko schießt über das Tor
- *Burgwälder Abwehr ist schlecht*
- ...

e) Vergleiche deine Überschriften und Notizen mit einem Partner. Überprüft, ob ihr noch Schlüsselstellen ergänzen wollt oder ob ihr Unwichtiges streichen könnt.

4 Fasse den Inhalt der Geschichte mithilfe deiner Stichpunkte zusammen.
a) Formuliere einen Einleitungssatz: **T**itel, **A**utor, **T**extart (**TAT**).
Du kannst dazu die Formulierungen aus Aufgabe **7** von Seite 174 nutzen.
b) Gib nun den Inhalt des Textes mit eigenen Worten wieder.
Orientiere dich dazu an den Hinweisen 4–6 in der **LERNBOX** von Seite 174.

TIPPBOX

Zu 3 c):
Du kannst aus folgenden Überschriften auswählen:
- *Niko, der Trauerkloß*
- *Serkan schießt das 10 zu 0*
- *Ausgelassene Stimmung nach dem Spiel*
- *Niko bleibt torlos*
- *Niko schießt übers Tor*
- *Der Sieg ist eine klare Sache*
- *Die Mannschaft feiert Serkans Tor*

Zu 3 d):
Du kannst folgende Stichpunkte verwenden:
Burgwälder Abwehr ist schlecht / Niko schießt am Tor vorbei / Die Mannschaft führt 9 zu 0 / Abstoß des Torwarts landet auf Nikos Rücken / Niko verpasst die Chance / Serkan rettet die Situation / Mannschaft feiert Serkan / Nur Niko jubelt nicht mit / Verteidigerin Catrina macht sogar ein Tor / Niko spielt nicht so gut wie sonst / Schiedsrichter pfeift ab / Mannschaft feiert in Kabine / Catrina spielt Stadionsprecher / Mannschaftsmitglieder stöhnen über Catrinas Gesang / Niko schreit Catrina an

Folie

5 Überprüfe, ob die folgende Inhaltszusammenfassung vollständig und gelungen ist. Orientiere dich dazu an der **CHECKLISTE** und setze die Anmerkungen am Rand fort. Verwende dabei die Korrekturzeichen.

a) Vergleiche deine eigenen Stichpunkte mit dem Schülertext und untersuche, ob die Inhaltszusammenfassung richtig und vollständig ist.

b) Prüfe, ob sich der Schüler angemessen ausgedrückt hat.

c) Überprüfe, ob die Verben im Präsens stehen.

zu ungenau!

Präsens verwenden!

zu ungenau: Serkan schießt ein entscheidendes Tor

keine wörtliche Rede!

Den Textauszug hat Frauke Nahrgang geschrieben und er stammt aus ihrem Text „Die Teufelskicker. Eine knallharte Saison". Niko bekam von seinem Vater Fußballverbot, weil er schlecht in der Schule ist. Deshalb war er mies gelaunt. Seinen Freunden aus der Fußballmannschaft erzählt er nichts davon. Sie wussten also nicht, was er hat. Sie wunderten sich daher, dass Niko beim Spiel gegen die Burgwälder so schlecht spielt. Im Spiel verschenkt er immer wieder beste Chancen. Serkan muss ihm immer wieder aus der Patsche helfen. Zum Glück sind die Burgwälder keine gute Mannschaft und die Blau-Gelben gewannen mit 10 zu 0. Alle schießen Tore: Moritz trifft dreimal, Catrina einmal, nur Niko nicht. In der Kabine feierten die Blau-Gelben ihren Sieg. Catrina spielt den Stadionsprecher und fängt auch noch an zu singen. Sie singt: „Blau-Gelb, oleee." Die Mannschaftsmitglieder stöhnen über ihren Gesang, sind aber gut gelaunt. Doch Niko schreit Catrina an. Sie soll endlich aufhören.

d) Vergleiche deine Anmerkungen mit denen eines Partners.

6 Überprüft gegenseitig eure eigenen Inhaltszusammenfassungen, die ihr in Aufgabe **4** auf Seite 177 verfasst habt:

a) Tauscht dazu eure Hefte und gebt euch mithilfe der **CHECKLISTE** Rückmeldungen.

b) Überarbeite deine Inhaltszusammenfassung anhand der Rückmeldungen, die du erhalten hast, und schreibe sie neu.

CHECKLISTE

Eine Inhaltszusammenfassung schreiben

1. Ist der **Einleitungssatz** vollständig? (TAT)
2. Sind in der Inhaltszusammenfassung alle **wichtigen Schlüsselstellen** enthalten?
3. Wurden die **Inhalte richtig** wiedergegeben?
4. Wurde **auf Unwichtiges verzichtet**?
5. Wurde **in eigenen Worten** und **angemessen** formuliert?
6. Wurde **auf die wörtliche Rede verzichtet**?
7. Stehen die Verben im **Präsens**?

TIPPBOX

Zu 5:

Folgende Punkte musst du überarbeiten:

- Im Einleitungssatz fehlt die genaue Textart.
- Es gibt unwichtige Stellen (Z. 7, Z. 13), die du streichen musst.
- Sechs Verben müssen ins Präsens gesetzt werden. Unterstreiche alle Verben im Präteritum und setze sie ins Präsens:
  Niko bekam von seinem Vater Fußballverbot ... → Niko bekommt ...

Nikos Frust – Fragen zum Text beantworten und Stellung nehmen

1 **a)** Betrachte die Abbildungen: Welche Personen erkennst du wieder?
b) Beschreibe, wie sich die Personen wohl gerade fühlen.

2 Wähle eine der Figuren aus und löse die Aufgaben mithilfe der **LERNBOX**:

A Niko
1. Niko ist nicht gut gelaunt. Wo findest du im Text Hinweise darauf? Notiere passende Textstellen.
2. Formuliere eine Erklärung für Nikos Stimmung.

B Serkan
1. Serkan macht ein gutes Spiel. Markiere Stellen im Text, die das deutlich machen.
2. Fasse die Textstellen kurz zusammen.

C Catrina
1. Catrina freut sich sehr. Wo zeigt sich das im Text? Unterstreiche passende Textstellen.
2. Notiere, warum Catrina so fröhlich ist.

3 **a)** Bildet Dreiergruppen aus Niko, Serkan und Catrina.
b) Versetze dich in die Rolle deiner Figur und erkläre den anderen, wie du dich gerade fühlst und welche Gründe du für deine Stimmung hast.

4 Niko hat von seinem Vater Fußballverbot erhalten. Schreibe auf, ob du dem Verbot zustimmst oder nicht, und begründe deine Meinung: *Ich finde ein Fußballverbot (nicht) richtig, weil / da / denn ...*

! LERNBOX

So beantwortest du Fragen zum Text:
1. **Spüre** die entsprechenden **Textstellen auf** und **unterstreiche** sie.
2. Wenn die Antwort mehrere Textstellen umfasst, sammle diese und notiere Stichwörter:
   Zeile 6–7: Niko trifft das Tor nicht.
   Zeile 10–12: Niko nimmt den Fehlschuss schwer.
3. Beantworte die Frage mithilfe deiner Stichpunkte in einem kurzen Text.

So nimmst du zu einer Frage Stellung:
1. Formuliere zunächst deine **Meinung**. Greife dazu die Frage auf, zu der du dich äußern sollst.
2. **Begründe** deine Meinung. Verwende dabei **Satzverknüpfungswörter**: *weil, da, denn ...*

TIPPBOX

Zu 2:
A Hier findest du Hinweise: *Z. 6–7 / Z. 10–12 / Z. 24 / Z. 34 / Z. 46–49 / Z. 57–59.* Den folgenden Anfang kannst du fortsetzen: *Niko ist eigentlich ein sehr guter Fußballer, doch heute gelingt ihm nichts. Das kann man daran erkennen, dass ...*
B Lies im 3. Sinnabschnitt nach.
C Den Grund für Catrinas Freude findest du in folgenden Zeilen: *Z. 28–32.*

Im Trainingslager – einen Romanauszug untersuchen und Stellung dazu nehmen

Seite 272

1 Plane eine Inhaltszusammenfassung zum folgenden Text, indem du den Text mithilfe der **Lesemethode für erzählende Texte** bearbeitest (d. h. unbekannte Begriffe klären; Zwischenüberschriften formulieren; Stichwörter notieren).

Das erste Training

Manfred Mai (aus: Fußballgeschichten vom Superteam)

(1) ....

Am Nachmittag beginnt Herr Ammann den Sportunterricht mit einem „kleinen Aufwärmprogramm", wie er es nennt: Warmlaufen, Gymnastik, Dehnen. Die meisten Kinder murren[1], weil sie das hassen. Einige sind schon nach diesem Aufwärmprogramm ziemlich geschafft und lassen sich auf den Rasen fallen. „Wer jetzt schon aus der Puste ist, kann nicht in der Mannschaft mitspielen", sagt der Lehrer. „Will ich auch gar nicht", murmeln einige. „Aber ich", sagt Julia zu ihrer Freundin Marie. „Unbedingt!" Die ist nicht überrascht, denn neuerdings interessiert sich Julia sehr für Fußball. Schuld daran ist Florian aus der 4a. In den hat Julia sich nämlich verliebt, weil sie ihn soooo süß findet. Davon weiß er allerdings noch nichts. Julia hatte bisher nicht den Mut, es ihm zu sagen. Aber vielleicht kommt sie ja über den Fußball an Florian heran.

(2) ....

Herr Ammann rammt zweimal acht Stangen in den Boden. „Stellt euch bitte in zwei Gruppen auf. Immer abwechselnd ein Junge, ein Mädchen, ein Junge, ein Mädchen." Dann läuft er Slalom um die Stangen und macht vor, wie der Ball geführt werden soll: Umkurvt man die Stange rechts, mit dem Innenrist, umkurvt man sie links, mit dem Außenrist. „Bei Linksfüßlern ist es genau umgekehrt", erklärt Herr Ammann. „Das ist ja babyleicht", sagt Götze[2], der sich an die Spitze einer Gruppe gestellt hat. „Beim ersten Durchgang kommt es noch nicht auf die Schnelligkeit an", sagt Herr Ammann. „Wichtig ist nur, dass ihr den Ball richtig führt."

(3) ....

Götze zischt trotzdem wie der Blitz durch die Stangen. Doch Cihan, sein Gegner aus der anderen Gruppe, bleibt nur wenig hinter ihm. Auch andere zeigen, dass sie mit dem Ball schon recht gut umgehen können. Aber manche Mädchen und Jungen haben große Mühe, den Ball durch die Stangen zu bugsieren. Bei einigen rollt der Ball nicht dahin, wo sie ihn haben wollen, sondern sie müssen dem Ball hinterherrennen. Der Lehrer gibt viele Ratschläge, und beim dritten Durchgang sieht alles schon besser aus. Dennoch sind die Unterschiede riesig. Die zeigen sich auch bei der nächsten Übung, dem Zuspielen des Balls auf zehn Meter Entfernung. Manche bringen den Ball gar nicht so weit, andere kicken ihn an ihren Gegenübern vorbei. Wieder hilft der Lehrer mit Tipps, zeigt, wo das Standbein stehen und wie das Schussbein den Ball treffen muss.

(4) ....

Hannes, der von den meisten nur Dicki genannt wird, verliert bei dem Versuch, gegen den Ball zu treten, das Gleichgewicht und plumpst auf den Po. „Ich kann das nie", meckert er, „und ich will es auch gar nicht können! Ich spiele lieber mit

[1] murren: keine Lust haben

[2] Götze: Daniel wird so genannt, weil er Fan des erfolgreichen Fußballers Mario Götze ist.

dem Computer, da schlage ich alle!" „Und ich reite lieber, das ist viel schöner als gegen einen blöden Ball zu treten!", ruft Michelle. „Ihr sollt ja keine Fußballprofis werden", sagt Herr Ammann, „aber Bewegung hat noch keinem geschadet." „Ich bewege mich genug", meint Philipp, der ein guter Turner ist. „Dazu brauche ich keinen Fußball." „Für dich trifft das zu, aber andere haben viel zu wenig Bewegung. Trotzdem ..." Der Lehrer hält inne und denkt nach. Dann murmelt er leise vor sich hin: „Wenn wir eine gute Mannschaft stellen wollen, müssen wir richtig trainieren und das geht so nicht."

2 Geht zu zweit zusammen und überprüft euer Textverständnis:

a) Notiert euch in Einzelarbeit fünf Fragen zum Text.

b) Stellt die Fragen abwechselnd und lasst sie vom Partner beantworten.

3 Hätte euch diese Sportstunde gefallen? Diskutiert zu zweit darüber.

☆

Untersuche den Romanauszug nun genauer. Bearbeite dazu folgende Teilaufgaben in einem zusammenhängenden Text:

a) Formuliere einen Einleitungssatz (**T**itel, **A**utor, **T**extart).

b) **Fasse** den Inhalt der Geschichte mit eigenen Worten **zusammen**.

c) Welche Schüler haben keinen Spaß an dieser Sportstunde?
Erkläre, warum das so ist.

d) Warum gefällt einigen Schülern das Fußballtraining?
Erläutere auch deren Gründe.

e) In Zeile 11 heißt es, dass Julia durch das Fußballspielen an Florian herankommen möchte. Hältst du das für eine gute Idee oder nicht? Schreibe deine Meinung auf und **begründe** sie.

4 Gehe so vor, um die Teilaufgaben **a)**–**e)** zu lösen:

Folie

a) Lies die Aufgabenstellung noch einmal genau und mache dir klar, was du tun sollst. Markiere dazu wichtige Stellen (Verben/ Nomen).

b) Erledige diese Vorarbeiten:

- Unterstreiche im Text alle Schüler, die keinen Spaß am Fußball haben, und markiere ihre Gründe. [= Aufgabe **c)**]
- Unterstreiche in einer anderen Farbe im Text alle Schüler, denen das Fußballtraining gefällt, und markiere auch deren Gründe. [= Aufgabe **d)**]
- Entscheide dich, ob du Julias Idee gut findest oder nicht. Notiere stichwortartig eine Begründung für deine Meinung.

TIPPBOX

Zu 4 b): Übertrage die folgende Tabelle und ergänze sie:

Personen, die **gegen** Fußball sind:	Personen, die **für** Fußball sind:
Z. 32–35: Hannes → ungeschickt ...	Z. 6–11: Julia → ...
Z. 35–36: ...	Z. 17–18: ...
Z. 38–39: ...	Z. 21–22: ...

Ich finde Julias Idee **gut / nicht gut**, weil ...

5 **a)** Übertrage den folgenden Schreibplan und ergänze die rechte Spalte. Nutze dazu deine Vorarbeiten aus den vorausgegangenen Aufgaben:

Schreibplan

Aufgaben:	Meine Arbeitsschritte:	Meine Ergebnisse in Stichworten:
a)	Autor / Titel / Textart	Michael Mai / ...
b)	Inhalt wiedergeben	– Aufwärmprogramm im Sportunterricht: – Unbeliebt bei vielen Schülern ... – Für Fußballspiel trainieren: ... – ...
c)	Schüler und deren Gründe **gegen** Fußball	– Hannes: ungeschickt – ...
d)	Schüler und deren Gründe **für** Fußball	– Julia: verliebt in Florian – ...
e)	Meine Meinung äußern und begründen: Finde ich Julias Idee gut oder nicht?	Ich finde Julias Idee gut / nicht gut, weil ...

b) Schreibe deine Ergebnisse mithilfe deines Schreibplans in einem zusammenhängenden Text auf. Mache nach jeder Teilaufgabe einen Absatz.

TIPPBOX

Zu 5 b):
Folgende **Formulierungen** kannst du für deinen Text nutzen: *Der Romanauszug von ... mit dem Titel „...“ / Im Sportunterricht will Herr Ammann ... / Der Sportlehrer Herr Ammann will im Unterricht Fußball trainieren, denn ... / Viele Schüler haben keine Lust auf das Aufwärmprogramm. / Die Schüler sollen sich aufwärmen und dabei ... / Herr Ammann macht auch Fußballübungen: Er lässt die Schüler ... / Götze und Cihan sind gut, aber die anderen ... / Hannes mag die Übungen nicht, weil er ... / Er spielt lieber am ... / Auch ... reitet lieber./ Im Gegensatz dazu mag ... / Herr Ammann findet aber, dass ...*
So kannst du deine Meinung formulieren:
Ich halte Julias Idee, durch Fußball an Florian heranzukommen, für gut (nicht gut), weil ... / denn ...
Du kannst aus folgenden Stichwörtern auswählen, um deine Meinung zu begründen:
ins Gespräch kommen / ein Gesprächsthema haben / keinen Verdacht schöpfen / Fußball als unverbindliches Thema / Fußball interessiert alle / beachtet werden / meint es mit Fußball nicht ernst / macht ihm etwas vor / ist nicht ehrlich / blamiert sich / Unwissen fällt auf

Eine Textuntersuchung überarbeiten

1 Überprüfe den folgenden Schülertext mithilfe der **CHECKLISTE** und überarbeite ihn, indem du deine Änderungen notierst.

Der Text „Das erste Training" stammt aus dem Buch „Fußballgeschichten vom Superteam". Im Sportunterricht will Herr Ammann unbedingt für ein geplantes Fußballspiel trainieren. Dabei wollen doch gar nicht alle mitspielen! Aber er sagt ja auch: „Ihr sollt ja keine Fußballprofis werden". Das Aufwärmprogramm gefiel den Schülern gar nicht. Alle müssen sich dehnen und Gymnastik machen. Dann gibt Herr Ammann richtige Fußballübungen vor. Die Klasse musste um Stangen dribbeln und sich die Bälle zupassen. Einige konnten das gar nicht. Sie sind sauer und haben keine Lust mehr zum Fußballspielen. Aber Herr Ammann besteht darauf. Die Schüler haben zwei unterschiedliche Meinungen zum Fußballtraining. Die einen fanden Fußball blöd. Hannes fällt hin und spielt ohnehin lieber am Computer. Michelle ging es genauso. Sie reitet lieber. Sogar Philipp meckert, obwohl er ein guter Turner ist. ~~Das Turnen reicht ihm aber auch.~~ Im Gegensatz dazu wollen die anderen gerne trainieren. Julia findet Fußball gut, weil sie scharf auf Florian ist. Götze und Cihan sind gute Fußballer und genossen daher das Training. Götze meint sogar: „Das ist babyleicht!" Auch Herr Ammann findet Fußball wichtig, weil Bewegung für jeden gesund ist. Ich finde, Julia hat recht.

Absatz einfügen

gefällt

überflüssig

sachlich formulieren!

2 Überarbeitet eure eigenen Textuntersuchungen in einer Schreibkonferenz.

CHECKLISTE

Eine Textuntersuchung schreiben

1. Ist der **Einleitungssatz** richtig und vollständig: Titel, Autor, Textart (TAT)?
2. Sind in der **Inhaltszusammenfassung alle wichtigen Schlüsselstellen** enthalten? Wurde die Zusammenfassung **ohne wörtliche Rede** geschrieben?
3. Wurden die **Fragen zum Text** mithilfe von Textstellen beantwortet?
4. Ist die **Meinung** deutlich **genannt und begründet**?
5. Stehen die **Verben im Präsens**?
6. Wurde nach jeder Teilaufgabe ein Absatz gemacht?

TIPPBOX

Zu 1:

- Im Einleitungssatz fehlt eine Angabe.
- Unterstreiche die Stellen, die zu deinen Überschriften passen. So erkennst du, ob alle Sinnabschnitte wiedergegeben wurden.
- In der Inhaltszusammenfassung wurde zweimal die wörtliche Rede benutzt. Streiche die Stellen oder formuliere sie um.
- Sechs Verben müssen ins Präsens gesetzt werden.
- An drei Stellen findest du Umgangssprache. Finde passendere Formulierungen.
- Ergänze am Ende des Textes eine mögliche Begründung für die Meinung des Schülers.

Kompetenz-Check: einen Text untersuchen

Kompetenz-Check A

Untersuche den Romanauszug „Die Farben der Saison“ (S. 185–186) und schreibe deine Ergebnisse in einem zusammenhängenden Text auf. Gehe dabei so vor:

1 Plane deine Textuntersuchung:

Folie

a) **Erschließe** den Text mithilfe der **Lesemethode für erzählende Texte**.

b) Lege dir einen Schreibplan an. Orientiere dich dabei an den Teilaufgaben **2 a)–d)** und trage deine Vorarbeiten in den Schreibplan ein.

Aufgabe	Arbeitsschritte	meine Ergebnisse in Stichpunkten
2 a)	Autor, Titel, Textart nennen	Martin Klein ...
2 b)	Inhalt wiedergeben	– Die Einladung: Lene und Mutter beim Abendessen / Mutter vermutet, Lene fehlt eine Freundin – ...
2 c)	erklären, warum Lene ...	...
2 d)	...	...

2 Schreibe einen Entwurf deiner Textuntersuchung und gehe so vor:

a) Formuliere einen Einleitungssatz (TAT).

b) **Gib** den Inhalt des Romanauszuges mit eigenen Worten **wieder**.

c) Lene hat nicht viel Lust darauf, Sandra kennenzulernen. **Erkläre** anhand von drei Beispielen aus dem Text, woran du das erkennen kannst.

d) Lenes Mutter sagt zu Lene in Zeile 58–59: *„Fußball, Fußball, Fußball! Da ist es ja kein Wunder, dass du keine Freundinnen hast!“*
Stimmst du der Meinung der Mutter zu oder nicht? Schreibe deine Meinung auf und **begründe** sie.

3 Überarbeite deine Textuntersuchung mit der **CHECKLISTE** von Seite 183.

TIPPBOX

Zu 2 b): Du kannst diese Stichwörter ausformulieren:
Mutter erzählt von Einladung – Lene nicht begeistert / für Lene nur die Sportschau wichtig / Sandra kommt zum Kaffeetrinken / in Lenes Zimmer / von Fußball keine Ahnung / Fußballstar gegen Superstar / nichts Gemeinsames zwischen Lene und Sandra / Sandra schwärmt für Daniel / Lene nicht an Mode interessiert / Lenes Mutter ist wütend

Zu 2 c):
- Unterstreiche im Text alle Stellen, die zeigen, wie Lene auf Sandras Besuch reagiert, z. B. (Z. 12): *Lene ist lustlos, ...*
- So kannst du beginnen: *Dass Lene keine Lust darauf hat, Sandra kennenzulernen, kann man daran erkennen, dass sie ...*

Kompetenz-Check B

Untersuche den Romanauszug „Die Farben der Saison" (S. 185–186) in einem zusammenhängenden Text:

1 Plane deine Textuntersuchung:

a) **Erschließe** den Text mit der **Lesemethode für erzählende Texte**.

Folie

b) Lege dir einen Schreibplan an. Orientiere dich dabei an den Teilaufgaben **2 a)–d)**. Trage darin deine Vorarbeiten ein.

2 a) Formuliere einen Einleitungssatz (TAT).

b) **Gib** den Inhalt des Romanauszuges mit eigenen Worten **wieder**.

c) Lene hat nicht viel Lust darauf, Sandra kennenzulernen. **Erkläre**, an welchen Stellen im Text du das erkennen kannst.

d) Lenes Mutter sagt zu Lene in Zeile 58–59: *„Fußball, Fußball, Fußball! Da ist es ja kein Wunder, dass du keine Freundinnen hast!"* Stimmst du der Meinung der Mutter zu oder nicht? Schreibe deine Meinung auf und **begründe** sie.

3 Überarbeite deine Textuntersuchung mithilfe der **CHECKLISTE** von Seite 183.

Die Farben der Saison

Martin Klein (aus: Lene und die Pappelplatztiger)

Lene ist eine begeisterte Fußballspielerin. Nach ihrem Umzug in eine neue Stadt möchte sie unbedingt Mitglied der Jungenfußballmannschaft „Pappelplatztiger" werden, doch die Jungen können sich zunächst nicht vorstellen, ein Mädchen in ihrer Mannschaft zu haben. Ohne Fußball fühlt sich Lene ein wenig alleine.

(1) ....

Zu Hause, beim Abendessen, bemerkte die Mutter, dass Lene besonders schweigsam war. „Was hast du denn?", fragte sie. „Nix", sagte Lene. „Dir fehlt doch was", sagte die Mutter. „Nö", sagte Lene. „Ich glaube, ich weiß, was dir fehlt", sagte die Mutter aufmunternd. „Dir fehlt eine richtige Freundin. Stimmt's?" „Nö", sagte Lene undeutlich. Ihr Mund war halb zwischen ihren Händen verschwunden, mit denen sie ihr Kinn stützte. Die Ellenbogen hatte sie auf dem Tisch. „Nimm bitte die Ellenbogen vom Tisch", sagte die Mutter. „Ich denke schon länger daran: Dir fehlt eine Freundin. Eine Freundin wie Carola in Kirchhofen." „Carola gibt's nur einmal", sagte Lene und zog ein Gesicht. „Frau Meyer aus meinem Volkshochschulkurs[1] hat eine sehr nette Tochter", sagte die Mutter. „Sandra ist elfeinhalb und geht in die sechste Klasse des Kant-Gymnasiums." „Schön für sie", sagte Lene lustlos. „Wie meinst du das?", fragte die Mutter argwöhnisch[2]. Lene antwortete nicht. „Ich habe sie für morgen zum Kaffee eingeladen", sagte die Mutter. „Bitte gib dir Mühe." „Aber morgen ist Samstag", sagte Lene. „Na und?", fragte die Mutter. „Um sechs kommt die Sportschau", sagte Lene. „Dann muss sie wieder weg sein." Ihre Mutter seufzte.

[1] die Volkshochschule: Schule für Erwachsene

[2] argwöhnisch: misstrauisch

(2) ....

Am nächsten Tag klingelte es um halb vier. „Guten Tag, Frau Meyer. Guten Tag, Sandra, du siehst ja nett aus“, hörte Lene ihre Mutter mit zuckersüßer Stimme sagen. „Ach bitte, legen Sie doch ab[3], wie schön, dass Sie gekommen sind!“ Als Frau Meyer und Sandra ins Wohnzimmer kamen, gab Lene sich Mühe, besonders mürrisch[4] auszusehen, und sagte: „Tach.“ Frau Meyer war braun wie ein Schokoladenkuchen und roch nach Parfüm. „Du bist also die Lene“, zwitscherte sie. „Wie reizend! Und das ist meine Tochter Sandra. Ihr zwei werdet euch bestimmt verstehen!“ Sandra trug ein blaues Kleid und um die Taille[5] einen roten Gürtel. Ihre Haare waren sorgfältig frisiert. Lene hatte sich geweigert, etwas Schickes anzuziehen. Unter dem Arm hatte Sandra eine Zeitschrift, die hieß „Hello Girl“. Das Kaffeetrinken war ein wenig merkwürdig, weil Lene gar nichts sagte. Ihre Mutter hatte Mühe, das Gespräch in Gang zu halten. Schließlich sagte sie: „Sandra und du, ihr habt jetzt sicher Lust, mal in dein Zimmer zu gehen, was? Sicher habt ihr Dinge zu bereden, die nichts für Erwachsene sind, wir kennen das ja selbst, nicht wahr, Frau Meyer?“ „Oh ja“, flötete[6] Frau Meyer.

[3] ablegen: die Jacke ausziehen
[4] mürrisch: unfreundlich
[5] die Taille: die Bauchmitte oberhalb der Hüfte
[6] flöten: (hier) übertrieben freundlich sprechen

(3) ....

Die Hände in den Taschen, schlurfte Lene vor. „Hier ist mein Zimmer“, sagte sie und stieß die Tür mit dem Fuß auf. Erstaunt betrachtete Sandra die Fußballposter an den Wänden. „Ganz nett“, sagte sie. Dann erst mal nichts mehr. Sandra guckte sich mit hochgezogenen Brauen um. Schließlich zeigte sie auf das große Poster von Raul[7] und sagte: „Der sieht ja ganz süß aus. Den kenn ich gar nicht. Was hat der denn schon für Platten[8] rausgebracht?“ „Gar keine natürlich“, sagte Lene. „Ist das etwa ein Fußballspieler?“, fragte Sandra. „Ich dachte, die sind alle so hässlich wie dieser, wie heißt er doch gleich, Rudi Vüller.“ „Rudi Völler[9]“, verbesserte Lene. „Der ist aber längst Trainer.“

[7] Raul: Name eines berühmten Fußballspielers
[8] die Platte: heutzutage ist eine CD gemeint
[9] Rudi Völler: Name eines bekannten Fußballers und Trainers

(4) ....

„Blau und Rot sind die Farben der Saison“, sagte Sandra. „Welcher Saison?“, fragte Lene. „Na, der Modesaison natürlich“, sagte Sandra. „Ach so“, sagte Lene. „Ich dachte schon ...“ „Was?“, fragte Sandra. „Schon gut“, sagte Lene. Wieder war Pause. Sandra räusperte[10] sich und sagte: „Was hältst du von Superstar Daniel?“ Lene zog die Stirn in Falten. „Geht so“, sagte sie. Sandra schlug „Hello Girl“ auf und zeigte auf ein großes Foto. „Das ist er“, sagte sie. „Ist ein toller Bericht über ihn drin. Könnten wir uns zusammen angucken.“ „Naja“, sagte Lene. „Demnächst kommt eine neue LP[11] raus“, sagte Sandra. „Hm, hm“, machte Lene. Danach war wieder Stille. „Vielleicht zeigst du mir mal dein Zimmer“, sagte Sandra schließlich. „Bestimmt gibt’s hier nicht nur Fußballposter.“ „Doch“, sagte Lene. Eine peinliche Stille entstand. Irgendwann sagte Sandra: „Ich geh mal wieder rüber.“ „Ist gut“, sagte Lene und blieb in ihrem Zimmer.

[10] sich räuspern: laut Luft holen, tief atmen
[11] LP: Abkürzung für „Langspielplatte“, vergleichbar mit einer CD

(5) ....

Frau Meyer und ihre Tochter gingen bald nach Hause. Lenes Mutter war sauer. „Da gibt man sich solche Mühe“, wetterte[12] sie. „Und du machst alles kaputt! Ich versteh das nicht! Gäste sind eine Verpflichtung! Was hast du bloß mit Sandra gemacht?“ „Nichts“, beteuerte[13] Lene mit Unschuldsmiene. „Es war nur: Sie interessiert sich kein bisschen für Fußball. Und gleich kommt die Sportschau.“ „Du mit deinem Fußball!“, rief die Mutter. „Fußball, Fußball, Fußball! Da ist es ja kein Wunder, dass du keine Freundinnen hast!“ „Mir doch egal“, sagte Lene, setzte sich in den Fernsehsessel und wartete darauf, dass es sechs Uhr wurde.

[12] wettern: schimpfen
[13] beteuern: betonen

Im Blickpunkt: Sprache betrachten

Inhalte im Präsens zusammenfassen

Das Kapitel „Duell im Mondschein“ stammt aus dem Jugendroman „Tobi und die blauen Stürmer“ von Jo Pestum.

Torwart Tobi hatte einen Plan: Er will herausfinden, ob Mehmet ein besserer Torwart ist als er. Deshalb verabredete er sich mit ihm nachts auf dem Fußballplatz. Niemand wusste sonst von dem Treffen. Nur Uwe weiht er ein, denn der sollte beiden abwechselnd aufs Tor schießen. Bevor das Torwart-Duell beginnt, muss sich Tobi mitten in der Nacht aus dem Haus schleichen. Auf dem Fußballplatz traf er Mehmet und Uwe. Zuerst stellte sich Mehmet ins Tor. Mehmet nennen seine Freunde auch „Fliegender Fisch“, weil er so gut Bälle hält. Der Torwarttest beginnt. Mehmet ist richtig gut und hält fast jeden Ball, den Uwe auf ihn schoss. Tobi beobachtet ihn kritisch, aber er konnte keine Fehler feststellen.

- -

Danach ist Tobi dran. Auch er gibt alles und hält sehr gut. Beide Torleute waren nach dem Härtetest völlig erschöpft, wollen aber von Uwe das Urteil hören. Der entschied sich aber nicht, weil beide gleich gut sind. Tobi wusste also immer noch nicht, ob er der bessere Torwart war. Das soll nun der Trainer entscheiden.

1 **a)** Eine Inhaltszusammenfassung wird im Präsens geschrieben. Überprüfe, ob die im ersten Teil markierten Verben im Präsens stehen. Hake die richtigen Verben ab.
b) Setze die Verben, die du nicht abgehakt hast, ins Präsens. Es sind sieben.
c) Vergleiche deine Lösung mit einem Partner.

Folie

2 Markiere im zweiten Teil des Textes die Verben und überprüfe, ob sie im Präsens stehen. Vier Verben musst du verändern.

TIPPBOX

Zu 1 :

1. Verben drücken aus, was jemand tut *(schießen)* oder was geschieht *(regnen)*: *Er schießt. / Es regnet.*
2. Setze die Verben in der Inhaltszusammenfassung ins Präsens:
   Schreibe **nicht:** *Tobi wusste nicht, wer der bessere Torwart war.*
   Sondern im **Präsens:** *Tobi weiß nicht, wer der bessere Torwart ist.*
3. Die Verbformen der unregelmäßigen Verben findest du auf Seite 295.

Im Blickpunkt: richtig schreiben

Schreibung der s-Laute: s oder *ß*?

der Fu? / der Spa? / sie schie?t / er brau?t / hei? / sü? / er lo?t / sie sau?t
sie ra?t / gro? / das Paradie? / der Ra?en / der Mittelkrei? /
er rei?t / er nie?t / der Fel? / bö?e / er begrü?t / tau?end

1 a) Sprich die mit einem Fragezeichen gekennzeichneten s-Laute.
Welchen s-Laut hörst du: ein Summen (= s) oder ein Zischen (= *ß*)?
b) Trage die Wörter in die richtige Spalte der Tabelle ein. Überprüfe mithilfe der **LERNBOX** die Schreibweise, indem du zu jedem Wort eine verlängerte Form bildest: *der Fuß – die Füße*. Ein Wort kannst du mit der entsprechenden Schreibweise in beide Spalten einordnen. Es hat unterschiedliche Bedeutungen.

s	ß
er braust → wir brausen	der Fuß → Füße
– ...	– ...

2 Wähle aus den Wörtern oben die passenden aus und setze sie in der richtigen Schreibweise in die Lücken. Schreibe den Text in dein Heft.

Auf dem Fußballplatz

Vor Beginn des Spiels (1) der Schiedsrichter den Ballbesitz aus.
Der Trainer der Heimmannschaft (2) den anderen Trainer.
Die Spieler warten beim Anpfiff am (3).
Der Ball klebt Draxler am (4).
Er (5) mit ihm über den (6) des Spielfelds.
Meine Schwester findet diesen Spieler ja total (7).
Podolski (8) auf der anderen Seite mit.
Er bekommt den Ball und (9) aufs Tor.
Mein Nachbar (10) die Arme hoch.
(11) Fans sind im Stadion.
Da, ein Foul! Das sieht (12) aus!

☆ **3** Formuliere weitere Sätze zum Thema Fußball mit Wörtern, die s-Laute enthalten. Lasse sie von deinen Mitschülern enträtseln.

Seite 241

[!] LERNBOX

So kannst du ermitteln, ob du s oder ß schreiben musst:

1. Wenn du herausfinden willst, ob ein Wort mit s oder *ß* geschrieben wird, musst du es verlängern: Bilde bei Verben die wir-Form *(er stö?t = wir stoßen)*, bei Nomen den Plural: *(das Hau? = die Häuser)*, bei Adjektiven die Steigerungsform *(wei? = weißer)*.
2. a) Hörst du nach der Verlängerung ein **Summen**, schreibe das Wort mit **s**.
   b) Hörst du nach der Verlängerung ein **Zischen**, schreibe das Wort mit ***ß***.

Im Blickpunkt: Lesen

Ehrenfan der Nordkurve

Andrea Heinrichs

„Schaaalke, Schaaalke, Schaaalke …", tönte es um mich herum. Mittendrin, in einem blau-weißen Farbenmeer, steckte ich, Thilo, im Stadion der „Meister der Herzen". Seit ich laufen kann, und ich denke, sogar schon etwas früher, bin ich Fußball-Fan. Im Schlepptau[1] hatte ich allerdings meine Mutter. Na ja, sie hat zwar null Ahnung vom Fußball, hatte mir aber zu dieser Karte verholfen: Das erste Heimspiel der Saison und ich war live dabei! Und dann auch noch in der Nordkurve! Hier standen wirklich nur die härtesten Fans. Respekt, dass meine Ma darauf geachtet hatte.

Was für eine Stimmung! Direkt vor mir schlug jemand mit einer großen Trommel den Rhythmus für uns Fans. Auf dem Rasen liefen sich bereits die Spieler warm. „Warum sind denn das so viele? Ich denke, es dürfen nur 11 Spieler spielen?", fragte mich meine Mutter. „Mann, jede Mannschaft hat doch auch noch Ersatzspieler", antwortete ich ihr genervt. Und so ging es stetig weiter. Gut, einerseits zeigte sie Interesse für das Spiel, aber musste sie denn immer so peinliche Fragen stellen? Dann der Einlauf meiner Helden. Zum Gesang unseres Vereinsliedes trabten sie locker auf den Platz. Der Trommler tat sein Bestes dazu. „Schön hört sich der Gesang aber nicht an. Könnte da nicht besser ein Chor auftreten, so wie bei der Nationalmannschaft?" Die ersten Blicke der Umstehenden hefteten sich auf dieses mütterliche Unwissen. Ich beschloss, ab sofort die Äußerungen meiner Erziehungsberechtigten[2] zu überhören. Schließlich war ich hier, um mich vom Spiel fesseln zu lassen. Aber falsch gedacht! Kaum waren die ersten Spielminuten vergangen, da meldete sich erneut eine bekannte Stimme. „He, der nimmt doch tatsächlich den Ball in die Hand! Thilo, das ist doch bestimmt nicht erlaubt", erklang es für alle laut und deutlich neben mir. „Mensch, Mama, das ist der Torwart. Der darf das!", antworte ich, vor Scham fast im Boden versinkend. Doch es kam noch schlimmer! Ein Schlenker[3] zum eigenen Torwart sorgte dafür, dass die Fankurve in tiefe Trauer versank. Bis auf eine Person: Meine Mutter! „Toor! Tooor! Toor!", jubelte sie und hüpfte von einem Bein aufs andere. „Das war ein Eigentor. Sei leise!", mahnte ich nur kopfschüttelnd und beschloss insgeheim, in Zukunft lieber auf den Genuss eines Live-Spieles zu verzichten, als noch einmal die Begleitung meiner Mutter zu ertragen.

Zum Glück erzielte meine Lieblingself kurz darauf den Ausgleich. Und wieder waren die Blau-Weißen im Angriff auf das gegnerische Tor. Den Trommler hielt es nicht mehr auf dem Rang[4], er kletterte samt Instrument auf die Absperrung, um noch mehr Fans zu aktivieren. Dabei wackelte er bedenklich, doch er drosch[5] weiter unentwegt auf sein Instrument ein, um unserer Mannschaft zum

[1] im Schlepptau: Thilos Mutter begleitet ihn

[2] die Erziehungsberechtigte: damit ist die Mutter gemeint

[3] ein Schlenker: (hier) Schuss

[4] der Rang: ein bestimmter Teil oben auf der Tribüne

[5] eindreschen: heftig trommeln

Führungstor zu verhelfen. Und tatsächlich! Nach einem Traumpass trudelte der Ball unhaltbar ins gegnerische Tor. Wir befanden uns auf der Siegerstraße[6]. Alle rissen die Arme hoch und die Münder zum Jubel auf.

In diesem Moment geriet der Trommler aus dem Gleichgewicht. Kopfüber prallte er auf die Bande vor ihm. Starr vor Schrecken blieben alle Umstehenden regungslos, bis auf meine Ma! Elegant wie eine Hürdenläuferin[7] überwand sie die Absperrungen und eilte zu dem verunglückten Trommler. Schon zückte sie ihr Verbandskästchen, ohne das sie nie das Haus verlässt. Schließlich war sie Rettungssanitäterin und damit immer im Dienst. Fachgerecht[8] versorgte sie die Platzwunde des Trommlers, der sie dankbar machen ließ. „So, jetzt geht's wieder. Aufs Trommeln sollten Sie aber heute lieber verzichten", sprach meine Mutter zu ihrem Patienten, drehte sich um und eilte zurück zu mir.

Da begann die Menge der Fans um uns herum zu klatschen. Immer lauter wurde es. Gespannt blickte ich aufs Spielfeld, doch dort passierte gar nichts Aufregendes. Der Applaus galt allein meiner Ma. Der Trommler stand brav an seinem alten Standort und rief zu uns herüber: „Ab heute sind Sie für mich Ehrenfan der Nordkurve". Von da ab dachte ich: „Was soll's? Man muss nicht unbedingt der Fußballkenner sein, um bei den Fans bestehen zu können", und war unheimlich stolz auf meine tolle Mutter, den „Ehrenfan".

[6] auf der Siegerstraße: kurz davor zu gewinnen

[7] eine Hürdenläuferin: Sportlerin, die beim Laufen über Stangen springt

[8] fachgerecht: wie ein Profi

Seite 272

1 Erschließe den Text mit der **Lesemethode für erzählende Texte**.

Folie

2 Kreuze die richtigen Aussagen an:

1. Die Nordkurve ist ...
   - A eine scharfe Kurve auf der Autobahn. [*]
   - B die Seite im Stadion, in der die Fans von Schalke 04 stehen. [*]
   - C eine Kurve, die im Norden der Stadt liegt. [*]
2. Der Trommler im Stadion hat die Aufgabe, ...
   - A die Zuschauer dazu zu bringen, die Spieler anzufeuern. [*]
   - B während der Halbzeitpause Musik zu machen. [*]
   - C zu trommeln, wenn die Gegner ein Tor geschossen haben. [*]
3. Die Fans in der Nordkurve klatschen, weil ...
   - A Thilos Mutter so viel vom Fußball versteht. [*]
   - B der Trommler besonders schön gespielt hat. [*]
   - C Thilos Mutter dem Trommler geholfen hat. [*]

Folie

3 Kreuze die Aussagen an, die auf den Text zutreffen:

- A Thilos Mutter ist seit langer Zeit mit dem Trommler befreundet. [*]
- B Vor dem Spiel sind alle Spieler der Mannschaft auf dem Spielfeld. [*]
- C Zu Beginn singt ein Chor das Vereinslied. [*]
- D Thilo findet es toll, in der Nordkurve zu stehen. [*]
- E Thilos Mutter ist Ärztin. [*]

4 Thilo sind die Äußerungen seiner Mutter unangenehm. Erkläre, woran du erkennen kannst, dass Thilo die Äußerungen peinlich findet.

5 Thilo beschließt, in Zukunft nicht mehr mit der Mutter zu einem Live-Spiel zu gehen (Zeile 30–31). Wie beurteilst du diesen Entschluss, nachdem du das Ende gelesen hast? Schreibe deine Meinung auf und begründe sie.

Lernbegleitbogen *Schieß den Ball ins Tor!*: eine Erzählung untersuchen

Kompetenz / Inhalt Ich kann ...	Selbsteinschätzung ☺ 😐 ☹	Fremdeinschätzung ☺ 😐 ☹	Bemerkungen	Hier kannst du weiterüben:
einen Text mithilfe der Lesemethode erschließen und dabei ... – unbekannte Wörter klären – Sinnabschnitte bilden – Zwischenüberschriften formulieren – Sinnabschnitte stichwortartig zusammenfassen (S. 172–173, 175–177, 180)				AH, S. 32–35
eine Inhaltszusammenfassung schreiben und dabei ... – in der Einleitung einen TAT-Satz formulieren: Titel, Autor/in, Textart – den Inhalt mit eigenen Worten und sachlich wiedergeben (S. 174, 178, 180–182)				AH, S. 34
Fragen zu einem Text beantworten und dabei Textstellen berücksichtigen (S. 179, 180–182)				AH, S. 35
meine Meinung zu einer Aussage über den Text äußern und diese begründen (S. 179, 180–182)				AH, S. 35
eine vollständige Textuntersuchung planen (S. 182)				
eine Textuntersuchung schreiben (S. 182)				AH, S. 34, 35
eine Textuntersuchung überarbeiten (S. 183)				AH, S. 35
im Präsens schreiben (S. 187)				SB, S. 203
ermitteln, ob ein Wort mit s oder *ß* geschrieben wird (S. 188)				SB, S. 241
eine Erzählung verstehen (S. 189–190)				

Trainiere die Kompetenzen, bei denen du selbst oder ein anderer ein 😐 oder ☹ eingetragen hat. Tipps zum Üben findest du in der rechten Spalte.
→ Überprüfe anschließend dein Wissen und Können, indem du einen der **Kompetenz-Checks** bearbeitest: **Kompetenz-Check A** (Seite 184) oder **Kompetenz-Check B** (Seite 185).
Vergleiche dein Ergebnis mit dem Mustertext im Lösungsheft.

Sprache betrachten

Kleiner Anfangstest

Wenn du kein sinnvolles Lösungswort herausfindest, schlage die Fachbegriffe (z. B. Nomen) im Basiswissen nach.

1 Was weißt du noch aus der Grundschule? Untersuche dazu in den Sätzen a)–g) die unterstrichenen Wörter und finde jeweils die zutreffende Aussage darunter heraus. Schreibe die richtigen Lösungsbuchstaben auf:

Mein Lösungswort: ____ ____ ____ ____ ____ ____ ____

a) *Ich war sehr gespannt auf den Start in der neuen Schule.*
F Diese Wörter sind Nomen.
N Diese Wörter sind Adjektive.
K Diese Wörter sind Pronomen.

b) *Mit dem Fahrrad fuhr ich zur Schule.*
L Das Wort ist ein Verb in der Gegenwart.
R Das Wort ist ein Verb in der einfachen Vergangenheit (Präteritum).
C Das Wort ist ein Verb in der Zukunft.

c) *Dort suchte ich den Fahrradkeller.*
H Das Wort ist ein Adjektiv.
E Das Wort ist ein Pronomen.
V Das Wort ist ein Nomen.

d) *Eine ältere Schülerin zeigt ihn mir.*
B Das Wort ist ein Verb.
P Das Wort ist ein Nomen.
U Das Wort ist ein Adjektiv.

e) *Aufgeregt ging ich in die Aula.*
L Das Satzglied ist eine Zeitergänzung.
F Das Satzglied ist ein Satzkern (Prädikat).
N Das Satzglied ist eine Ortsergänzung.

f) *Dort begrüßte der Rektor die Schülerinnen und Schüler.*
N Das Satzglied ist eine Wen- oder Was-Ergänzung (Akkusativobjekt).
D Das Satzglied ist ein Subjekt.
C Das Satzglied ist ein Satzkern (Prädikat).

g) *Dann hat Frau Baum den neuen Klassen die Namenslisten vorgelesen.*
E Das Satzglied ist eine Wen- oder Was-Ergänzung (Akkusativobjekt).
I Das Satzglied ist eine Wem-Ergänzung (Dativobjekt).
O Das Satzglied ist eine Zeitergänzung.

Nomen und Artikel

Nomen bezeichnen etwas

Exotische Tiere

A) Ihr habt den Ypps vielleicht schon im (1) oder im (2) gesehen. Wer sich (3) gibt, kann das (4) nämlich dressieren. Es gibt zwei (5) von Ypps. Die eine lebt in (6), die andere in (7). Sie sehen ähnlich aus, jedoch hat der indische Ypps kleinere (8).

A
Zirkus – Afrika –
Tier – Mühe –
Zoo – Indien –
Arten – Ohren

1 **a)** Dies ist der Anfang einer Tierbeschreibung. Lies den Text.
b) Sprecht darüber, um welches Tier es gehen könnte.
c) Nennt Wörter, die euch auf eine Idee gebracht haben.

2 **a)** Setze die Wörter am Rand (Zettel A) an die richtige Stelle des Textes oben.
b) Vergleicht eure Lösungen.
c) Zu welcher Wortart gehören diese Wörter? Lies dazu die **LERNBOX**.

3 Wer oder was ist ein Ypps? Ordne den Abschnitten B und C die passenden Nomen am Rand (Zettel B und C) zu, dann erfährst du mehr über das Ypps.

B
Tiere –
Kreis – Herde –
Weibchen –
Jungen

C
Rüssel –
Kilogramm –
Informationen –
Pflanzen –
Blätter –
Bäume –
Landtiere

B) Die Ypps wachsen in einer (9) auf, die aus (10) und deren (11) besteht. Werden Ypps angegriffen, dann bilden die großen (12) einen (13) und schützen so die kleinen, die sich hinter ihnen verstecken.

C) Noch einige wichtige (14): Die Ypps leben nur von (15). Mit ihrem (16) fällen sie sogar (17), um an die (18) zu kommen. Sie sind die größten heute lebenden (19). Sie können über 5000 (20) wiegen.

D) Die Ypps haben ein fantastisches (21). (22), die einen Ypps geärgert hatten, wurden noch viele (23) später von ihm erkannt. Dann mussten sie die (24) des Ypps fürchten!

4 Beschreibe dein Lieblingstier, ohne dass du die Nomen nennst. Bezeichne das Tier mit Ypps: *Mein Ypps lebt bei uns. Es hat ein ganz weiches (?), das ich gerne streichle ...* Lass dein Tier von einem Partner erraten.

LERNBOX

Das Nomen
Nomen sind für das Verstehen eines Satzes sehr wichtig. Sie benennen Lebewesen *(Menschen, Tiere, Pflanzen)* oder Gegenstände *(Tisch)* und stellen Bezeichnungen für Gefühle (Wut) und Gedachtes *(Informationen)* dar. Alle Nomen werden großgeschrieben.

Nomen haben ein grammatisches Geschlecht

1 **a)** Sprecht über die Schwierigkeiten dieses Schülers.
b) Vielleicht ist Deutsch nicht eure Muttersprache. Tauscht euch darüber aus, ob ihr diese Schwierigkeiten auch kennt.

2 **a)** Untersuche den Gebrauch des Artikels in der englischen Sprache. Übersetze dazu die Sätze A–C ins Deutsche. Was stellst du fest?
A *The cat comes.* **B** *The dog comes.* **C** *The horse comes.*
b) Untersuche, ob die türkische Sprache einen Artikel kennt. Die Sätze haben die gleiche Bedeutung wie die englischen.
A *Kedi geliyor.* **B** *Köpek geliyor.* **C** *At geliyor.*

3 **a)** Lies die **LERNBOX** und lege dir eine Tabelle wie unten an.

männlich	weiblich	sächlich
der Tiger	die Palme	das Zebra

b) Suche aus dem Bild von Seite 110–111 je fünf männliche, weibliche oder sächliche Nomen für Tierarten, Pflanzen oder Gegenstände und trage sie mit dem Artikel in die Tabelle ein.
c) Ordne auch folgende Nomen in deine Tabelle ein. Schlage gegebenenfalls im Wörterbuch nach: *Aquarium, Handy, Anorak, Eintrittskarte, Löwenkäfig, Quittung, Pony, Dressur, Kiosk, Programm, Toilette, Eintrittspreis.*

4 Bereite mit einem Partner das Teekesselchen-Spiel vor.
a) Denkt euch zu zweit Wörter aus, die zwei Bedeutungen haben können, z. B.: *die Kiefer (Baumart) – der Kiefer (Gesichtsknochen).*
b) Stellt der Klasse jeweils eine Bedeutung vor: Schüler A: *Mein Teekesselchen steht im Wald. – Schüler B: Mein Teekesselchen hat jeder. – Schüler A: Mein ...*
c) Lasst eure Mitschüler das Wort erraten.

LERNBOX

Das grammatische Geschlecht

1. Im Deutschen gibt der Artikel das grammatische Geschlecht (Genus) eines Nomens an:
   männlich (Maskulinum): *der Hund*
   weiblich (Femininum): *die Katze*
   sächlich (Neutrum): *das Pferd*
2. Häufig stimmen **das natürliche und das grammatische Geschlecht** nicht überein: *der Junge, aber das Mädchen.*

TIPPBOX

Zu 2 a) und **b)**: *cat = kedi = Katze*
Zu 3 b): Schlage im Wörterbuch nach. Dort wird das Geschlecht eines Nomens angegeben: *Tier, das ...* oder *Tier n* (= Neutrum).
Zu 3 c): Bei zusammengesetzten Nomen richtet sich das grammatische Geschlecht nach dem zweiten Wort: *der Tierwärter*, weil es *der Wärter* heißt.

Artikel begleiten Nomen

1 Eine Schülergruppe unterhält sich vor einem Aquarium im Zoo. Lies dazu das folgende Gespräch:

Merlin: „Schau mal, da liegt ein Seestern".
Lea: „Welchen meinst du denn? Ich sehe zwei."
Merlin: „Ich meine den roten Seestern, der neben einer Muschel liegt."
Lea: „Die Muschel finde ich auch interessant, sie hat einen Stachel."
Merlin: „Ich denke, der Stachel schützt die Muschel."
Finja: „Guck mal, wie süß! Da ist ja (?) Seepferdchen."
Kieran: „(?) Seepferdchen sieht wie (?) richtiges Pferd aus."
Ben: „Da oben schwimmen gelbe Fische. Bestimmt ist dies (?) Pärchen. (?) Pärchen schwimmt ganz ruhig."
Ceylin: „Was ist denn das da hinten? Das sieht aus wie (?) kleiner Busch. Wo ist denn hier (?) Informationstafel?"
Malik: „Quatsch, (?) Busch ist (?) Koralle. (?) Koralle lebt in der Südsee. Das steht jedenfalls auf (?) Informationstafel hier rechts."

2 **a)** Stellt in Partnerarbeit Vermutungen an, warum einmal von *ein Seestern* und *einer Muschel* und danach von *der Seestern* und *die Muschel* gesprochen wird.
b) Lest in den Hinweisen 1–5 in der **LERNBOX** nach, wie man die beiden Artikelarten nennt und wann man sie jeweils verwendet.
c) Vertauscht in den Zeilen 1–5 die beiden Artikelarten. Lest dann erneut den Text und überprüft die Wirkung.

3 Setze in den Zeilen 6–13 die fehlenden Artikel ein. Entscheide, ob du einen bestimmten oder einen unbestimmten Artikel einfügen musst.

4 Schreibe die folgenden Nomen mit dem bestimmten und dem unbestimmten Artikel auf. Beachte, dass sich der Artikel dieser Wortzusammensetzungen nach dem zweiten Wort (Grundwort) richtet: *Seeteufel – Nordseemakrele – Knurrhahn – Seenadel – Kronenseepferdchen – Karibiklanguste – Zehnfußkrebs*

LERNBOX

Der Artikel

1. Nomen haben oft einen Artikel als Begleiter: *der Fisch, ein Fisch.*
2. Es gibt **bestimmte Artikel** *(der, die, das)* und **unbestimmte Artikel** *(ein, eine, ein).*
3. Meistens verwendet man unbestimmte Artikel, wenn ein Lebewesen, eine Sache oder ein Gedanke noch nicht durch ein Nomen eingeführt ist. Wenn das Nomen schon genannt wurde, benutzt man den bestimmten Artikel.
4. Im **Plural** (Mehrzahl) lautet der bestimmte Artikel immer *die (die Fische, die Muscheln, die Seepferdchen).*
5. Da Artikel häufig ein Nomen begleiten, sind sie wichtige **Signalwörter für die Großschreibung** (Artikelprobe).

Seite 247

Mit Nomen Singular und Plural bilden

Seite 288 Vergleicht eure Lösungen zu den folgenden Aufgaben im Lerntempoduett:

1 **a)** Worum geht es in diesem Bild? Was kannst du erkennen?
b) Übersetze die Ausrufe.
c) Untersuche, wie im Englischen meistens der Plural von Nomen gebildet wird.

2 **a)** Bilde im Deutschen von folgenden Tieren den Plural: *Löwe, Tiger, Elefant, Kamel, Zebra, Wolf, Nashorn.* Schreibe die Wörter mit Artikel auf und unterstreiche die Pluralendung: *der Löwe – die Löwen ...*
b) Prüfe, wie viele verschiedene Möglichkeiten der Pluralbildung du notiert hast.

3 Auf dem Bild von S. 110–111 siehst du weitere Tiere sowie Pflanzen, Gegenstände und Gebäude. Wähle zehn Beispiele aus und bilde dazu den Singular und Plural. Unterstreiche die Pluralbildung: *der Zaun – die Zäune ...*

4 **a)** Untersuche die Besonderheit der folgenden Wörter: *Regen – Glück – Eltern – Alpen – Liebe – Kosten – Butter – Fleiß – Ferien – Leute – Quatsch – Geschwister.* Versuche dazu, den Singular und den Plural zu bilden.
b) Ordne die Wörter in einer Tabelle. Lies dazu den zweiten Hinweis in der **LERNBOX**. Welche Wörter gehören in die gleiche Spalte?

nur Singular	nur Plural
der Regen	

5 Schlage die Pluralformen der folgenden Fremdwörter nach. Schreibe sie auf und unterstreiche jeweils die Pluralendung: die Themen.
das Thema – das Museum – der Atlas – das Datum – das Risiko – die Firma – Computer – Charakter – Laptop – Material

LERNBOX

Singular und Plural bei Nomen

1. Die meisten Nomen können im **Singular** (Einzahl) und im **Plural** (Mehrzahl) stehen: *der Wald – die Wälder.*
2. Einige Nomen können **nur im Singular** oder **nur im Plural** verwendet werden. Im Wörterbuch findest du folgenden Hinweis: *Regen m. nur Sg.* (= maskulin, nur Singular).
3. Wenn du unsicher über die Pluralbildung eines Nomens bist, schlage im Wörterbuch nach. Das gilt insbesondere für Wörter, die aus anderen Sprachen übernommen wurden: *Aquarium, das; ...ien, (also die Aquarien).*

TIPPBOX

Zu 3:
Gegenstände und Gebäude: *die Bank, der Teich, der Fels, der Stein, der Kübel, der Stall, das Gehege ...*
Pflanzen: *der Kaktus, der Baum, die Palme, der Busch, der Salat, die Möhre, das Gras ...*

Nomen in vier Fällen gebrauchen

Der Vogel im Park

Letzte Woche habe ich etwas Aufregendes erlebt. Ich fuhr mit meinem Rad durch den Park, da sah ich im Gebüsch einen bunten Vogel. Ich stieg vom Rad und ging vorsichtig näher heran. Die Flügel (A der Vogel) leuchteten in den prächtigsten Farben. Ich dachte mir sofort, dass (B der Vogel) etwas Besonderes war. Ich wollte (C der Vogel) fangen und ins Tierheim bringen. Vorsichtig näherte ich mich (D der Vogel).

1 **a)** In die Lücken des Textes sollst du jeweils die richtige Form von *der Vogel* einsetzen. Lies dazu den ersten Absatz in der **LERNBOX**.

b) Die folgenden Fragen helfen dir, den richtigen Fall zu finden. Notiere sie:

A Wessen Flügel leuchteten?
B Wer oder was war etwas Besonderes?
C Wen oder was wollte ich fangen?
D Wem näherte ich mich vorsichtig?

c) Setze das Nomen in den richtigen Fall. Überlege zunächst, welches grammatische Geschlecht das Nomen hat, und schaue dann in der **LERNBOX** nach, welchen Artikel und welche Endung das Nomen im jeweiligen Fall hat. Notiere die Frage und schreibe das Nomen mit Artikel dahinter:

A Wessen Flügel leuchteten? → des Vogels (= Genitiv)

LERNBOX

Die vier Fälle des Nomens

Nomen können im Satz in vier verschiedenen Fällen gebraucht werden. Dabei ändern sich der Artikel und teilweise die Endung des Nomens. Die Fragewörter helfen dir, den jeweiligen Fall zu ermitteln. Meistens fragst du mit dem Verb. Achte auf das grammatische Geschlecht des Nomens.

Übersicht: Singular

Fall	Frage	männlich	weiblich	sächlich
1. Nominativ	Wer oder was?	der Fisch	die Schlange	das Tier
2. Genitiv	Wessen?	des Fisches*	der Schlange	des Tieres*
3. Dativ	Wem?	dem Fisch	der Schlange	dem Tier
4. Akkusativ	Wen oder was?	den Fisch	die Schlange	das Tier

*Im Genitiv Singular lautet die Endung bei einer Reihe von Wörtern nur -s.
Schlage im Zweifelsfall im Wörterbuch nach: Vogel, der; -s, Vögel
Angabe des Genitivs ↗ ↖ Plural

Übersicht: Plural

Fall	Frage	männlich	weiblich	sächlich
1. Nominativ	Wer oder was?	die Fische	die Schlangen	die Tiere
2. Genitiv	Wessen?	der Fische	der Schlangen	der Tiere
3. Dativ	Wem?	den Fischen	den Schlangen	den Tieren
4. Akkusativ	Wen oder was?	die Fische	die Schlangen	die Tiere

Ich konnte den Vogel (1) ganz einfach fangen, denn er war offensichtlich Menschen (2) gewöhnt. Da ich den Vogel (3) ins Tierheim bringen wollte, ließ ich das Fahrrad (4) am Weg liegen. Glücklicherweise war das Tierheim (5) nicht weit weg. Schon bald sah ich das Schild des Tierheims (6). Dort empfing mich eine freundliche Frau (7). Sie gab dem Vogel (8) einen kleinen Hirsekolben (9).
Dann holte sie einen passenden Vogelkäfig (10). Vorsichtig setzte ich den Vogel (11) hinein. „Kann ich den Papagei (12) behalten, wenn ihn niemand abholt?“, fragte ich. Sie antwortete, dass sie dazu die Einwilligung (13) der Eltern (14) benötigt. Ich dankte der Frau (15), holte mein Rad (16) und fuhr nach Hause.

2 Dies ist die Fortsetzung der Geschichte von Seite 197.

a) Bestimme im ersten Absatz die Fälle der unterstrichenen Wörter. Schreibe zuerst die Frage mit dem passenden Fragewort in dein Heft.

b) Beantworte dann die Frage und bestimme den Fall:
(1) Wen oder was konnte ich fangen? → den Vogel (= Akkusativ)

c) Finde in gleicher Weise die Fälle der unterstrichenen Nomen im zweiten Absatz heraus.

3 Schreibe den folgenden Teil der Erzählung in dein Heft und setze die Nomen in Klammern in den richtigen Fall. Wenn du unsicher bist, bestimme das grammatische Geschlecht des Nomens, erfrage den Fall und sieh in der Übersicht der **LERNBOX** auf Seite 197 nach.
Als ich zu Hause angekommen war, berichtete ich (1 meine Mutter) (2 das Erlebnis). Sie wollte nicht, dass ich (3 der Vogel) behalte. Sie rechnete mir (4 die Kosten) vor. Als ich ihr vorschlug, dass ich (5 die Pflege) (6 das Tier) übernehmen wollte, war sie schon etwas aufgeschlossener. Schließlich stimmte sie (7 der Vorschlag) zu.
Am nächsten Tag wollte ich (8 der Vogel) abholen. Als ich (9 die Tür) (10 das Tierheim) öffnete, kam mir schon (11 die freundliche Frau) entgegen. Sie sagte, dass (12 die Besitzerin) schon (13 der Vogel) abgeholt habe. Aber ich könnte ja (14 ein Hund) oder (15 eine Katze) mitnehmen.

4 Setze die Geschichte fort. Unterstreiche anschließend in deinem Text die Nomen und überprüfe, ob du sie in den richtigen Fall gesetzt hast.

TIPPBOX

Zu 2 a):
2. ? war er gewöhnt?
3. ? wollte ich ins Tierheim bringen?
4. ? ließ ich am Weg liegen?
5. ? war nicht weit weg?
6. ? Schild sah ich bald?
7. ? empfing mich dort?
8. ? gab sie einen kleinen Hirsekolben?
9. ? gab sie dem Vogel?

Mit Personalpronomen Wiederholungen vermeiden

1 Das Chamäleon (gesprochen: Kamäleon) ist ein raffinierter Täuscher. Schaut euch das Bild an und tauscht euch darüber aus, was ihr über das Tier wisst.

Das Chamäleon – ein Verwandlungskünstler

Über Chamäleons wird oft Falsches erzählt. Es wird behauptet, dass Chamäleons sich jedem x-beliebigen Untergrund anpassen: Setzt man ein Chamäleon auf einen Schottenrock, färbt das Chamäleon sich grün-rot kariert. Hält man ein Chamäleon vor eine Blümchentapete, sprießen dem Chamäleon Blütenmuster auf dem Körper. Aber das können Chamäleons natürlich nicht, obwohl Chamäleons sich farblich ihrer Umgebung sehr gut anpassen. Diese Fähigkeit schützt Chamäleons vor Fressfeinden.

2 Lest den Text laut vor. Was fällt euch auf?

3 Verbessere den Text, indem du das Nomen Chamäleon/Chamäleons durch ein Personalpronomen ersetzt. Gehe so vor:

a) Markiere Stellen im Text, an denen du das Nomen ersetzen willst. Lass die unterstrichenen Nomen unverändert.

b) Schreibe den Text ab und setze die Personalpronomen im richtigen Fall ein: *Über Chamäleons wird oft Falsches erzählt. Es wird behauptet, dass sie …* Nimm dabei die **LERNBOX** zu Hilfe.

c) Vergleicht eure Lösungen. Achtet darauf, dass immer eindeutig ist, auf welches vorausgehende Nomen sich das Pronomen bezieht.

Folie

LERNBOX

Das Personalpronomen

1. Personalpronomen sind Wörter wie *ich, du, er, sie, es – wir, ihr, sie:* *Ich und du – wir schaffen das! Meine Freunde, sie kommen später.*
2. Personalpronomen können Nomen ersetzen: *Chamäleons fressen Insekten. Sie fangen sie mit der Zunge.*
3. Personalpronomen können in den verschiedenen Fällen auftreten:

Singular (Einzahl)

Nominativ	Wer oder was?	ich	du	er	sie	es
Dativ	Wem?	mir	dir	ihm	ihr	ihm
Akkusativ	Wen oder was?	mich	dich	ihn	sie	es

Plural (Mehrzahl)

Nominativ	Wer oder was?	wir	ihr	sie
Dativ	Wem?	uns	euch	ihnen
Akkusativ	Wen oder was?	uns	euch	sie

Achte auf das grammatische Geschlecht des Nomens, auf das sich das Pronomen bezieht:
der Hund: er/ihm/ihn; die Katze: sie/ihr/sie; das Tier: es/ihm/es

TIPPBOX

Zu 3 b):
Chamäleon ist ein sächliches Nomen. Du kannst es so ersetzen:

- **im Singular** 1x im Nominativ *es*; 1x im Dativ *ihm*; 1x im Akkusativ *es*;
- **im Plural** 2x im Nominativ *sie*; 1x im Akkusativ *sie*

4 In dem Text *Zungenschießer* sind alle Personalpronomen unterstrichen. Schreibe auf, welche Nomen sie jeweils ersetzen: (1) es = das Chamäleon.

Zungenschießer

„Zungenschießer" wäre eigentlich der treffende Name für das Chamäleon, denn (1) es beherrscht eine geniale Jagdtechnik. (2) Sie ist im Tierreich einmalig: Will dieses Tier eine Fliege fangen, dann „schießt" (3) es die lange Zunge auf (4) sie! Rund 65 km/h schnell ist der Muskel, und (5) er ist manchmal so lang wie das ganze Chamäleon. Die Zungenspitze stülpt sich dann wie ein Saugnapf über das Opfer. Blitzschnell zischt (6) sie zurück ins Maul und mit (7) ihr die Beute.

5 **a)** Schreibe zu einem Tier deiner Wahl einen kleinen Text über sein Aussehen und seine Lebensgewohnheiten. Verwende nur Personalpronomen:
Er ist sehr groß und hat ein weißes Fell. Es schützt ihn vor …
b) Gib den Text einem Partner und lasse ihn das Tier erraten.

6 Miro hat einen Unfallbericht geschrieben. Schreibe ihn ab und ersetze die markierten Wörter durch passende Personalpronomen. Nutze die **LERNBOX**.

Unfallbericht

Ich ging am letzten Wochenende mit meinen Eltern in den Zoo. Während meine Eltern sich noch die Elefanten anschauten, bin ich zum Käfig mit den Schimpansen gegangen. Ich beobachtete die Affen, wie die Affen miteinander spielten. In der Ecke saß ein alter Schimpanse. Der Schimpanse schlief. Dann wachte der Schimpanse auf. Der Schimpanse nahm eine Bananenschale und warf die Bananenschale nach mir. Ich wollte der Bananenschale ausweichen und sprang zurück. Hinter mir befand sich ein Eimer. Ich stolperte über den Eimer und fiel auf den Boden. Da sich in meiner Hosentasche mein Handy befand, ging das Handy dabei kaputt.

7 **a)** Denke dir mit den folgenden Verben kurze Sätze aus und notiere diese: *zuhören – treffen – antworten – mögen – helfen – fragen – loben.*
b) Suche dir einen Partner und lies ihm einen Satz vor, z. B.: *Ich höre Nadja zu.* Daraufhin soll er das Nomen erfragen und durch ein Personalpronomen ersetzen: *Wem höre ich zu? Ich höre ihr zu.* Tauscht danach die Rollen.

LERNBOX

So ersetzt du ein Nomen durch das richtige Personalpronomen:

1. Untersuche, ob das Nomen im Singular oder Plural steht.
2. Beachte das grammatische Geschlecht dieses Nomens: *der Elefant → er / die Schlange → sie / das Chamäleon → es.*
3. Prüfe, in welchem Fall das Personalpronomen stehen muss.
4. Suche aus der **LERNBOX** von Seite 199 das richtige Personalpronomen.

TIPPBOX

Zu 4: Wähle die richtige Lösung aus:
dieses Tier – das Chamäleon – eine geniale Jagdtechnik – eine Fliege – die Zungenspitze (zweimal) – der Muskel

Verben

Personalformen des Verbs richtig gebrauchen

Malik und Lena

Lena (1) am Schuljahresanfang die „Das-bin-ich-Kiste“ von Malik.
Lena: „Da (2) ja ein kleiner Fußball. (3) du denn gerne Fußball?“
Malik: „Ja, meine Freunde und ich (4) fast täglich.“
Lena: „(5) ihr in einem Verein?“
Malik: „ Ja, wir (6) in einer Kindermannschaft. Aber ich (7) auch gerne Bücher.“
Lena: „Was (8) du denn so?“
Malik: „Am liebsten (9) ich Fantasy-Bücher.“

1 **a)** Lies mit einem Partner den Text mit verteilten Rollen.
b) Besprich mit ihm, warum der Text schwer zu verstehen ist.
c) Schreibe den Text ab und ergänze an den gekennzeichneten Stellen Verben in der richtigen Personalform. Lies dazu die **LERNBOX**.
d) Kennzeichne mit einem Pfeil das Subjekt, das die Personalform bestimmt.
Lena betrachtet am Schuljahresanfang …

2 Schreibe den folgenden Text ab und ergänze die richtige Personalform. Verbinde jeweils das Subjekt und das Verb mit einem Pfeil.

Malik (1 *fragen*) Lena: „Wo (2 *stehen*) denn deine Kiste?“ Lena (3 *zeigen*) Malik ihre Kiste. Malik (4 *deuten*) auf ein Bild mit einem Mädchen. Es (5 *stehen*) neben einem Pferd. „Das (6 *sein*) ich“, (7 *erklären*) Lena. „Das Pferd (8 *heißen*) Lotte. Meine Freundin und ich (9 *reiten*) oft auf dem Pferd.“ „Wo (10 *reiten*) ihr denn?“, (11 *fragen*) Malik. „Bei uns im Dorf (12 *geben*) es einen Reiterhof“, (13 *antworten*) ihm Lena.

! LERNBOX

Das Verb
Verben drücken aus, was jemand tut *(ihr lacht)* oder was geschieht *(es schneit)*.
1. Der Infinitiv (die Grundform) eines Verbs endet auf *-en* oder *-n*: *rennen, wickeln.*
2. In Sätzen wird das Verb meistens in der **gebeugten Form** verwendet. Diese richtet sich danach, wer etwas tut (Subjekt). Die gebeugte Form nennt man auch **Personalform**.
   Personalformen im Präsens:

Singular (Einzahl)		**Plural (Mehrzahl)**
1. Person	*ich renn**e***	*wir renn**en***
2. Person	*du renn**st***	*ihr renn**t***
3. Person	*er/sie/es renn**t***	*sie renn**en***

Namen und Nomen erfordern ein Verb in der dritten Person Singular oder Plural: *Das Pferd wiehert. – Die Pferde wiehern.*

TIPPBOX

Zu 1 c): Diese Verben kannst du verwenden:
betrachten – liegen – spielen – kicken – trainieren – mögen – lesen schmökern
Zu 2 : Erfrage das Subjekt und bestimme es:
Wer fragt Lena?
Malik = 3. Person Singular
→ *fragt*

Präsens, Präteritum, Perfekt – Zeitformen des Verbs untersuchen

„Hallo, Mama! Was? ... Ja, uns geht es gut. Aber wir fahren noch immer mit der Bahn. Langweilig ist es aber nicht. Wir spielen Karten, Doppelkopf. Warum wir noch nicht in der Jugendherberge sind? Also, in Köln ist der Zug erst eine halbe Stunde später angekommen. Dann ist der Zug auf einem anderen Gleis eingefahren. Wir sind ganz schnell wieder durch die Unterführung zum anderen Gleis gelaufen. Vor Schreck hat Sandy ihren Koffer vergessen. Das ist vielleicht aufregend gewesen! Sandy hat geweint, aber wir haben sie beruhigt. Unser Lehrer hat dann im Zug dem Schaffner Bescheid gesagt. Eh, Flori, du hörst jetzt auf! Entschuldigung, aber Florian trinkt aus meiner Flasche, dabei hat er selbst noch 'ne Limo. Jetzt kommen wir in Bielefeld an und steigen dort noch mal um."“

Seite 288 Vergleicht eure Lösungen zu den Aufgaben 2–5 mithilfe des Lerntempoduetts.

1 Lest den Text und sprecht darüber, warum dies ein missglückter Start einer Klassenfahrt war.

2 Untersuche die verwendeten Zeitformen des Verbs:
Folie **a)** Unterstreiche wie in den ersten beiden Zeilen alle Zeitformen. Denke daran, dass es auch zusammengesetzte Zeitformen gibt, z. B. *ist ... angekommen.*
Folie **b)** Markiere mit unterschiedlichen Farben:
- Sätze, in denen etwas berichtet wird, was gerade geschieht,
- Sätze, die über Vergangenes berichten.

c) Stelle fest, welche zwei Zeitformen in diesem Text verwendet werden. Überprüfe dein Ergebnis mit der **LERNBOX** auf Seite 203.

3 **a)** Lege in deinem Heft die Tabelle unten an.
b) Trage von jedem Verb die Grundform (Infinitiv) ein und die Zeitform, in der das Verb in dem Text oben verwendet wird. Ergänze das jeweilige Subjekt.

Grundform	Präsens	Perfekt	Präteritum
gehen	es geht		
fahren	wir fahren		

Folie **4** **a)** Unterstreiche in Sandys Text unten alle Verben.
b) Kläre mithilfe der **LERNBOX**, warum Sandy hier das Präteritum verwendet.
c) Trage diese Verbformen in die entsprechende Spalte deiner Tabelle ein.
☆ **d)** Ergänze in deiner Tabelle die Lücken mit den fehlenden Zeitformen.

Eine Klassenfahrt mit Hindernissen (Sandy)
Mir ging es auf dieser Klassenfahrt erst gar nicht gut. Zuerst kam der Zug in Köln eine halbe Stunde später an. Dann fuhr der Zug auch noch auf einem falschen Gleis ein. Wir liefen dann ganz schnell durch die Unterführung zum anderen Gleis. Vor Schreck vergaß ich auf dem Gleis meinen Koffer. Das war vielleicht aufregend! ...

Unterwegs mit der Eisenbahn früher und heute

Vor hundert Jahren (1. *dauert/dauerte*) die Fahrt von Hamburg nach München mit der Bahn 14 Stunden. Wenn man dieselbe Strecke heute mit dem ICE (2. *fährt/fuhr*), (3. *braucht/brauchte*) man nur noch fünfeinhalb bis sechs Stunden. Heute (4. *kann/konnte*) man die Fahrt richtig genießen. Wer (5. *will/wollte*), (6. *hört/hörte*) Musik über Kopfhörer oder (7. *spielt/spielte*) am Laptop. Früher (8. *ist/war*) die Fahrt nicht so bequem. Ärmere Menschen (9. *fahren/fuhren*) in der 3. Klasse, die es heute gar nicht mehr (10. *gibt/gab*). Sie (11. *teilen/teilten*) sich die Abteile manchmal sogar mit Tieren. Die Reisenden (12. *sitzen/saßen*) damals auf harten Holzbänken und (13. *bekommen/bekamen*) nicht immer einen Sitzplatz. Das (14. *kann/konnte*) heute auch noch passieren. Gerade am Wochenende (15. *sind/waren*) die Züge sehr voll. Dann (16. *stehen/standen*) die Menschen in den Gängen, weil es keine Sitzplätze mehr (17. *gibt/gab*). Oft (18. *hört/hörte*) man dann: „Früher (19. *ist/war*) alles besser." Aber das (20. *stimmt/stimmte*) nicht.

Früher (21. *geben*) es in den Zügen keine Klimaanlage. Da (22. *öffnen*) man die Fester, wenn es heiß (23. *sein*). Dann (24. *ziehen*) es oft im Abteil. Heute (25. *haben*) die Züge Klimaanlagen und die Fenster (26. *können*) man nicht öffnen. Wenn bei heißem Wetter die Klimaanlage (27. *ausfallen*), (28. *werden*) es in den Zügen unerträglich heiß. Dann (29. *können*) es passieren, dass der Zug im nächsten Bahnhof (30. *anhalten*). Das (31. *geben*) es früher nicht.

5 **a)** Mache dich zunächst mit dem Inhalt des Textes vertraut.
b) Entscheide, welche Zeitform du im ersten Absatz einsetzen musst. Beachte dazu den ersten und dritten Hinweis in der **LERNBOX**. Schreibe so: 1. dauerte.

6 Schreibe die Verben im zweiten Absatz in der richtigen Zeitform und Personalform zusammen mit dem Subjekt auf: 21. es gab.

LERNBOX

Zeitformen des Verbs richtig gebrauchen

1. a) Das **Präsens (Gegenwart)** verwendest du, wenn du über etwas berichtest, das gerade passiert:
Der Zug fährt auf Gleis 5 ein und hält dort.
b) Das Präsens wird auch in Aussagen verwendet, die immer gelten:
Ab 15. Oktober gilt der Winterfahrplan.
2. **Das Perfekt (zusammengesetzte Vergangenheitsform)** verwendest du, wenn du **mündlich** über Vorgänge in der Vergangenheit berichtest:
Der Zug ist auf Gleis 5 eingefahren und hat dort gehalten.
3. **Das Präteritum (einfache Vergangenheitsform)** benutzt du, wenn du **schriftlich** über Ereignisse in der Vergangenheit berichtest: *Der Zug fuhr auf Gleis 5 ein und hielt dort.*

TIPPBOX

Zu 5 b): Wenn du unsicher bist, ob du Präsens oder Präteritum verwenden musst, achte auf Wörter, die darauf hinweisen, ob ein Geschehen in der Gegenwart oder in der Vergangenheit stattfindet:
Wörter wie *heute, jetzt* weisen auf die Gegenwart hin, Wörter wie *gestern, damals, früher* zeigen die Vergangenheit an. Manchmal findest du kein hinweisendes Wort, dann musst du die Zeitform aus dem Zusammenhang des Textes erschließen.

Präteritum und Perfekt – Verbformen der Vergangenheit richtig bilden

„Vor einer Woche bin ich mit dem ICE zu meiner Oma nach Hannover gefahren. Als ich in Dortmund in den Zug gestiegen bin, hat dort eine unglaubliche Hitze geherrscht. Offensichtlich (1. *gehen*) die Klimaanlage nicht mehr. Draußen (2. *betragen*) die Temperatur über 30 Grad. Außerdem (3. *sein*) an diesem Freitag viele auf dem Weg nach Hause. Über den Lautsprecher (4. *entschuldigen*) sich der Fahrdienstleiter für diese Panne, aber das (5. *helfen*) natürlich auch nicht wirklich. Die meisten Fahrgäste (6. *sitzen*) erschöpft auf ihren Plätzen."

1 **a)** Dieser Text wird mündlich berichtet. Meistens geschieht das im Perfekt. Untersuche, wie das Perfekt in den ersten beiden Sätzen gebildet wird.
b) Vergleiche dein Ergebnis mit der **LERNBOX**.
c) Setze in den nächsten Sätzen die Verben ebenfalls im Perfekt ein.
d) Trage die Zeitformen mit passenden Personalpronomen in eine Tabelle ein.

Perfekt	Präteritum
ich bin gefahren	ich fuhr
ich bin gestiegen	
es hat geherrscht	

2 Dieser Text könnte auch schriftlich erzählt werden. Dazu müssten die Verben in Klammern im Präteritum verwendet werden.
a) Informiere dich in der **LERNBOX** auf Seite 205 über die Bildung des Präteritums. Setze anschließend die Verben ins Präteritum.
b) Übertrage diese Verbformen in die zweite Spalte deiner Tabelle.

LERNBOX

So bildest du die Zeitformen im Perfekt:

1. Das Perfekt wird mit einer Form von *sein* oder *haben* und der Partizipform des Verbs gebildet:

ich bin gekommen	*ich habe gesagt*
du bist gekommen	*du hast gesagt*
er/sie/es ist gekommen	*er/sie/es hat gesagt*
wir sind gekommen	*wir haben gesagt*
ihr seid gekommen	*ihr habt gesagt*
sie sind gekommen	*sie haben gesagt*

2. Am häufigsten wird das Perfekt mit *haben* gebildet. Verben, die eine Bewegung ausdrücken, stehen oft mit *sein:* *ich bin gelaufen/gerannt/gegangen*
3. Beachte die Stellung des Partizips im Satz:
Hauptsatz: *Vor einer Woche bin ich mit dem ICE zu meiner Oma nach Hannover gefahren.*
Nebensatz: *Als ich in Dortmund in den Zug gestiegen bin, ...*

TIPPBOX

Zu 1 c) und 2 a):

1. Durch das Hilfsverb *haben/sein* steht das Verb am Satzende.
2. Hinweis zu (3. *sein*): Das Perfekt von *sein* wird so gebildet: *ich bin gewesen* *du bist gewesen ...* Das Präteritum von *sein* lautet: *ich war, du warst ...*
2. Du findest weitere unregelmäßige Verben (z. B. *steigen, gehen ...*) auf Seite 295.

Fortsetzung des Berichts von S. 204:

„In Bielefeld (7. *sein*) dann die Fahrt mit diesem Zug zu Ende. Alle Fahrgäste (8. *verlassen*) den Zug und sie (9. *bekommen*) umsonst eine kleine Flasche Wasser. Trotzdem (10. *schimpfen*) viele, weil sie nun ihren Anschlusszug (11. *verpassen*). Mit meinem Handy (12. *erreichen*) ich meine Oma. Ich (13. *beruhigen*) sie und (14. *sagen*) ihr die Ankunftszeit des nächsten Zuges in Hannover. Mit zwei Stunden Verspätung (15. *erreichen*) der neue Zug schließlich Hannover. Meine Oma (16. *schließen*) mich glücklich in die Arme. Aber ich (17. *haben*) nur einen Wunsch: irgendwo eine kalte Limo trinken. Diesen Wunsch (18. *erfüllen*) mir meine Oma sofort und so (19. *gehen*) wir in ein Café. Das (20. *sein*) das Ende einer abenteuerlichen Reise mit dem ICE."

3 **a)** Erzählt euch abwechselnd den Text mündlich im Perfekt.
b) Trage anschließend diese Zeitformen mit passenden Personalpronomen in die Tabelle aus Aufgabe **1** ein: *sie ist gewesen, sie haben verlassen …*
c) Bilde von diesen Verben das Präteritum. Schreibe sie in die zweite Spalte.
d) Überprüft in Partnerarbeit eure Lösungen.

4 **a)** Berichte selbst über ein Erlebnis und verwende dabei das Perfekt. Dein Partner schreibt die Verben im Perfekt auf.
b) Bildet zu den aufgeschriebenen Verbformen abwechselnd das Präteritum.
c) Tauscht anschließend die Rollen.

! LERNBOX

So bildest du die Zeitformen im Präteritum:

1. Das Präteritum bildest du bei regelmäßigen Verben, indem du *-te* an den Wortstamm anhängst: *reisen – ich reiste.*
2. Die unregelmäßige Verben ändern im Präteritum den Vokal im Wortstamm: *kommen – ich kam, lassen – ich ließ.*
   Die Veränderungen bei diesen Verben musst du dir merken (siehe „Unregelmäßige Verben", Seite 295).

regelmäßige Verben	**unregelmäßige Verben**
ich reiste	*ich kam*
du reistest	*du kamst*
er/sie/es reiste	*er/sie/es kam*
wir reisten	*wir kamen*
ihr reistet	*ihr kamt*
sie reisten	*sie kamen*

TIPPBOX

Zu 3 b) und **c)**:

1. zu (7) und (20): Perfekt von *sein* als Vollverb:
   ich bin gewesen
   du bist gewesen …
   Präteritum:
   ich war, du warst …
2. zu (17): Perfekt von *haben* als Vollverb:
   ich habe gehabt
   du hast gehabt …
   Präteritum:
   ich hatte, du hattest …

Präsens und Futur – Zukünftiges ausdrücken

Liebe Oma,

nächste Woche fahren wir auf Klassenfahrt. Wir werden vier Tage im Schullandheim verbringen. Deshalb besuche ich dich zu deinem Geburtstag am Donnerstag nicht. Wir werden erst am Donnerstagabend zurückkommen. Am nächsten Tag geht auch die Schule gleich weiter. Vielleicht komme ich am Samstag zu dir. Wirst du zu Hause sein? Mama wird dich ja am Donnerstag besuchen. Du kannst ihr dann ja Bescheid geben.

Liebe Grüße

Deine Sina

1 **a)** Lies den Brief und untersuche, an welchen Stellen Sina über Ereignisse in der Zukunft schreibt. Woran erkennst du das?

Folie

b) Markiere alle Verben. Ordne sie anschließend in eine Tabelle im Heft ein.

Präsens	Futur
wir fahren	wir werden verbringen

2 Setze im folgenden Text die passenden Zeitformen ein. Entscheide jeweils, ob du das Futur oder das Präsens sinnvoll findest. Lies dazu die **LERNBOX**.

Omas Geburtstag

Am nächsten Wochenende (1 *besuchen*) Sina ihre Oma. Die Besuche bei ihrer Oma (2 *sein*) immer sehr schön. Dieses Mal (3 *haben*) Sina aber Bedenken. Tante Betty (4 *kommen*) nämlich auch. Sie (5 *erzählen*) wahrscheinlich nur von früher. Dann (6 *langweilen*) sich Sina bestimmt. Vielleicht (7 *anrufen*) sie morgen bei Oma und (8 *fragen*) sie, ob Marie mitkommen (9 *dürfen*). Wahrscheinlich (10 *haben*) Oma nichts dagegen. Dann (11 *mitbringen*) Sina auch ihre Spielkarten.

LERNBOX

Zukünftiges ausdrücken

1. Das Futur I gibt an, dass etwas in der Zukunft geschieht. Es wird mit dem Hilfsverb *werden* und dem Infinitiv des Verbs gebildet: *Wir werden auf Klassenfahrt fahren.* Beachte, dass durch die Verwendung des Hilfsverbs *werden* das Verb am Ende des Satzes steht.
2. Auch das Präsens kann ein Geschehen in der Zukunft bezeichnen: *Morgen fahren wir auf Klassenfahrt.* Du erkennst oft an ergänzenden Zeitangaben (z. B. *morgen, nächste Woche, bald, demnächst*), dass etwas in der Zukunft passieren wird.

TIPPBOX

Zu **2**:

1. Lies den Text durch und mache dir die Situation klar.
2. Lies den ersten Hinweis in der **LERNBOX** auf Seite 203 und entscheide, welche Sätze du im Präsens schreiben musst.
3. Überlege, welche Sätze sich auf ein Geschehen in der Zukunft beziehen. Entscheide, ob du dafür das Präsens oder das Futur verwenden willst.

Adjektive

Mit Adjektiven anschaulich erzählen

Abenteuer auf der Burg (von Marvin)

In der Nähe unseres Dorfes steht eine Burg. Ihre Mauern sind schon verfallen. Aber es gibt noch einige Gänge, die in die Burg führen. Eines Tages kam mein Freund Ulli zu mir und zeigte mir eine Karte, auf der die Umrisse der Burg eingezeichnet waren. An einer Stelle war mit Farbe ein X aufgemalt und man konnte die Buchstaben „Schatz“ entziffern. „Die Karte habe ich auf unserem Dachboden in einer Kiste entdeckt“, erklärte Ulli seinen Fund. Wir nahmen unsere Räder und fuhren durch den Wald zur Burg. Als wir ankamen, war es schon später Nachmittag. Sofort suchten wir nach dem Schatz. Dazu mussten wir einen Gang entlanggehen. Es roch. Auf einmal stießen wir auf eine Tür. Sie war nur angelehnt. Sollten wir weitergehen? ...

1 Bei Erzählungen ist es wichtig, dass du mithilfe von Adjektiven anschaulich erzählst. Marvins Text enthält fast keine Adjektive. Überarbeite die Erzählung mithilfe der Erweiterungsprobe und gehe dabei so vor:

a) Markiere auf einer Folie Stellen, an denen du Adjektive einsetzen kannst. Die Hinweise 1 und 2 in der **LERNBOX** helfen dir dabei. **Folie**

b) Schreibe den Text ab und ergänze an den markierten Stellen passende Adjektive. Nimm dabei den dritten Hinweis in der **LERNBOX** zu Hilfe:
In der Nähe unseres kleinen Dorfes steht eine verlassene Burg ...

c) Vergleiche: Wie wirkt der Text jetzt auf dich, nachdem du die Adjektive eingefügt hast?

2 Wie könnte das Abenteuer ausgehen? Schreibe einen Schluss und verwende dabei anschauliche Adjektive.

LERNBOX

Das Adjektiv (Eigenschaftswort)

1. Mit Adjektiven kannst du Eigenschaften von Lebewesen, Dingen oder Tätigkeiten darstellen. Sie sagen aus, wie etwas ist. Das ist für genaue Beschreibungen und anschauliche Erzählungen wichtig.
2. Adjektive können unterschiedlich eingesetzt werden:
   Ich höre laute Musik. → auf ein Nomen bezogen,
   Die Musik ist laut. → auf eine Form von *sein* bezogen,
   Er singt laut. → auf ein Verb bezogen.
3. Nur wenn sich ein Adjektiv auf ein nachfolgendes Nomen bezieht, verändert es sich:

der laute Schüler	*die lauten Schüler*
des lauten Schülers	*der lauten Schüler*
dem lauten Schüler	*den lauten Schülern*
den lauten Schüler	*die lauten Schüler*

TIPPBOX

Zu 1 b): Diese Adjektive kannst du verwenden:
romantisch, düster, verlassen, staubig, aufgeregt, groß, rot, morsch, schnell, klein, rätselhaft, schmal, finster, geheimnisvoll, hölzern, feucht, muffig, dumpf, dunkel, unheimlich, gruselig, spät, vorsichtig.

Mit Adjektiven genau beschreiben

In einem Kennenlernspiel haben Schüler ihren Namen auf einen Zettel geschrieben und diesen in einen Hut gelegt. Anschließend sollte jeder einen Zettel herausnehmen und die gezogene Person beschreiben.

Die Person, die ich gezogen habe, trägt oft (1) Turnschuhe, (2) Jeans und dazu (3) Shirts. Ihre Haare sind (4), was ihr (5) steht. Im Unterricht ist sie (6), in der Pause tobt sie (7) durch den Hof. Sie hat einen (8) Schulweg. Meistens kommt sie morgens mit einem (9) Fahrrad angeradelt. In der Pause isst sie oft einen (10) Apfel. In ihre „Das-bin-ich-Kiste" hat sie eine (11) Muschel gelegt. Ich glaube, sie stammt aus dem (12) Urlaub.

1 **a)** Lest den Text und sprecht darüber, wie man die Person treffender beschreiben könnte.
b) Schreibe den Text ab und ergänze an den Stellen, die durch eine Klammer gekennzeichnet sind, geeignete Adjektive.
c) Setzt euch in Vierergruppen zusammen und lest euch eure Texte vor. Vergleicht anschließend, welche unterschiedlichen Adjektive ihr eingefügt habt und ob ihr diese jeweils sinnvoll findet.

2 **a)** Unterstreiche in deinem Text alle Adjektive, die vor einem Nomen stehen.
b) Unterstreiche mit einem anderen Farbstift alle Adjektive, die sich auf ein Verb beziehen.
c) Überprüfe, ob du die Adjektive richtig verwendet hast.

3 Beschreibe eine Person aus deiner Klasse, ohne den Namen zu nennen. Damit deine Mitschüler die Person nicht sofort erraten, beschreibe zuerst Merkmale, die nicht so auffällig sind. Achte darauf, dass du nicht beleidigend formulierst.

TIPPBOX

Zu 1 b): Du kannst aus folgenden Adjektiven auswählen: *hell, dunkel, grün, rot, bunt, glatt, kraus, blond, schwarz, strubbelig, gut, schlecht, still, laut, unruhig, wild, kurz, lang, alt, neu, knackig, bunt, grau, klein, groß, vorig.*
Zu 2 c): Achte darauf, dass sich die Endungen von Adjektiven nach dem Fall des folgenden Nomens richten. Lies dazu die Hinweise 2 und 3 in der **LERNBOX** auf Seite 207.

Mit Adjektiven vergleichen

Wer ist der größte Junge?

Maik ist ein großer Junge. Jan ist so groß wie Maik. Fabian ist nicht der größte Junge. Sebastian ist größer als Jan und als Fabian. Jakob ist so groß wie Fabian.

Wer ist die schnellste Läuferin?

Vicky ist eine schnellere Läuferin als Svenja. Annika ist nicht die schnellste Läuferin. Svenja ist eine schnelle Läuferin. Larissa ist eine schnellere Läuferin als Francine. Vicky ist eine ebenso schnelle Läuferin wie Annika. Francine ist eine schnellere Läuferin als Vicky.

1 Finde heraus, wer der größte Junge und wer die schnellste Läuferin ist.

2 **a)** Schreibe die Adjektive in den drei Stufen heraus: *Grundstufe → groß ...*
b) In den Formulierungen der Rätsel oben kommen häufig die Wörter *als* und *wie* vor. Wann werden sie verwendet? Stelle dazu eine Regel auf.

3 Setzt euch in Gruppen von vier bis fünf Personen zusammen und entwickelt ein ähnliches Rätsel, indem ihr euer Alter vergleicht: *Jan ist so alt wie ...*

4 Nicht alle Adjektive lassen sich sinnvoll steigern. Untersuche die folgenden Adjektive, indem du Vergleichssätze bildest: *Kemal ist fleißiger als Claudia.* Schreibe die Adjektive heraus, die sich nicht steigern lassen.
fleißig – ledig – schön – mündlich – fertig – leer – hilfsbereit – tot – rund – glatt – rot – gut – einsam – stumm

5 Einige Adjektive werden unregelmäßig gebildet: *gut – besser – am besten.* Bilde die Vergleichsformen von *viel – hoch – nahe.*

LERNBOX

Steigerung von Adjektiven

1. Mit Adjektiven kann man vergleichen. Man unterscheidet:
   Grundstufe (Positiv): *Melanie hat langes Haar.*
   Vergleichsstufe (Komparativ): *Ann-Kathrin hat längere Haare.*
   Höchststufe (Superlativ): *Claudia hat die längsten Haare. Claudias Haare sind am längsten.*
2. Manche Adjektive können nicht sinnvoll gesteigert werden, z. B. *fertig → ~~fertiger~~.*
3. a) Auf der Grundstufe verwendest du *wie: Ann-Kathrin hat genauso lange Haare wie Brigitte.*
   b) Auf der Vergleichsstufe verwendest du *als: Ann-Kathrin hat längere Haare als Melanie.*

TIPPBOX

Zu 2 b): So kannst du deine Regel formulieren:

1. *Wenn ich ausdrücken will, dass jemand größer oder schneller ist, verwende ich das Wort ...*
   Beispiel: ...
2. *Wenn ich sagen will, dass jemand genauso ist, verwende ich das Wort ...*
   Beispiel: ...

Kleiner Wortartentest: Das kann ich jetzt!

1 **a)** Lies die schriftliche Erlebniserzählung links. Worum geht es?
b) Prüfe abschnittsweise mithilfe der Fragen rechts dein Wissen über die Wortarten. Grammatikprofis sollten auch die Aufgaben mit ☆ bearbeiten.
c) Überprüfe deine Lösungen mit den Angaben im Lösungsheft. Im Lernbegleitbogen auf Seite 227 findest du Hinweise auf weitere Übungen.

Abenteuer im Hochseilgarten

[ ] 4

1 Am letzten Wochenende machte ich mit meinen Eltern einen Ausflug zum Hochseilgarten in Velbert. Wir waren ganz schön aufgeregt, denn für uns war dies der erste Besuch in einem Kletterpark.

Zu **1**:
a) Unterstreiche alle Nomen (auch in der Überschrift). Wie viele findest du?
5 ( ) 7 ( ) 9 ( )
b) Markiere die drei Personalpronomen.

[ ] 5

2 Es war ein sonniger Morgen. Schon gegen 10 Uhr sind wir auf dem großen Parkplatz angekommen. Wir gehörten zu den ersten Besuchern und mussten daher an der Kasse nicht lange anstehen.

Zu **2**:
a) Ein Verb wird in einer Zeitform verwendet, die man nur im Mündlichen benutzt. Notiere die richtige Zeitform mit Personalpronomen.
b) Markiere die vier Adjektive.

[ ] 2 [3]

3 Zuerst bekamen meine Eltern und ich alles erklärt. Dann wurde meinen Eltern und mir gezeigt, wie man *(der Klettergurt)* und *(der Helm)* anzieht.

Zu **3**:
☆ **a)** Ersetze den unterstrichenen Ausdruck durch ein Personalpronomen.
b) Setze die Ausdrücke in Klammern in den richtigen Fall.

[ ] 10

4 Wir *(gehen)* zum ersten Baum. Dort *(klettern)* wir an einer wackeligen Strickleiter auf eine Plattform. Das *(sein)* ziemlich anstrengend. Von dort aus *(führen)* eine Hängebrücke zum nächsten Baum. Rechts und links *(können)* man sich aber an Seilen festhalten.

Zu **4**:
a) Setze die Verben in Klammern in die richtige Zeitform. Beachte, dass es sich um eine schriftliche Erzählung handelt.
b) Setze die gleichen Verben ins Perfekt, als ob die Geschichte mündlich erzählt worden wäre.

[ ] 7 [12]

5 Von der nächsten Plattform mussten wir durch eine Holzröhre krabbeln. Obwohl man in zehn Metern Tiefe *(der Boden)* sehen konnte, wurde *(ich)* nicht schwindelig. Wir kletterten flink wie die Eichhörnchen. Aber der Höhepunkt *(der Tag)* war die Seilrutsche. Ich hängte *(mein Sicherungshaken)* an ein Seil und rutschte blitzschnell nach unten. Am Ende wurde *(meine Eltern und ich)* eine Urkunde überreicht. Mein Vater sagte: „In den nächsten Ferien fahren wir wieder her."

Zu **5**:
a) Setze die Ausdrücke in den Klammern in den richtigen Fall.
b) Schreibe die Steigerungsformen des folgenden Adjektivs auf: *flink*.
c) Setze die wörtliche Rede am Schluss ins Futur I.
☆ **d)** Markiere die drei Nomen, bei denen Singular und Plural gleich sind.
☆ **e)** Unterstreiche die zwei Nomen, die nur im Plural vorkommen können.

[ ] 28 [34]
Summe

Satzarten

Was will ein Satz ausdrücken?

Miriam: „Was ist denn das für ein alter Schlüssel in deiner Kiste?"
Jelso: „Das ist der Schlüssel zu meinem Reich."
Miriam: „Was soll das denn sein?"
Jelso: „Na ja, das ist ein Raum, der mir ganz allein gehört."
Miriam: „Das glaub ich nicht! Wo ist der denn?"
Jelso: „Im Gartenhäuschen von meinem Opa hab ich einen eigenen Raum."
Miriam: „Und wie ist der eingerichtet?"
Jelso: „Na ja, da ist ein alter Sessel drin und ein Radio. Manchmal höre ich ganz laut Musik. Das ist klasse! Mein Opa ist ja schwerhörig. Nur wenn sich die Nachbarn beschweren, sagt er: „Mach die Mucke leiser!"

1 **a)** Nennt aus dem Text oben Beispiele für einen Aussage-, einen Frage-, einen Ausrufe- und einen Aufforderungssatz. Lest dazu die **LERNBOX**.
b) Tragt den Dialog mit verteilten Rollen vor und bringt dabei mit der Stimme die Absichten der Satzarten zum Ausdruck.

2 Schreibe Miriams Brief ab und ergänze die fehlenden Satzschlusszeichen an den Stellen, die mit einer Klammer gekennzeichnet sind:

Hi Katja,
wie geht es dir in deiner neuen Schule (1) Bei mir ist die erste Woche wie im Flug vergangen (2) Denk mal, wir sind in der Klasse fast 30 Schüler (3) Daher ist es in der Klasse ganz schön laut (4) Die neuen Lehrer sind nett (5) Hoffentlich bleibt das so (6) Ich habe übrigens Jelso getroffen (7) Erinnerst du dich an ihn (8) Er war in der Nachbarklasse (9) Ruf mich bitte am Wochenende an (10)
Tschüss Miriam

! LERNBOX

Was sind Satzarten?

1. **Aussagesätze** enthalten Aussagen oder Feststellungen. Nach einem Aussagesatz steht ein Punkt.
2. **Fragesätze** zeigen, dass man etwas wissen will. Der Fragesatz beginnt mit einem Fragewort oder mit einem Verb: *Wie geht es dir? Geht es dir gut?* Fragesätze schließen mit einem Fragezeichen.
3. **Aufforderungssätze** äußern Bitten oder Anweisungen mit Nachdruck. Sie schließen mit einem Ausrufezeichen: *Hör auf, mich zu ärgern!*
4. **Ausrufesätze** drücken Gefühle oder Wünsche aus. Sie enden mit einem Ausrufezeichen: *Hoffentlich ist die Stunde bald rum!*

TIPPBOX

Zu 1 b):

- Senke deine Stimme bei einer einfachen Aussage, indem du leiser und tiefer sprichst.
- Hebe deine Stimme bei einer Frage, indem du am Ende etwas höher sprichst.
- Sprich bei Ausrufe- und Aufforderungssätzen am Ende etwas lauter und stark betont.

Satzglieder

Satzglieder ermitteln

1 Wie heißt wohl dieser Satz, den die Kinder bilden wollen? Notiert Vorschläge.

2 **a)** Bestimmt acht Schüler in der Klasse, die je eines der Wörter auf ein großes Blatt schreiben. Diese acht stellen sich vor die Klasse wie die Kinder im Bild.
b) Einer liest seinen Satz aus **1** vor und die Schüler vorn stellen den Satz nach.
c) Lest noch andere Möglichkeiten vor, wie der Satz auch lauten kann. Eure Mitschüler vorne stellen sich dann jeweils entsprechend um.
d) Welche Schüler bleiben immer zusammen stehen? Notiere die Wörter.
e) Diese Wörter bilden gemeinsam ein Satzglied. Lies dazu die **LERNBOX**.
f) Wie viele Satzglieder hat der Satz? Tauscht euch darüber aus.

A ALLE KAMEN PÜNKTLICH UM MITTERNACHT INS SCHLOSSHOTEL.
B FIETE VON PRAHLEN BEGRÜSSTE ZUNÄCHST DIE KANDIDATEN.
C DER PREIS WAR EIN SPUKSCHLOSS IN SCHOTTLAND.

3 **a)** Wie viele Satzglieder haben die Sätze A–C? Stelle dazu die Sätze um und notiere verschiedene Möglichkeiten. Umrahme danach die Satzglieder.
b) Vergleicht eure Ergebnisse.

4 Entwickle Sätze zum Gespenster-Casting mit drei, vier und fünf Satzgliedern. Erweitere dazu den Satz „Heinrich spukt." um weitere Satzglieder.

LERNBOX

Mit der Umstellprobe Satzglieder feststellen:

1. Ein Satz besteht aus verschiedenen Satzgliedern. Diese bestehen aus einem oder mehreren Wörtern: *Die Kandidaten / schwebten / mitten in der Nacht / zum Schloss.*
2. Durch die Umstellprobe kannst du herausfinden, wie viele Satzglieder ein Satz hat. Die Wörter, die beim Umstellen zusammenbleiben, bilden ein Satzglied: *Mitten in der Nacht / schwebten / die Kandidaten / zum Schloss.*

TIPPBOX

Zu 3 a): Im Satz C ist die Angabe *ein Spukschloss in Schottland* nur ein Satzglied. Wenn du daraus zwei Satzglieder machst, ändert sich der Sinn des Satzes.

Mit der Umstellprobe Texte abwechslungsreicher gestalten

Heinrich blamiert sich

Heinrich der Pfiffige beschloss, die Gäste im Schwimmbad zu erschrecken. Er hatte schon eine Idee. Er wollte mit lautem Getöse mitten aus dem Wasser steigen und dabei ganz schrecklich lachen. Er hatte außerdem die Absicht, vorher alle Handtücher, Kleidungsstücke und Gegenstände auf den Liegen miteinander zu verknoten. Er wollte damit die Leute noch zusätzlich verwirren. Er bekäme dafür von der Jury bestimmt einen Pluspunkt. Er musste sich dazu natürlich unsichtbar machen und vorsichtig vorgehen. Die Hotelgäste sollten ja nicht schon vorher merken, was er vorhatte. Heinrich ging also von Liege zu Liege und sammelte alle Gegenstände ein, während die Gäste im Wasser planschten.

Ein kleiner Junge rief plötzlich: „Mama, mein Gummikrokodil ist weg! Ich will mein Krokodil wiederhaben." Heinrich musste jetzt ganz schnell handeln. Er packte die letzten Sachen zusammen und warf sie in den Duschraum. Er sprang dann mit einem lauten Platscher ins Wasser und kam in der Mitte des Schwimmbads mit einem riesigen Wasserschwall wieder hoch. Er rief dabei: „Huibuhhhh, ich bin das Gespenst von Kolvenstein, keiner wird vor mir sicher sein!" Die Leute flüchteten aus dem Wasser. Nur der kleine Junge blieb im Wasser und schaute Heinrich mit großen Augen an …

1 **a)** Lies dir zuerst den Text durch und mache dich mit dem Inhalt vertraut.
b) Erkläre, warum der Text an einigen Stellen eintönig wirkt.
c) Untersuche mithilfe der **LERNBOX**, bei welchen Sätzen du ein anderes Satzglied an den Anfang stellen kannst, und schreibe den veränderten Text auf.
d) Überprüft in Partnerarbeit, ob eure Texte jetzt abwechslungsreicher sind.

2 Schreibe den Text weiter und achte dabei auf abwechslungsreiche Satzanfänge.

LERNBOX

So gestaltest du mit der Umstellprobe einen Text abwechslungsreicher:

1. Markiere Sätze, die immer mit dem gleichen Satzglied beginnen:
   Heinrich … Er … Er … Er …
2. Stelle in einigen Sätzen mithilfe der Umstellprobe fest, welches andere Satzglied du an den Satzanfang stellen kannst:
   Er / hatte / außerdem / die Absicht, …
   → Außerdem hatte er die Absicht, …

TIPPBOX

Zu 1 c): Beachte: Wenn du ein anderes Satzglied an den Satzanfang stellst, dann steht das Subjekt hinter dem Prädikat (Verb), z.B: *Außerdem hatte er die Absicht, …* → Das Subjekt *er* steht hinter dem Prädikat *hatte*.

Subjekt und Prädikat

Das Subjekt bestimmen

Der Weg zu meinem Lieblingstier

(1) führt nach dem Kassenhäuschen nach links. Rechts von dir stehen (2) im Wasser, und (3) fliegt gerade davon. Links von dir stürzt sich (4) auf seine Beute. Jetzt hältst (5) dich auf dem Weg immer links. Vor dir steht (6) und dahinter heulen (7) um die Wette. Dann kommst (8) direkt zu den Bären. (9) sieht dort einen Braunbären und einen Schwarzbären. (10) hat sich aufgerichtet. Nach den Bären kommen (11). (12) knabbert gerade an einem Gerippe. Aber (13) bist noch nicht am Ziel. Jetzt gehst (14) geradeaus zum Elefantenhaus. Dort stehen (15). (16) geht jetzt geradeaus direkt zum Affenhaus. Und dort sitzt (17): Es ist ein Schimpanse.

1 **a)** Lies den Text und besprich mit einem Partner, worum es darin geht.
b) Klärt zusammen, warum der Text so schwer zu verstehen ist.

2 Wähle aus dem Kasten unten die fehlenden Subjekte. Gehe so vor:

Folie

a) Lies zuerst die **LERNBOX**.
b) Markiere die Prädikate.
c) Erfrage das Subjekt: *Wer oder was führt nach links? → der Weg.*
Schreibe alle Sätze mit dem richtigen Subjekt auf.
d) Überprüfe deinen Text mithilfe des Bildes auf Seite 110–111.

du [viermal] – man – Flamingos – ein Pelikan – zwei graue Wölfe – ein Greifvogel – ein mächtiger Büffel – der Schwarzbär – ein Löwe – die afrikanischen Großkatzen – eine Elefantenmutter und ihr Junges – mein Lieblingstier – der Weg [zweimal]

☆ **3** Schreibe selbst einen Text und entferne mit einem Tintenkiller die Subjekte. Lass diesen „Geheimtext" von deinem Nachbarn entschlüsseln.

! LERNBOX

Das Subjekt
1. Das Subjekt (Satzgegenstand) gibt an, wer etwas tut:
Das Kamel steht im Stall. Es frisst.
2. Das Subjekt steht immer im Nominativ (siehe Seite 197).
3. Erfrage das Subjekt mit dem zugehörigen Prädikat (Verb):
Wer oder was steht im Stall? Wer frisst?
4. Das Subjekt bestimmt die Endung des Prädikats (Verbs):
Der Affe schreit. Die Affen schreien. Ich lache, du lachst …
5. Das Subjekt kann aus einem oder mehreren Wörtern bestehen: *die riesige Nashornmutter und ihr Junges / sie …*

TIPPBOX

Zu 2 c): Um zu entscheiden, welches Subjekt passt, prüfe die Endung des Prädikats (Verbs):
- Steht es im Singular oder Plural? *führt → Singular*
- Wenn das Verb auf *-st* endet, füge das Personalpronomen *du* ein.

Das Prädikat an die richtige Stelle setzen

Wo steht denn in einem deutschen Satz das Prädikat? Um das herauszubekommen, bearbeite die folgenden Aufgaben.

1 **a)** Schreibe jedes Satzglied des folgenden Satzes auf einen eigenen Zettel:
DER TIERWÄRTER FÜTTERT JEDEN TAG IM ZOO DIE HUNGRIGEN SEEHUNDE
b) Stelle die Satzglieder mehrfach um und schreibe die Sätze untereinander.
c) An welcher Satzgliedstelle steht das Prädikat? Vergleiche dein Ergebnis mit dem 1. und 2. Hinweis in der **LERNBOX**.

2 **a)** Bilde mit den gleichen Satzgliedern einen Fragesatz und stelle fest, an welcher Stelle das Prädikat (Verb) jetzt steht.
b) Tausche die Zeitangabe JEDEN TAG durch das Fragewort WANN aus und bilde einen Fragesatz: An welcher Stelle steht das Prädikat nun?
c) Überprüfe dein Ergebnis mit dem 3. und 4. Hinweis in der **LERNBOX**.

3 **a)** Ersetze im Satz oben das Verb FÜTTERT durch die Perfektform HAT GEFÜTTERT. Wo im Satz steht HAT und wo steht GEFÜTTERT?
b) Überprüfe dein Ergebnis mit dem 5. Hinweis in der **LERNBOX**.

LERNBOX

Das Prädikat

1. Das **Prädikat** (Satzaussage) gibt an, was jemand tut oder was geschieht. Es wird mit Verben gebildet.
2. In **Aussagesätzen** steht das Prädikat (Verb) immer an zweiter Satzgliedstelle: *Der Wärter wirft einen Hering ins Becken. Einen Hering wirft der Wärter ins Becken.*
3. In **Fragen ohne Fragewort** steht das Prädikat an erster Stelle: *Wirft der Wärter einen Hering ins Becken?*
4. In **Fragen mit Fragewort** steht das Prädikat an zweiter Stelle: *Wann wirft der Wärter einen Hering ins Becken?*
5. **Zusammengesetzte Zeitformen** stehen im Hauptsatz getrennt:
Perfekt: *Der Wärter hat einen Hering ins Becken geworfen.*
Futur I: *Der Wärter wird einen Hering ins Becken werfen.*

Lernbox Seite 204
Lernbox Seite 206

Akkusativ- und Dativobjekte richtig einsetzen

A An der Zoo-Kasse kauft sich Ben.

B Er reicht.

C Sie gibt zurück.

1 **a)** Lest die Sätze A–C und sprecht darüber, warum sie nicht vollständig sind.
b) Stelle zu jedem Satz Fragen, die deutlich machen, welche Ergänzungen notwendig sind. Schreibe die Fragen auf, z. B.: *Was kauft sich Ben?*
Zu zwei Sätzen kann man jeweils zwei Fragen stellen.
c) Vergleicht eure Fragen.
d) Wähle mithilfe deiner Fragen die passenden Ergänzungen aus und schreibe die Sätze auf: *einen Zehn-Euro-Schein – eine Eintrittskarte – ihm – zwei Euro – der Verkäuferin.*
e) Ermittle mithilfe der **LERNBOX**, welches Satzglied du jeweils ergänzt hast.

2 **a)** Sieh dir das Bild unten an und lies den Text dazu.
b) Erfrage die fehlenden Objekte und schreibe die vollständigen Sätze auf.
c) Vergleiche deine Ergebnisse mit denen deines Nachbarn.

Ben entdeckt am Eingang (1). Er will sich (2) kaufen. Doch (3) fehlen noch (4). Sein Freund leiht (5) (6). Ben will (7) (8) am nächsten Tag zurückgeben. Das hat Ben (9) fest versprochen. Sein Freund vertraut (10).

LERNBOX

Die Objekte (Satzergänzungen)

1. Satzglieder, die das Prädikat ergänzen, heißen **Objekte**.
2. Das Objekt, das im 4. Fall (Akkusativ) steht, heißt **Akkusativobjekt**. Du kannst es mit der Frage „Wen oder was?" ermitteln.
Noah gibt seiner kleinen Schwester eine Eintrittskarte.
Wen oder was gibt Noah seiner kleinen Schwester? eine Eintrittskarte
2. Das Objekt, das im 3. Fall (Dativ) steht, heißt **Dativobjekt**. Du ermittelst es mit der Frage „Wem?".
Wem gibt Noah eine Eintrittskarte? seiner kleinen Schwester
3. Objekte sind vom Prädikat abhängig. Stelle deine Frage daher immer mit dem Prädikat.
4. Objekte können aus einem oder aus mehreren Wörtern bestehen: *die Eintrittskarte – sie / seiner kleinen Schwester – ihr.*

TIPPBOX

Zu 2 b):
Folgende Fragen helfen dir:
1. *Wen oder was entdeckt Ben am Eingang?*
2. *Was will er sich kaufen?*
3. *Wem fehlt noch etwas?*
4. *Wer oder was fehlt noch?*
5. *Wem leiht sein Freund etwas? ...*

Fütterung im Affenhaus

1. Um 11.00 Uhr öffnete der Wärter die Tür zum Affengehege.
2. Der Wärter brachte die Affen ein Eimer mit Obst und Früchten.
3. Als sich der Wärter umdrehte, stahl ein kleiner Affe eine Banane.
4. Das fiel der Wärter natürlich sofort auf.
5. Er hat den frechen Affen ein Klapps gegeben.
6. Das nahm der Affe ihn aber nicht übel.
7. Dann warf der Wärter jedem Affen ein Apfel zu.
8. Ein Affen hat der Apfel nicht geschmeckt.
9. Er ließ ihn einfach fallen.
10. Sofort hat sich ein anderer Affe der Apfel geholt.
11. Auf der Schaukel wollte ein Affe den Nachbarn dem Apfel klauen.
12. Dieser drohte ihn aber mit gefletschten Zähnen.
13. Dann gab der Wärter eine Affenmutter eine Banane.
14. Sie schälte sofort die Frucht und gab sie das Affenbaby.

3 Überprüfe die sprachliche Richtigkeit der Sätze. Gehe so vor:

a) Markiere in jedem Satz das Prädikat.

b) Formuliere mit dem Prädikat eine Wen-oder-was-Frage oder eine Wem-Frage und überprüfe, ob du eine Antwort darauf findest.

c) Überprüfe mithilfe der **LERNBOX**, ob die Objekte in den Sätzen richtig sind.

d) Korrigiere falsche Sätze und schreibe sie richtig auf.

e) Vergleiche deine Sätze mit denen eines Partners.

Folie

LERNBOX

So unterscheiden sich Dativ- und Akkusativobjekte:
Nomen und Pronomen unterscheiden sich, wenn sie als Dativ- oder als Akkusativobjekte gebraucht werden. Berücksichtige das grammatische Geschlecht der Nomen und Pronomen und achte auf die Endungen der Artikel.

Dativobjekt	**Maskulinum**	**Femininum**	**Neutrum**
Singular	... dem Hund.	... der Katze.	... dem Tier.
Ben hilft	... einem Hund.	... einer Katze.	... einem Tier.
	... ihm.	... ihr.	... ihm.
Plural	... den Hunden.	... den Katzen.	... den Tieren.
Ben hilft	... ihnen.	... ihnen.	... ihnen.

Akkusativobjekt	**Maskulinum**	**Femininum**	**Neutrum**
Singular	... den Hund.	... die Katze.	... das Tier.
Ben füttert	... einen Hund.	... eine Katze.	... ein Tier.
	... ihn.	... sie.	... es.
Plural	... die Hunde.	... die Katzen.	... die Tiere.
Ben füttert	... sie.	... sie.	... sie.

TIPPBOX

Zu 3 b):
So kannst du fragen:

1. *Wen oder was öffnete der Wärter?*
2. *Wem brachte der Wärter etwas? / Wen oder was brachte der Wärter?*
3. *Wen oder was stahl ein Affe?*
4. *Wem fiel das sofort auf?*
5. *Wem hat er etwas gegeben? / Wen oder was hat er den frechen Affen gegeben?*

Erfrage in gleicher Weise die Objekte in den folgenden Sätzen.

Adverbiale Bestimmungen

Angaben zu Ort und Zeit machen

Seite 288

Vergleicht eure Lösungen zu den Aufgaben 1–5 mithilfe des Lerntempoduetts.

Bochum, 18.5.20..

Liebe Eltern,
wir hatten in der letzten Woche auf der Elternversammlung beschlossen, mit unserer Klasse vor den Ferien einen Ausflug in den Wuppertaler Zoo durchzuführen. In dieser Woche habe ich mit dem Busunternehmen Schmidt die Fahrt abgesprochen.
Die Fahrt findet am kommenden Freitag (25.5.) statt. Der Bus fährt am Busparkplatz der Schule um 9.00 Uhr ab. Schicken Sie bitte Ihre Kinder zu der üblichen Anfangszeit in die Schule. Die Anfahrt dauert ca. eine Stunde. Wir verbringen ca. vier Stunden im Zoo. Gegen 15.30 Uhr wird der Bus wieder auf dem Busparkplatz unserer Schule eintreffen. Da wir insgesamt über sechs Stunden unterwegs sind, möchte ich Sie bitten, Ihre Kinder ausreichend mit Broten und Getränken zu versorgen.
Fahrt und Eintritt kosten pro Schüler zehn Euro. Bitte überweisen Sie den Betrag in den nächsten Tagen auf das Konto der Schule. Vergessen Sie nicht, auf dem Überweisungsformular in der Zeile „Verwendungszweck" das Stichwort „Zooausflug der Klasse 5c" anzugeben. Sollte es für Sie einfacher sein, können Sie auch Ihren Kindern das Reisegeld bis Mittwoch kommender Woche mitgeben. Ich freue mich auf den Ausflug mit Ihren Kindern in den Zoo.
Mit freundlichen Grüßen
Sven Hagen (Klassenlehrer)

1 **a)** Lies den Brief des Klassenlehrers. Was möchte er erreichen?
b) Wann und wo fährt der Bus zum Zoo ab und wann kommen die Schüler zurück? Notiere dazu Fragen, die du an den Text stellst, und beantworte sie.
c) Lies in der **LERNBOX** auf Seite 219 nach, wie man die Satzglieder nennt, aus denen sich deine Antworten ergeben.

Folie

2 **a)** Bestimme die unterstrichenen Satzglieder im 1. Absatz.
b) Markiere auf einer Folie mit unterschiedlichen Farben alle adverbialen Bestimmungen des Ortes und der Zeit im zweiten Absatz.
c) Lege dir folgende Tabelle an und trage alle Orts- und Zeitangaben ein:

adverbiale Bestimmungen des Ortes (Wo? Woher? Wohin?)	adverbiale Bestimmungen der Zeit (Wann? Seit wann? Wie lange?)
auf der Elternversammlung	in der letzten Woche

3 **a)** Ermittle in gleicher Weise alle Orts- und Zeitbestimmungen im dritten Absatz und ergänze deine Tabelle.
b) Überprüfe mithilfe der Umstellprobe, ob an der markierten Stelle im dritten Satz eine oder zwei Ortsbestimmungen vorliegen.

Sehr geehrter Herr Zoodirektor,
meine Eltern und ich waren am letzten Sonntag in Ihrem Zoo. Wir haben uns zuerst die verschiedenen Tiere angesehen und kamen am Schluss zum Streichelzoo. Dort darf man ja die Tiere füttern. Ich hatte mir eine Packung Futter aus dem Automaten gezogen und gab einer Zwergziege davon zu fressen. Da ich die Ziege beim Füttern fotografieren wollte, zog ich meine neue Kamera aus meiner Jacke.
Ich ging *(1. Wohin?)*, um die kleine Ziege besser fotografieren zu können. *(2. Wann?)* hielt ich ihr das Futter *(3. Wo?) (4.Wohin?)*, und mit der rechten Hand bediente ich den Auslöser der Kamera. *(5. Wann?)*, als ich *(6. Wohin?)* drückte, stieß mich *(7. Woher?)* ein Schaf und ich fiel *(8. Wohin?)*. Da ich mich nicht halten konnte, ließ ich die Kamera *(9. Wohin?)* fallen. *(10. Wann?)* schnappte sich die Ziege die Kamera und kletterte *(11. Wohin?)*. Doch der Ziege schmeckte die Kamera nicht, denn sie ließ sie *(12. Woher?) (13. Wohin?)* fallen. Die Kamera war gleich kaputt, denn man konnte nicht mehr *(14. Wohin?)* drücken. *(15. Wo?)*, das ich Ihnen *(16. Wo?)* schicke, können Sie die Ziege erkennen, wie sie nach meiner Kamera schnappt. Ich hoffe, Sie werden mir *(17. Wann?)* die Kamera ersetzen. Denn schuld waren ja das Schaf und die Ziege.
Hochachtungsvoll Maxi Müller (ein treuer Besucher Ihres Zoos)

4 **a)** Unterstreiche im ersten Absatz die adverbialen Bestimmungen des Ortes blau und die adverbialen Bestimmungen der Zeit rot. **Folie**
b) Setze im zweiten Absatz die fehlenden adverbialen Bestimmungen ein. Wähle passende Ausdrücke aus dem Kasten aus und schreibe den Text neu.

dann – in die Knie – in der linken Hand – in dem Moment – vor das Maul – auf den Knopf – von hinten – in den Sand – nach vorne – daraufhin – auf den Steinboden – auf eine Felsgruppe – aus einem Meter Höhe – auf den Auslöser – bald – auf dem verwackelten Bild – in diesem Brief

5 Vielleicht ist die Kamera auch aus einem anderen Grund kaputt gegangen. Berichte, wie es deiner Meinung nach auch dazu gekommen sein könnte.

LERNBOX

Adverbiale Bestimmungen des Ortes und der Zeit

1. Satzglieder, mit denen du Angaben über den Ort oder die Zeit eines Geschehens machst, heißen **adverbiale Bestimmungen des Ortes und der Zeit** (Ortsergänzung/Zeitergänzung): *Wir fahren morgen* (wann?) *in den Wuppertaler Zoo (wohin?).*
2. **Adverbiale Bestimmungen des Ortes** erfragst du mit: Wo? Woher? Wohin?
3. **Adverbiale Bestimmungen der Zeit** erfragst du mit: Wann? Seit wann? Wie lange?
4. Adverbiale Bestimmungen können aus einem Wort oder aus einer Wortgruppe bestehen: *dort, in der Freianlage für Affen, jetzt, am kommenden Dienstag.*

TIPPBOX

Zu 4 a): Im ersten Absatz stehen 5 adverbiale Bestimmungen des Ortes und 4 Bestimmungen der Zeit.
Zu 4 b): Unterstreiche im Kasten die Ortsangaben blau und die Zeitangaben rot. Die Auswahl fällt dir dann leichter.

Kleiner Satzgliedertest: Das kann ich jetzt!

1 **a)** Schreibe die Lösungen zu den untenstehenden Aufgaben auf. Grammatikprofis sollten auch die Aufgaben mit ☆? bearbeiten.
b) Vergleiche deine Lösungen mit dem Lösungsheft. Im Lernbegleitbogen auf Seite 227 findest du Hinweise zu weiteren Übungsmöglichkeiten.

Antwortschreiben des Zoodirektors auf den Brief von Maxi auf Seite 219:

Hallo Maxi!
(1) Du hast unseren Zoo vor 14 Tagen besucht. (2) Darüber freuen wir uns.
(3) Leider wurde während dieses Besuchs deine Kamera beschädigt. (4) Nach deiner Meinung haben das Schaf und die Ziege im Streichelzoo diesen Schaden verursacht. (5) Nun sollen wir dir den Schaden ersetzen. (6) Leider ist das nicht möglich. (7) An der Kasse haben wir eine Tafel „Hinweise für Zoo-Besucher" angebracht. (8) Unter Punkt 5 steht auf dieser Tafel, dass im Streichelzoo der Aufenthalt auf eigene Gefahr geschieht. (9) Das bedeutet, dass der Zoo während des Aufenthalts dort für keinen Schaden aufkommt.
(10) Leider können wir auch unserem treuen Besucher keine besseren Nachrichten schicken. (11) Kannst (?) das verstehen?
(12) Hoffentlich können wir (?) weiterhin in unserem Zoo begrüßen!
Mit freundlichen Grüßen
Der Zoodirektor

	Punkte	Aufgabe
	2	**1** Der Brief enthält einen Fragesatz und einen Ausrufesatz. Nenne die Ziffern.
	1	**2** Bestimme mithilfe der Umstellprobe die Anzahl der Satzglieder im Satz (1). Kreuze die richtige Anzahl an: 3 ( ) 4 ( ) 5 ( ) Satzglieder.
	5	**3** Benenne die Subjekte aus den Sätzen (1)–(5).
☆?	0 [1]	**4** Wie heißt das Subjekt in Satz (6)?
	5	**5** Schreibe alle Prädikate aus den Sätzen (1)–(5) auf.
☆?	0 [2]	**6** Benenne alle Prädikate im Satz (9).
	8	**7** Schreibe die Objekte in den Sätzen (5) und (10) auf und bestimme sie.
☆?	0 [2]	**8** Setze das eine Objekt im Plural in Satz (10) in den Singular.
	3	**9** Ermittle im Satz (8) die adverbialen Bestimmungen des Ortes.
	2	**10** Bestimme die adverbialen Bestimmungen im Satz (9).
	4	**11** Ergänze die fehlenden Satzglieder in den Sätzen (11) und (12) und bestimme sie.
Summe	30 [35]	

Wortbildung

Wortfelder – sich abwechslungsreich und treffend ausdrücken

Für das Gespenster-Casting wollte Aurora die Gäste des Hotels Kolvenstein im Speisesaal erschrecken. Daher beobachtete sie diese beim Abendessen: In der Mitte (1) der berühmte Opernsänger mit seiner Familie. Während der Vater schon das erste saftige Bratenstück (2), (3) seine Frau noch die Suppe aus. Die kleine Lisa (4) lustlos an ihrem Hühnerbein. Ihr großer Bruder hingegen (5) mit großem Appetit einen Hamburger. Am Nachbartisch saß ein älteres Ehepaar. Der Mann (6) so richtig sein Essen, während seine Frau sich nur die besten Teile (7). Zwei frisch Verliebte (8) schon die Nachspeise.

1 **a)** Alle Gäste im Saal essen. Für diese Tätigkeit gibt es viele unterschiedliche Ausdrücke *(speisen, kosten ...)*. Lies dazu die **LERNBOX**.
b) Sammle zum Wortfeld *essen* zehn verschiedene Ausdrücke.
c) Schreibe den Text ab und ersetze die Klammern durch geeignete Verben.

2 **a)** Untersuche die Wirkung der Wörter. Wähle dazu einen Satz aus und setze unterschiedliche Verben für *essen* ein. Welche passen, welche nicht?
Zwei frisch Verliebte kosteten/ ... schon die Nachspeise.
b) Überprüft in Partnerarbeit, ob ihr in euren Texten treffende Verben ausgewählt habt.

3 Setze den Text oben fort und beschreibe weitere Gäste, die Aurora beim Essen beobachtet. Lege dazu auch ein Wortfeld für *Speise (Auflauf, gegrillte Lammkoteletts, Ragout, Sahnetorte ...)* an und verwende beide Wortfelder.

LERNBOX

Was versteht man unter einem Wortfeld?
Wörter der gleichen **Wortart und mit einer ähnlichen Bedeutung** ergeben ein **Wortfeld**, z. B. das Wortfeld *essen* (= Verben) oder das Wortfeld *Speise* (= Nomen). Mit den Wörtern eines Wortfelds kannst du eine Tätigkeit oder einen Gegenstand abwechslungsreich und treffend beschreiben und Wiederholungen vermeiden.

TIPPBOX

Zu 1 c): Achte darauf, dass du das Verb in der richtigen Personalform verwendest. Markiere dazu vorher das Subjekt.

Hauchte, wetterte, sprach, brüllte

Josef Guggenmos

Gestern Abend, sprach er.
Es war schon dunkel, erzählte er.
Wollte ich zu meinem Schwager, berichtete er.
Aber in dem Fliederbusch vor seinem Haus, raunte er.
Sah ich etwas glühen, zischte er.
Zwei grüne Augen, keuchte er.
Da lauerte ein Gespenst, schrie er.
Ich ..., stieß er hervor.
Auf und davon wie der Blitz!, gestand er.
Da hättest du auch Angst gehabt, behauptete er.
Nun haben sie ohne mich Geburtstag gefeiert, jammerte er.
Es war bestimmt sehr lustig, schluchzte er.
Aber das nächste Mal, knurrte er.
Nehme ich einen Prügel mit, drohte er.
Und dann haue ich es windelweich, verkündete er.
Dieses freche, böse, hinterhältige, gemeine ..., brüllte er.
Hoffentlich hat es das nicht gehört, hauchte er.
Aber untertags schläft es, versicherte er.
Wahrscheinlich, meinte er.
Dieses verdammte Gespenst, wetterte er.
Oder war es eine Katze?, fragte er.
Das kann gut sein, sagte ich.

Folie

4 **a)** Von welchem Gespenst ist in diesem Gedicht die Rede? Sprecht darüber.
b) Unterstreicht auf einer Folie Wörter des Wortfelds *sagen*.
c) Bildet Gruppen und bereitet das Gedicht zum Vorlesen vor. Überlegt, wie ihr in der wörtlichen Rede die Sprechweise von *raunen, zischen, keuchen* beim Vortrag zum Ausdruck bringen könnt.

5 Legt gemeinsam auf einem Plakat ein Cluster zum Wortfeld *sagen* an. Die Wörtersammlung kann euch für eigene Texte nützlich sein. Geht so vor:
a) Ordnet zunächst die Wörter aus dem Gedicht in das Cluster ein.
b) Überlegt weitere Wörter zum Wortfeld *sagen* und notiert sie im Cluster.

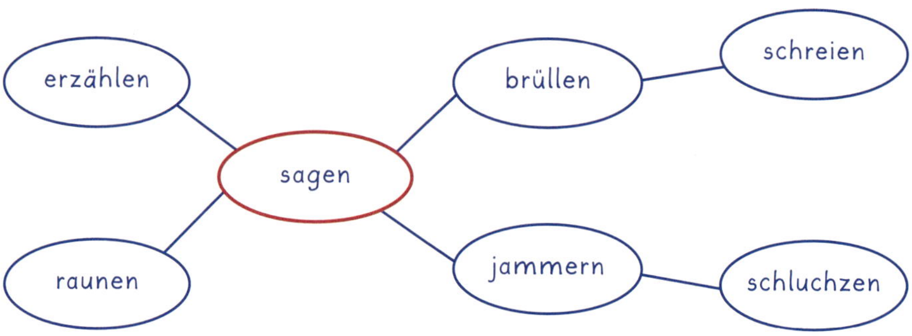

☆ **6** Lege mit einem Partner ein Cluster zum Wortfeld *gehen* an. Spielt dann Wörter aus dem Wortfeld vor (z. B. *humpeln, hüpfen, schlurfen* ...) und lasst sie erraten.

Wortfamilien – Gemeinsamkeiten erkennen

Mit dem „Adler“ von Nürnberg nach Fürth

Am 7. Dezember 1835 fuhr die erste Dampfeisenbahn von Nürnberg nach Fürth. Die Fahrstrecke betrug nur 6 Kilometer und die Fahrzeit rund 14 Minuten. Heute fährt man die gleiche Strecke mit der S-Bahn in nur wenigen Minuten, und demnächst werden diese Züge auch ohne Fahrer die beiden Städte verbinden. Mit dieser historischen Fahrt war in Deutschland der Startschuss für den Bau weiterer Bahnstrecken gegeben. Gezogen wurden die Wagen von der Dampflokomotive „Adler“, deren Einzelteile mit Schiffen und Pferdefuhrwerken von England nach Nürnberg herangefahren und dort zusammengebaut wurden. Bedient wurde die Maschine von einem englischen Maschinisten, da es in Deutschland noch keine Erfahrungen mit den Fahreigenschaften dieses Gefährts gab. Weithin unbekannt ist, dass in den ersten Jahren auf der gleichen Strecke auch von Pferden gezogene Wagen die Fahrgäste nach Nürnberg oder nach Fürth brachten. Morgens und abends fuhren die Pferdegespanne und nachmittags fanden die sogenannten Dampffahrten statt.
Viele Menschen warnten aber auch vor den Folgen dieses technischen Fortschritts: Es wurde befürchtet, dass durch den Fahrtwind die Fahrgäste Lungenentzündungen bekommen oder dass durch die hohe Fahrgeschwindigkeit von 25 bis 30 Kilometer pro Stunde die Menschen wahnsinnig werden würden.

1 **a)** Warum war die Fahrt des „Adlers“ von Nürnberg nach Fürth im Jahr 1835 ein wichtiges Ereignis? Sprecht darüber und berücksichtigt, dass es damals noch keine Autos gab.
b) Schau auf einer Landkarte nach, wo die Städte Nürnberg und Fürth liegen.

2 In diesem Text findest du viele Wörter, die zu der Wortfamilie *fahren* gehören. Markiere alle Wörter mit dem Wortstamm *fahr*. Lies dazu die **LERNBOX**.

Folie

LERNBOX

Wortfamilie

1. Wörter, die einen gemeinsamen **Wortstamm** (z. B. *fahr*) haben, bilden eine **Wortfamilie:** *fahren – der Fahrer – die Fähre – die Fuhre – die Autofahrt.* (Bei unregelmäßigen Verben kann sich der Vokal im Wortstamm ändern: *du fährst, ich fuhr.*)
2. Viele Wörter einer Wortfamilie entstehen durch **Ableitungen** vom Wortstamm. Das geschieht durch Anfügen von
   a) **Vorsilben (Präfixe):** *ab-fahr-en – be-fahr-bar;*
   b) **Nachsilben (Suffixe):** *ab-fahr-en – be-fahr-bar.*
3. Durch Zusammensetzungen mit anderen Wörtern kann eine Wortfamilie sehr groß werden: *Fahrzeit – Bahnfahrt.*
4. Meist haben Wörter einer Wortfamilie auch eine ähnliche Bedeutung.
5. Beachte auch die Rechtschreibung: Wenn der Wortstamm mit *h* geschrieben wird, gilt dies für alle Wörter dieser Wortfamilie.

Seite 233

3 Lege eine Tabelle zu der Wortfamilie *fahr* an und übertrage die markierten Wörter aus dem Text von Seite 223 in die entsprechenden Spalten.

Wortfamilie „fahr"

Beispiele für Ableitungen	Beispiele für Wortzusammensetzungen
fuhr	Fahrstrecke
fährt	
...	

4 Mit den folgenden Wortbausteinen kannst du Wörter der Wortfamilie *fahr* ableiten. Bilde daraus zehn Wörter und ordne sie nach Verben, Nomen und Adjektiven: *Verben: abfahren...; Nomen: die Abfahrt ...; Adjektive: gefährlich ...* Beachte dabei die Rechtschreibung. Lies dazu die **LERNBOX**.

Vorsilben (Präfixe)	Wortstamm	Nachsilben (Suffixe)
ab an auf aus be ein ent er ge ver vor hin	fahr / fähr / fuhr	bar en er ig lich los ung t

5 **a)** Vielleicht seid ihr auf folgende Begriffe gekommen: *er-fahr-en, Er-fahr-ung*. Überlegt, wie sich die Bedeutung dieser Wörter vom Wort *fahren* unterscheidet.
b) Was bedeutet die Redewendung *eine Abfuhr erteilen*? Verwende den Ausdruck in einem Satz und erkläre die Bedeutung.

6 Schreibe den Text ab und ergänze passende Wörter aus der Wortfamilie *fahr*.

1. erfahren

Liebe Kinder,
ich habe heute (1. -fahr-), dass am kommenden Wochenende Schneeregen angesagt ist. Nach meinen (2. -fahr-) im letzten Winter wird die Bahn wieder erhebliche Verspätungen haben. In vierzehn Tagen soll es tauen, dann kann ich ja zu euch (3. fahr-). Ich habe auch schon einen Zug ausgewählt. Die (4. -fahr-) ist um 10.30 Uhr. Da der Zug ohne anzuhalten (5. -fähr-), komme ich schon um 13.00 Uhr bei euch am Bahnhof an. Mit dem Taxi werde ich wenig später bei euch (6. -fahr-).
Eure Oma

LERNBOX

Nachsilben entscheiden über die Wortart

Die Nachsilben (Suffixe) entscheiden über die Wortart und damit auch über die Groß- und Kleinschreibung.

Präfix +	Wortstamm +	Suffix		
ab	*fahr*	*en*	= *Verb*	→ wird kleingeschrieben
be	*fahr*	*bar*	= *Adjektiv*	→ wird kleingeschrieben
Be	*fahr*	*ung*	= *Nomen*	→ wird großgeschrieben

Weitere Nachsilben, die auf Adjektive hinweisen: *ig, lich, isch, sam, los.*
Weitere Nachsilben, die auf Nomen hinweisen: *heit, keit, nis, tum, schaft.*

Wortzusammensetzungen

Hallo Moni,
stell dir mal vor, meine Eltern haben im Preisausschreiben eines Reisebüros eine Ferienreise im Wert von 5000,00 € gewonnen! Jetzt wühlen wir jeden Abend im Reisekatalog. Eine Schifffahrt finde ich total klasse, aber meine Mutter ist dagegen: Sie hat Angst vor der Seekrankheit.
Jetzt hat mein Vater eine (1. -BUS-) in Sizilien vorgeschlagen. Da eine (2. -BAHN-) nach Sizilien zu lange dauert, fliegen wir mit dem Flugzeug. In Catania steigen wir in den Bus um. Ein (3. -LEITER-) wird uns von da an begleiten. Da diese Fahrt auch eine (4. -ERHOLUNGS-) sein soll, werden wir noch einige Tage am Meer verbringen. Mich hat schon richtig das (5. -FIEBER-) gepackt. Ich bring dir ein (6. -ANDENKEN-) mit, versprochen.
Tschüss Carla

1 **a)** Markiere alle Wortzusammensetzungen im ersten Absatz. Lies dazu die **LERNBOX**.
b) Schreibe die Wortzusammensetzungen in der Einzahl auf und bestimme das grammatische Geschlecht: *das Preisausschreiben ...*

Folie

2 **a)** Lege dir eine Tabelle wie unten an und trage alle Zusammensetzungen mit *Reise* aus dem ersten Absatz in die richtige Spalte ein.
b) Bilde mit den Wörtern im zweiten Absatz Zusammensetzungen mit *Reise*. Entscheide, ob *Reise* als Grundwort oder Bestimmungswort gebraucht wird.

Reise- als Bestimmungswort	-reise als Grundwort
das Reisebüro	die Ferienreise
...	...

3 Im Deutschen ist es möglich, mehrere Nomen zusammenzusetzen, z. B. *Reise-andenkengeschäftsputzfrau*. Erfinde selbst möglichst lange Wörter.

LERNBOX

Wortzusammensetzungen

1. Viele Wörter entstehen durch Zusammensetzungen:
   die Reise + das Abenteuer = das Reiseabenteuer
   Bestimmungswort **Grundwort**
2. Das **Grundwort** legt die Grundbedeutung des zusammengesetzten Wortes fest. Es bestimmt bei Nomen auch das grammatische Geschlecht der Zusammensetzung: *das Reiseabenteuer.*
3. Das erste Wort ist das **Bestimmungswort**. Es erläutert das Grundwort näher. Dadurch kann sich die Bedeutung verändern: *Bahnreise, Seereise, Urlaubsreise ...*
4. Bei Zusammensetzungen kann ein Fugen-s auftreten: *Erholungsreise.*

Kleiner Wortbildungstest: Das kann ich jetzt!

1 **a)** Prüfe dein Wissen zur Wortbildung. Grammatikprofis sollten auch die Aufgaben mit ☆ bearbeiten.
b) Überprüfe deine Lösungen mit den Angaben im Lösungsheft. Im Lernbegleitbogen auf Seite 227 findest du Hinweise auf weitere Übungen.

1 **1** Welches Wort gehört <u>nicht</u> zum Wortfeld „Fahrzeuge“? Schreibe es auf.
A Motorrad B fahren C Auto D Eisenbahn E Schiffe

1 **2** Welches Wort gehört <u>nicht</u> zum Wortfeld „gehen“? Schreibe es auf.
A schleichen B hasten C knurren D schlendern E hüpfen

3 **3** Ersetze in den folgenden Sätzen das Wort *fahren* durch andere Wörter des gleichen Wortfelds:
A Das Auto fährt schnell um die Ecke.
B Wegen eines Staus können die Autos nur langsam fahren.
C An der nächsten Kreuzung müssen Sie in die rechte Straße fahren.

3 **4** Schreibe jeweils den gemeinsamen Wortstamm der folgenden Wörter auf.
A Anführer – führerlos – führen – Aufführung – verführerisch
B lacht – auslachen – Lachkrampf – verlacht – lachhaft
C bezahlen – die Zahl – zahllos – Zahlung – Unzahl

☆ [3] **5** Zu welchen Wortfamilien gehören die folgenden Wörter? Schreibe das zughörige Verb auf.
A der Diebstahl = ? B das Türschloss = ? C der Gesang = ?

3 [6] **6** **a)** Welches Wort gehört nicht in die folgende Wortfamilie? Schreibe es auf.
A erschrecken C ängstlich E das Schreckgespenst
B schrecklich D erschrak
☆ **b)** Schreibe drei weitere Wörter zu der gleichen Wortfamilie auf.

1 **7** Woran erkennst du die Wortart eines abgeleiteten Wortes (z. B. Erfindung)? Schreibe den Begriff auf.
A an der Vorsilbe (Präfix) B am Wortstamm C an der Nachsilbe (Suffix)

2 **8** Benenne die Teile eines zusammengesetzten Nomens.

Maschinen | kraft
↙ ↘
A = B =

3 **9** Bilde aus folgenden Wörtern Zusammensetzungen und schreibe sie mit dem Artikel auf.

ZUG REISE NOT	+	BREMSE ABTEIL KOFFER

17 [23] Summe

Lernbegleitbogen *Sprache betrachten*

Kompetenz / Inhalt Ich kann ...	Selbsteinschätzung ☺ 😐 ☹	Fremdeinschätzung ☺ 😐 ☹	Bemerkungen	Hier kannst du weiterüben:
die Aufgaben von Nomen benennen (S. 193)				
das grammatische Geschlecht von Nomen bestimmen (S. 194)				AH, S. 38
zwischen bestimmtem und unbestimmtem Artikel unterscheiden (S. 195)				AH, S. 36
Singular und Plural von Nomen bilden (S. 196)				AH, S. 37
die vier Fälle des Nomens benennen und im Satz gebrauchen (S. 197–198)				AH, S. 38
Personalpronomen im Satzzusammenhang verwenden (S. 199–200)				AH, S. 39
Verben in der Grundform und Personalform unterscheiden (S. 201)				AH, S. 40
die Zeitformen Präsens, Präteritum, Perfekt im Text erkennen und anwenden (S. 202–205)				AH, S. 41
Zukünftiges durch Präsens und Futur ausdrücken (S. 206)				AH, S. 42
die Aufgaben des Adjektivs benennen und Adjektive im Text einsetzen (S. 207–208)				AH, S. 43
Steigerungsformen von Adjektiven bilden (S. 209)				AH, S. 44
Wortarten richtig verwenden (S. 210)				
die verschiedenen Satzarten unterscheiden und durch Satzschlusszeichen kennzeichnen (S. 211)				AH, S. 45
durch Umstellproben Satzglieder feststellen (S. 212)				AH, S. 46
durch Umstellen von Satzgliedern Texte abwechslungsreich gestalten (S. 213)				AH, S. 47
das Subjekt bestimmen (S. 214)				AH, S. 48
das Prädikat an die richtige Stelle setzen (S. 215)				AH, S. 49
Akkusativ- und Dativobjekte bestimmen und im Satz richtig anwenden (S. 216–217)				AH, S. 50, 51
adverbiale Bestimmungen des Ortes und der Zeit bestimmen (S. 218–220)				AH, S. 52, 53
Satzglieder richtig verwenden (S. 220)				
Wortfelder bilden und in Texten sinnvoll anwenden (S. 221–222)				AH, S. 54, 55
Wortfamilien erkennen und bilden (S. 223–224)				AH, S. 56
Wortzusammensetzungen bilden (S. 225)				AH, S. 57
Wortbildung erkennen und richtig anwenden (S. 226)				

Richtig schreiben

Rechtschreibprobleme benennen

Ein Rechtschreibgespräch führen

1 Worüber sprechen die Schüler in der Gruppe?

2 Führt ein Rechtschreibgespräch über die Wörter *Tarnkappe, spuken, Schwimmbad* durch:

a) Bildet Vierergruppen und legt euch ein Placemat an.
b) Jeder liest danach die **LERNBOX**.
c) Nehmt euch das erste Wort *Tarnkappe* vor: Jeder notiert es auf seinem Feld und schreibt alles über die Rechtschreibung des Wortes in einem **Cluster** auf.
Seite 278
d) Schreibt eure gemeinsamen Ergebnisse in das mittlere Feld.
e) Geht mit den anderen Wörtern genauso vor.
f) Führt Rechtschreibgespräche zu: *furchterregend, beginnen, Burgverlies.*

LERNBOX

So führt ihr ein Rechtschreibgespräch als Placemat durch:

1. Bildet Vierergruppen und legt euch ein Placemat an.
2. Schreibt das Wort, über das ihr sprechen wollt, in die Mitte eures eigenen Feldes.
3. Schreibt in einem Cluster alles über die Rechtschreibung des Wortes in euer Feld:
   - Zerlegt das Wort in Silben.
   - Erklärt bei Nomen die Großschreibung, z. B. mit der Artikelprobe oder der Endung.
   - Geht auf Schwierigkeiten ein, wie z. B. Dehnungs-*h* oder doppelte Konsonanten.
   - Sucht nach Wortverwandten, z. B. Verben, Adjektive **(Seite 223)**.
   - Bildet mit dem Wort Beispielsätze.
4. Ein Schüler stellt seine Ergebnisse vor, die anderen ergänzen oder korrigieren sie.
5. Schreibt das fertige Cluster in die Mitte des Placemats.

Mit einer Rechtschreibkartei üben

Ich wollte eine Woche im Spukhotel Kolvenstein bleiben, so war die planung meines Urlaubs. In der ersten Nacht schlug die Turmuhr zwölfmal. Mitternacht. Plötzlich flok ein Gespenst durch mein Schlafzimmer – es war Heinrich. Ich zog schnel die Decke über den Kopf.

die Planung (Nomen)	fliegen (Verb)	schnell (Adjektiv)
Pla nung	flie gen	schnel ler
Mein Urlaub ist in Planung.	ich fliege, du fliegst, wir flogen (Prät.) Das Gespenst flog über mir.	schneller, am schnellsten Ich habe mich schnell unter der Decke versteckt.

1 Lies die Karteikarten und erkläre, wie der Schüler mit den Rechtschreibfehlern aus seinem Text weitergearbeitet hat.

2 Lege zu den Wörtern *Mitternacht, rasselnd, kommen* Karteikarten an. Orientiere dich an der **LERNBOX**.

LERNBOX

So übst du mit einer Rechtschreibkartei:

1. Für eine Rechtschreibkartei brauchst du **Karteikarten** (z. B. DIN A6) und einen **Kasten** zum Aufbewahren der Karteikarten mit fünf Fächern.
2. Schlage die Wörter, die du falsch geschrieben hast, im **Wörterbuch** nach und notiere sie richtig auf Karteikarten:
   - Als Erstes notierst du immer das Wort.
   - Unterstreiche die Fehlerstelle im Wort farbig.
   - Notiere das Wort wie auf den Beispielkarten in anderen Formen, z. B. Plural, andere Zeitform, Komparativ (erste Steigerungsstufe) ...
   - Bilde mit dem Wort einen kurzen Satz.
   - Kontrolliere, ob jedes Wort auf der Karte richtig geschrieben ist.
3. So kannst du deine Rechtschreibung verbessern:
   a) Schreibe für jedes Wort eine Karte und lege sie in das erste Fach.
   b) Übe die Schreibung des Wortes. Lass dir die Wörter diktieren oder mache ein **Laufdiktat**.
   c) Schreibst du das Wort immer richtig, wandert die Karte ins zweite Fach weiter. Schreibst du es falsch, bleibt die Karte im ersten Fach.
   d) Schreibst du ein Wort aus dem zweiten Fach richtig, legst du die Karte ins dritte Fach und übst in der nächsten Woche weiter. Landet eine Karte im fünften Fach, kannst du das Wort richtig schreiben und die Karte wegnehmen. Wenn du ein Wort falsch schreibst, wandert die Karte zurück in das erste Fach.
   e) Übe die Wörter aus dem ersten Fach täglich, die übrigen wöchentlich.

Seite 256–258

Seite 260–262

Konsonanten und Vokale unterscheiden

zätt / iks / u / tee / äss / ärr / o / änn / pee / ämm / äff / kaa / i
wee / el / vau / haa / kuu / gee / e / dee / zee / bee / a / üpsiilon

1 a) Setzt euch zu zweit zusammen: Ein Partner diktiert die erste Reihe, der andere die zweite Reihe. Der Zuhörer schreibt jeweils auf, was er hört.
b) Schreibt beide die Buchstaben in der richtigen Reihenfolge auf. Welcher fehlt? Ergänzt ihn.

2 a) Lege eine Tabelle an und ordne die Buchstaben den Vokalen und Konsonanten zu. Lies dazu den ersten und dritten Hinweis in der LERNBOX.
b) Sicherlich kennst du weitere Vokale. Ergänze diese in der richtigen Spalte und vergleiche dein Ergebnis mit der LERNBOX (zweiter Hinweis).

Vokale (Selbstlaute)	Konsonanten (Mitlaute)
A, ...	B, ...

a, e, i, o, u,
ä, ö, ü, ai, au,
äu, ei, eu

3 a) Füge die richtigen Vokale aus dem Kasten in die Lücken ein und schreibe die Wörter vollständig in dein Heft. Ergänze bei den Nomen einen Artikel.
b) Vergleicht eure Ergebnisse miteinander.

M_rch_n_rz_hl_r / Z__b_rspr_ch / Pr_nz_ss_n / Zw_rg / G_f_hr /
m_g_sch / Z_hl / K_n_gr__ch / W_nsch / H_x_ / v_rz__b_rn / R__b_r

☆ G_br_d_r Gr_mm / __f_rs_cht_g / g_t _nd b_s_ / M_rch_nspr_ch / h__r_t_n

4 Ein Tipp zur Rechtschreibung heißt: „Schreib, wie du sprichst!" Überprüfe, ob dieser Tipp auf folgende Wörter zutrifft: *Knusperhaus, bunt, Dieb, leben, Hund.*
a) Sprich die Wörter ganz deutlich aus: Welche Wörter werden so geschrieben, wie du sie sprichst?
b) Wie klingt der Konsonant *b* in *Dieb* und wie in *leben*?
c) Wie klingt der Konsonant *d* in *Hund*?
☆ d) Beurteile den Tipp „Schreib, wie du sprichst!".

LERNBOX

Konsonanten und Vokale

1. Buchstaben, die allein ausgesprochen werden können und selbst klingen, heißen **Vokale** (Selbstlaute): *a, e, i, o, u*.
2. Zu den Vokalen gehören auch die **Umlaute** *ä, ö, ü* und die **Zwielaute** (Diphtonge) *ai, ei, äu, au, eu*.
3. Buchstaben, die noch andere Buchstaben brauchen, damit man sie aussprechen kann, heißen **Konsonanten** (Mitlaute): *b, c, d, f, g* ...

TIPPBOX

Zu **4**: Was hörst du: *p* oder *b*? → Verlängere das Wort: *die Diebe*. Derselbe Buchstabe kann in verschiedenen Wörtern unterschiedlich ausgesprochen werden. Wenn du unsicher bist, musst du Rechtschreibstrategien anwenden, z. B. Wörter verlängern.

Silben in Wörtern untersuchen

Silben erkennen

Aquarium – Elefanten – Erdmännchen – Flughund – Hai – Kaiman – Löwenkäfig – Park – Pavian – Tiger – Tor – Wärter – Zoo

Streichelzoo – Wildgehege – Kassenhäuschen – Giraffenstall – Eisbärjunges ☆

1 a) Ermittle in den Wörtern die Anzahl der Silben und kennzeichne sie mit Silbenbogen. Lies dazu die **LERNBOX**.
b) Übertrage die Tabelle ins Heft und ordne die Wörter ein. Ergänze jeweils den passenden Artikel und schreibe die Wörter mit Silbenbogen auf.

einsilbige Wörter	zweisilbige Wörter	Wörter mit drei oder mehr Silben
das Gnu	der Ge pard	der Grün helm tu ra ko

c) Ergänze die Tabelle um zehn weitere Wörter zum Thema *Zoo*. Nutze dazu die Seiten 125–126 aus dem Zookapitel.

2 Finde aus jedem Kasten einen Tiernamen heraus. Setze dazu die Silben zusammen und schreibe die Namen mit Artikel und Silbenbogen auf.

er Feu sel wie	Zwerg den sei chen äff
nen kö Bie gin ni	horn Spitz maul nas
zie Hirsch lo pe an gen ti ☆	

LERNBOX

Aufbau von Silben

1. Aus Buchstaben werden Silben gebildet. Mit Silben bildet man Wörter. Die Wörter sind einsilbig (*blau*), zweisilbig (*Af fe*) oder mehrsilbig (*Erd männ chen*).
2. In jeder Silbe kommt entweder ein Vokal (*a, e, i, o, u*), ein Umlaut (*ä, ö, ü*) oder ein Zwielaut (*äu, au, ai, ei, eu*) vor. Die meisten Silben haben außerdem mindestens einen Konsonanten: *der Pa vi an*.

TIPPBOX

Zu 1 a): So ermittelst du die Silben eines Wortes:
1. Sprich das Wort langsam und deutlich.
2. Klatsche beim Sprechen die Silben.
3. Bewege dich zu den Silben im Takt, gehe z. B. für jede Silbe einen Schritt.

Zu 2 : Beginne mit der Silbe, die am Anfang großgeschrieben wird. Versuche, Wörter zu bilden, die einen Sinnen ergeben: *Feu er* ... Daraus ergeben sich Zusammensetzungen.

Kurze und lange Vokale unterscheiden

dünne – die Tonne – die Büffel – die Ställe – die Tiere – der Tiger – die Kasse – der Vogel – kräftig – füttern – das Kamel – gehen

☆ die Ameise – die Pfoten – knochig – das Gehege – der Adler – der Pfleger

1 a) Schreibe die Wörter mit Silbenbogen auf. Vergleiche deine Lösungen mit denen eines Partners: dün ne, die Pfo ten …
b) Prüfe, welcher Vokal lang und welcher kurz gesprochen wird. Setze unter den langen Vokal einen Strich und unter den kurzen Vokal einen Punkt: die Tie re, dün ne …
c) Untersuche, bei welchen Wörtern die erste Silbe offen und bei welchen sie geschlossen ist. Lies dazu die **LERNBOX**.

Im Streichelzoo ist heute der Teufel los. Drei Klassen drängen sich zwischen den Ziegen, Schafen und Eseln. Auch bei den kleinen Hamstern und Kaninchen steht eine lange Reihe von Kindern, die die Tiere streicheln wollen.

2 a) Übertrage die Tabelle unten in dein Heft und ordne die markierten Wörter aus dem Text ein. Schreibe die Nomen im Nominativ (1. Fall) mit Artikel auf.
b) Setze Silbenbogen und markiere die Vokale wie im Beispiel.

Wörter mit offener Silbe	Wörter mit geschlossener Silbe
heu te	die Klas sen

3 a) Notiere die Namen der abgebildeten Tiere mit Silbenbogen und Artikel.
b) Untersuche die Länge des Vokals in der betonten Silbe und bestimme, ob sie offen oder geschlossen ist.

LERNBOX

Geschlossene und offene Silben – kurze und lange Vokale

Die Vokale in den Wörtern werden entweder lang oder kurz gesprochen. Wenn du die Silben eines Wortes untersuchst, kannst du erkennen, ob du den Vokal lang oder kurz sprechen musst.

1. **Geschlossene Silben:** Das Wort *füttern* besteht aus zwei Silben: *füt tern*. Die erste betonte Silbe endet mit *t*, einem Konsonanten. Die Silbe wird dadurch geschlossen. Den Vokal sprichst du deshalb kurz.
2. **Offene Silben:** Das Wort *Pflege* besteht aus zwei Silben: *Pfle ge*. Die erste betonte Silbe endet mit *e*, einem Vokal. Sie ist offen. Den Vokal sprichst du deshalb lang. Dies gilt auch für die Zwielaute *äu, au, ai, ei, eu: das Au ge*.

Wörter mit silbentrennendem *h* – Wörter verlängern

Zeen – geen – droen – flieen – nae – Rue – versteen

1 a) Lies die Wörter und überlege, welchen Fehler sie aufweisen.
b) Schreibe die Wörter in der richtigen Schreibweise mit Silbenbogen auf:
die Ze hen.
c) Besprich dein Ergebnis mit einem Partner.
d) Begründet euer Ergebnis mithilfe des ersten Hinweises aus der **LERNBOX**.

2 Schreibe die Bezeichnungen für die Bilder auf.
Warum in diesen einsilbigen Wörtern ein *h* vorkommen muss, findest du heraus, wenn du zu jedem Wort eine zweisilbige Form bildest, also das Wort verlängerst, z. B. der Schuh → die Schu he.

3 Suche aus dem folgenden Text die Wörter mit einem silbentrennenden *h* heraus. Begründe ihre Schreibung, indem du eine zweisilbige Form bildest. Notiere die Wörter mit Silbenbogen.

Der Tierpfleger mäht bei den Flamingos. Dann geht er zum Zaun und sieht zu den Hängebauchschweinen hinüber. Auch hier ist das Gras hoch. Dort blüht eine Pusteblume. Er zieht den Rasenmäher heran und treibt die Tiere in den Stall.

4 Schreibe kurze Sätze mit den Verben *stehen, sehen, geschehen, leihen, wehen, verstehen*. Verwende dabei nicht nur das **Präsens**, sondern auch das **Präteritum** und das **Perfekt**. Beachte bei der Schreibung der Verben den zweiten Hinweis in der **LERNBOX**. Die Änderungen im Wortstamm findest du auf Seite 295.

Seite 202–205
Seite 295

5 a) Finde heraus, wie viele Wörter der gleichen **Wortfamilie** in jeder Zeile stehen. Schreibe sie getrennt auf. Notiere die Nomen mit Artikel.
b) Ergänze jeweils noch vier weitere verwandte Wörter.

Seite 223

gehenGehsteigbegehbarVergehenGehweisegehendvergehen
blühtFrühblühergeblühtblühenverblühtblühteaufblühen

LERNBOX

Das silbentrennende *h*

1. Wenn eine Silbe auf einen Vokal endet und die nächste mit einem Vokal beginnt, dann setzt man meist ein *h* dazwischen. Dadurch wird das Wort leichter lesbar. Dieses *h* wird silbentrennendes *h* genannt: *dre hen, die Ru he.*
2. Wenn das silbentrennende *h* zum Wortstamm gehört, bleibt es in allen Wörtern der Wortfamilie erhalten: *der Dreh, drehen, verdrehen, drehbar, der Drehstuhl.*

TIPPBOX

Zu 3: Bilde zu den Verben im Singular den Plural. So kannst du das *h* zum Klingen bringen: *er mäht → sie mä hen.*
Zu 5 a): In der ersten Zeile findest du acht, in der zweiten Zeile sieben verschiedene Wörter.

Wörter mit *ie*

Im Park des Zoos gehen v___le Leute spaz___ren. Die W___sen s___nd voller Leben. Sp___nnen z___hen ihre Fäden zu Netzen, ___n denen s___ Beute fangen. B___nen sammeln Nektar und br___ngen ihn ___n den Stock. Mücken tanzen ___n der Luft, Schwalben fl___gen zu ihnen h___n und fangen s___.

Folie

1 Setze in die Lücken *i* oder *ie* ein. Schreibe Wörter mit zwei oder mehr Silben mit Silbenbogen heraus. Begründe die Schreibung mithilfe der **LERNBOX**.

2 Begründe die *ie*-Schreibung der Wörter in den Sätzen. Lies dazu den zweiten Hinweis in der **LERNBOX**. Notiere die Verlängerungsform mit Silbenbogen.

A **Ein Pinguin friert nicht.**
B **Obwohl das Warzenschwein fies wirkt, ist es das Ziel der Fotografen.**
C **Der Papagei fliegt tief, zieht dann aber hoch.**

3 Schreibe die passenden Nomen zu den Abbildungen auf und ermittle, ob du die Wörter mit *i* oder *ie* schreiben musst, das heißt, ob der Vokal lang oder kurz gesprochen wird. Verlängere die einsilbigen Wörter und schreibe sie mit Silbenbogen auf.

4 Lies das Gedicht rechts und begründe die Schreibung des *i*-Lautes in den unterstrichenen Wörtern. Schreibe dazu die Wörter mit Silbenbogen auf und orientiere dich an der **LERNBOX**.

Das ästhetische Wiesel

Christian Morgenstern

Ein Wiesel
saß auf einem Kiesel
inmitten Bachgeriesel.
Wisst ihr
weshalb?
Das Mondkalb
verriet es mir
im Stillen:
Das raffinierte Tier
tat's um des Reimes willen.

LERNBOX

So erkennst du Wörter mit *ie*:

1. Der lang gesprochene *i*-Laut wird in der offenen betonten Silbe meistens mit *ie* geschrieben: *Bie ne, Rie se, Schie ne.*
2. Verlängere einsilbige Wörter: *das Tier → die Tie re, er liegt → wir lie gen.* Steht dabei das lange *i* am Ende der ersten offenen Silbe, wird meist ein *ie* geschrieben.
3. Schlage im Zweifelsfall im Wörterbuch nach.

TIPPBOX

Zu 2: Bilde eine zweisilbige Form, um das Wort zu verlängern: *er friert → sie frie ren.* (Nomen → Plural, Verben → Wir-Form, Adjektive → Komparativ = 1. Steigerungsstufe).

Zu 3: Schreibe so: *die Ziege → die Zie gen, offene Silbe, langer Vokal, also ie.*

Wörter mit Dehnungs-*h*

Das Dehnungs-*h* wurde vor langer Zeit von den Buchdruckern als Lesehilfe erfunden. Die Leser konnten so bei kleinen Wörtern besser erkennen, dass der Vokal der betonten Silbe lang gesprochen wird. So wurde z. B. aus *Kan Kahn*.

1 a) In den folgenden Wörtern fehlt das Dehnungs-*h*. Setze es an der richtigen Stelle ein und schreibe die Wörter untereinander in dein Heft:
das Hun – zam – lam – die Gefar – er nam – das Or
b) Verlängere die Wörter und ergänze Silbenbogen: das Huhn → die Hüh ner.
c) Gib an, zu welcher Silbe das Dehnungs-*h* gehört.
d) Überprüfe deine Feststellung: Notiere dazu drei weitere Wörter mit Dehnungs-*h* und schreibe sie mit Silbenbogen auf.

Die Bimmelbahn

Jeden Sonntag um zehn Uhr fährt im Zoo an der Kasse eine kleine Bimmelbahn los. Die Zahl der Mitreisenden ist aber begrenzt. Ein ehemaliger Lehrer erzählt ihnen während einer einstündigen Führung Wissenswertes über die Tierarten. Die Fahrt ist zwar etwas lahm, aber ihr werdet viel Ungewöhnliches hören. Danach könnt ihr leichter auswählen, welche Tiere ihr besuchen möchtet.

2 a) Schreibe aus dem Text alle Wörter mit Dehnungs-*h* heraus und unterstreiche jeweils den Buchstaben, der dem Dehnungs-*h* folgt. Welche sind es?
b) Lege eine Tabelle an und ergänze die Überschriften der Spalten. Lies dazu den ersten Hinweis der **LERNBOX**. Trage die Wörter aus dem Text in die richtige Spalte ein. Vergleiche dein Ergebnis mit einem Nachbarn.
c) Ergänze in jeder Spalte drei weitere Wörter.

Wörter mit hn	Wörter mit ...	Wörter mit ...	Wörter mit ...
die Bimmelbahn			

3 Bilde **Wortfamilien** zu *fahren, zählen, fehlen*. Lies dazu Hinweis 2. der **LERNBOX**.

Seite 223

4 Ergänze mithilfe der **LERNBOX** (dritter Hinweis) folgende Sätze:
____ der Bahn macht Hanna mit ____ Handy, das ____ ____ Mutter geschenkt hat, Fotos von Tieren. ____ Vorbeifahren knipst sie auch den Tiger.

Folie

ihrem, in, ihr, im, ihre

! LERNBOX

Wörter mit Dehnungs-*h*
Das Dehnungs-*h* zeigt einen lang gesprochenen Vokal an.
1. Wörter mit einem Dehnungs-*h* sind Ausnahmen und deshalb Lernwörter. Das Dehnungs-*h* steht vor den Buchstaben *l, m, n, r*.
2. Das Dehnungs-*h* bleibt in derselben Wortfamilie immer bestehen: *wohnen, Wohnung, wohnlich*. Einmal *h*, immer *h*!
3. Durch das Dehnungs-*h* kannst du schnell lang gesprochene Vokale wie in *ihn* und *ihm* von kurz gesprochenen in *in* und *im* unterscheiden.

Lernwörter: Wörter mit einfachem *i*

1 **a)** Schreibe die Namen der Tiere mit Artikel auf und vergleiche dein Ergebnis mit einem Nachbarn. Wenn ihr unsicher seid, schlagt im Wörterbuch nach.
b) Besprecht, welches Rechtschreibproblem in diesen Wörtern auftreten könnte. Lest dazu die **LERNBOX**.

L	K	L	N	N	I	K	R	O	K	O	D	I	L
I	O	N	A	C	H	T	I	G	A	L	L	P	P
B	C	D	S	B	M	P	T	I	N	D	A	Ö	I
E	X	E	D	F	M	J	I	C	I	D	V	D	N
L	Q	L	G	K	E	P	G	H	N	P	M	F	G
L	D	F	H	B	I	B	E	R	C	H	O	E	U
E	K	I	W	I	E	D	L	I	H	C	S	D	I
L	A	N	P	S	I	S	K	I	E	E	K	J	N
K	G	I	R	A	F	F	E	I	N	D	M	L	A
Ü	E	J	E	M	S	K	K	I	M	I	K	Ü	I
Z	I	T	R	O	N	E	N	F	A	L	T	E	R
N	Ö	C	K	Z	R	O	T	I	G	E	R	D	I

Folie

2 **a)** In dem Buchstabengitter sind 12 Tiernamen versteckt, die mit einfachem *i* geschrieben werden. Du musst sowohl senkrecht als auch waagerecht suchen. Markiere die Wörter und schreibe sie mit Artikel heraus.
☆ **b)** Finde weitere Nomen mit einfachem *i*: die Musik …

MASCHINEKINOBLONDINEVAMPIRGARDINEVIOLINEAUGENLIDRUINEGOLDMINELINEALROSINE

3 **a)** Schreibe die Wörter aus der Wörterschlange richtig mit Silbenbogen und passendem Artikel auf: die Ma schi ne.
☆ **b)** Verwende die Wörter in kurzen Sätzen: Die Maschine funktioniert gut.

! LERNBOX

Wörter mit einfachem *i*

1. Einige Wörter mit lang gesprochenem *i* werden nur mit einfachem *i* geschrieben: *das Kaninchen, die Mandarine, das Kino.*
   Du musst dir die Schreibung einprägen, denn es sind Lernwörter.
2. Notiere die Wörter, die du besonders üben willst, auf Karteikarten und ordne sie in deine Rechtschreibkartei (Seite 229) ein.

Lernwörter: Wörter mit *aa, ee, oo*

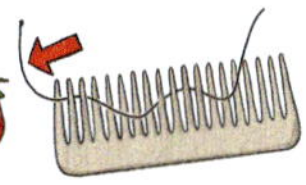
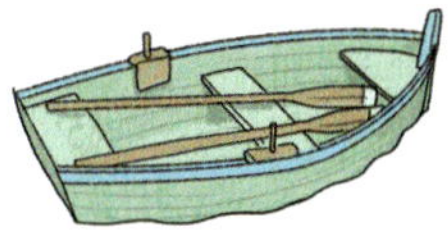

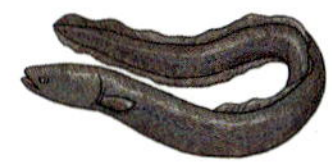

1 Finde die richtigen Bezeichnungen mithilfe der Abbildungen heraus. Lies die LERNBOX und notiere die Nomen mit Silbenbogen und Artikel im Singular und im Plural: der Aal → die Aa le.

2 **a)** Suche zu jeder Beschreibung ein Lösungswort mit *aa, ee* oder *oo*. Du findest die Wörter waagerecht und senkrecht im Buchstabengitter. Markiere sie. Folie

1. Park oder Garten, in dem man Tiere sehen kann: Zoo
2. größer als ein See, kleiner als ein Ozean
3. weiche grüne Pflanze auf Waldboden
4. verwesender Tierkörper
5. Kaninchen fressen diese Pflanze gerne
6. heißes Getränk aus Kräutern oder Früchten
7. heißes, schwarzes Getränk aus gemahlenen Bohnen
8. Ort, an dem man Blumen pflanzt
9. besondere exotische Blume
10. großer Raum, z. B. für Veranstaltungen
11. Einfall
12. nicht klug
13. nicht voll

Z	O	O	L	P	Ä	T	P	I	S
Z	F	P	K	L	E	E	Ü	L	K
D	Ö	D	A	K	B	E	E	T	O
I	Ä	G	F	A	P	E	Z	P	O
D	O	O	F	A	L	L	W	I	L
I	K	M	E	S	A	A	L	E	G
I	M	E	E	R	M	G	Z	I	A
Ü	O	F	G	J	L	A	D	D	E
K	O	R	C	H	I	D	E	E	K
L	S	S	B	U	U	L	E	E	R

b) Lege eine Tabelle mit drei Spalten (*aa, ee, oo*) an. Ordne die Wörter, wenn möglich, mit Artikel ein. Achte auf die Rechtschreibung.

c) Finde zu jeder Spalte noch drei weitere Wörter.

LERNBOX

Wörter mit *aa, ee, oo*

1. Es gibt einige Wörter mit lang gesprochenem Vokal, bei denen der Vokal verdoppelt wird: *der Saal, das Meer, das Moor* ... Dies sind Lernwörter.
2. Neben den deutschen Wörtern mit *oo* gibt es noch einige englische Wörter, die in unserer Sprache verwendet werden. Diese spricht man aber mit langem [u:]: *das Shampoo, der Pool, der Boom.*
3. Notiere die Wörter, die du besonders üben willst, auf Kärtchen und ordne sie in deine Rechtschreibkartei (Seite 229) ein.

TIPPBOX

Zu 1:
das B__t, das P__r,
die B__re, das H__r,
das B__t, der Sp__r,
die F__, der __l.

Zu 2 a):
der Z__, das M__r, das M__s,
das __s, der Kl__, der T__,
der Kaff__, das B__t,
die Orchid__, der S__l,
die Id__, d__f, l__r.

Wörter mit doppeltem Konsonanten – Wörter verlängern

1 **a)** Sprich die Tiernamen deutlich und langsam aus. Schreibe sie dann mit Silbenbogen auf.
b) Kennzeichne den Vokal in der betonten Silbe (erste Silbe) durch einen Punkt (kurzer Vokal) oder durch einen Strich (langer Vokal): der Pu ma.
c) Vergleiche deine Ergebnisse mit dem ersten und zweiten Hinweis aus der **LERNBOX**.
d) Vergleicht zu zweit eure Ergebnisse: Erklärt euch abwechselnd, warum man in den Wörtern den Konsonanten einfach oder doppelt schreiben muss.

2 **a)** Übertrage die Tabelle und ordne die Wörter aus Aufgabe **1** ein.

Wörter mit offener Silbe	Wörter mit geschlossener Silbe
der Pu ma	

b) Ordne auch die folgenden Wörter ein. Schreibe sie mit Silbenbogen auf und kennzeichne den Vokal mit Punkt oder Strich.
die Robbe – himmelblau – der Hase – brüllen – der Bulle – die Hütte – kommen – der Rabe – die Schwanzflosse – hoppeln – dünne – die Kröte
☆ **c)** Finde zu jeder Spalte noch zehn Wörter. Lass sie von einem Partner einordnen.

3 **a)** Die folgenden Wörter bestehen nur aus einer Silbe: Erkläre die Verdopplung der Konsonanten, indem du die Wörter verlängerst. Lies dazu den dritten Hinweis in der **LERNBOX**. Schreibe so: er bellt → mit ll, weil bel len (Infinitiv).
satt – nass – das Fell – es knallt – schrill – er kann – das Fass
☆ **b)** Wie gehst du vor, um die Schreibung von *Flusspferd* zu erklären? Überprüfe deine Idee mit den Wörtern: *das Wüstenschiff, das Türschloss.*

! LERNBOX

Wörter mit doppeltem Konsonanten

1. Bei Wörtern wie *Bretter, brummen, offen* wird der Konsonant in der Mitte des Wortes verdoppelt. Der betonte Vokal in der ersten Silbe wird kurz gesprochen: *Bret ter, brum men, of fen.*
2. Bei Wörtern wie *Krone, loben* wird der Konsonant nicht verdoppelt, weil der betonte Vokal in der ersten Silbe lang gesprochen wird: *Kro ne, lo ben.*
3. Um zu entscheiden, ob in einem einsilbigen Wort wie *knallt, nass, Blatt* der Konsonant verdoppelt werden muss, musst du das Wort verlängern:
   - Verben: *knallt* → *knal len* (Infinitiv) / *wir knal len* (Wir-Form),
   - Adjektive: *nass* → *die nas se Straße* (vor ein Nomen setzen) / *nas ser* (Komparativ),
   - Nomen: *Blatt* → *die Blät ter* (Plural).

4 Verlängere folgende Adjektive. Schreibe sie dazu zusammen mit einem Nomen auf. Setze unter die Adjektive Silbenbogen, z. B. ein dür rer Hering.
dürr – dünn – fett – hell – nass – satt – schlaff – schnell – voll – toll

5 a) Verlängere folgende Verben. Bilde dazu die Wir-Form oder den Infinitiv. Schreibe mit Silbenbogen auf: er kommt → wir kom men / kom men.
er rennt – sie kommt – er kennt – er trifft – es frisst – sie gurrt – er will – sie kann – er nennt – er misst

b) Bilde zu diesen Verben auch die Wir-Form des Präteritums: er rennt → wir rannten. Achte darauf, dass bei vier Verben im Präteritum der Konsonant in der Mitte des Wortes nicht verdoppelt wird (vgl. Seite 295).

Seite 295

6 a) Ergänze jeweils den oder die fehlenden Buchstaben. Schreibe dazu die Wortreihen mit Silbenbogen in dein Heft. Kennzeichne auch den Vokal in der ersten Silbe mit Punkt (kurz) oder Strich (lang).

f oder ff: der Lö?el, er gri?, der Ha?en, der O?en, sie lie?, das A?enhaus, ho?entlich, er pfi?, o?en, die Schi?skabine, angri?slustig
l oder ll: bu?ig, schma?, die We?e, die Scha?e, der Zufa?, to?, auffa?en, sie wi?, der Abfa?, er brü?t, der Kna?frosch, die Gri?e
m oder mm: er ko?t, hi?elblau, das La?a, das La?, die Da?e, der Bru?bär, er ka?, i?er, die Hu?el, der Na?e
n oder nn: er re?t, die Ta?e, dü?, die Spi?e, i?en, die So?e, die Re?maus, schö?
p oder pp: kna?, der Pa?karton, die Li?e, za?eln, die Lu?e, er ho?elt, er pie?t
r oder rr: er i?t, verwi?t, die Schnu?, schmo?en, gu?en, der He?
t oder tt: kle?ern, wei?, die Toile?e, glä?en, die Mo?e, der Mi?ag, er ha?e

b) Notiere weitere Wörter aus dem Wörterbuch. Schreibe so: die Kra?e (b/bb). Dein Partner muss die Lücke füllen. Kontrolliert gemeinsam.

7 Wer findet die meisten Reimwörter? Notiere Reimwörter zu folgenden Begriffen: *Nonne, Betten, fallen.*

TIPPBOX

Zu 6 a):

1. Denke daran, dass du Wörter mit nur einer Silbe im Kopf verlängern musst, um herauszufinden, ob die erste Silbe offen oder geschlossen ist:
   dünn → die dün ne Ziege, sie lief → wir lie fen, die Schnur → die Schnü re.
   Lies dazu noch einmal den dritten Hinweis in der **LERNBOX** auf Seite 238.
2. Wortzusammensetzungen musst du zuerst in die einzelnen Wörter zerlegen, um sie verlängern zu können:
   das Flusspferd → der Fluss + das Pferd → die Flüs se.
3. Bei Partizipien kannst du als Verlängerung den Infinitiv bilden:
   verwirrt → ver wir ren.

Zu 7: Reimwörter klingen ähnlich. Hier musst du den oder die ersten Konsonanten austauschen: *die Nonne → die Tonne → die Sonne …*

Wörter mit ss oder ß – kurzer oder langer Vokal

Vanessa ist drau?en auf dem Fu?ballplatz eine Kla?e für sich. Wenn sie den Ball pa?t, zeigt sie ihre wahre Grö?e. Das ist ihr Schlü?el zum Erfolg – jeder Schu? ist ein Treffer. Sie schie?t so, dass ihr einige der Zuschauer Handkü?e zuwerfen.

1 **a)** Lies die Sätze mehrfach leise. Schreibe sie danach ab und ergänze dabei ss oder ß. Schreibe die vollständigen Wörter mit Silbenbogen auf.
b) Untersuche die s-Laute und ergänze anschließend die folgenden Regeln. Schreibe sie in dein Heft und notiere je zwei Bespiele aus dem Satz oben dazu.
c) Überprüfe dein Ergebnis mithilfe der Hinweise 1.–3. in der **LERNBOX**.

Man schreibt *ss*, wenn die betonte Silbe geschlossen und der Vokal ____ (kurz/lang) gesprochen wird, z. B. ______________ . Ein *ß* schreibt man nur nach einer offenen Silbe. Der Vokal in der offenen Silbe wird ____ (kurz/lang) gesprochen, z. B. ______________ .

2 **a)** Übertrage die Tabelle und ergänze sie. Schreibe die Verben mit Silbenbogen auf.
b) Untersuche, bei welchen Formen der Vokal lang ist und daher ein *ß* folgt.

Infinitiv (Grundform)	Wir-Form im Präsens (Gegenwart)	Wir-Form im Präteritum (einfache Vergangenheit)
es sen	...	...
...	wir gie ßen	...
...	...	wir ge nos sen
schlie ßen	...	...
...	wir ver ges sen	...

3 Schreibe die Sätze in dein Heft und setze ss oder ß ein. Orientiere dich dazu am vierten Hinweis in der **LERNBOX**.
A Die Torfrau stö?t sich ihr Knie am Pfosten.
B Bei einer Rangelei zerrei?t Vanessa ihr Trikot.
C Vanessa vergi?t sich zu entschuldigen.
D Der Schiedsrichter begrü?t die Rivalen.

! LERNBOX

Wörter mit ss oder ß
1. Die Laute ss und ß sind scharfe s-Laute.
2. Nach kurzen Vokalen schreibst du den s-Laut als ss. Die betonte Silbe ist geschlossen: *fas sen, pas sen, die Mas se.*
3. Nach langen Vokalen schreibst du den s-Laut als ß. Die betonte Silbe ist offen: *lie ßen, drau ßen, die Grö ße.*
4. Verlängere einsilbige Wörter und schreibe sie mit Silbenbogen auf: *die Nu? → die Nüs se, sie stö?t → wir sto ßen.*
5. Der s-Laut kann sich bei unregelmäßigen Verben in den Formen des Infinitivs, des Präsens und des Präteritums unterscheiden.

TIPPBOX

Zu 2 b): Orientiere dich bei unregelmäßigen Verben an der Länge des betonten Vokals: kurz = ss, lang = ß.
Wenn du unsicher bist, sieh auf Seite 295 in der Liste unregelmäßiger Verben nach.

Wörter mit s oder ß – s-Laute zum Klingen bringen

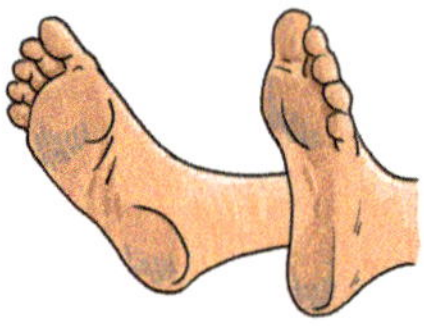

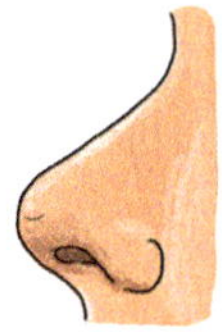

1 a) Sprich die abgebildeten Nomen deutlich aus und achte genau auf den s-Laut. Beschreibe, welche Unterschiede du hören kannst.
b) Schreibe die Wörter mit Silbenbogen auf und setze s oder ß ein. Überprüfe deine Ergebnisse mit den Hinweisen 1. und 2. der **LERNBOX**.
c) Führt zu einem der Wörter zu zweit ein **Rechtschreibgespräch** durch. Sammelt eure Ideen in einem Cluster und stellt dieses danach in der Klasse vor. Seite 228

2 a) Lies den dritten Hinweis in der **LERNBOX**.
b) Verlängere die Wörter und sprich sie deutlich aus. Schreibe sie dann mit Silbenbogen auf: groß → grö ßer, der Fels → die Fel sen.

groß – der Fels – fies – der Preis – das Los – süß – weiß – der Spaß – das Maß – mies – Gruß – heiß

der Reißverschluss – die Fußnote – messbar

3 Entscheide bei den folgenden Sätzen, ob du die Verben mit s oder ß schreiben musst. Bilde dazu eine zweisilbige Form und notiere sie mit Silbenbogen:
Vanessa begrü?t den Schiedsrichter. → sie be grü ßen.

A Sie lö?t den Konflikt.
B Er lie?t die Spielregeln.
C Sie begie?t den Sieg.
D Die stö?t die Gegnerin.
E Der Regen flie?t in Strömen.
F Sie schmu?t mit dem Glücksbringer.
G Vanessa schie?t ein Tor.
H Der Trainer dö?t in der Sonne.

4 Erstelle zu den Verben *reißen*, *lesen* und *reisen* mithilfe des Wörterbuches **Wortfamilien**: reißen → abreißen, der Reißverschluss, er riss … Seite 223

5 Bilde fünf Unsinnssätze, in denen möglichst viele Wörter mit s oder ß vorkommen: Der Strauß grüßt grinsend die lesende Maus auf dem Floß.

LERNBOX

Wörter mit s oder ß

1. Wenn du in einer zweisilbigen Wortform nach einer offenen Silbe einen s-Laut hörst, den du summen kannst wie eine Biene, schreibst du s: *der Ra sen.*
2. Wenn du in einer zweisilbigen Wortform nach einer offenen Silbe einen s-Laut hörst, den du zischen kannst wie eine Schlange, schreibst du ß: *sto ßen.*
3. Einsilbige Wörter musst du verlängern und mit Silbenbogen aufschreiben: *sü? → sü ßer, er nie?t → wir nie sen, der Gru? → die Grü ße.*

TIPPBOX

Zu 1 a) und b): Abgebildete Nomen: *der Ra?en, die Fü?e, die Stra?e, die Na?e.*
Zu 4 : Mitglieder einer Wortfamilie haben den gleichen Stamm. Bei s-Lauten kann sich dieser verändern, z. B. *er reißt, er riss …*
Nimm daher das Wörterbuch zu Hilfe.

b/p, d/t, g/k im Auslaut – Wörter verlängern

Seite 280–281

1 a) Welches Rechtschreibproblem wird in der **Schreibkonferenz** diskutiert?
b) Tauscht euch darüber aus, welche Strategien vorgeschlagen werden, um die richtige Schreibweise zu ermitteln.

Seite 257–258

c) Unter welchem Wort müssen die Schüler **nachschlagen**, wenn sie das Wörterbuch benutzen? Überprüfe deine Vermutungen.
d) Wie schreibt man „Gartenzwerk“? Erkläre deine Vorgehensweise.

2 Entscheide, welchen Konsonanten du einsetzen musst. Lies dazu den ersten Hinweis in der **LERNBOX** auf Seite 243 und verlängere das Wort im Kopf.

mit b oder p?	lie? – gro? – der Sta? – das Sie? – der Die? – er rau?t
mit d oder t?	der Hel? – die Wel? – die Han? – das Fel? – das Lie? – es häl?
mit g oder k?	der Schla? – der Ber? – das Wer? – der Zwer? – er lü?t – der Schran?

3 Vervollständige die folgenden Adjektive. Schreibe dazu die verlängerte Form mit einem Nomen auf: blind → die blinde Kuh.
blin? – wil? – bun? – wun? – blö? – gesun? – klu? – unbekann? – gel?

☆ **kal? – mil? – farbi? – trü? – üppi? – kräfti? – funkeln?**

Seite 202–204

Seite 295

4 Übertrage die Tabelle und schreibe zu den Verben *er fan?, er ga?, er gru?, er kle?te, er lie?te, er lo?te, er rau?te, er sie?te* die Formen als Verlängerung auf.

Präteritum	Infinitiv	Präsens	Perfekt
er fand	???	???	???

TIPPBOX

Zu 3: Mögliche Nomen: *die Kuh, die Hummel, die Tiere, die Schmetterlinge, die Stelle, die Aufgabe, der Mensch, das Essen, der Text ...*

Liebe Oma, Greven, 23.8. . .
wir sind seit gestern Aben? aus dem Urlau?sort zurück. Nach der Ankunft am Flu?hafen wollten wir mit dem Zu? fahren. Dazu hatte Papa uns eine Verbindungsübersicht mit allen Zügen besor?t. Diese hatte er in seinem Gel?beutel verstaut, den er aber im Hotel im anderen Lan? vergessen hatte. Entzücken? !!! Deshalb haben wir uns grün?lich vertan, weil wir auf dem falschen Bahnstei? landeten. In unsere Richtung fuhr kein Zug mehr, sodass wir ein Taxi nehmen mussten. Der Fahrschein ist jetzt nur noch Al?papier. Das war vielleicht ein Freizei?stress . . .
Liebe Grüße, Felix

5 a) Entscheide, welchen Buchstaben du einsetzen musst. Lies noch einmal die Hinweise 1. und 2. in der **LERNBOX**. Schreibe den Brief vollständig ab.

b) Erkläre die Schreibung der unterstrichenen Wörter:
- Wenn der fehlende Buchstabe im Auslaut steht, schreibe so: der Abend → die Abende.
- Wenn der fehlende Buchstabe zum ersten Wort einer Zusammensetzung gehört, schreibe so: der Urlaubsort → Urlaub + Ort → die Urlaube.

c) Erkläre auf diese Weise auch die Schreibung der folgenden Wörter: *Abfahr?szeit, Zu?pferd, Ber?bau, Betrie?swerk, Geschwindigkei?sbegrenzung.*

6 Erstelle in einem Cluster Wortfamilien zu den Wörtern *gesund, fliegen, Raub.* Nutze ein Wörterbuch und beachte den dritten Hinweis in der **LERNBOX**.

7 Untersuche die Wörter unten und ergänze jeweils die fehlenden Buchstaben *b/p, d/t, g/k.* Jeden Buchstaben musst du dreimal einsetzen. Begründe die Schreibung durch eine zweisilbige Form.

der Aben?	gesun?	das Gra?	pin?	das Geträn?
listi?	die Ta?	sie blei?t	der Lum?	die Hau?
mil?	der Ty?	er fol?t	sie hu?t	der Pilo?
das Sie?	der Zwer?	er spu?t		

LERNBOX

So ermittelst du die richtigen Auslaute:

1. Wenn du wissen willst, wie man ein Wort am Ende schreibt, wendest du die **Verlängerungsprobe** an. So kannst du den Endbuchstaben (= Auslaut) zum Klingen bringen:
   Nomen: *der Dieb → die Die be* (Plural),
   Adjektive: *blond → der blon de Junge* (vor ein Nomen setzen) / *blon der* (Komparativ),
   Verben: *er lügt → wir lü gen* (Wir-Form) / *lü gen* (Infinitiv).
2. Zusammengesetzte Wörter musst du zuerst **zerlegen** und dann **verlängern**: *die Halbzeit → Halb + Zeit → ein hal ber Tag + die Zei ten.*
3. Wörter aus derselben **Wortfamilie** werden im Wortstamm immer gleich geschrieben: *der Grund, gründlich, begründen, der Meeresgrund, der Gründer ...*

Wörter mit *ä/äu* ableiten

Der ICE f?hrt regelm?ßig 180 Bahnhöfe in Deutschland an und bringt Reisende t?glich ?ßerst zuverl?ssig in sechs Nachbarl?nder.

1 a) Schreibe die Wörter mit **?** heraus und ergänze die fehlenden Buchstaben.
b) Vergleiche deine Lösungen mit einem Nachbarn und überlegt, welche Rechtschreibstrategie bei diesen Wörter angewendet werden kann.
c) Vergleicht eure Ideen mit der LERNBOX.

2 Übertrage die folgenden Wörter und schreibe zu jedem Wort eine Ableitung auf: *ängstlich → die Angst*. Orientiere dich dazu an der LERNBOX.
ängstlich – weitläufig – die Räder – das Gefälle – geräumig – die Plätze – das Gepäck – die Fahrpläne – äußerst – geräuschlos – die Gäste
☆ **die Getränke – die Erläuterung – beiläufig – das Gebäude**

3 Schreibe die unterstrichenen Wörter heraus und setze in die Lücken *ä* oder *e*, *äu* oder *eu* ein. Suche jeweils nach einer Ableitung als Kontrollwort.
Als „ICE“ bezeichnet werden die rund 260 in diesem Netz verkehrenden, nahezu ger(1)schlosen Hochgeschwindigkeits-Triebzüge, die von verschiedenen Herst(2)llern stammen. 60 davon verk(3)hren h(4)fig im Ausland. Sie beschl(5)nigen fast beil(6)fig auf pr(7)chtige Höchstgeschwindigkeiten zwischen 200 und 300 km/h. In Frankreich f(8)hrt der ICE sogar 320 km/h – das sind erfr(9)liche Verh(10)ltnisse. Seit 1991 haben die ger(11)migen Züge ungef(12)hr 1,4 Milliarden Kilometer zurückgelegt (Stand: Mai 2011). Im Jahr 2012 dr(13)ngten 76,6 Millionen L(14)te in die ICEs. Deren durchschnittliche Reiseweite wurde 2012 mit 323 km ber(15)chnet.

Folie

4 a) Im Buchstabengitter sind Wörter mit *ä* versteckt. Suche sie heraus.
b) Übertrage diese Lernwörter als Wörterliste in deine Rechtschreibkartei (Seite 229).
☆ c) Verwende zum Üben jedes Wort in einem Satz.

A	B	Ä	R	K	Ä	F	I	G	M
W	Ä	H	R	E	N	D	R	W	Ä
T	S	S	R	Ä	T	S	E	L	D
E	P	I	I	G	R	Ä	C	S	C
K	Ä	S	E	A	E	G	H	Ä	H
G	T	R	Ä	G	E	E	P	P	E
D	Ä	M	M	E	R	U	N	G	N

LERNBOX

So erkennst du Wörter mit *ä/äu* oder *e/eu*:
1. Du schreibst dann ein Wort mit *ä* oder *äu*, wenn es ein verwandtes Wort mit *a* oder *au* gibt. Dieses Wort nennt man **Ableitung**: *kälter → kalt, das Gemäuer → die Mauer.*
2. Schlage in einem Wörterbuch nach, wenn du kein verwandtes Wort mit *a* oder *au* findest. Dort erfährst du, ob du das Wort mit *ä/e* oder *äu/eu* schreiben musst.

TIPPBOX

Zu 4 a): Du musst zehn Wörter finden. Sie sind senkrecht und waagerecht angeordnet: *der Bär, der Käfig, während, das Mädchen …*

Wörter richtig trennen

Liebe Anja!
Wir waren heute in Dortmund-Wischlingen im Kletter-
garten. Dort war es richtig toll, aber auch anstrengend.
Das Bild auf dieser Postkarte zeigt eine Kletterstation. Leider
sind wir mit der Bahn gefahren. Du glaubst gar nicht, wie lan-
ge wir unterwegs waren. Zuerst mussten wir mit
der Bimmelbahn von Lüdenscheid nach Hagen und
dann dort noch warten. Danach ging es dann mit der
S-Bahn weiter. Das nächste Mal sollten wir besser mit dem
Bus fahren ...
Viele Grüße, deine Svenja

Anja Neef
Krokusweg 12
51515 Kreuzdorf

1 **a)** Erkläre, warum diese Postkarte schwer lesbar ist und vielleicht gar nicht ankommt. Was hätte Svenja besser machen sollen?
b) Schreibe die Karte neu. Beachte, dass der Schreibplatz für deine Schrift ausreichen muss, und trenne die Wörter, falls nötig. Orientiere dich dazu an den Trennregeln aus der **LERNBOX**.

2 **a)** Schreibe die folgenden Nomen mit passendem Artikel auf und trenne sie so oft wie möglich: der Ap – fel – ku – chen.
Apfelkuchen – Aquarium – Ballsportart – Erdmännchen – Geisterstunde – Gipfelstürmer – Hamster – Jugendbuch – Kette – Opa – Physikstunde – Rassel – Schmetterlingsbaum – Tintenkiller

b) Schreibe hinter diese Nomen die Regel aus der **LERNBOX**, die du zum Trennen anwenden musst: die Oma (nicht trennen, Regel 4).
Oma – waschen – Rasen – Hocker – Fahrplan – Kreuzung – Ahorn – Kiste

LERNBOX

Wörter richtig trennen

1. Mehrsilbige Wörter kannst du am Zeilenende trennen. Beim langsamen Sprechen wird oft hörbar, wo man ein Wort trennen kann: *die Er klä rung.*
2. Wenn in einem Wortteil mehrere Konsonanten aufeinanderfolgen, schreibst du den letzten Konsonanten auf die nächste Zeile: *knüp-**fen**, die Knos-**pe**, ers-**te**, wech-**seln**.*
3. Die Buchstaben *ch, ck* und *sch* werden nicht getrennt, denn sie sind ein Laut: *die Kü-che, der Zu-cker, die Du-sche.*
4. Silben, die aus nur einem Vokal am Wortanfang oder Wortende bestehen, werden nicht getrennt: *der Abend*, nicht *A-bend* / *die Haie*, nicht *Hai-e.*
5. Zusammengesetzte Wörter trennst du nach Wortbausteinen: *der Bahn-hof, der Fuß-ball.*

TIPPBOX

Zu 2 b): Die folgenden Regeln musst du den Nomen zuordnen:
Regel 1: zweimal,
Regel 2: einmal,
Regel 3: zweimal,
Regel 4: zweimal,
Regel 5: einmal.
Wenn du unsicher bist, kannst du die Trennweise eines Wortes auch im Wörterbuch nachschlagen.

Großschreibung

Nomen an ihren Signalwörtern erkennen

Das Wasserabenteuer
von Nadia

Wenn ich das vorher gewusst hätte, wäre ich wohl daheimgeblieben ... Am Samstag fuhren meine Mutter und ich mit dem Zug nach Fulda. Zuerst gingen wir dort in den Schlosspark, später wollten wir ins Schwimmbad. Im Park gibt es die berühmten Wasserfontänen. Man findet sie in einem kleinen Teich. Dort schwimmen auch die Babyschwäne. Als wir gerade auf einer Parkbank Schokobrötchen frühstückten, kamen die kleinen Schwäne näher. Gierig schnappten sie nach den Brötchen. Die Mutter der kleinen Schwäne beäugte uns misstrauisch ...

Folie

1 a) Suche aus dem Text alle Nomen heraus und markiere sie.
b) Woran kannst du die Nomen erkennen? Beachte vor allem die Wörter vor den Nomen. Tausche dich mit einem Partner über dein Ergebnis aus.
c) Vergleicht das Ergebnis mit den Informationen in der **LERNBOX** (Seite 247).
d) Schreibe die Nomen mit ihren Signalwörtern heraus. Mache mit Pfeilen deutlich, auf welches Wort (Nomen) sich die Signalwörter beziehen:
das Wasserabenteuer, am (an + dem) Samstag ...

Nach einer weile hatten wir nichts mehr zu essen. Aber die kleinen schwäne waren wohl sehr hungrig. Ich wollte einen streicheln und hielt meine hand ganz flach über den boden. Ein mutiger vogel kam zu mir und berührte meinen zeigefinger. Zuerst fanden wir das ganz süß, aber dann näherten sich plötzlich die erwachsenen tiere mit gewaltigen flügelschlägen. Ich bekam angst und so standen wir auf und gingen rückwärts weg. Weil ich meine augen auf den größten schwan gerichtet hatte, der wohl der vater war, bemerkte ich das wasserbecken hinter uns nicht – und platsch – lag ich drin.

Folie

2 a) In diesem Text wurden nur die Satzanfänge großgeschrieben, die übrigen Wörter aber klein. Finde alle Nomen und markiere sie.
b) Schreibe die Nomen mit den Signalwörtern heraus. Wenn du keines findest, mache die Artikelprobe (**LERNBOX**, Seite 247, vierter Hinweis). Schreibe das Wort im Nominativ (1. Fall) auf: eine Weile.

Seite 195, 197

3 a) Was hat Nadia nach ihrem Unfall wohl gemacht? Tausche dich mit einem Nachbarn über die Möglichkeiten A bis C aus:
A **Sie hat sich in die sonne auf die bank gesetzt, bis die kleider trocken waren.**
B **Nadia hat sich mit dem handtuch abgetrocknet, ihre badesachen angezogen und ist direkt mit der mutter zum schwimmen ins freibad gefahren.**
C **Beide haben sich die schwimmsachen angezogen und sind im schlosspark geschwommen – so brauchten sie nicht mehr ins freibad zu fahren.**

Folie

b) Unterstreiche in den Sätzen A bis C die Signalwörter und markiere die Nomen. Schreibe die Sätze in der richtigen Großschreibung auf.
c) Schreibe ein passendes Ende für Nadias Erzählung.

bescheiden – dankbar – dumm – freundlich – herrlich – hindern – tapfer – neu – klar – krank – ordnen – irren – reinigen – übel – verwandt – wahr – werben – wohnen – roh – deutlich – reich – ereignen

brauchen – verhalten – gesund – gleich – verbünden – eigen – trüb – gestehen – kennen – schicken

4 a) Bilde aus den Adjektiven und Verben oben Nomen und schreibe sie mit Artikel auf. Lies dazu den fünften Hinweis in der **LERNBOX** und verwende die dort genannten **Wortbausteine (Suffixe)**: bescheiden → die Bescheidenheit.

Seite 224

b) Übertrage die Tabelle und ordne die Nomen mit Artikel ein.

-heit	-keit	-nis	-schaft	-ung	-tum	-sal	-ling
die Bescheidenheit							

c) Suche jeweils drei weitere Nomen mit diesen Endungen.
d) Wähle aus jeder Spalte ein Nomen aus und verwende es in einem Satz.

5 Im folgenden Text wurden einige Adjektive groß- und einige Nomen kleingeschrieben. Suche die Fehler und schreibe den Text richtig ab.

Als sich Nadia von dem schock erholt hatte, kletterte sie Patschnass aus dem Becken und schaute ihre mutter ratlos an. Einen Kleinen augenblick später lachten beide schallend. Nadia kramte ihre badesachen heraus, zog den noch Trockenen Badeanzug an und hängte sich das Handtuch um die schultern. Ihre Mutter sagte Lächelnd: „Wir wollten doch sowieso ins freibad ...“

LERNBOX

So erkennst du Nomen:

1. Alle **Namen** und **Nomen** sowie das **erste Wort im Satz** werden großgeschrieben.
2. Ein Nomen erkennst du an dem **Signalwort**, das vor dem Nomen steht und sich auf das Nomen bezieht. Signalwörter für Nomen sind (vgl. auch Seite 195):
   – Artikel: *ein Teich, die Wasserfontäne,*
   – Pronomen: *mein Badeanzug, unser Wochenendausflug,*
   – Adjektive: *das schöne Schloss, das süße Croissant.*
3. Manchmal ist der Artikel in einem anderen Wort verborgen: *Er läuft zum Tor.* → *Er läuft zu dem Tor.* (Präposition + Artikel) Solche Wörter sind: *zum* (*zu + dem*), *am* (*an + dem*), *im* (*in + dem*), *beim* (*bei + dem*), *zur* (*zu + der*), *ins* (*in + das*).
4. Wenn ein Signalwort fehlt, kannst du es zur Probe in Gedanken dazusetzen (**Artikelprobe**): *Tina fährt immer mit Helm Rad.* → *Tina fährt immer mit dem Helm das Rad.*
5. Nomen kannst du oft an ihren Endungen erkennen (*-heit, -keit, -nis, -schaft, -ung, -tum, -sal, -ling*): *die Einheit, die Einsamkeit, das Ereignis, die Mannschaft, die Haftung ...*

TIPPBOX

Zu 2 a): Du musst insgesamt 13 Nomen aufspüren.
Zu 2 b): Achte besonders auf Artikel, Pronomen und Adjektive, die vor dem Nomen stehen und sich auf dieses beziehen: *nach einer Weile, die kleinen Schwäne ...*
Zu 4 a): Um ein Nomen zu bilden, setzt du häufig eine passende Endung hinter das Wort: *bescheiden → die Bescheidenheit.* Probiere verschiedene Endungen aus.
Zu 5 : Es gibt im Text zehn Fehler.

Anredepronomen richtig schreiben

A Wir haben uns gemeinsam entschieden, einen Laptop in der Klasse aufzustellen.
B Wir möchten Sie bitten, uns bei unserem Vorhaben zu unterstützen.
C Sicherlich würde es dich auch freuen, wenn wir am PC arbeiten könnten.

1 Kay soll als Klassensprecher den Klassenlehrer in einem Brief davon überzeugen, dass die Schüler einen Laptop im Klassenraum aufstellen dürfen.
Lies die drei Sätze und überlege, welcher in solch einem Brief an den Lehrer stehen könnte. Begründe deine Entscheidung.

2 a) Lies Kays Briefentwurf und überprüfe alle Pronomen: Notiere sie in der richtigen Schreibung. Orientiere dich dabei an der **LERNBOX**.
Schreibe so: (1) = wir.
☆ b) Im zweiten Teil des Briefes sind die Pronomen nicht gekennzeichnet. Korrigiere die Pronomen, die Kay falsch geschrieben hat.

Bochum, 23.01.20..

Sehr geehrter Herr Berg,
vor den Ferien haben WIR (1) im Klassenrat beschlossen, dass WIR (2) gerne einen Laptop in UNSERER (3) Klasse aufstellen würden. Wir möchten SIE (4) daher bitten, UNS (5) bei diesem Vorhaben zu unterstützen. Besonders in IHREM (6) Deutschunterricht würden WIR (7) davon profitieren, da WIR (8) während IHRES (9) Unterrichts recherchieren könnten oder UNSERE (10) selbst geschriebenen Texte abtippen und für SIE (11) ausdrucken könnten. Dann bräuchten WIR (12) aber auch einen Drucker. Vielleicht halten SIE (13) die Anschaffung für zu teuer. Aber da können WIR (14) SIE (15) beruhigen: Celines Vater würde UNSERER (16) Klasse einen älteren Laptop mit Drucker kostenlos zur Verfügung stellen.
☆ Sie müssen sich keine Sorgen wegen der weiteren Kosten machen. Majas Vater hat einen Laden und würde Uns die Druckerpatronen zur Verfügung stellen. Papier könnten wir ihnen auch besorgen. Dazu würden Wir einen Einkaufsdienst einrichten, den Ich organisieren könnte.
Ich hoffe, dass Ich sie von Unserem Anliegen überzeugen konnte.
Mit freundlichen Grüßen,
Kay (Klassensprecher)

LERNBOX

Schreibung von Anredepronomen

1. In formalen und höflichen Briefen an Personen, die du siezt, schreibst du die **Anredepronomen** groß (*Sie, Ihr, Ihnen, Ihre, Ihren, Ihrem*): *Wir wären Ihnen sehr dankbar, wenn Sie unseren Wunsch unterstützen würden.*
2. Die übrigen **Pronomen** (vgl. Seite 200) schreibst du klein: *Daher sind wir uns sicher, dass das allen Spaß macht.*

TIPPBOX

Zu 2: Von den insgesamt 16 Pronomen im ersten Teil von Kays Brief musst du zehn Pronomen kleinschreiben. Die übrigen sechs Pronomen sind Anredepronomen und du musst sie daher großschreiben.

Prüfe dein Wissen zu Rechtschreibung! (Teil I)

Rechtschreibprofis sollten auch die Aufgaben mit ☆ bearbeiten.

Folie

1 Vervollständige die Regel zu Wörtern mit doppeltem Konsonanten: | 3 | |

Wenn in der ersten betonten Silbe ein kurzer Vokal steht und diese Silbe ________ ist, wird bei Wörtern wie Schiffe und Lämmer der ____________ in der Mitte des Wortes ________________.

2 Überlege, ob du die Wörter mit einfachem oder doppeltem Konsonant schreiben musst. Überprüfe dazu, ob der Vokal in der ersten betonten Silbe lang oder kurz gesprochen wird und ob die Silbe offen oder geschlossen ist. Schreibe die Wörter ab und setze die richtigen Buchstaben in die Lücken ein. | 30 | |

p oder pp? → die Pa?e, die Hu?e, kla?ern, die Pu?e, die O?er
m oder mm? → der Na?e, die Nu?er, schu?erig, bru?en, ko?en
l oder ll? → die Fa?e, ho?en, der Te?er, fa?en, schne?er
f oder ff? → lau?en, der Ko?er, scha?en, die Scha?e, der A?e
n oder nn? → bre?en, die Teeka?e, kei?er, die Ta?e, die Scheu?e
t oder tt? → kle?ern, die Tü?e, der Tro?el, sie tre?en, das We?er

3 In jeder Reihe wurde ein Wort falsch geschrieben. Überprüfe die Wörter mit der Silbenprobe und verlängere einsilbige Wörter, falls nötig. Suche das Fehlerwort heraus und schreibe es richtig auf. | 3 [4] | |

A sie rennen, wir reden, wir traffen, sie finden, wir schlafen → ???
B das Lamm, der Kamm, der Hoff, der Wald, das Fell → ???
C nass, schnell, fet, fein, platt → ???
D er kommt, sie kramt, er kamm, sie schafft, er rudert → ??? ☆

4 Ermittle die fehlenden Konsonanten, indem du die Wörter zerlegst und dann zum ersten Wort ein verwandtes Wort suchst oder es verlängerst. | [6] | | ☆

A der Tre?eimer →
B der Re?fahrer →
C der Pla?fuß →
D das Ba?spiel →
E der Wa?fisch →
F die Schi?fahrt →

5 Werden die Wörter in der Tabelle mit s, ss oder ß geschrieben? Übertrage die Tabelle in dein Heft und ergänze dabei die richtige Schreibweise. | 16 | |

Infinitiv	Präsens	Präteritum	Perfekt
le___en	Er lie___t ein Buch.	Er la___ ein Buch.	Er hat ein Buch gele___en.
verrei___en	Er verrei___t.	Er verrei___te.	Er ist verrei___t.
zerrei___en	Sie zerrei___t ein Stück Papier.	Sie zerri___ ein Stück Papier.	Sie hat ein Stück Papier zerri___en.
e___en	Sie i___t ein Eis.	Sie a___ ein Eis.	Sie hat ein Eis gege___en.

52 [59] | Summe

Überprüfe deine Ergebnisse anhand der Lösungen im Lösungsheft.

Prüfe dein Wissen zu Rechtschreibung! (Teil II)

Folie

Rechtschreibprofis sollten auch die Aufgaben mit ☆ bearbeiten.

| | 12 |

1 *b/p, d/t* oder *g/k* – welcher Konsonant fehlt? Verlängere die Wörter.
der Zwer? – das Klei? – sie erlau?t – er pum?t – klu? – er par?t – bun? – er flie?t – der Vortra? – lie? – sie schie?t – das Geträn?

| | 17 |

2 *ä/äu* oder *e/eu*? Setze die richtigen Vokale ein, indem du Ableitungen bildest.

Der (1) erk?ltete Tiger
Die (2) M?se sahen den alten Tiger vor seiner Höhle liegen. (3) ?ngstlich (4) verst?ckten sie sich hinter den (5) Str?chern und kamen nicht (6) n?her. Die (7) ?le beobachtete das Schauspiel aus der (8) F?rne. Dann sahen die Tiere, dass der Tiger gar keine (9) Z?hne mehr hatte. Sie sahen, dass er ein Taschentuch hervorzog und mit lautem (10) Ger?sch hineinblies. Sie (11) l?chelten erleichtert und blieben nicht (12) l?nger (13) verst?ckt. Sie sammelten (14) ?pfel und versorgten den Kranken, weil Obst sehr gut bei (15) Erk?ltung ist. Da (16) l?chteten die Augen des Tigers vor (17) Fr?de.

| | 6 [10] |

3 Trenne die folgenden Wörter und schreibe sie mit Silbenbogen auf.
die Katze – stolpern – küssen – unverzichtbar – der Ahorn – verstecken
☆ aufwachen – der Tretbootverleih – die Rosenknospen – die Zuckerdose

| | 9 [10] |

4 **a)** Markiere im folgenden Text zu allen Nomen die Signalwörter. Achtung: Manchmal hat ein Nomen mehrere Signalwörter.
☆ **b)** Welches Nomen hat in dem Text kein Signalwort? Notiere es mit Artikel.

Die Reise der Pinguine
Die Pinguine laufen in einer Reihe hintereinander. Zwischendurch werfen sie sich auf ihren Bauch und rutschen auf dem Eis, dann müssen sie wieder kilometerweit ins Landesinnere laufen. Die Kaiserpinguine haben Spaß, obwohl sie eine anstrengende Reise vor sich haben!

5 Markiere im Text alle Wörter, die großgeschrieben werden müssen. Denke auch an die Satzanfänge.

| | 18 |

DAS WETTER HAT DEN ROBBEN IN KANADA GEHOLFEN, DENN ZAHLREICHE ROBBENJÄGER SITZEN MIT IHREN SCHIFFEN VOR DER KANADISCHEN KÜSTE IM PACKEIS FEST. ES GEHT WEDER VOR NOCH ZURÜCK. DAS PACKEIS IST SO DICK, DASS SELBST EISBRECHER NICHT MEHR HELFEN KÖNNEN. DAS EIS DROHT DIE BORDWÄNDE AUFZUSCHLITZEN. WEGEN DES SCHLECHTEN WETTERS KONNTEN AUCH KEINE RETTUNGSFLUGZEUGE EINGESETZT WERDEN.

| | 62 [67] |
| **Summe** | |

Überprüfe deine Ergebnisse anhand der Lösungen im Lösungsheft.

Zeichensetzung

Kommas setzen bei Aufzählungen

1 **a)** Zu welchem Gegenstand würdet ihr gern eine Geschichte hören?
b) Die Sätze klingen etwas umständlich. Woran liegt das?
c) Schreibe die Sätze ab und ersetze an passenden Stellen das Wort *und* durch ein Komma. Vergleiche danach dein Ergebnis mit einem Partner.

Jetzt bin ich schon seit zwei Monaten in der Sekundarschule. Und ich muss sagen, die Schüler die Lehrer und sogar der Hausmeister sind recht gut drauf. Besonders die Lehrer in Deutsch Religion Englisch sind lustig. Ich habe viele neue Freunde gefunden: Carlotta Ali Erich Nina sowie Charleen. Mit ihnen treffe ich mich in der Stadt, um Eis zu essen zu bummeln oder einfach nur zu klönen. Für das Lernen von Vokabeln von Regeln und für die Vorbereitung von Klassenarbeiten brauche ich allerdings noch viel Zeit. Aber Mama sagt immer: Ohne Fleiß kein Preis! Janina

2 **a)** Schreibe den Tagebucheintrag ab. Setze bei den Aufzählungen die fehlenden Kommas ein. Wo sie genau hingehören, erfährst du in der LERNBOX.
b) Beschreibe deine eigenen Erfahrungen in der neuen Schule in einem Tagebucheintrag. Verwende dabei möglichst viele Aufzählungen.

! LERNBOX

Komma bei Aufzählungen

1. Bei Aufzählungen von Wörtern und Wortgruppen setzt du ein Komma:
   - **Aufzählung von Wörtern:** *Kati sammelt grüne, rote, gelbe, braune Blätter. Ich bin gerannt, gestolpert und schließlich umgefallen.*
   - **Aufzählung von Wortgruppen:** *Özlem besucht im Zoo immer die schläfrigen Löwen, die quirligen Pinguine und die emsigen Ameisen.*
2. Vor *und, oder* und *sowie* steht in Aufzählungen kein Komma:
   Ich mag Gummibärchen, Dinkelkekse und Sesamkräcker sowie Vanilleeis.

Durch Komma und Punkt Sinneinheiten trennen

Der süße Brei

nach den Brüdern Grimm

[Es war einmal ein armes frommes Mädchen], | [das lebte mit seiner Mutter allein]. Sie hatten nichts mehr zu essen. Da ging das Kind hinaus in den Wald. Dort begegnete ihm eine alte Frau, die kannte seinen Jammer schon. Sie schenkte ihm ein Töpfchen, zu dem sollte es sagen: „Töpfchen, koche." So kochte es guten süßen Hirsebrei. Wenn es sagte: „Töpfchen, steh", so hörte es wieder auf zu kochen. Das Mädchen brachte den Topf seiner Mutter heim. Nun waren sie ihre Armut und ihren Hunger los und aßen süßen Brei, so oft sie wollten …

Folie

1 **a)** Lies den Text leise. Kennzeichne lange (||) und kurze (|) Sprechpausen.
b) Lies den ersten Hinweis in der **LERNBOX** und unterstreiche die Verben. Setze danach Klammern um die Wörter, die mit dem Verb einen Sinn ergeben.
c) Tauscht euch darüber aus, wie Sprechpausen und Sinneinheiten zusammenhängen: Wann setzt du einen Punkt, wann ein Komma?
d) Schreibe den Text ab und setze da Punkte und Kommas, wo eine Sinneinheit zu Ende ist. Orientiere dich an den Hinweisen in der **LERNBOX**.

… [Einmal war das Mädchen ausgegangen]. da sprach die Mutter: „Töpfchen, koche" da kochte es sie aß sich satt das Töpfchen sollte wieder aufhören zu kochen aber sie wusste das Wort nicht also kochte es weiter und der Brei stieg über den Rand hinaus es kochte die Küche und das ganze Haus voll danach bekochte es das zweite Haus und dann die Straße es wollte die ganze Welt satt machen endlich kam das Kind heim und sprach nur: „Töpfchen, steh" da hörte es auf zu kochen der Besuch musste sich erst einmal durchessen

2 Schreibe den Text ab und ergänze die fehlenden Satzzeichen. Gehe dabei so vor, wie im vierten Hinweis der **LERNBOX** beschrieben.

LERNBOX

Durch Komma und Punkt Sinneinheiten trennen

1. Eine **Sinneinheit** umfasst einen Gedanken. Zu jeder Sinneinheit gehört ein Prädikat (Verb).
2. Sinneinheiten, die für sich stehen, trennst du durch **Punkte**: *[Einmal war das Mädchen ausgegangen]. [Da sprach die Mutter …].*
3. Hängen zwei Sinneinheiten eng zusammen, trennst du sie durch ein **Komma**: *[Das Töpfchen sollte wieder aufhören], [aber sie wusste das Wort nicht].*
4. Unterstreiche die Verben und überprüfe, welche Wörter mit dem Verb eine Sinneinheit bilden. Setze die Sinneinheiten in eckige Klammern und prüfe, ob sie für sich stehen (Punkt) oder zusammenhängen (Komma).

TIPPBOX

Zu 1 c): Sprechpausen zeigen dir das Ende einer Sinneinheit an. Überlege, wann du beim Lesen eine lange Pause und wann du eine kurze Pause machst.
Zu 2 : Verschiedene Lösungen sind möglich. Du kannst in dem Text z. B. zehn Punkte und vier Kommas setzen. Achte beim Abschreiben darauf, nach Punkten die Satzanfänge großzuschreiben.

Zeichen der wörtlichen Rede richtig setzen

Um Mitternacht trafen sich die Casting-Teilnehmer in der Eingangshalle des Schlosses. Fiete von Prahlen erhob die Stimme: So, ihr Lieben, die Jury ist schon sehr gespannt auf eure Fähigkeiten. Ich ehrlich gesagt auch, flüsterte Aurora.

1 Lies den Text und erkläre, warum Fiete von Prahlen so gespannt ist.

2 a) Schreibe den Text ab und unterstreiche mit einer Wellenlinie, was gesprochen wird, mit einer geraden Linie, wer spricht.
b) Setze dann die Anführungszeichen als Kennzeichnung der wörtlichen Rede. Orientiere dich dazu an der **LERNBOX**.
c) Lest den Text nun zu dritt.

3 a) Überprüfe die Aussagen A bis F mithilfe der **LERNBOX**. Kreuze zutreffende an. Folie
b) Korrigiert gemeinsam. Schreibt dann alle Merksätze richtig ins Heft.
c) Formuliere zu jedem Merksatz ein passendes Beispiel.

A Wörtliche Rede wird immer durch Anführungszeichen gekennzeichnet. [*]
B Die Anführungszeichen werden immer oben notiert. [*]
C Ein Doppelpunkt nach dem Begleitsatz zeigt, dass wörtliche Rede folgt. [*]
D Nach dem Doppelpunkt schreibt man zu Beginn der Rede groß. [*]
E Wenn der Redebegleitsatz nachgestellt wird, wird er durch ein Komma von der wörtlichen Rede abgegrenzt. [*]
F Das Satzschlusszeichen nach der wörtlichen Rede ist immer ein Punkt. [*]

LERNBOX

Zeichen der wörtlichen Rede

1. Die wörtliche Rede wird in einem Text durch **Anführungszeichen** gekennzeichnet. Sie stehen am Anfang unten, am Ende oben.
2. Ein **Redebegleitsatz** gibt häufig an, wer etwas äußert und auf welche Weise. Er kann vorangestellt (*Aurora rief schaurig: „...“*) oder nachgestellt (*„...“, verkündete Fiete von Prahlen stolz.*) sein.
3. **a) Zeichensetzung bei vorangestelltem Begleitsatz:**
Aurora wisperte leise: „Ich werde zuerst auf dem Dachboden spuken.“
Begleitsatz wörtliche Rede
_______________: „~~~~~~~~~~~~~~~~~~~~.“
b) Zeichensetzung bei nachgestelltem Begleitsatz:
„Das ist eine gute Idee!“, freute sich Heinrich.
wörtliche Rede Begleitsatz
„~~~~~~~~~~!“, _______________.
Achtung! Bei nachgestelltem Redebegleitsatz steht kein Punkt, sondern nur ein Komma nach den Anführungszeichen!
4. An das Ende der wörtlichen Rede kannst du je nach Aussageabsicht einen **Punkt** (Aussage), ein **Ausrufezeichen** (Ausruf, Aufforderung) oder ein **Fragezeichen** (Frage) setzen: *„Das ist dir gelungen.“ / „Fang an!“ / „Wo werde ich spuken?“*

TIPPBOX

Zu 3 a) und b):
Zwei der Sätze sind falsch. Du findest die Fehler, wenn du den ersten und den vierten Hinweis in der **LERNBOX** aufmerksam liest.
Überprüfe dazu folgende Punkte:
- Wo werden die Anführungszeichen gesetzt?
- Welche Satzschlusszeichen sind je nach Aussageabsicht des Sprechers möglich?

A *Na, na, äh …*
Jeder hat hier die gleichen Chancen, äh, der Wettkampf ist fair!

B *Oh je, das ist nicht gerade meine Stärke. Wo soll ich nur anfangen?*

C *Nun beginnen wir mit eurer zweiten Aufgabe: Ihr sollt Gegenstände verschwinden und wieder auftauchen lassen.*

D *Also ich bin darin perfekt! Da müsst ihr nur die Ahnen meiner Schlossbesitzer fragen.*

E *Die Spukzeit beginnt … ab jetzt! Möge der beste Geist gewinnen!*

____ rief Fiete von Prahlen durch die Eingangshalle. ____ fragte sich Aurora mit ihrer Piepsstimme, die sich eher lustig als gruselig anhörte, und zog die Stirn in Falten. Jerome grinste breit und rühmte sich: ____ Da erscholl schon die knarrende Stimme von Vladimir Krück: ____ Er zwinkerte Aurora zu, die errötete. Dann erklang der bekannte Pfiff als Startsignal und Fiete von Prahlen rief der Gespensterschar zu: ____ Und so setzten sich alle Geister mitsamt Jury in Bewegung und der Spuk ging los …

Folie

4 **a)** Lies den Lückentext und überlege dir, an welchen Stellen du die Aussagen A bis E einsetzen könntest.
b) Erkläre, woran du dich beim Einsetzen orientiert hast, z. B. Charakter und Rolle der Personen, Verben in den Redebegleitsätzen. Beziehe dich dazu auch auf den Text von Seite 94/95.
c) Schreibe den Text ab und setze dabei die Zeichen der wörtlichen Rede. Beachte dazu die Hinweise aus der **LERNBOX** von Seite 253.
d) Vergleicht eure Ergebnisse. Achtet besonders auf das Komma vor dem nachgestellten Begleitsatz.

5 Schreibe die Erzählung weiter. Beachte dabei:
- Bilde vorangestellte und nachgestellte Redebegleitsätze.
- Versuche, das Wort *sagen* zu vermeiden. Verwende stattdessen folgende Verben in den Begleitsätzen, damit dein Text abwechslungsreicher klingt: *antworten, brummen, erwidern, fragen, knurren, murmeln, nachfragen, wispern, nörgeln, verkünden.*
- Achte auf die Satzschlusszeichen bei der wörtlichen Rede. Du kannst Punkte, Ausrufe- und Fragezeichen verwenden, um die Aussageabsicht zu verdeutlichen.

TIPPBOX

Zu 4 a): Achte beim Einsetzen der Aussagen zuerst auf die Person, die etwas sagt: Passt die Aussage zur Rolle und zum Charakter der Person? Überprüfe danach, ob die Aussage auch zum Redebegleitsatz passt: Wenn z. B. das Verb *fragen* verwendet wird, sollte in der wörtlichen Rede auch eine Frage folgen.
Zu 5 : So kannst du beginnen: *Aurora überlegte eine Weile, dann hatte sie die Idee: „Ich werde mich in das Zimmer des Zirkusdirektors schleichen, der hat doch seine drei Pudel dabei. Die kann man prima verschwinden lassen." Schnell schwebte sie …*

Prüfe dein Wissen zu Zeichensetzung!

Zeichensetzungsprofis sollten auch die Aufgaben mit ☆ bearbeiten.

Folie

1 Ergänze die Lücken der folgenden Merksätze:

4	

Satzzeichen erleichtern das Lesen. Damit du den Satz beim Lesen leichter verstehen kannst, werden Sinneinheiten meistens durch (1) oder (2) getrennt. Zu jeder Sinneinheit gehört ein (3). Aufzählungen von Wörtern und Wortgruppen werden durch (4) getrennt.

2 Setze bei den Aufzählungen in diesem Rezept die fehlenden Kommas:

8	

Spargel auf Mailänder Art

Du brauchst 1 000 g Spargel Salzwasser 60g Butter 100 g geriebenen Parmesankäse. Den Spargel schälen waschen bündeln und in Salzwasser weich kochen. Gut abtropfen lassen in einer feuerfesten Form oder auf einer Platte anrichten. Lass etwas Butter zerlaufen bestreue den Spargel mit Parmesankäse übergieße ihn mit der Butter und überbacke ihn bei starker Oberhitze im Ofen.

3 **a)** Unterstreiche im folgenden Text alle Verben und grenze die Sinneinheiten jeweils durch Klammern ab.

11	

b) Schreibe den Text ab und setze dort Punkte oder Kommas, wo es dir sinnvoll erscheint. Bei *und* setzt du kein Komma. Achtung: Großschreibung am Satzanfang.

9	

Löwenzahntee

Schon seit dem Mittelalter trinken die Menschen Löwenzahntee die Zubereitung ist ganz einfach gehe in den Garten und pflücke Löwenzahn für zwei Tassen Tee benötigst du eine frische Löwenzahnpflanze wasche die Pflanze und tupfe sie trocken schneide sie dann klein auf eine Handvoll der kleingeschnittenen Löwenzahnblätter schüttest du einen Liter kochendes Wasser lass den Tee zehn Minuten lang ziehen gieße den Tee danach durch ein Sieb

4 Schreibe die Witze ab und ergänze dabei die Zeichen der wörtlichen Rede:

A Der Deutschlehrer sagt zu Henrike: Ich habe zu Mittag gegessen. Was ist das für eine Zeit? Das ist eine Mahlzeit, antwortet Henrike.

4	

B Max schreibt im Diktat das Wort Krokodil klein. Der Lehrer seufzt: Ich habe dir das schon so oft erklärt. Alles, was man anfassen kann, wird großgeschrieben. Darauf sagt Max: Aber Sie glauben doch selbst nicht, dass ich ein Krokodil anfassen werde.

4	

C Wörter, die mit der Vorsilbe un- beginnen, drücken meistens etwas Schlechtes aus, erklärt der Lehrer. Wer kann mir solch ein Wort nennen? Darauf Mert schlagfertig: Unterricht!

[6]		☆

40 [46]	
Summe	

Überprüfe deine Ergebnisse anhand der Lösungen im Lösungsheft.

Im Wörterbuch nachschlagen

Das Alphabet üben

Wenn du nicht genau weißt, wie ein Wort geschrieben wird, kannst du es in einem Rechtschreibwörterbuch nachschlagen. Damit du dich in einem Wörterbuch gut zurechtfindest, musst du das Alphabet sicher beherrschen.

Das Bibliotheks-Abc

CD-ROMs, PCs und Spiele,
Y-mal schon zurück.
Verse, die Verliebte dichten,
Davon gibt es hier ganz viele!
Purer Lesespaß: sofort!
Igelbuch gehört zu „Tier",
Zeit für neues Leseglück!
Erst mal sehn, wie das hier geht.
Hund bei „Haustier" – das ist richtig!
Lesefutter – Wort für Wort.
So, wie viele viel hier machen,
Bücher – ganze Wände voll,
Größe ist wohl nicht so wichtig,

Nicht zum Kaufen – doch zum Leihen!
Ach, was das wohl werden soll!
Oder Schmökern gleich vor Ort.
Jugendbücher stehen hier,
Quietschvergnügt, doch auch mal still.
Meterlange Bücherreihen,
Teilen sie sich Raum und Sachen:
Ungeheuerspukgeschichten,
Wissen, Märchen, Fantasien,
X-mal wohl schon ausgeliehen,
Kinderkrimis stehen dort,
Find ich raus, wo alles steht?
Regeln sind da mit im Spiel.

1 Die Verse des Gedichts über die Bücherei sind durcheinandergeraten.
a) Ordne die Verse so an, dass das Gedicht zur Überschrift passt. Schreibe sie auf. Du kannst die Verse auch mit dem **Computer** aufschreiben.
b) Vergleiche dein Ergebnis mit einem Nachbarn.

Seite 264

☆ **2** Schreibe ein Gedicht zum Thema *Klassen-Abc*. Gehe so vor:
a) Schreibe die Vornamen deiner Mitschüler nach dem Alphabet sortiert untereinander auf.
b) Formuliere so wie im Beispiel zu jedem Namen einen Vers.

3 Übt das Alphabet zu zweit mit der Wörterschlange:
a) Schreibt dazu diese Wörter auf Kärtchen und legt sie verdeckt auf den Tisch: *schmökern, Lesespaß, Fantasie, zurück, Kassette, Trog, Haustier, Märchen, Bibliothek, Größe, Liter, Schanze*. Eines ist schon umgedreht.
b) Dreht nun abwechselnd ein Kärtchen um. Dieses Kärtchen wird von der Person, die es umgedreht hat, nach dem Alphabet vorne, hinten oder dazwischen einsortiert, sodass eine lange Wörterschlange entsteht.
c) Schreibt eigene Nomen auf Kärtchen und ergänzt die Wörterschlange.
Tipp: Besonders knifflig wird es, wenn die Nomen mit einem oder mehreren gleichen Buchstaben beginnen, z. B. *Fahrrad, Fahrbahn, fahren* ...

Kopfwörter helfen beim Nachschlagen

geben | 102 | Gefäß

ge|ben: du gibst, er gab, er gäbe, hat gegeben, gib!; die Hand geben – ein Konzert geben – sich Mühe geben
Ge|bet, das: des Gebet(e)s, die Gebete
Ge|biet, das: des Gebiet(e)s, die Gebiete; das Gebiet um Berlin; das **Stadt|ge|biet**
Ge|bir|ge, das: des Gebirges, die Gebirge; **ge|bir|gig**
Ge|biss, das: des Gebisses, die Gebisse; (Gesamtheit der Zähne; künstliche Zahnreihe)
ge|bo|ren: *Abk.* geb.; sie ist eine geborene Müller
Ge|bot, das: des Gebot(e)s, die Gebote; die Zehn Gebote; das **An|ge|bot**
ge|brau|chen: das kann ich gut gebrauchen; der **Ge|brauch**, die **Ge|brauchs-**
Ge|dicht, das: des Gedicht(e)s, die Gedichte; die **Ge|dicht|samm|lung**
Ge|drän|ge, das: des Gedränges; ein dichtes Gedränge (viele Menschen an einem Platz); **ge|drängt**: dicht gedrängt *auch* dichtgedrängt stehen (dicht nebeneinander)
Ge|duld, die: der Geduld; die Geduld verlieren – meine Geduld ist am Ende; die **Ge|dulds|pro|be**; **ge|dul|dig**; **ge|dul|den**: sich gedulden
ge|eig|net: geeigneter, am geeignetsten; geeignete (erforderliche) Maßnahmen ergreifen – sie ist dafür gut geeignet (ist die Richtige)
Ge|fahr, die: der Gefahr, die Gefahren; der Gefahr trotzen – sich in Gefahr begeben; die **Ge|fähr|lich|keit**; **ge-**

F
G
H

1 a) Schau dir die Seite aus dem Wörterbuch an. Wie lauten die Kopfwörter auf dieser Seite? Lies dazu den zweiten Hinweis in der LERNBOX.
b) Überlege nur anhand der Kopfwörter, ob du die Wörter *gegen, gebirgig, Geduldsprobe, Genf* und *Gehilfe* auf dieser Seite finden kannst.
c) Finde die beiden richtigen Wörter. Bei welchem Stichwort stehen sie?

2 Du suchst das Wort *Schlüsselbund*. Zwischen welchen Kopfwörtern steht es?
Schleuder – Schloss   schlimm – schlürfen   Schlips – Schmalz

3 Kreuze an, welche Informationen dir das Wörterbuch bieten kann, und finde jeweils ein Beispiel dazu auf der Wörterbuchseite:

Folie

Formen der Verben	*	Geschlecht und Plural von Nomen	*
Kochrezepte	*	Bedeutung von Wörtern	*
Wörter aus Wortfamilien	*	Abkürzungen von Wörtern	*
Trennung von Wörtern	*		

! LERNBOX

So arbeitest du mit einem Wörterbuch:
1. **Achte auf das Alphabet und die Reihenfolge der Wörter:** Die Wörter sind nach dem Alphabet geordnet. Deshalb musst du dich am Alphabet orientieren, um ein Wort zu finden: *Dach* steht vor *Eimer*, *Hund* vor *Maus*. Bei *schleunigst* und *Schleuse* entscheidet erst der siebte Buchstabe die Reihenfolge.
2. **Orientiere dich an den Kopfwörtern:** Links oben steht das Stichwort, mit dem die linke Seite beginnt. Rechts oben steht das Stichwort, mit dem die rechte Seite aufhört. Man nennt diese Kopfwörter oder auch **Leitwörter**.
3. **Wenn du ein Wort nicht findest, überlege, wie es anders geschrieben werden könnte:** *Der ?ogel* – unter *F* steht das Wort nicht, suche daher unter *V*.
4. **Umlaute werden wie Vokale behandelt:** Ein Wort mit *Ä* steht unter *A*.

Die Grundform des Wortes bestimmen

1 Unter welchem Stichwort findest du jeweils Hinweise zu den unterstrichenen Wörtern? Lies dazu die LERNBOX.

2 Suche zu den folgenden Verben und Adjektiven die Grundform. Nutze dazu die Hinweise 1. bis 3. in der LERNBOX. Schlage die Grundformen im Wörterbuch nach und notiere sie zusammen mit der Seitenzahl.
(er) rief – (am) nächsten – (es) fraß – (am) höchsten – (sie) traf – (sie) stahl – besser – (er hat) genommen – (am) meisten – (es) sank

Seite 225

3 **a)** Zerlege die zusammengesetzten Nomen und schlage sie nach. Lies dazu den vierten Hinweis in der LERNBOX. Ergänze die fehlenden Buchstaben.
Fa?rradke??er – Schulkon?ert – Flu?angs? – Schwi?unte?icht – Qui?kandida? – Schachturn?r – Jugen?ma?schaft
b) Notiere jeweils beide Nomen mit Artikel in der Tabelle.

Zusammengesetztes Nomen	Nomen (Bestimmungswort)	Nomen (Grundwort)
der Fahrradkeller	das Fahrrad	der Keller

c) Überlege dir weitere Wortzusammensetzungen und schlage sie nach.

4 Schlage die folgenden Wörter nach und schreibe sie richtig in dein Heft.

eu oder äu?: R?ber – ?ßerlich – B?te
s, ss oder ß?: Ma?nahme – kro? – Stup?nase
mit/ohne h?: schä?len – verwä?lt – geho?lt
b oder p?: Telesko? – La?to? – hal?tags
d oder t?: Leopar? – anstrengen? – fahren?
c, ch oder k?: ?arambolage – ?lever – Schnee?aos
v oder w?: ?entil – Blumen?ase – ?aage
e oder ä?: ?ltern – Tassenh?nkel – ?quator

LERNBOX

So bestimmst du die Grundform eines Wortes:
Viele Wörter, die du täglich verwendest, findest du nicht als Stichwort im Wörterbuch. So kannst du sie aufspüren:

1. Bilde bei **Verben** den Infinitiv: *er gibt → geben.*
2. Bilde bei **Nomen** im Plural (= Mehrzahl) den Singular (= Einzahl): *die Mäuse → die Maus.*
3. Bilde bei gesteigerten **Adjektiven** die Grundform: *dünner → dünn/am dünnsten → dünn.*
4. Nicht alle **zusammengesetzten Wörter** findest du im Wörterbuch. Zerlege sie in Einzelwörter und schlage sie getrennt nach: *der Fahrradschlauch → Fahrrad + Schlauch.*

TIPPBOX

Zu 2: Bilde zu den Verben und Adjektiven die Grundform und schlage diese nach:
(er) rief → rufen (Infinitiv), *(am) nächsten → nahe.*
Zu 3 a): Zerlege die Zusammensetzungen in zwei Nomen und schlage diese einzeln nach:
das Schulkon?ert → die Schule + das Konzert.

Rechtschreibung trainieren

Die eigenen Texte kontrollieren

Texte, die du schreibst und die andere lesen, sollten möglichst fehlerfrei sein. Um das zu erreichen, musst du sie auf Rechtschreibung und Zeichensetzung überprüfen. Das geht am besten, wenn du deine eigenen Fehlerschwerpunkte kennst. Dann kannst du gezielt daran arbeiten. Ideen dazu findest du auf Seite 260.

Die rasante Looping-Fart (von Nina) R1
Am wochenende war ich mit meiner Familie im Freizeitpark, doch dieser R2
Ausfluk sollte für mich nicht so gut enden ... Weil ich eigentlich ein Drauf- R3,
gänger bin, dränkte ich meine Eltern zuerst zur achterbahn. Ausserdem R4, R5, R6
befindet man sich nach dem Erklimen des ersten Turms direkt im freien Fal. R7, R8
Die erste Fahrt machte ich mit meinem Vater, aber der hatte dann genug.
Mir gefiel es aber, mit einer Spitzengeschwindigkeit von 80 Stunden-
kilometern hinunterzuraßen. Der Weltrekort im Dauerfahren liegt bei R9, R10
210 Stunden, das heist, der Rekorthalter ist mehr als 26 000 Mal durch die R11, R12
Loopings gerasst. Dazu hate ich zwar keine Zeit, aber sechs bis sieben Mal R13, R14
wolte ich schon fahren. Meine Eltern wolten nicht warten und gingen weiter. R15, R16
Wir verabredeten eine uhrzeit und wollten uns dann trefen. Ich stellte mich R17, R18
an und fur immer so weiter. Nach etwa einer Stunde meldete sich mein R19
magen – und dann ging es sehr schnell. Schliesslich landete ich mit zwei R20, R21
Helfern auf der Krankenstation und meine Eltern, die ich per handy benach- R22
richtikt hatte, mussten mich dort abholen. Schöne Pleite! R23

1 Diese Erlebniserzählung wurde schon von Ninas Mutter kontrolliert.

a) Korrigiere die Wörter und erkläre die Schreibung. Schreibe auch auf, welche Rechtschreibstrategie du anwenden musst. Wenn du unsicher bist, schlage im Wörterbuch nach. Schreibe so: R1 die Fahrt → von fah ren, der Wortstamm wird mit h geschrieben, man muss das Wort ableiten.

b) Zähle, welche Fehlerart bei Nina am häufigsten vorkommt, indem du Striche in der Tabelle rechts machst.

c) Welche Übungen von Seite 260 sollte Nina zur Verbesserung ihrer Rechtschreibung durchführen? Mit welchen Seiten aus diesem Kapitel sollte sie üben?

d) Verfahre mit deinen eigenen Texten ebenso, um deine Fehlerschwerpunkte zu ermitteln. Lass dazu vorher einen Text wie oben korrigieren. Zähle dann die Fehler aus und suche dir passende Übungen heraus.

Großschreibung	
Doppelkonsonant	
s-Laute	
Auslaut	
Dehnungs-h	I

2 Lege dir zum Überarbeiten deiner Texte eine Textkorrekturkarte an. Übertrage dazu die Karte rechts und ergänze sie mit deinen Fehlerschwerpunkten. Arbeite damit beim Überarbeiten wie mit einer CHECKLISTE. Lies deinen Text mindestens dreimal.

Textkorrekturkarte von ...
1. Wörter weggelassen?
2. Punkte und Kommas gesetzt?
3. Buchstaben vergessen oder vertauscht?
4. Diese Fehlerschwerpunkte muss ich beachten:
   - ...

Mit Wörtern üben

Seite 229

Mit diesen Übungen kannst du deine Rechtschreibung verbessern. Nutze dazu zum Beispiel die Wörter aus deiner **Rechtschreibkartei**. Orientiere dich bei der Auswahl der Übungen an deinen Fehlerschwerpunkten und erstelle dir einen Übungsplan. Übe möglichst täglich. Wechsle die Aufgaben nach einer Woche.

Wörter alphabetisch ordnen: A
- Ordne die Wörter aus deiner Rechtschreibkartei nach dem Alphabet.
- Suche dir zehn Nomen aus dem Wörterbuch und ordne sie nach dem Alphabet.
  Tipp: Schwieriger wird es, wenn alle Wörter mit dem gleichen Buchstaben beginnen.

Mit Silben üben (Silbenprobe/Wörter verlängern): B
- Ordne die Wörter nach der Anzahl der Silben.
- Schreibe Wörter mit einer Silbe auf und verlängere sie: *der Hund → die Hunde.*
- Bilde von zweisilbigen Wörtern die Kurzform: *die Bäume → der Baum.*
- Schreibe die längeren Wörter nach Silben getrennt auf: *der Spa-zier-gang, das Zoo-wär-ter-häus-chen.*

Nomen und Adjektive unterscheiden: C
- Ordne die Wörter nach ihren Bausteinen, z. B. Nomen mit *-heit, -keit, -nis, -schaft, -ung, -tum, -sal, -ling (die Achtung, das Eigentum ...)* oder Adjektive mit *-lich, -isch, -ig (niedlich, freudig ...).*
- Bilde aus allen Adjektiven in deiner Kartei Nomen: *gefährlich → die Gefahr.*

Erkennungswörter für Nomen (Artikelprobe beachten): D
- Verbinde Adjektive und Nomen miteinander und setze den passenden Artikel davor: *der große Garten.*
- Nimm einen Text aus der Zeitung und suche Nomen ohne Erkennungswort (Artikel, Adjektiv, Pronomen).
  Führe die Artikelprobe durch: *nicht ohne Waschzeug auf Reise gehen → das Waschzeug, die Reise.*

Wörter mit gleichem Wortstamm sammeln (Wörter ableiten): E
Suche zu deinen Wörtern aus der Rechtschreibkartei verwandte Wörter und bilde Wortfamilien: *der Kauf, kaufen, verkaufen, Kaufhausdetektiv, Verkäufer ...*

Wörter zusammensetzen: F
Füge ein Wort aus deiner Kartei mit anderen Wörtern zusammen und schreibe sie mit Artikel auf: *die Klassensprecherin, der Klassenrat ...*

Wörter zerlegen: G
Zerlege zusammengesetzte Wörter in ihre Bestandteile. Stelle bei zusammengesetzten Nomen den Artikel vor jedes einzelne Wort: *das Raubtier: der Raub + das Tier.*

Wörter nach gemeinsamen Rechtschreibmerkmalen ordnen: H
Stelle Wörter nach gemeinsamen Rechtschreibmerkmalen zusammen:
- Wörter mit Doppelkonsonanten: *kip pen, schaf fen, ren nen ...*
- Wörter mit Dehnungs-*h*: *der Mohn, der Kahn, der Lohn, fahren ...*

Liste mit Lernwörtern: I
Notiere Wörter, die du schon häufig falsch geschrieben hast, auf einer Liste und hänge sie als Lernplakat über deinen Schreibtisch, z. B.: *er kam, außerdem, denn, wenn, ihn ...*

Mein persönlicher Übungsplan:
1. Woche:
Erkennungswörter für Nomen üben + Artikelprobe (S. 260, D; S. 246/247)
2. Woche:
Liste mit Lernwörtern anlegen + einprägen

Die Rechtschreibung mit Diktaten üben

1 Diktate sind eine gute Möglichkeit, die Rechtschreibung zu üben. Probiere aus, mit welcher Diktatform von Seite 262 du am besten trainieren kannst.

A Wegschnecke

Die Wegschnecke ist oft rötlich gefärbt. Sie ist eine einheimische Nacktschnecke. Sie hat kein Gehäuse und wird 12 bis 16 cm lang. Sie atmet durch ein Atemloch im vorderen Bereich des Körpers. Sie atmet mit einer Lunge und nicht durch Kiemen wie manche andere Arten. Am Kopf trägt sie zwei Fühlerpaare. An den oberen Fühlern befinden sich die Augen, an den unteren die Geruchsorgane, mit denen sie schmecken und tasten kann. Die Wegschnecken ernähren sich von altem Laub, aber sie verschmähen auch den Salat im Garten oder andere tote Schnecken nicht. An der Zunge der Schnecken befinden sich viele kleine Zähne, mit denen sie ihre Nahrung abraspeln.

B Waldameise

Waldameisen leben wie die Bienen in Staaten. Sie errichten ihre Nester als Kuppelbauten. In einem solchen Staat leben eine Königin, etwa 500 000 Arbeiterinnen und männliche Tiere. Das Nest wird oft am Rand von Nadelwäldern angelegt, die Nadeln der Bäume sind das Baumaterial. Der Körper ist schwarzbraun und rot gefärbt. Die Arbeiterinnen kümmern sich um die Brut, sie schaffen Nahrung herbei, vertreiben Feinde und erneuern und erweitern den Bau. Die Waldameisen erbeuten zahlreiche Insekten. Sie suchen aber auch nach Honigtau von Blattläusen oder dem Saft von Bäumen. Gegen Feinde wehren sie sich, indem sie aus ihrem Hinterleib Gift versprühen. Es besteht vor allem aus Ameisensäure. Etwa im Mai verlassen junge Königinnen und die männlichen Tiere den Bau zu einem Hochzeitsflug. Eine Jungkönigin gründet dann einen neuen Staat.

C Eichhörnchen

Eichhörnchen haben ein rotbraunes Fell, kurze Vorderbeine und lange, kräftige Hinterbeine. Damit können sie vier bis fünf Meter weit springen. Der lange, buschige Schwanz dient ihnen dabei als Steuer. An ihren Pfoten haben sie starke, scharfe Krallen. Eichhörnchen können mit dem Kopf nach unten an einem Baum herunterlaufen. Sie klettern mit großer Geschwindigkeit und können außerdem gut sehen. Eichhörnchen werden vom Habicht, dem Fuchs und dem Baummarder verfolgt. Sie selbst fressen gern Samen, Haselnüsse, Bucheckern, Walnüsse, Knospen, Wurzelknollen, Pilze, manchmal auch Vogeleier und Jungvögel. Im Herbst legen sie Vorräte an und vergraben dazu Nüsse oder Samen. Da sie manche davon vergessen, wachsen daraus im Frühjahr neue Bäume und Pflanzen. Das männliche Eichhörnchen wird auch Eichkater genannt, das weibliche Eichkatze. Zweimal im Jahr bekommen Eichhörnchen ein neues Fell. Leider werden sie oft von Ungeziefer geplagt. Aus Moos, Bast, Federn und Wolle bauen sie ein Nest, das man Kobel nennt. In einem Kobel bekommen die Weibchen zweimal im Jahr drei bis acht Junge. Die sind zuerst blind. Nach ungefähr acht Wochen sind sie erwachsen. Im Winter dient der Kobel als Schlafplatz. Eichhörnchen halten allerdings keinen Winterschlaf, sondern eine Winterruhe. Sie schlafen zwar viel, werden aber immer wieder wach, um von ihren Vorräten zu fressen.

Laufdiktat

Vorbereitung:
- Lege einen Text (z. B. von Seite 261) auf deinen Nachbartisch oder hänge ihn an die Wand.
- Lege dir etwas zum Schreiben auf deinen Arbeitsplatz.

Durchführung und Auswertung:
a) Gehe zum Text, lies dir den ersten Satz mehrmals durch und präge ihn dir ein.
b) Gehe zum Arbeitsplatz und schreibe den Satz auf. Wiederhole dies.
c) Vergleiche deinen Text mit der Vorlage und berichtige deine Fehler.

Partnerdiktat

Vorbereitung:
- Jeweils zwei Schüler arbeiten zusammen.
- Beide lesen den ausgewählten Text gründlich durch. Einigt euch, wer den ersten Satz diktiert.

Durchführung und Auswertung:
a) Der eine diktiert zusammengehörende Sinneinheiten, bis der Satz vollständig ist: *Waldameisen leben wie die Bienen ...*
b) Der andere spricht die Wörter leise nach und schreibt jede Sinneinheit auf. **Tipp:** Wenn du schon sicherer bist, sprichst du nicht mehr leise nach, sondern merkst dir die Wörter.
c) Jeder aufgeschriebene Satz wird sofort kontrolliert.
d) Anschließend tauscht ihr die Rollen: Wer geschrieben hat, diktiert dem anderen den zweiten Satz.

Klopfdiktat

Vorbereitung:
- Jeweils zwei Schüler arbeiten zusammen.
- Einigt euch auf eine bestimmte Rechtschreibschwierigkeit, beispielsweise *Großschreibung* oder *Wörter mit doppeltem Konsonanten*.
- Einigt euch, wer vorliest und wer zuhört.

Durchführung und Auswertung:
a) Der eine liest den Text langsam vor.
b) Der andere hört genau zu und klopft leise auf den Tisch, wenn ein Wort mit der abgesprochenen Rechtschreibschwierigkeit genannt wurde.
c) Der Klopfende schreibt das Wort richtig auf und erklärt die Schreibweise: *Bienen wird großgeschrieben → die Bienen (Artikelprobe).*

Tipp: Arbeite mit den falsch geschriebenen Wörtern weiter:
- Trage sie in deine **Rechtschreibkartei** ein.
- Schreibe sie auf die **Wörterliste** (Lernplakat).
- **Übe** die ausgewählten Texte so lange, bis du keine Fehler mehr machst.

Lernbegleitbogen *Richtig schreiben*

Kompetenz / Inhalt Ich kann ...	Selbstein- schätzung ☺ 😐 ☹	Fremdein- schätzung ☺ 😐 ☹	Bemer- kungen	Hier kannst du weiterüben:
Rechtschreibgespräche führen (S. 228)				
eine Rechtschreibkartei anlegen und mit dieser üben (S. 229)				
Konsonanten und Vokale unterscheiden (S. 230)				AH, S. 58
Silben in Wörtern erkennen (S. 231)				AH, S. 59
kurze und lange Vokale unterscheiden (S. 232)				AH, S. 60
Wörter mit silbentrennendem *h* verlängern und richtig schreiben (S. 233)				AH, S. 61
Wörter mit *ie* richtig schreiben (S. 234)				AH, S. 62
Wörter mit Dehnungs-*h* richtig schreiben (S. 235)				AH, S. 63
Lernwörter erkennen und richtig schreiben: – mit einfachem *i* (S. 236) – mit *aa, ee, oo* (S. 237)				 AH, S. 64, AH, S. 65
Wörter mit doppeltem Konsonanten verlängern und richtig schreiben (S. 238–239)				AH, S. 66–67
s-Laute unterscheiden und richtig schreiben: – Wörter mit ss oder *ß* (S. 240) – Wörter mit s oder *ß* (S. 241)				 AH, S. 68, AH, S. 69
Wörter verlängern und Auslaute (*b/p, d/t, g/k*) richtig schreiben (S. 242–243)				AH, S. 70
Wörter mit *ä/äu* ableiten (S. 244)				AH, S. 71
Wörter richtig trennen (S. 245)				AH, S. 72
erkennen, welche Wörter ich großschreiben muss: – Signalwörter erkennen (S. 246–247) – Anredepronomen richtig schreiben (S. 248)				 AH, S. 73–74
Rechtschreibregeln sicher anwenden (S. 249–250)				Wiederhole die Seiten im Kapitel!
Zeichen richtig setzen: – Kommas bei Aufzählungen setzen (S. 251) – durch Komma und Punkt Sinneinheiten trennen (S. 252) – Zeichen der wörtlichen Rede setzen (S. 253–254)				 AH, S. 75, AH, S. 76, AH, S. 77
Zeichensetzungsregeln sicher anwenden (S. 255)				Wiederhole die Seiten im Kapitel!
im Wörterbuch nachschlagen: – das Alphabet kennen (S. 256) – Kopfwörter nutzen (S. 257) – die Grundform eines Wortes bestimmen (S. 258)				 AH, S. 78–79, AH, S. 80
eigene Texte kontrollieren, Fehlerschwerpunkte ermitteln und daran üben (S. 259–260)				

AH = Arbeitsheft

Computer im Unterricht

Einen Text eingeben und formatieren

<u>Steckbrief zu Rindern</u>
Weibliches Tier: Kuh
Männliches Tier: Stier oder Bulle
Jungtier: Kalb
Größe: 1,5 m
Gewicht: 500–800 kg; Stiere bis 1200 kg
Lebenserwartung: 20 Jahre
Milchmenge pro Tag: ca. 20 Liter
Futtermenge pro Tag: ca. 80 kg Gras
Bewegungsgeschwindigkeit: ca. 4 km/h
Höchstgeschwindigkeit: 27 km/h
Sprunghöhe: 1,5 m
Wasserbedarf: 20–150 Liter pro Tag

1 **a)** Gib den Text, so wie er hier steht, in den Computer ein.
Lies dazu den ersten Hinweis in der **LERNBOX**.
b) Überprüfe die Rechtschreibung und speichere den Text ab.

2 **a)** Einen Text kann man unterschiedlich gestalten (= formatieren).
Lies dazu den zweiten Hinweis in der **LERNBOX**.
b) Gib die Beschreibung auf Seite 265 in den Computer ein und versuche sie dabei eigenständig zu gestalten.

Löschtasten

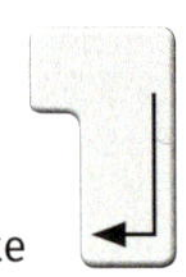
Enter-Taste

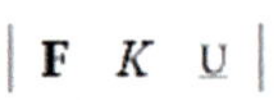

Schriftmerkmale

Schriftausrichtung

Schriftart, Schriftgröße

LERNBOX

So gibst du einen Text am Computer ein:

1. Starte das **Textverarbeitungsprogramm** deines Computers und gib den Text ein. Setze nach jedem Wort oder Satzzeichen ein Leerzeichen. Beachte folgende Hinweise:
   - Korrigiere Fehler mit den **Löschtasten**.
   - Bilde Absätze durch die **Enter-Taste**.
   - Gib der Datei einen Namen, z. B. „Steckbrief“ und **speichere** deinen Text. 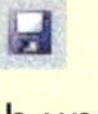
2. Überlege, was ins Auge fallen soll und wie du den Text übersichtlich und interessant gestalten willst. Du kannst Folgendes verändern:
   - **Schriftart und Schriftgröße**,
   - **Schriftmerkmale**, wie **fett**, *kursiv* und <u>unterstrichen</u>,
   - **Ausrichtung der Absätze**, linksbündig, rechtsbündig, zentriert oder Blocksatz,
   - **Einzug der Absätze** durch Tabulatoren oder Absatzeinzug,
   - die Farbe der **Buchstaben** oder auch **Hintergründe**. 

Einen Text durch ClipArts gestalten

Eine Kuh, die zufrieden wiederkäut, mag vielleicht aussehen wie Susi Sorglos, aber hinter diesen großen braunen Augen, die schon der griechischen Göttin Hera den wundervollen Beinamen „die Kuhäugige" für ihre Schönheit gaben, geht eine Menge vor. Kühe sind genauso verschieden wie Hunde, Katzen und Menschen: Manche sind klug, andere lernen eher langsam. Manche sind kühn und auf Abenteuer aus, andere sind schüchtern und zurückhaltend. Manche sind freundlich und besonnen, andere großspurig und verschlagen. Nach Angaben der Öko-Farmerin Rosamund Young, Autorin des Buches „The Secret Lives of Cows" (deutsch: Das geheime Leben der Kühe), können Kühe „hochintelligent, mäßig intelligent oder begriffsstutzig sein; freundlich, besonnen, aggressiv, fügsam, erfindungsreich, langweilig, stolz oder schüchtern."
Aber Kühe weisen nicht nur eine ausgeprägte Persönlichkeit auf, sondern sind, so die jüngste Forschung, auch sehr intelligente Tiere mit einem Langzeitgedächtnis. (...) Sie verfügen außerdem über eine Vielzahl an Gefühlen und die Fähigkeit, sich über die Zukunft Sorgen machen zu können.

1 Durch Bilder wird eine Tierbeschreibung interessanter.
Füge in deiner Beschreibung Bilder ein, die du in deinem Textverarbeitungsprogramm findest. Lies dazu die **LERNBOX**.

! LERNBOX

So kannst du einen Text durch Bilder gestalten:

1. Gestalte den Text **mit WordArt:**
   - Gehe mit dem Mauszeiger auf **„Einfügen"** → **„WordArt"**.

   - Suche aus dem WordArt-Angebot eine Vorlage aus und klicke sie an.
   - Gib anschließend deinen Text ein und klicke auf OK.
2. Füge **Bilder** (ClipArts) ein:

   - Gehe mit dem Mauszeiger auf **„Einfügen"** → **„ClipArt"**.
   - Suche nach ClipArts. Wenn dir eine gefällt, klicke sie an.
   - Sie landet dann in deinem Text.
   - Verschiebe die ClipArt dorthin, wohin du sie haben willst. Gehe dazu mit dem Mauszeiger auf **„Format"** → **„Textumbruch"** → **„Passend"**. Jetzt kannst du die ClipArt frei verschieben.
   - Um die ClipArt zu formatieren, klicke sie mit der rechten Maustaste an und gehe dann zu **„Grafik formatieren"**. Nun werden dir verschiedene Formatierungsmöglichkeiten gezeigt. Probiere sie aus.

Einen Text durch Bilder ergänzen

Gerade bei einer Tierbeschreibung ist es wichtig, dass du deinen Text mit Bildern des beschriebenen Tieres ergänzt, damit sich die Leser eine genaue Vorstellung davon machen können. Aber Vorsicht: Du darfst nicht einfach Fotos aus dem Internet kopieren und in deinen Text einfügen.
Lies dazu die **LERNBOX** zum Thema „Urheberrecht“.

Quelle: Okapia KG Michael Grzimek & Co.

Tiger

Nach dem Tiger ist der Löwe die zweitgrößte Katze und damit das größte Landraubtier Afrikas. Ein Löwenmännchen hat eine Kopfrumpflänge von 170 bis 250 Zentimetern, eine Schulterhöhe von bis zu 123 Zentimetern und eine Schwanzlänge von rund einem Meter. Ausgewachsene männliche Tiere kommen auf ein durchschnittliches Körpergewicht von 190 Kilogramm. Die Schwankungsbreite reicht von 150 bis 225 kg, in Ausnahmefällen bis zu 272 kg. Weibchen sind mit 140 bis 175 Zentimetern Kopfrumpflänge, einer Schulterhöhe von 100 Zentimetern und einem 85 Zentimeter langen Schwanz deutlich zierlicher und haben ein Körpergewicht von rund 126 Kilogramm. Im Schnitt haben Löwen eine größere Schulterhöhe als Tiger, sind aber insgesamt etwas kürzer. Die größten Löwen leben heute im südlichen Afrika, die kleinsten in Asien.

1 Lies den Text und tausche dich anschließend mit einem Partner darüber aus, ob das Bild deiner Meinung nach gut zu der Tierbeschreibung passt.

2 Füge in deine eigene Tierbeschreibung Bilder ein, die du von deinem Computer hochlädst. Lies dazu die rechte **LERNBOX**.

[!] LERNBOX

Urheberrecht
Wenn man ein Bild veröffentlichen möchte, muss man den Urheber (Erschaffer) um Erlaubnis bitten. Holt man die Erlaubnis nicht ein, verletzt man das Urheberrecht und macht sich strafbar. Es ist aber erlaubt, Bilder für den privaten Gebrauch auf dem Computer herunterzuladen und sie für eigene Zwecke zu nutzen. Nur veröffentlichen (z. B. in einem Buch oder im Internet) oder verkaufen darf man sie nicht. Es gibt auch sogenannte „rechtefreie“ Bilder (z. B. ClipArts), die du frei verwenden darfst.

[!] LERNBOX

So fügst du Bilder in deine Texte ein:

1. Gehe mit dem Mauszeiger in der Taskleiste auf **„Einfügen“**. Klicke dann auf **„Grafik“**.
2. Wähle das **Verzeichnis** aus, in dem du das Bild abgespeichert hast. Oft findest du die Fotos in den **Bibliotheken** deines Computers unter **„Bilder“**. Wenn du nicht mehr genau weißt, wo du das Foto abgespeichert hast, kannst du auch die Suchfunktion oben rechts in der Ecke nutzen.
3. Klicke das ausgewählte Foto mit der linken Maustaste zweimal an. Es wird dann automatisch **in dein Dokument eingefügt**.
4. Schiebe das Foto **an einen geeigneten Platz in deinem Text**. Nimm dabei die **LERNBOX** auf Seite 265 zu Hilfe.

Einen Text überarbeiten

Tigerausbruch

Ich ging letztes Wochenende mit meiner Schwester in den Zoo. Ich sagte zu ihr: „Ich möchte gerne die Fütterung der Tiger sehen." „Ich möchte zum Affenhaus gehen", sagte sie. Ich ging mit ihr als Erstes zum Tigerkäfig. Ich sah mir dort den Tiger genau an. Der Tiger schlief. Ich setzte mich auf die Bank gegenüber von dem Tigergehege. Meine Schwester ging weiter zum Affenhaus. Wir wollten uns in einer halben Stunde treffen. Der Tiger ging plötzlich in seinem Gehege schnell hin und her. Er sprang über den Graben und über den Zaun. Ich wollte weggehen. Ich konnte vor Schreck meine Beine nicht bewegen. Der Tiger ging auf mich zu. „Ich habe Hunger", sagte er. Ich wachte auf, als ich von der Bank fiel. Ich war eingeschlafen und hatte geträumt. Da ging meine Schwester auf mich zu und lachte.

1 Gib den Text in den Computer ein.

2 Überprüfe anschließend die Rechtschreibung.
Viele Sätze beginnen mit demselben Wort oder Satzglied.
Stelle die Sätze so um, dass sie gut zu dem vorherigen Satz passen und der Text interessanter wird.
Nutze dazu die **Umstellprobe**.

Seite 212

3 In den Texten werden viele Wörter wiederholt. Ersetze einige Wörter, damit der Text anschaulicher wird und besser zu lesen ist. Lies dazu die **LERNBOX**.

! LERNBOX

So kannst du Texte sprachlich überarbeiten:

Mit dem Wörterbuch des **Textverarbeitungsprogramms (Thesaurus)** kannst du verschiedene Wörter mit derselben Bedeutung nachschlagen und ersetzen.
Gehe dabei so vor:

1. Markiere das Wort, das du ersetzen willst.
2. Klicke in der Menüleiste **„Überprüfen"** → **„Thesaurus"** an.
3. Wähle aus den vorgeschlagenen Wörtern eines aus und klicke es an.
   Nun hast du die Wörter ausgetauscht.

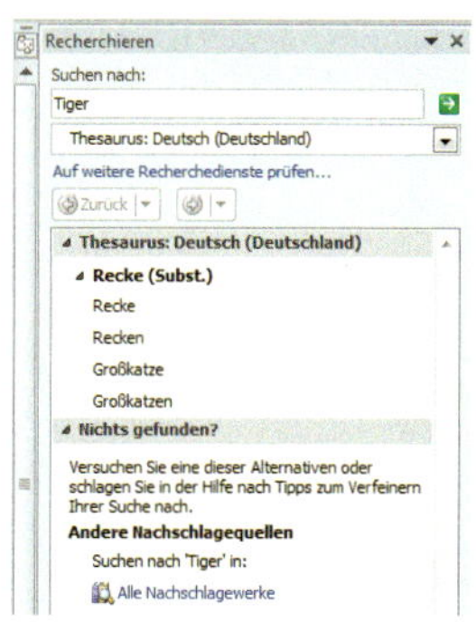

Texte mit der Rechtschreibhilfe überprüfen

1 Das folgende Gedicht steckt mit Absicht voller Tippfehler. Dein Textverarbeitungsprogramm weist dich durch eine rote Wellenlinie unter dem Wort auf die Fehler hin. Schreibe das Gedicht in der richtigen Rechtschreibung auf.

Der Gruß des Seeigels

Alfons Pillach

Er igelt stil am Meresgrunt,
und es ist zimlich ungesunt,
wenn man mit unbedachtem Schrit
auf seinen Schtachelrüken tritt.
Der mensch muß es dan büßen,
weil seine stacheln grüssen.
Und wer schon mal auf einem stand,
der hingte dann am Meerestrant.

2 Der Text rechts enthält elf Tippfehler. Gib ihn richtig in den Computer ein. Beachte dabei die **LERNBOX**.

Im Streichelzoo

Gästern habe ich den Zoh besuccht. Dort fütterte ich zuerst die ziege und dann ein paar Schaafe. Das schwartze Schaarf riss mir die kommplete Tüte aus der Hand. Ich fiehl hin und prellte mir das knie.

3 Die Fortsetzung des Textes enthält acht Fehler, die das Rechtschreibprogramm nicht erkennt.
a) Suche die Fehler heraus und schreibe den Text richtig auf.
b) Erkläre, warum die Rechtschreibhilfe die Fehler nicht finden konnte.

Dann kann das Scharf auf mich zu und lenkte mir die Hände ab, denn es klebte noch essen an meinen Fingern. Ich musste Lachen, weil es so stark kitzelte. Als ich Widder aufstand, lief das Schaf fort. Ich Verlies den Streichelzoo mit einem schrecken.

! LERNBOX

So erkennst du mit dem Computer Rechtschreibfehler:

1. Wenn ein Wort durch die **Rechtschreibhilfe** rot unterkringelt wird, ist es wahrscheinlich falsch geschrieben. Klicke in der Menüleiste auf **„Überprüfen“** und dann auf die Funktion **„Rechtschreibung und Grammatik“**.
2. Das Programm macht dir meist einen oder mehrere Verbesserungsvorschläge. Klicke den richtigen Vorschlag an und gehe dann auf **„Ändern“**.
3. Nicht jedes rot unterkringelte Wort muss falsch geschrieben sein. Klicke auf **„Ignorieren“** (= nicht beachten), wenn das Wort richtig geschrieben ist.
4. Die Rechtschreibprüfung erkennt nicht alle Fehler. Du musst deine Texte deshalb immer noch einmal gründlich kontrollieren.

Einen Steckbrief mithilfe einer Tabelle anlegen

1 Wähle einen der folgenden Steckbriefe aus und baue die Tabelle mithilfe der **LERNBOX** am Computer nach. Ergänze dabei die fehlenden Angaben in der rechten Spalte.

Mein Lieblingstier: Der Kuvasz

Tierart	Kuvasz
Name	Bonny
Größe	70 cm
Gewicht	50 kg
Eigenschaften	...
...	

Mein Lieblingstier: Das Pferd

Tierart	Pferd
Männliches Tier	Hengst
Weibliches Tier	Stute
Jungtier	Fohlen
Größe	
Gewicht	
Lebensweise	
...	

2 Suche dir ein Tier aus eurem Tiermagazin aus und erstelle dazu am Computer ebenfalls einen Steckbrief. Übertrage dazu die Informationen aus eurer Tierbeschreibung in eine Tabelle und füge ein Bild ein.

[!] LERNBOX

So legst du eine Tabelle an:
1. Klicke in der Menüleiste deines Textverarbeitungsprogramms auf **„Einfügen“ → „Tabelle“**.
2. Gehe dann auf **„Tabelle einfügen“** und gib an, wie viele Spalten und Zeilen du für deine Tabelle brauchst. Klicke anschließend auf OK.

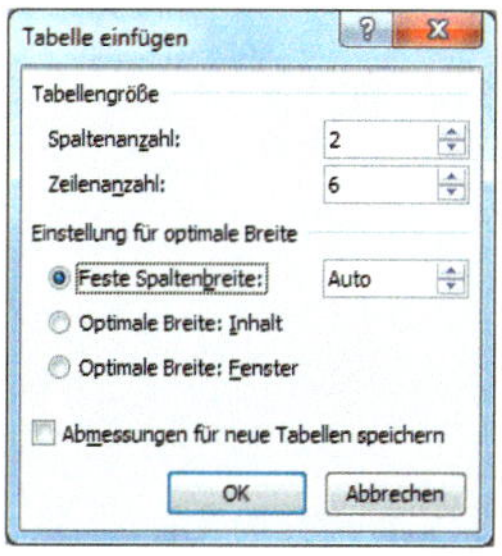

Methoden und Arbeitstechniken

Lesemethode für Sachtexte

Folie

1 **a)** Diese Lesemethode hilft dir, in einem Text wichtige Informationen zu erkennen und sie herauszuschreiben. Bearbeite den Text auf Seite 271 nach den folgenden Schritten. In den ersten Absätzen findest du schon Beispiele für Markierungen und Randbemerkungen. Arbeite auf einer Folie.
b) Übertrage den Notizzettel unten in dein Heft und vervollständige ihn.

Vor dem Lesen

1. Schritt: sich orientieren
- „Überfliege" den Text. Lies die Überschrift, die Zwischenüberschriften, die Einleitung (fett gedruckt) und schau dir mögliche Bilder an: Worum geht es?
- Stelle W-Fragen an den Text *(Was ...? Wer ...? Warum ...? Wo ...? Wann ...?)* und schreibe sie auf:
  Welche Strecke fährt die Bahn? ...

Während des Lesens

2. Schritt: unbekannte Begriffe klären
- Lies den Text „mit dem Stift". Markiere beim ersten gründlichen Lesen mit einer Wellenlinie Begriffe und Ausdrücke, die du nicht kennst.
- Erschließe deren Bedeutung aus dem Sinnzusammenhang oder durch Nachschlagen im Wörterbuch und schreibe sie an den Rand.

3. Schritt: Schlüsselstellen markieren
- Achte beim zweiten Lesen auf Antworten zu deinen Fragen oder andere interessante Angaben. Markiere diese Schlüsselstellen.

Nach dem Lesen

4. Schritt: Wichtiges herausschreiben
- Schreibe auf einen Notizzettel zu jedem Sinnabschnitt eine Überschrift (kurzer Satz oder Stichwort). Ein Sinnabschnitt enthält Informationen, die inhaltlich eng zusammengehören, und kann im Text einen oder mehrere Absätze umfassen.
- Schreibe unter jede Überschrift Schlüsselstellen in Stichwörtern heraus.

Höchste Bahnstrecke der Welt

Zahlen:
- fährt seit 2006: von China nach Lhasa (Tibet)
- ist 1142 Kilometer lang
- fährt über 5000 Meter hohe Pässe

Die höchste Bahnstrecke der Welt

Im Juli 2006 ist sie eingeweiht worden: Die 1142 Kilometer lange Rekordstrecke führt über 5000 Meter hohe Pässe von China in die tibetische Hauptstadt Lhasa. Auch der höchstgelegene Bahnhof liegt an dieser Strecke. Der Bau wird von chinesischer Seite als „technisches Wunderwerk" bezeichnet.

Zugstrecke von China nach Lhasa (Tibet)

Von Golmud in der chinesischen Provinz Qinghai nach Lhasa benötigt der Zug zwölf, von Peking aus 48 Stunden. Dabei können die Außentemperaturen von 30 Grad plus bis 30 Grad minus schwanken. 980 Kilometer der Strecke liegen auf über 4000 Metern über dem Meeresspiegel. Vier Jahre lang verlegten 35 000 Arbeiter die Schienen durch das Gebiet, das lange nicht für den Schienenverkehr zu nutzen war. Rund 3,46 Milliarden Euro kostete die Strecke, die die höchstgelegene der Welt ist. Nun fahren hier Dieselloks vom Typ „Dongfang 8". Insgesamt liegen 29 Bahnhöfe an der Bahnverbindung. Den höchsten Punkt erreicht der Reisende auf 5072 Metern und die Station Tanggula ist nun mit 5068 Metern der höchstgelegene Bahnhof der Welt.

Fahrtzeit:
1. Golmud – Lhasa 12 Std.
2. Peking – Lhasa 48 Std.

In den hochgelegenen Gegenden dieser Bergregion ist der Sauerstoffgehalt der Luft nur halb so hoch wie im Flachland. Je höher man kommt, desto „dünner" wird die Luft. Man muss also mehr Luft einatmen, um die gleiche Menge Sauerstoff zu erhalten wie in niedriger gelegenen Gegenden. Der menschliche Körper versucht das kurzfristig auszugleichen, indem man schneller atmet. Bei jedem Menschen kann die Höhe, bei der er Atemprobleme bekommt, unterschiedlich sein. Dieser Sauerstoffmangel war nicht nur für die Arbeiter schwierig – er ist auch ein Problem für die Reisenden!

Deshalb gibt es Spezialwaggons einer kanadischen Firma, die extra abgedichtet und mit Sauerstoffgeräten bestückt sind. Sie sollen dafür sorgen, dass zusätzlicher Sauerstoff in die Waggons geführt wird. Wie in Flugzeugen hat jeder Fahrgast im Notfall eine Sauerstoffmaske zur Verfügung.

Da dennoch Passagiere an der berüchtigten Höhenkrankheit leiden könnten, reisen extra Ärzte mit, um im Notfall gleich eingreifen zu können. Diese Höhenkrankheit bekommt man, wenn der Körper sich nicht langsam an die Höhe und den Sauerstoffmangel gewöhnen kann. Es können dann Kopfschmerzen, Schlaflosigkeit, fehlender Appetit und Übelkeit auftreten.

Viele Tibeter haben seit dem Bau der Bahnstrecke Angst um die Natur. So weisen Naturschützer auf die Tiere des Hochplateaus hin, deren Wanderungswege durch die Schienen gekappt wurden. In dieser Region leben zum Beispiel die Yaks, Hochlandrinder, die bestens bei Temperaturen von weit unter 0 Grad Celsius auskommen können. Doch für die Tiere, so die chinesische Regierung, wurden extra Durchgangstunnel unter der Bahnstrecke gebaut.

Bisher wurde diese Region nur mit dem Flugzeug oder über schlechte Straßen erreicht. Durch die Bahnstrecke kommen viel, viel mehr Menschen in die Region. Sie produzieren natürlich auch viel mehr Abfall und benötigen mehr Nahrung. Noch weiß man nicht, welche Folgen das haben wird.

Lesemethode für erzählende Texte

Folie ⬚ 💡 **1** **a)** Diese Lesemethode hilft dir, einen erzählenden Text leichter zu verstehen und wichtige Inhalte herauszuschreiben. Bearbeite den Text auf Seite 273 nach den folgenden Schritten. In den ersten Absätzen findest du schon Beispiele für Markierungen und Randbemerkungen. Arbeite auf einer Folie.
b) Übertrage den Notizzettel unten in dein Heft und vervollständige ihn.

Vor dem Lesen

1. Schritt: sich orientieren
- „Überfliege" den Text. Lies die Überschrift und die Anfänge der einzelnen Abschnitte. Vielleicht fallen dir bestimmte Namen ins Auge. Gibt es zu dem Text ein Bild? Falls ja, welche Situation zeigt es?

Während des Lesens

2. Schritt: unbekannte Begriffe klären
- Lies den Text „mit dem Stift". Markiere beim ersten gründlichen Lesen mit einer Wellenlinie Begriffe und Ausdrücke, die du nicht kennst.
- Erschließe deren Bedeutung aus dem Sinnzusammenhang oder durch Nachschlagen im Wörterbuch und schreibe sie an den Rand.

3. Schritt: Schlüsselstellen markieren
- Markiere beim zweiten Lesen Schlüsselstellen. Dies sind Stellen, die Antworten auf folgende Fragen geben:
  - Welche Personen handeln?
  - Wo und wann spielt die Erzählung?
  - Worum geht es?
  - Was findest du außerdem wichtig?
- Halte am Rand weitere Beobachtungen fest:
  - Wie wirkt der Text (lustig, ernst, spannend)?
  - Wer erzählt in der Geschichte (Ich-Erzähler, Er-/Sie-Erzähler)?

Nach dem Lesen

4. Schritt: Wichtiges herausschreiben
- Bilde Sinnabschnitte. Das sind Absätze, die inhaltlich eng zusammengehören. Ein neuer Sinnabschnitt beginnt, wenn z. B. eine neue Person auftritt oder ein wichtiges Ereignis geschieht.
- Formuliere zu jedem Sinnabschnitt eine Überschrift (ein Stichwort oder einen kurzen Satz) und halte sie auf einem Notizzettel fest.
- Schreibe unter jede Überschrift Schlüsselstellen in Stichwörtern heraus.

Titel: Das Murmeltier   Autor: Brüder Grimm
1. Stiefmutter und eigene Tochter quälen „Murmeltier" (Name der Stieftochter)
2. - Murmeltier fällt in Brunnen
   - steckt in einer Glaskugel
   - Brunnenfrau kümmert sich um sie
   - Brunnenfrau schenkt ihr eine Gabe: Wenn Murmeltier ihr Haar schüttelt, fallen Blumen heraus.
   - Brunnenfrau schenkt ihr weitere Dinge: Schäferstab, Spinnrad, Rocken, Biber
   - ...

Das Murmeltier

Gebrüder Grimm

Es war einmal eine böse Stiefmutter, die hatte zwei Töchter, ein eigenes, böses Mädchen und ein schönes, frommes[1] Stiefkind. Mutter und Tochter aber quälten das Stiefkind, das sie Murmeltier nannten, über die Maßen und ließen es in der gröbsten Bauernkleidung harte Arbeiten verrichten. So musste das Murmeltier Schafe hüten und obendrein des Abends eine bestimmte Anzahl gesponnenen Garns mit nach Hause bringen. Oft setzte sie sich an den Rand eines Brunnens und sang dort ihre Lieder.

Eines Tages wollte sie sich das Gesicht im Wasser waschen, fiel aber dabei vornüber und stürzte hinab in den Brunnen. Sie erschrak zutiefst, doch als sie sich von ihrem Schrecken erholt hatte, befand sie sich in einer klaren Kristallkugel unter den Händen einer schönen Brunnenfrau. Diese war gar freundlich zu ihr, kleidete sie in ein schönes Gewand[2] und schenkte ihr die Gabe, dass aus ihren Haaren, sooft sie diese schüttelte oder kämmte, glänzende Blumen herausfielen. Komme sie jemals in Not, sprach die Brunnenfrau, brauche sie sich nur in den Brunnen zu stürzen. Außerdem gab sie ihr noch einen Schäferstab, der ihre Herde von Wölfen und Räubern schützen sollte, dazu ein Spinnrad und einen Rocken[3], die beide von ganz allein spinnen konnten, sowie einen zahmen, klugen Biber, der zu mancherlei Diensten geschickt war.

Als das Murmeltier des Abends heimkam, wurden ihm sogleich das schöne Kleid und die Blumen von der bösen Stiefmutter weggenommen. Sie müsse solches gestohlen haben, sagte diese, doch sofort blühten andere, viel schönere Blumen aus den Locken des Stiefkindes hervor. Es erzählte alles, was geschehen war, doch wurde es nur ausgescholten und barsch angefahren, es solle nur dem Vieh Futter geben und den Stall ausmisten. Da kam der Biber und kehrte mit seinem Schwanz den Stall aus und trug ihr das Wasser zu.

Nun wollte aber auch die böse Tochter zum Brunnen gehen. Doch als sie dorthin kam, rutschte sie unversehens hinab und fiel in schmutziges Sumpfwasser. Die schöne Brunnenfrau nahm sie gar nicht freundlich auf, sondern schalt sie ob ihres Trotzes und Ungestüms gar heftig, so dass stinkendes Rohr und Schilf auf ihrem Kopfe wuchs. Und was immer sie davon ausreißen würde, es sollte ihr in vermehrtem Maße nachwachsen. Dem Murmeltier jedoch wurde erlaubt, der Schwester von Zeit zu Zeit die Haare zu kämmen, und werde sie dies tun, so sollte der hässliche Schmuck für Tag und Nacht verschwinden. Von nun an musste Murmeltier alle Augenblicke die Haare der Schwester auskämmen.

Stiefmutter und Tochter quälen Murmeltier (= Name der Stieftochter)
Murmeltier fällt in Brunnen

M. trifft Brunnenfrau

Brunnenfrau macht M. Geschenke

[1] fromm: lieb, brav
[2] das Gewand: ein Kleid
[3] der Rocken: ein Gerät, das man zum Spinnen von Garn braucht

TIPPBOX

Zu 1 a): Diese Worterklärungen helfen dir, das Märchen zu verstehen:
- *über die Maßen: sehr*
- *gesponnen: Vergangenheitsform von „spinnen" = Garn herstellen*
- *der Biber: ein Nagetier*
- *(aus)gescholten / scholt: Vergangenheitsformen von „schelten" = schimpfen*
- *barsch anfahren: heftig beschimpfen*
- *ob ihres Trotzes und Ungestüms: wegen ihrer Sturheit*
- *Rohr und Schilf: Schilfrohr, das auf sumpfigen Wiesen wächst*

Lesemethode: Gruppenlesen

Anton: Also, ich lese den ersten Abschnitt noch mal vor: *Überall, wo sich Straße und Schiene kreuzen, ...*
Saskia: Was bedeutet „kreuzen“?
Kemal: Ich glaube, man kann dafür auch „sich treffen“ sagen. Aber lasst uns mal sicherheitshalber im Wörterbuch nachschlagen.
Anton: Wie heißt das Verkehrszeichen an einem Bahnübergang?
Emil: Das ist das Andreaskreuz.
Anton: Wann ist das Zeichen besonders wichtig?
Gero: Wenn dort keine Ampel blinkt.
Anton: Aber das ist noch nicht alles. Im Text steht außerdem, dass ...

1 **a)** Die Schüler im Bild erarbeiten den Text *Achtung Bahnübergang!* von Seite 275 mit der Methode *Gruppenlesen*. Sie lesen gerade die Einleitung. Lies diesen Abschnitt ebenfalls.
b) Ordne die Sätze oben den einzelnen Schritten der **LERNBOX** zu.
c) Kläre mithilfe der **LERNBOX**, wer von den Schülern gerade der Gruppenleiter ist.
d) Welche Schritte sind von den Schülern schon durchgeführt worden?
e) Fasse den ersten Absatz, wie im 6. Schritt angegeben, zusammen:
An Stellen, wo eine Straße und Bahnschienen zusammentreffen, hat die Bahn stets Vorfahrt. Dort muss man immer das Andreaskreuz beachten. Dieses Verkehrszeichen steht auch dort, wenn es ...

2 Erarbeitet nach dieser Methode in einer Kleingruppe den weiteren Text.

3 Welche Vorteile hat das Lesen in der Gruppe? Begründet eure Meinung.

! LERNBOX

So funktioniert Gruppenlesen:
Das Gruppenlesen ist eine gute Methode, um miteinander den Inhalt eines Textes zu erarbeiten. Geht in folgenden Schritten vor:
1. Schritt: Bestimmt für den ersten Absatz einen Gruppenleiter.
2. Schritt: Jeder liest still den ersten Absatz des Textes.
3. Schritt: Der Gruppenleiter liest den Absatz noch einmal vor.
4. Schritt: Klärt gemeinsam unbekannte Wörter oder Verständnisprobleme.
5. Schritt: Um gemeinsam zu prüfen, ob ihr den Inhalt verstanden habt, stellt der Gruppenleiter Fragen zum Inhalt des gelesenen Absatzes. Die übrigen Schüler geben die Antworten darauf.
6. Schritt: Der Gruppenleiter fasst den Inhalt des Absatzes mit eigenen Worten kurz zusammen. Für den nächsten Absatz ist ein neuer Gruppenleiter verantwortlich.

Achtung Bahnübergang!

Überall, wo sich Straße und Schiene kreuzen, hat die Bahn Vorfahrt. Dafür steht das rot-weiße Andreaskreuz. Dieses Verkehrszeichen muss man gerade dann unbedingt beachten, wenn es an einem Bahnübergang kein rotes Blinklicht, keine rote Ampel und keine Schranken gibt.

→ Absatz 1
Andreaskreuz
erklären

Züge können nämlich nicht ausweichen. Ihr Bremsweg ist sehr lang. Beispielsweise braucht ein 1200 Tonnen schwerer Güterzug, der mit 100 Stundenkilometern unterwegs ist, einen Kilometer, bis er nach einer Vollbremsung steht. Der Lokführer hat also in der Regel keine Möglichkeit, den Zug rechtzeitig zum Stehen zu bringen – selbst wenn er es noch schafft, eine Notbremsung einzuleiten. Sein Zug ist viel stärker als ein Moped, Auto oder Kleinlaster. Die schrecklichen Unfälle, von denen die Nachrichten gelegentlich berichten, wären fast alle vermeidbar gewesen, wenn sich Auto- und Mopedfahrer, Radler und Fußgänger am Bahnübergang an die Verkehrsregeln gehalten hätten.

→ Absatz 2

Volkssport? Mutprobe? Von wegen! Wer mit Fahrrad, Moped oder Auto um geschlossene Halbschranken herumkurvt, handelt weder heldenhaft noch cool, sondern schlicht verantwortungslos und dumm. Mit Mut hat das nichts zu tun. Aber mit etwas Mut kann man einen Freund oder Kumpel, wenn es darauf ankommt, daran hindern, sein eigenes und oft auch das Leben anderer derart leichtfertig aufs Spiel zu setzen. Und so ist man an Bahnübergängen auf der sicheren Seite: Rotes Blinklicht, rote Ampel, geschlossene Schranke heißen Stopp, keinen Schritt weiter. Ohne Kompromiss! Diese eiserne Regel gilt nicht nur, bis ein Zug vorbeigefahren ist, sondern bis sich die Schranke öffnet und das Rotlicht ausgeht.

→ Absatz 3

An Bahnübergängen, die keine technischen Sicherungen haben, sondern mit einem Andreaskreuz ausgestattet sind, sind immer höchste Aufmerksamkeit und Vorsicht geboten. Nur weil gestern und vorgestern kein Zug kam, muss das heute nicht wieder so sein. Also: Tempo verringern, einmal nach links und rechts blicken, besser zweimal schauen! Nicht vergessen: Die Bahn hat Vorfahrt. Sie hat den längeren Bremsweg, und sie ist stärker!

→ Absatz 4

Lesetechnik: Tandem-Lesen

1 Betrachte die Abbildung und beschreibe, was du siehst: Welche Rolle haben die Schüler? Was könnten sie trainieren?

2 Findet euch zu zweit zusammen – ein Trainer und ein Sportler – und lest gemeinsam den folgenden Text flüssig vor. Wie ihr vorgehen müsst, könnt ihr in der **LERNBOX** auf Seite 277 nachlesen.

Das Spenst

Laura Feuerland

Es war einmal ein Spenst. Das flog und spensterte durch die Nacht und erschreckte die Leute. Aber nicht sehr, nur ein bisschen; gerade so, dass es ihm eben Spaß machte. Einmal kam es in ein Haus, da wohnten viele Kinder. Hier ist bestimmt gut spenstern, freute sich das Spenst: Heute will ich mal ein bisschen kräftig loslegen. Und es klirrte und rasselte so recht nach Spensterart, und es machte laut ha-ha und ho-ho und hä-hä. Aber da kamen die Kinder aus ihren Zimmern und riefen:

„He, was soll denn der Krach, da kann ja kein Mensch schlafen. Geh fort, du Spenst, los, raus hier!"

Na, so was, dachte das Spenst verdutzt, die haben ja überhaupt keine Angst, das hab ich auch noch nie erlebt. Muss ich wohl noch ein bisschen zulegen. Und es spensterte erneut los, und es legte kräftig zu und schnarrte laut und dröhnte ho-ho und hu-hu und hä-hä, und es ließ die Ketten laut scheppern.

Aber die Kinder hatten überhaupt gar keine Angst, und sie wurden sehr ärgerlich, weil sie aus dem Schlaf gerissen worden waren, wo sie doch eben so schön geträumt hatten.

„Du sollst fortgehen", riefen sie. „Geh, du Spenst, hau ab. Geh, geh, geh, Spenst!"

„Das ist das erste Mal, dass mir so etwas passiert", sagte das Spenst, und es schüttelte seinen Spensterkopf und schaute verdrießlich drein.

„Geh, geh, geh, Spenst!", riefen die Kinder weiter. „Da muss ich wohl gehen", schnüffelte das Spenst, „die totale Niederlage ist das hier ja." Ja, so musste das Spenst also gehen. Und seither heißt es auch Gespenst.

3 Wählt euch einen neuen Text aus, den ihr im Tandem-Lesen vorbereiten wollt. Geeignete Texte findet ihr auf den Seiten *Im Blickpunkt: Lesen* in diesem Buch. ☆

LERNBOX

So funktioniert das Tandem-Lesen:

Start:
Bildet Paare aus einem sicheren Leser (= **Trainer**) und einem Leser, der das flüssige Lesen noch üben möchte (= **Sportler**). **Sportler** und **Trainer** sitzen einander gegenüber oder nebeneinander und haben den gleichen Text vor sich. Der **Trainer** gibt ein Startzeichen. **Sportler** und **Trainer** lesen gleichzeitig („im Chor") den Text leise vor.

↓ Der **Sportler** liest den Text flüssig vor.
↓ Der **Trainer** lobt den Sportler.

oder

↓ Der **Sportler** stockt beim Lesen oder der **Sportler** liest etwas anderes, als dort steht.
↓ Der **Sportler** verbessert sich selbst.
oder
↓ Der **Trainer** hilft dem **Sportler,** indem er die Textstelle vorliest.

Fühlt sich der **Sportler** beim Lesen sicher, gibt er dem **Trainer** ein Zeichen und liest allein vor.

↓ Der **Sportler** liest den Text ohne Begleitung des Trainers weiter flüssig vor.
↓ Der **Trainer** lobt den Sportler.

↓ Der **Sportler** stockt beim Lesen oder der **Sportler** liest etwas anderes, als dort steht.
↓ Der **Sportler** verbessert sich selbst.
oder
↓ Der **Trainer** hilft dem **Sportler,** indem er die Textstelle vorliest.

Ziel: Ihr könnt den Text flüssig lesen.

Cluster – Ideen sammeln

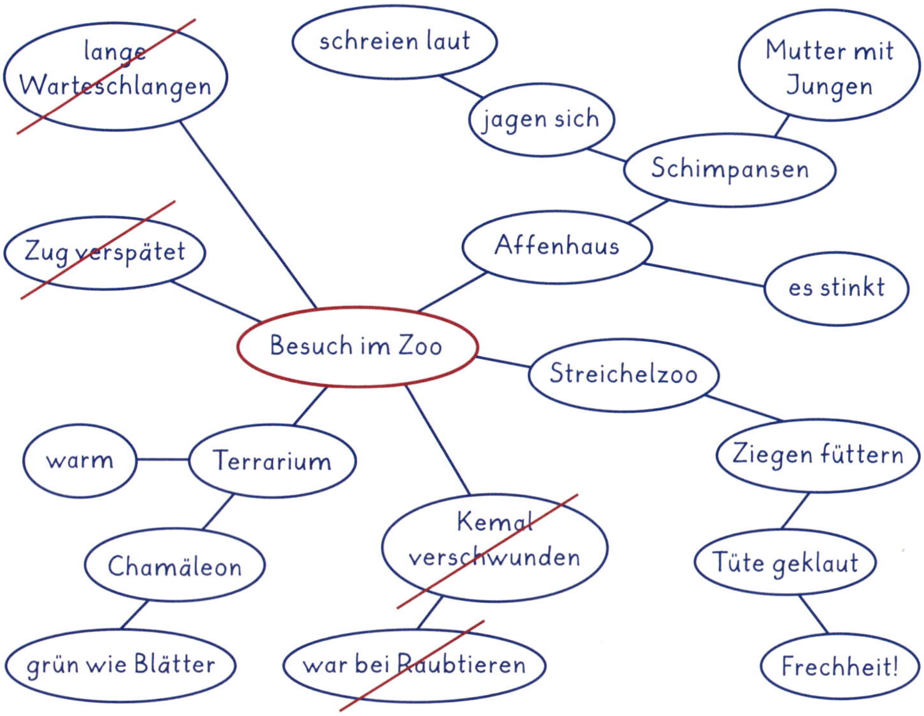

1 **a)** Dieses Cluster wurde für eine Geschichte zum Thema *Besuch im Zoo* angelegt. Untersuche, wie das Cluster aufgebaut ist. Lies dazu die **LERNBOX**.
b) Erkläre, warum einige Ideen durchgestrichen sind.

2 Lege selbst ein Cluster zu diesem Thema an.

3 Schreibe mithilfe deines Clusters einen Text über einen Besuch im Zoo. Entscheide, welche Ideen du nicht berücksichtigen willst, und streiche sie in deinem Cluster.

LERNBOX

So legst du ein Cluster an:
Das Wort *Cluster* (gesprochen „klaster") kommt aus dem Englischen und lässt sich mit *Ideenschwarm* übersetzen. Es eignet sich, um Ideen zu einem Thema zu sammeln. So gehst du vor:
1. Schreibe in die Mitte eines Blattes das Thema und zeichne einen Kreis darum.
2. Lege weitere Kreise an und notiere alles, was dir zu dem Thema einfällt: z. B. Informationen, Erlebnisse, bestimmte Wahrnehmungen (Gerüche, Töne ...).
3. Wenn du zu einem Gedanken mehrere Stichwörter hast, ergibt sich eine Ideenkette.
4. Wenn du deine Ideensammlung abgeschlossen hast, streichst du Kreise durch, die du nicht in deinem Text aufnehmen willst.

Mindmap – Informationen ordnen

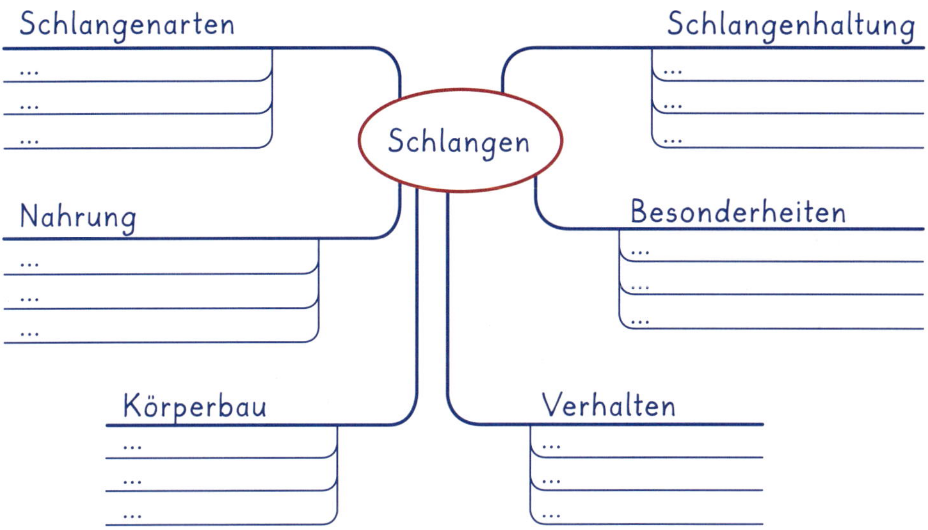

1 Untersuche, wie die Mindmap aufgebaut ist. Lies dazu die **LERNBOX**.

2 **a)** Übertrage diese Mindmap auf ein Blatt.
b) Ordne die Begriffe unten den entsprechenden Ästen in der Mindmap zu. Überlege, ob du noch weitere Äste mit Oberbegriffen anlegen musst.

Häutung	Kreuzotter	Ringelnatter	Augen	Mäuse
Kobra	Fortbewegung	Insekten	Magen	Terrarium
Beheizung	Riechzunge	Belüftung	Viper	Beuteerwerb

3 Ergänze die Mindmap mit eigenen Begriffen, die zu den Ästen passen. ☆

! LERNBOX

Was ist eine Mindmap?
Das Wort ***Mindmap*** (gesprochen „meindmäp") kommt aus dem Englischen und lässt sich mit **„Gedankenkarte"** übersetzen. Sie stellt eine geordnete **Stichwortsammlung** dar, die in **Ober- und Unterbegriffe** unterteilt ist. Oberbegriffe sind Wörter, denen sich andere Wörter (Unterbegriffe) zuordnen lassen: z. B. Oberbegriff *Laubbäume*, mögliche Unterbegriffe *Eiche, Esche, Buche ...*
Eine Mindmap eignet sich für die Gliederung von Ideen für einen eigenen Text oder für die Gliederung von Informationen, die du aus einem fremden Text entnimmst.

So legst du eine Mindmap an:
1. Schreibe das Thema in die Mitte eines Blattes.
2. Zeichne von der Mitte dicke Äste und notiere darauf die Oberbegriffe.
3. Zeichne von den Ästen Zweige für die Unterbegriffe.
4. Arbeite mit einem Bleistift, damit du besser korrigieren kannst.

Eine Schreibkonferenz durchführen

Die Klasse hat die Aufgabe bekommen, ihre Texte in einer Schreibkonferenz zu besprechen.

Franziska: Schreibkonferenz? Was war das denn noch mal?

Rukan: Das heißt, dass wir uns zusammensetzen und über unsere Texte der Reihe nach reden.

Franziska: Aber ich kenne deinen Text doch noch gar nicht!

Rukan: Zuerst wird der Text, der besprochen werden soll, doch vom Autor vorgelesen! Dann können die Übrigen nachfragen, wenn sie etwas nicht verstanden haben.

Franziska: Ach ja, jetzt fällt es mir wieder ein! Und dann geben wir Tipps zu dem Text!

Rukan: Genau. Wir wissen ja, worauf wir beim Schreiben besonders achten sollten.

Franziska: Stimmt! Das steht ja in den Checklisten im Buch, zum Beispiel:
- Kann man alles verstehen?
- Ist der Text spannend?
- Muss etwas in dem Text ergänzt oder gekürzt werden?
- Gibt es Wortwiederholungen, die man ersetzen sollte?
- Sind die Sätze alle richtig gebildet?

Rukan: Ja, und dazu geben wir dem Autor nach dem Vorlesen Rückmeldungen. Wir sagen, was uns gut gefallen hat, aber auch wie man etwas besser ausdrücken kann, zum Beispiel: Deine Geschichte war wirklich lustig, aber du hast ganz oft „und dann" geschrieben.

Franziska: Das heißt, dass ich mir diese Hinweise sofort aufschreiben muss, damit ich meinen Text anschließend auch überarbeiten kann.

Rukan: Richtig! Das ist ganz wichtig! Los jetzt! Lass uns noch Lea und Miro dazunehmen und anfangen!

1 **a)** Lies das Gespräch und notiere dir, wie eine mündliche Schreibkonferenz durchgeführt wird und worauf man achten sollte.
b) Tausche dich über deine Notizen mit einem Partner aus.
c) Sprecht darüber, welchen Sinn eine Schreibkonferenz hat.

Mündliche Schreibkonferenz:
1. Autor liest vor
2. Fragen an den Autor stellen
3. ...

Unser Hund

Am letzten Wochenende machte meine Familie eine Radtour. Wir machten Rast an einem Wassertretbecken. Wir beeilten uns damit, unsere Schuhe und Socken auszuziehen, um ins Wasser zu kommen. „Ist das kalt!“, schrie meine Schwester, die es als Schnellste geschafft hatte. Sie will eigentlich bei allem die Erste sein! Einstein, unser Hund, sprang um das Becken herum. Wir hatten ihm nämlich verboten, ins Wasser zu gehen. Nach kurzer Zeit fand er eine Hündin zum Spielen. Erst kam mir die Hündin bekannt vor, doch da habe ich mich wohl vertan. Beide tollten auf der Wiese herum und stritten sich um einen Ast. Schließlich war der kaputt. Einstein suchte nach einem Ersatz. Blitzschnell schoss er auf die Schuhe meines Vaters zu, klaute den Socken und lief damit über die Wiese. Seine Hundefreundin half ihm und beide hatten ein Sockenende im Maul. Wir lachten und lachten, während mein Vater barfuß über die Wiese hopste und seinem Socken nachjagte. Angesabbert gab Einstein den Socken dann zurück und mein Vater wusch den Socken im Wasser aus.

2 **a)** Führt zu dieser Erzählung eine schriftliche Schreibkonferenz durch. Lest dazu die **LERNBOX**.
b) Bearbeite den Text *Unser Hund* und fülle einen Rückmeldebogen aus.
c) Besprecht den Text mithilfe eurer Rückmeldebögen:
Was habt ihr ähnlich gesehen? Wo gab es Unterschiede?

Folie

Der Text wurde geschrieben von: Maja

Der Text wurde gelesen von:	Das hat mir gut gefallen:	Das solltest du bearbeiten:	Meine Tipps:
Merten	Deine Hundegeschichte ist sehr lustig.	Deine Sätze beginnen oft mit „wir“.	Stelle deine Sätze um.
Ina	...		

LERNBOX

So führt ihr eine schriftliche Schreibkonferenz durch:

1. Setzt euch in Kleingruppen (4–5 Personen) zusammen.
2. Jeder gibt seinen Text mit einem Rückmeldebogen dem linken Nachbarn.
3. Jeder liest seinen vorliegenden Text und beachtet dabei die jeweilige **CHECKLISTE** (z. B. zum *Erzählen* auf Seite 45).
4. Vermerkt auf dem Rückmeldebogen zum Text, was euch gut gefallen hat, und macht Vorschläge, wo man etwas verbessern kann.
5. Reicht anschließend die Texte nach links weiter. Gebt eure Geschichten so lange weiter, bis alle Texte von jedem beurteilt wurden.
6. Jeder liest seine Rückmeldungen zu seinem Text und fragt nach, wenn er einen Hinweis nicht verstanden hat.
7. Überarbeitet euren Text.

Seite 45

Aufgaben verstehen

Aufgabe:
Erkläre, woran du erkennst, dass Thilo die Äußerungen seiner Mutter über Fußball peinlich sind.

Folie

1 **a)** Mache dir klar, was du bei der Aufgabe genau tun sollst. Markiere die Schlüsselwörter, die dir dabei helfen. Lies dazu in der **LERNBOX** nach.
b) Sag mit eigenen Worten, was du tun sollst: *Ich soll …*
c) Wähle aus, welcher der folgenden Sätze die Aufgabenstellung oben richtig wiedergibt.

A Ich soll begründen, was ich von Thilos Äußerungen halte.
B Ich soll zeigen, dass Thilo die Äußerungen seiner Mutter peinlich findet.
C Ich soll Textstellen herausschreiben, die von der Mutter gesagt werden.

2 Die Verben unten findest du häufig in Aufgabenstellungen.
Ordne im Heft diese Anweisungen und deren Bedeutung richtig zu:
erklären = etwas deutlich machen

A erklären	1. Meinung äußern
B übertragen	2. mit eigenen Worten ausdrücken
C Stellung nehmen	3. etwas deutlich machen
D zusammenfassen	4. Gründe für etwas nennen
E begründen	5. von einer Vorlage abschreiben
F etwas wiedergeben	6. nur das Wichtigste nennen

☆ **3** Sammle weitere Verben, die du in den Aufgabenstellungen dieses Buches findest, und erkläre sie mit eigenen Worten.

! LERNBOX

So untersuchst du Aufgabenstellungen:

1. Lies die Aufgabe zum Text und mache dir klar, was du tun sollst.
   Markiere dazu die Verben und die Schlüsselwörter:
   Übertrage die Tabelle in dein Heft und ordne die Nomen aus dem Text ein.
2. Gib die Aufgabenstellung mit eigenen Worten wieder:
   Ich soll die Tabelle abzeichnen und die Nomen aus dem Text einsortieren.
3. Überlege, welche Teilschritte die Aufgabenstellung von dir verlangt:
   1. Tabelle abzeichnen
   2. im Text Nomen unterstreichen
   3. Nomen in die Tabelle schreiben
4. Bearbeite die Aufgabe in dieser Reihenfolge.

Übersicht: Arbeitstechniken und Merkwissen (LERNBOXEN)

Richtig schreiben

Basiswissen

Fettgedruckte Wörter findest du ebenfalls im Basiswissen.

Adjektiv (Eigenschaftswort) 207–209
Wortart. Mit Adjektiven beschreibst du Lebewesen, Gegenstände, Gedanken oder Ereignisse. *Der Schnee war pulvrig. Wir hatten schreckliche Angst.* Viele Adjektive lassen sich steigern:
gut – besser – am besten;
witzig – witziger – am witzigsten.
Positiv – Komparativ – Superlativ
Mit Adjektiven kannst du daher Personen und Gegenstände vergleichen:
Lena ist größer als Tim.
Der Ball ist so bunt wie ein Regenbogen.
Eine Reihe von Wörtern werden zu Adjektiven, wenn sie eine Adjektivendung erhalten:
-lich = freundlich; -isch = tierisch;
-ig = windig; -bar = wunderbar

Adverbiale Bestimmungen 218–219
Satzglied. Adverbiale Bestimmungen können aus mehreren Wörtern bestehen. Du verwendest sie, um genaue Angaben zu machen. Es gibt vier Arten von adverbialen Bestimmungen.
Du kannst sie durch die Frageprobe ermitteln:
adverbiale Bestimmung
der Zeit: *Wann? Wie lange? Wie oft?*
Sie spielen heute Basketball.
des Ortes: *Wo? Woher? Wohin?*
Der Ball flog in den Korb.

Akkusativ 197–198
4. Fall (**Kasus**) des **Nomens**. Du kannst ihn mit den Fragen *Wen?* oder *Was?* ermitteln:
den Ball; an einen Mitspieler; an ihn.

Akkusativobjekt (Ergänzung im 4. Fall) 216–217
Satzglied. Das Akkusativobjekt ermittelst du mit den Fragen *Wen?* oder *Was?*
Felix rempelt den gegnerischen Spieler an.
Wen rempelt Felix an?

Anführungszeichen 75, 253–254
Durch Anführungszeichen kennzeichnest du die **wörtliche Rede** in einem Text. Sie werden am Anfang unten und am Ende oben gesetzt:
„Rette sich, wer kann!", ruft jemand.

Anredepronomen 19, 21, 28, 248
Wortart. Anredepronomen können **Personalpronomen** oder **Possessivpronomen sein.** Wenn du in einem Brief jemanden mit *Sie* ansprichst, werden die entsprechenden Anredepronomen großgeschrieben: *Sie, Ihr, Ihnen, Ihre, Ihren, Ihrem.* Beispiel: *Leihen Sie mir Ihr Buch?* Die Anredepronomen *du/Du, dein/Dein, euch/Euch* kannst du groß- oder kleinschreiben.

Argument (Begründung), **argumentieren** 22
Wenn du zu einem Thema **Stellung** nimmst, solltest du überzeugende Argumente finden, d. h. sinnvolle Begründungen anführen, die deine Meinung unterstützen.

Artikel 194–195
Wortart. Der Artikel ist der Begleiter des **Nomens.** Du unterscheidest den bestimmten Artikel (*der, die, das*) und den unbestimmten Artikel (*ein, eine, ein*). Die Artikel geben das grammatische Geschlecht des Nomens an, also ob es **Maskulinum** (*der/ein Wald*), **Femininum** (*die/eine Katze*) oder **Neutrum** (*das/ein Haus*) ist. Der Artikel wird mit dem Nomen in den **Singular** (Einzahl) oder **Plural** (Mehrzahl) und in die einzelnen **Fälle** gesetzt.

Bericht, berichten 128–132
In einem Bericht schilderst du Tatsachen, Ereignisse, Vorgänge und deren Verlauf. Er ist ein sachlicher Text, mit dem du informieren willst. Dabei musst du die richtige zeitliche Abfolge einhalten. Die Zeitform ist die Vergangenheit (das **Präteritum**). In einem Bericht beantwortest du die wichtigsten W-Fragen (*Wer? Was? Wann? Wo?*). Manchmal sind aber auch die Ursachen (*Warum/Weshalb?*), die Folgen (*Welche Folgen?*) und der Ablauf (*Wie?*) des Geschehens wichtig.

Die Darstellung des Berichts ist sachlich, daher vermeidest du **Spannungsmacher** und persönliche Meinungsäußerungen.

Beschreibung, beschreiben 110–124
Beim Beschreiben stellst du Personen, Gegenstände oder Vorgänge eindeutig und anschaulich dar, sodass man sich eine genaue Vorstellung davon machen kann. Wichtig ist eine sinnvolle Reihenfolge der Informationen. Formuliere sachlich, vermeide also persönliche Äußerungen. Als Zeitform verwendest du das **Präsens**.

Blitzlichtrunde 22
In einer Blitzlichtrunde könnt ihr in einer Gruppe oder mit der ganzen Klasse einen schnellen Überblick über eure Meinungen, Gedanken, Gefühle und Ideen bekommen. Dabei kann sich jeder kurz äußern. Entweder spricht jeder der Reihe nach oder ihr nutzt einen „Redestein" (z. B. einen kleinen Ball). Nur derjenige, der den „Redestein" hat, darf sprechen. Nach dem kurzen Wortbeitrag (Blitzlicht) wird der „Redestein" an einen anderen Teilnehmer weitergegeben oder weitergeworfen.

Cluster (Ideensammlung) 9, 97, 103, 149, 222, 243, 278
Ein Cluster hilft dir, Einfälle zu sammeln, z. B. für einen Aufsatz.

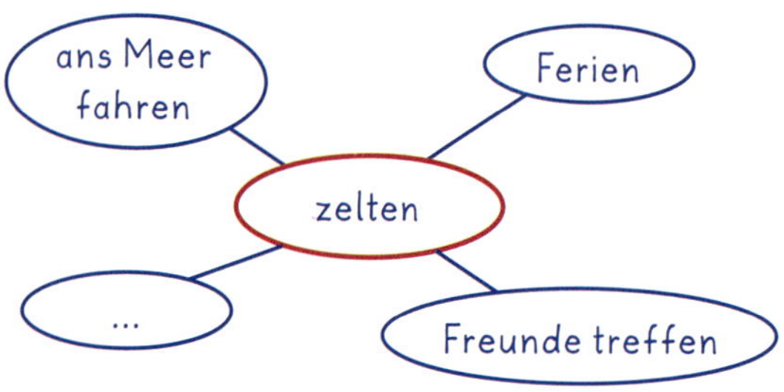

Cover 138–139
Als Cover bezeichnet man die Titelseite eines Buches. Darauf steht meist der Titel und der Autor oder die Autorin sowie der Name des Verlags, der das Buch vertreibt, z. B.: *Roald Dahl (= Autor), Charlie und die Schokoladenfabrik (= Titel), rororo (= Rowohlt Verlag).*

Dativ 197–198
3. Fall (**Kasus**) des **Nomens.** Du ermittelst ihn mit der Frage *Wem?: dem Trainer; ihm; ihr.*

Dativobjekt (Ergänzung im 3. Fall) 216–217
Satzglied. Das Dativobjekt ermittelst du mit der Frage *Wem?: Der Basketball gehört Steffi. Wem gehört der Basketball?*

Dehnungs-h 235
Das Dehnungs-*h* hebt einen langen betonten **Vokal** besonders hervor. Es steht nur vor den **Konsonanten** *l, m, n, r: fehlen, nehmen, gähnen, fahren.*

Dialog (Zwiegespräch, Unterredung) 87
Damit wird das abwechselnd in Rede und Gegenrede geführte Gespräch zwischen zwei oder mehr Personen (z. B. auf der Bühne) bezeichnet.

Diktat 261–262
Diktate sind eine gute Möglichkeit, die Rechtschreibung zu üben. Du kannst dazu aus verschiedenen Möglichkeiten auswählen: Eigendiktat, Klopfdiktat, Laufdiktat, Partnerdiktat.

Diphthong (Doppellaut, Zwielaut) 230
Diphthonge gehören zu den **Vokalen**: *Kaiser, Bauer, träumen, beißen, keuchen.*

Elfchen 86
Diese Gedichtform besteht aus elf Wörtern, die auf fünf Verse verteilt sind:

1. Vers – 1 Wort	*grün*
2. Vers – 2 Wörter	*der Wald*
3. Vers – 3 Wörter	*Ort der Ruhe*
4. Vers – 4 Wörter	*dort bin ich gerne*
5. Vers – 1 Wort	*romantisch*

Zwischen den Wörtern der Verse sollte ein inhaltlicher Zusammenhang bestehen, z. B.: Alle Wörter haben etwas mit dem Wald zu tun.

Ersatzprobe 42, 105
Die Ersatzprobe wendest du bei der Überarbeitung eines Textes an. Du überprüfst damit, ob du ein Wort oder einen Ausdruck ersetzen willst.

Erweiterungsprobe 42, 105
Mit der Erweiterungsprobe überprüfst du, ob ein Text durch die Ergänzung von Wörtern (z. B. Adjektiven) verbessert werden kann.

Erzählform 98
Du kannst eine Geschichte aus der Sicht der Person schreiben, die erzählt, und verwendest dann die Ich-Form: *Als ich nach Hause kam, lief mir meine Mutter schon entgegen.*
In der Er-/Sie-Form erzählst du über jemanden: *Als Regina nach Hause kam, lief ihr ihre Mutter schon entgegen.*

Erzählung, erzählen 10–11, 32–49, 66–73, 96–104
In einer Erzählung stellst du mündlich oder schriftlich den Verlauf von Geschehnissen dar, die tatsächlich passiert oder aber erdacht sind. Dabei kannst du dich an den W-Fragen orientieren: Wo ist das Ereignis passiert? Wann geschah es? Wer war beteiligt? Was ist passiert? Wie und warum kam es dazu? Beim Erzählen musst du die Einzelheiten in eine sinnvolle Reihenfolge bringen, die der Leser nachvollziehen kann. Die erzählte Handlung führst du spannend und abwechslungsreich über mehrere Schritte zum Höhepunkt. Dabei musst du Wichtiges von Unwichtigem trennen. Als Zeitform verwendest du die Vergangenheit: für das mündliche Erzählen meistens das **Perfekt**, für das schriftliche Erzählen das **Präteritum**.

Femininum (weiblich) 194
Grammatisches Geschlecht des **Nomens**: *die Maus, eine Rakete, die Angst.*

Futur (Zukunft) 206
Zeitform des Verbs. Das Futur benutzt du, wenn du eindeutig ausdrücken willst, dass etwas in der Zukunft geschieht. Das Futur I bildest du mit dem Hilfsverb *werden* und dem **Infinitiv** eines Verbs: *Wir werden gewinnen.*

Gedichte 78–89, 222, 256, 268
Ein Gedicht ist ein oft kurzer Text, in dem der Dichter seine Gefühle, seine Stimmungen, aber auch seine Erlebnisse und Gedanken in einer besonderen Sprache und Form ausdrückt. Merkmale eines Gedichts können **Vers, Reim, Strophe** und Sprachbilder sein. Zu besonderen Gedichtformen zählen Laut- und Bildgedichte, **Elfchen** und **Haikus**.

Genitiv 197–198
2. Fall (**Kasus**) des **Nomens**. Du ermittelst ihn mit der Frage Wessen?: *des Spiels, des Korbs.*

Geschlossene Silbe 232
Das Wort *tan-zen* besteht aus zwei **Silben**, wobei die erste betonte Silbe mit einem **Konsonanten** endet. Die Silbe wird durch den Konsonanten geschlossen und der **Vokal** *a* daher kurz gesprochen.

Gestik (Körperhaltung) 90

Grafik (Bild, Schaubild, Illustration) 265, 266
Bei der Gestaltung deiner Texte am Computer hast du die Möglichkeit, eigene oder vorgefertigte grafische Elemente einzubauen.

Großschreibung 19, 21, 24, 28, 51, 193, 246–247, 248
Namen, **Nomen** und das erste Wort in einem Satz sowie **Anredepronomen** (*Sie, Ihr*) in einem Brief schreibst du groß.

Haiku 86
Das Haiku ist eine reimlose, japanische Gedichtform. Es besteht aus 17 Silben, die auf drei Verse verteilt sind:

1. Vers – 5 Silben	*Mitten im Laubwald*
2. Vers – 7 Silben	*einsam und majestätisch*
3. Vers – 5 Silben	*steht eine Tanne*

Illustrator, Illustration 138–139
Ein Illustrator zeichnet oder malt Bilder (= Illustrationen), um zum Beispiel ein Buchcover, den Innenteil eines Buches oder eine Zeitschrift zu bebildern (= illustrieren). Auch in deinem Deutschbuch findest du in vielen Kapiteln Illustrationen, die häufig den Inhalt eines Textes veranschaulichen.

Infinitiv 201
Grundform des **Verbs**. Der Infinitiv eines Verbs endet auf *-en* oder *-n*: *lachen, rodeln.*

Information, informieren 116–124, 157–159
Informationen gibt man an einen Empfänger (z. B. Urlauber) über eine Person oder einen Gegenstand (z. B. Sehenswürdigkeiten in einer Stadt) und zu einem bestimmten Zweck (z. B. um Ausflüge zu planen). Die Auswahl der Informationen und die Formulierung des Textes richten sich nach dem Adressaten (z. B. Kinder, Eltern).

Inhalte zusammenfassen 150–153, 172–178
Du fasst Texte zusammen, um dir den Inhalt klarzumachen, um jemanden, der den Text nicht kennt, die wichtigsten Inhalte mitzuteilen oder um aus einer Reihe von Texten die wichtigsten Informationen zu einem bestimmten Thema zu sammeln, z. B. für einen Vortrag. Dazu teilst du den jeweiligen Text in **Sinnabschnitte** ein. Aus den Überschriften und Stichpunkten, die du im nächsten Schritt zu den Sinnabschnitten notiert hast, bildest du vollständige Sätze. Sie sind die Grundlage für deine Inhaltszusammenfassung. In einem einleitenden Satz zu dieser Zusammenfassung nennst du den Titel des Textes und den Autor. Als Zeitform verwendest du das **Präsens**.

Kasus 197
So nennt man die vier Fälle (**Nominativ, Genitiv, Dativ, Akkusativ**) des **Nomens**. Durch Fragen kann man den jeweiligen Fall bestimmen. Nach dem Kasus richtet sich die Form des **Artikels** und die Endung des Nomens.

Klappentext 138–139
Als Klappentext bezeichnet man einen Text, der auf der Rückseite eines Buches oder auf der Rückseite des Schutzumschlags eines Buches gedruckt ist. Ein Klappentext enthält meist eine kurze Zusammenfassung des Inhalts, die auf das Buch neugierig machen soll.

Konjunktion (Satzverknüpfungswort) 23, 27
Wortart. Mit Konjunktionen werden Wörter, Wortgruppen oder Sätze miteinander verbunden: *Lotti und Konrad schreiben einen Brief an den Direktor, weil sie ihn um Erlaubnis bitten wollen.* Mit Konjunktionen kannst du in deinen Texten Zusammenhänge deutlich machen: *und, weil, wenn, denn, da, obwohl, als, nachdem, bevor …*

Konsonant (Mitlaut) 230, 238–243
Buchstaben, die noch andere Buchstaben brauchen, damit man sie aussprechen kann, heißen Konsonanten. Sie bilden den Gegensatz zu den **Vokalen**: *b, c, d, f, g, …*

Lerntempoduett 120, 196, 202, 218
In einem Lerntempoduett erarbeitet zunächst jeder Schüler in Einzelarbeit seine Aufgabe. Wenn er fertig ist, meldet er sich so lange, bis ein anderer auch fertig ist. Danach setzen sich diese beiden Partner zusammen und vergleichen ihre Lösungen miteinander. Sie überprüfen, ob die Lösung richtig ist, und geben sich gegenseitig Korrekturhilfen, wenn die Lösungen voneinander abweichen. Wenn ihr mehrere Aufgaben lösen müsst, könnt ihr euch auch nach jeder Aufgabe zusammensetzen.

Märchen, Märchenmerkmale 56–77
In einem Märchen werden fantastische Ereignisse erzählt. Märchen weisen typische Merkmale auf:
- Die Handlung spielt an einem unbestimmten Ort zu einer unbestimmten Zeit.
- Oft werden die Helden Prüfungen ausgesetzt, die sie mithilfe von Zauberei, fantastischen Wesen und guten Mächten bestehen.
- In der Märchenwelt können Tiere sprechen und Menschen haben ungewöhnliche Fähigkeiten (können z. B. zaubern).
- Häufig kommen Zahlen, Symbole und formelhafte Sprüche vor.
- Formelhafte Anfänge (*Es war einmal …*) und Schlusswendungen (*Und wenn sie nicht gestorben sind …*) rahmen das Märchen ein.
- Am Ende siegt das Gute über das Böse, und oft werden die Bösen bestraft.

Du unterscheidest zwei Märchentypen:
Volksmärchen werden mündlich weitererzählt. Der Name des Autors ist unbekannt. Sie werden von Märchensammlern (z. B. Brüder Grimm) auf-

geschrieben. Kunstmärchen sind von einem mit Namen bekannten **Autor** (z. B. H.-C. Andersen) erdacht worden.

Maskulinum (männlich) 194, 196
Grammatisches Geschlecht des **Nomens**: *der Wolf, ein Tag, der Mut.*

Mimik (Gesichtsausdruck) 90

Mindmap 59, 67, 120, 123, 279
Mit einer Mindmap stellst du deine Ideen zu einem Thema geordnet dar: Oberbegriffe (also deine Hauptgedanken) stehen auf „Ästen", von denen kleinere „Zweige" für Unterbegriffe (deine Nebengedanken) abgehen.
Eine Mindmap eignet sich, um Themen und Textinhalte zu gliedern und als Gedächtnisstütze für Vorträge und zum Wiederholen.

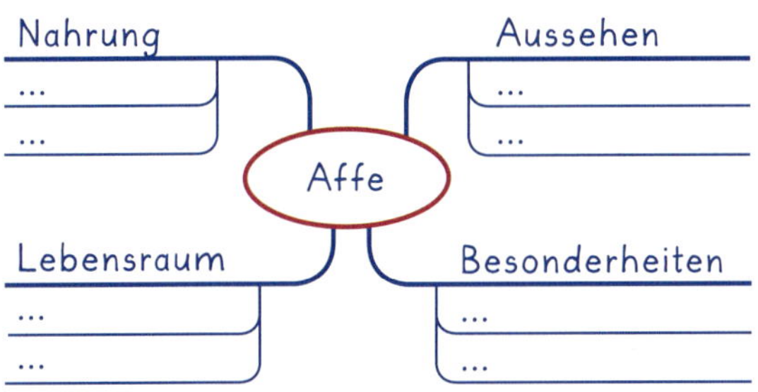

Neutrum (sächlich) 194, 197
Grammatisches Geschlecht des **Nomens**: *das Tier, ein Ziel, das Gefühl.*

Nomen (Hauptwort) 51, 193–198, 246–247
Wortart. Mit Nomen bezeichnet man Lebewesen (Menschen, Tiere, Pflanzen), Gegenstände sowie Gedachtes und Gefühle: *Mädchen, Hund, Baum, Paradies, Auto, Ferien, Angst*. Die meisten Nomen kommen im **Singular** und im **Plural** vor. Nomen können mit einem **Artikel** stehen: *der Schuh, das Blümchen, die Langeweile*. Jedes Nomen hat ein grammatisches Geschlecht: **Maskulinum** (*der Hammer*), **Femininum** (*die Erbse*), **Neutrum** (*das Buch*). Wenn du ein Nomen im Satz verwendest, gehört es immer einem der vier Fälle (**Nominativ, Genitiv, Dativ, Akkusativ**) an. Nomen werden großgeschrieben. Nomen erkennst du an folgenden Begleitern: Artikel (*das Glück*), versteckte Artikel (*zum = zu dem Glück*); Adjektive (*großes Glück*), Pronomen (*dein Glück*) und an bestimmten Endungen (*Heiterkeit, Gesundheit, Freundschaft, Zeichnung, Erlebnis, Reichtum*).

Nominativ 197–198
1. Fall (Kasus) des **Nomens**. Du ermittelst ihn mit den Fragen *Wer?* oder *Was?*: *der Gegner; das Spielfeld.*

Notizen machen 11
Stichwortzettel anlegen

Objekt (Ergänzung) 216–217
Satzglied. Objekte sind im Satz eng mit dem **Verb** verbunden. Es legt fest, in welchem Fall ein Objekt steht (z. B. **Dativ** oder **Akkusativ**). Objekte können aus einem oder mehreren Wörtern bestehen:
Die Fans feuerten die Spieler lautstark an.
Der Sieg gehörte der roten Mannschaft.

Offene Silbe 232
Das Wort *Pu-del* besteht aus zwei **Silben**, wobei die erste betonte Silbe mit einem **Vokal** (hier: *u*) endet, sie ist also offen. Den Vokal sprichst du deshalb lang.

Pantomime 90
Wenn die Darsteller beim Theaterspiel auf Worte verzichten und nur mit dem Gesicht (**Mimik**) sowie durch Körperhaltung und -bewegung (**Gestik**) Gefühle und Stimmungen ausdrücken, nennt man das Pantomime.

Perfekt (zusammengesetzte Vergangenheit) 50, 202–205
Zeitform des Verbs. Mit dem Perfekt drückst du die Vergangenheit aus. Du verwendest es vor allem, wenn du etwas mündlich erzählst.
bekommen – sie hat bekommen;
fahren – er ist gefahren.

Personalpronomen (persönliches Fürwort) 199–200
Wortart. Personalpronomen bezeichnen die sprechende oder angesprochene Person. Personalpronomen sind: *ich, du, er, sie, es, wir, ihr, sie* und die entsprechenden Formen im

Dativ: *mir, dir, ihm, ihr, uns, euch, ihnen* und **Akkusativ**: *mich, dich, ihn, sie, uns, euch, sie.*

Plural (Mehrzahl) 195–196, 199
die Hunde; wir fahren

Possessivpronomen
(besitzanzeigendes Fürwort)
Wortart. Possessivpronomen geben an, wem etwas gehört: *ich → mein, du → dein, er → sein, sie → ihr, es → sein, wir → unser, ihr → euer, sie → ihr.*

Prädikat (Satzaussage) 214–215
Satzglied. Das Prädikat ist der Kern eines Satzes und wird immer durch ein **Verb** gebildet. Es benennt eine Tätigkeit oder einen Zustand. Das Prädikat kann aus mehreren Teilen bestehen: *Die Kinder regen sich auf (aufregen). Felix hat den Ball bekommen (zusammengesetzte Zeitform). Das Prädikat steht im Hauptsatz an der zweiten Satzgliedstelle: Felix bekommt den Ball. Felix hat den Ball bekommen.*
Im Fragesatz ohne Fragewort steht es an erster Stelle: *Trifft er den Korb?*

Präfix (Vorsilbe) 223, 224
Vorangestellter Wortbaustein. Das Präfix bestimmt die Bedeutung des Wortes:
ver-folgen, be-folgen.

Präsens (Gegenwart) 187, 202–203, 206
Zeitform des Verbs. Das Präsens benutzt du, wenn du über etwas berichtest, das gerade passiert. Auch wenn du etwas beschreibst, deine Meinung begründest oder einen Text zusammenfasst, verwendest du diese Zeitform: *gehen – du gehst.*
Manchmal wird das Präsens auch verwendet, um auszudrücken, dass etwas in der Zukunft geschieht: *Morgen gehen wir schwimmen.*

Präteritum (einfache Vergangenheit)
50, 74, 202–205
Zeitform des Verbs. Du verwendest das Präteritum, wenn du schriftlich von einem Ereignis in der Vergangenheit erzählst oder berichtest: *laufen – wir liefen.*

Pronomen (Fürwort) 199–200
Wortart. Pronomen sind Wörter, die für ein **Nomen** stehen. Mit Pronomen gestaltest du deine Texte abwechslungsreicher. Du kennst bisher **Personal-** und **Anredepronomen.**

Reim 80–81
Durch Reime erhalten **Gedichte** eine bestimmte Klangwirkung. Durch den Gleichklang der Reimwörter am Ende eines **Verses** (*platscht – klatscht; Wand – Land*) werden zwei oder mehr Verszeilen miteinander verbunden.
Oft verwendete Reimformen sind:

– Paarreim
blau a
grau a
Laub b
Staub b

– Kreuzreim
klopft a
lang b
tropft a
bang b

– Umarmender Reim
Wald a
gehen b
stehen b
bald a

Wenn der Reim nur ungefähr stimmt, nennt man das einen unreinen Reim: *schwarz – Katz; fern – hör'n.*

Rolle 86–90
So nennt man die Gestalt oder Figur, die ein Schauspieler auf der Bühne verkörpert, z. B. *Bösewicht, Königin, Vogel ...*

Roter Faden 34–41
Wenn du eine Geschichte erzählst, ist es wichtig, dabei den „roten Faden" zu verfolgen. Dies bedeutet, dass die erzählte Handlung in der richtigen Reihenfolge und ohne Nebensächlichkeiten zum Höhepunkt führt. So werden deine Texte verständlich und nachvollziehbar.

Sachtext 118–119, 123–124, 150–155, 167–168, 270–271, 274–275

Unter Sachtexten versteht man informierende Texte (z. B. Lexikonartikel, Zeitungsberichte). Sie sind meistens in einer sachlichen Sprache geschrieben. Sachtexte enthalten häufig auch Abbildungen, um etwas anschaulich zu machen, und Tabellen, um Informationen kurz und übersichtlich darzustellen.

Satzarten 211

Sätze werden vier verschiedenen Satzarten zugeordnet, die in der gesprochenen Sprache durch die Stimmführung und in der geschriebenen Sprache durch **Satzschlusszeichen** gekennzeichnet werden:

- Aussagesätze: *Ich habe Ferien.*
- Fragesätze: *Was machst du in den Ferien?*
- Aufforderungssätze: *Schick mir bitte eine Karte!*
- Ausrufesätze: *Hätte ich doch auch Ferien!*

Satzverknüpfungswort 23, 27

Konjunktion

Satzglied 212

Sätze bestehen aus verschiedenen Satzgliedern. Diese kannst du durch die **Umstellprobe** ermitteln. Ein Satzglied kann aus einem Wort oder einer Gruppe von Wörtern bestehen. Die meisten Sätze im Deutschen bestehen mindestens aus einem **Subjekt** und aus einem **Prädikat**.

Satzzeichen 211, 251–252

Satzzeichen helfen, einen Satz bzw. einen Text übersichtlich zu gestalten und lesbarer zu machen. Dazu werden Sinneinheiten durch Punkte oder Kommas getrennt. Das Satzende kennzeichnest du je nach **Satzart** durch einen Punkt, ein Ausrufungs- oder durch ein Fragezeichen.

Schlüsselstellen, Schlüsselwörter 64, 150, 173, 177, 270, 272

Wenn du einen Text verstehen und ihn wiedergeben oder zusammenfassen willst, suchst du zunächst nach den Textstellen, die die wichtigsten Informationen enthalten. Das sind meistens solche Sätze oder Wörter, die dir Antworten auf die W-Fragen (Wo?, Wer?, Was?, Wie?, Warum?) geben. Mithilfe dieser Stellen oder Wörter erschließt du dir den Text.

Schreibplan 20, 23, 25, 26, 38, 98, 103, 104, 131, 132, 182, 184, 185

Ein Schreibplan hilft dir dabei, die Arbeitsschritte zu deinen schriftlichen Texten (Briefe, **Erzählungen, Beschreibungen**) zu organisieren. So behältst du passend zur Aufgabenstellung (z. B. eine Geschichte fortsetzen) die Übersicht und entwickelst einen **roten Faden** für deinen Text.

Signatur (Zeichen) 138–143

Um in einer Bücherei ein Buch aufzufinden, enthält jedes Buch auf dem Buchrücken eine Signatur. Dies ist eine Abfolge von Abkürzungen und Zeichen, die den Standort genau beschreiben.

Silbe 231–234

Wörter setzen sich aus einer (*groß, Haus, rief*) oder mehreren (*ein-sam, Ba-na-ne, ru-fen*) Silben zusammen. Die meisten Wörter sind zweisilbig und enthalten eine betonte Silbe und eine unbetonte (*ernst-haft, ge-ben, I-gel*). Jede Silbe besteht aus mindestens einem **Vokal**, der von einem oder mehreren **Konsonanten** eingerahmt wird. Du unterscheidest **offene** und **geschlossene Silben**. Die Silben eines Wortes kannst du durch langsames Sprechen oder Klatschen beim Sprechen ermitteln.

Silbentrennung 245

Beim Trennen von mehrsilbigen Wörtern am Zeilenende setzt du nach einer **Silbe** einen Trennstrich. Silben, die aus nur einem **Vokal** am Wortanfang oder -ende bestehen, werden nicht getrennt: *Igel, Haie*.

Singular (Einzahl) 195, 196, 201

ein Hund; er fährt

Sinnabschnitt 64, 172–177, 270, 272

Ein inhaltlich abgeschlossener Teil eines Textes bildet einen Sinnabschnitt. Meistens besteht er

aus einem oder mehreren Absätzen. In Sachtexten enthalten Sinnabschnitte jeweils einen neuen Sachverhalt. In erzählenden Texten beginnt ein neuer Sinnabschnitt dann, wenn eine neue Person eingeführt wird, der Ort wechselt oder sich die Handlung ändert.
Das Bilden von Sinnabschnitten hilft dir beim Verstehen, Zusammenfassen und Wiedergeben von Texten.

Spannungswörter 34–37, 39, 42, 44–45, 96–99
Bei einer spannenden mündlichen oder schriftlichen **Erzählung** ist der Zuhörer oder Leser besonders aufmerksam. Darum ist es wichtig, Spannungswörter in deine Erzählungen einzubauen. Dazu gehören Begriffe wie *plötzlich, auf einmal, schlagartig ...*

s-Schreibung 188, 240–241
Nach kurzen **Vokalen** und wenn die betonte **Silbe** geschlossen ist, schreibst du den stimmlosen s-Laut als ss: *Klas-se, has-sen.*
Nach langen Vokalen, wenn die betonte Silbe offen ist und du einen scharfen, gezischten s-Laut hörtst, schreibst du *ß: flie-ßen; Stö-ße.*
Wenn du aber nach einer offenen Silbe einen weichen s-Laut hörst, den du summen kannst, schreibst du s: *Wie-se, rei-sen.*

Stellung nehmen 18–26
In einer Stellungnahme äußerst du deine Meinung mündlich oder schriftlich zu einem bestimmten Thema (z. B. *Anschaffung eines Hundes*). Dabei nennst du in einer sinnvollen Reihenfolge möglichst viele überzeugende **Argumente** (Begründungen). So gehst du vor:
- das Thema nennen und kurz die Situation beschreiben,
- deine Meinung äußern und Begründungen anführen,
- abschließend zusammengefasst deinen Standpunkt oder deine Forderung nennen.

Stichwortzettel anlegen 36
Nicht alles kann man sich merken. Damit du nichts vergisst, solltest du dir Notizen machen. Auch zum Auswerten von Texten, bei Vorträgen, Diskussionen und Telefongesprächen sind Stichwortzettel nützlich. Gliedere die Stichwörter mit Spiegelstrichen (–) und zeige mit Pfeilen (→) Zusammenhänge auf.

Strophe 83
Als Strophe bezeichnet man die einzelnen Absätze eines **Gedichts**. Mindestens zwei **Verszeilen** werden in einer Strophe zusammengefasst. Oft beginnt mit einer neuen Strophe ein neuer Gedanke.

Subjekt (Satzgegenstand) 214
Satzglied. Das Subjekt bezeichnet jemanden oder etwas, von dem eine Tätigkeit ausgeht oder das in einem bestimmten Zustand ist. Es kann aus mehreren Wörtern bestehen und steht häufig am Satzanfang. Du kannst das Subjekt mit den Fragen *Wer?* oder *Was?* ermitteln:
Die Spieler stehen vor dem Tor.
Wer steht vor dem Tor?
Sie warten gespannt. Wer wartet gespannt?

Suffix (Nachsilbe) 223–224
Nachgestellter Wortbaustein: *Heiter-keit.*
Das Suffix bestimmt die Wortart eines Wortes:
Ärgernis – Nomen
ärgerlich – Adjektiv
ärgern – Verb

Textverarbeitung 264–269
Wenn du einen Text mit dem Computer schreibst, kannst du ihn mithilfe des Textverarbeitungsprogramms sprachlich und gestalterisch bearbeiten.
Du kannst
- den Text mit der Rechtschreibhilfe überprüfen,
- mithilfe des **Thesaurus** abwechslungsreiche Wörter finden,
- die Schrift gestalten, z. B. Farbe und Form der Buchstaben,
- dem Text eine bestimmte Form geben, z. B. Brief oder Gedicht,
- eine Tabelle oder Bilder einfügen.

Thesaurus 267
So heißt das Wörterbuch des **Textverarbeitungsprogramms** im Computer.

Titel 138–143

Ein Titel bezeichnet den Werktitel eines Buches, der meistens auf der Vorderseite des Buches oder auf der Vorderseite des Buchumschlags steht, z. B. *Charlie und die Schokoladenfabrik.* Auch Gedichte, Erzählungen und Sachtexte haben meistens einen Titel. Das ist die jeweilige Überschrift des Textes.

Umlaut 230

Umlaute gehören zu den **Vokalen:** *ä, ö, ü.*

Umstellprobe 212–213

Mithilfe der Umstellprobe kannst du bestimmen, wie viele **Satzglieder** ein Satz hat.
Die Wörter, die beim Umstellen im Satz immer zusammenbleiben, bilden ein Satzglied:
Das blaue Team / ergatterte / gestern / den Sieg.
Gestern / ergatterte / das blaue Team / den Sieg.

Verb (Tätigkeitswort) 50, 74, 187, 201–206

Wortart. Mit Verben bezeichnest du Tätigkeiten (*brennen, schreiben, singen*) oder Zustände (*sein, werden*). Im Wörterbuch findest du ein Verb im **Infinitiv** (Grundform). In Sätzen wird das Verb in der gebeugten Form verwendet.
Es informiert dich so über die
- Person (Personalform): *ich, du, er/sie/es, wir, ihr, sie,*
- Zahl: **Singular** (Einzahl), **Plural** (Mehrzahl),
- **Zeitform: Präteritum, Perfekt, Präsens, Futur I.**

Verben bilden das **Prädikat** eines Satzes.

Verlag 138–139

Ein Verlag ist ein Medienunternehmen, das z. B. Bücher, Zeitschriften, DVDs, CDs und andere Medien vervielfältigt und verbreitet. Dein Deutschbuch wird z. B. vom *Westermann Verlag* verbreitet.

Verlängerungsprobe 188, 238–243

Endet ein Wort mit *b, d,* oder *g,* dann klingen diese Laute häufig wie *p, t,* oder *k.* Durch die Verlängerungsprobe kannst du die Buchstaben deutlich heraushören.
So kannst du verlängern:
- bei **Nomen** den **Plural** bilden: *Weg = die Wege*
- **Adjektive** mit einem **Nomen** verwenden: *gesund = das gesunde Frühstück*
- von **Verben** die Wir-Form (1. Pers. Plural) bilden: *er gibt = wir geben*

Auch wenn du sicher sein willst, ob ein Wort mit s oder *ß* geschrieben wird, hilft dir die Verlängerung: *stö?t = stoßen, Mau? = Mäuse.*

Vers 78–89

Die Zeile eines **Gedichts** nennt man Vers.

Vokal (Selbstlaut) 230–241

Buchstaben, die allein ausgesprochen werden können, heißen Vokale: *a, e, i, o, u.* Auch die **Umlaute** *ä, ö, ü* und die **Diphthonge** (Zwielaute, Doppellaute) *ai, ei, äu, eu* gehören dazu. Vokale können lang oder kurz ausgesprochen werden: *Hüte – Hütte.* Danach richtet sich auch die Schreibung des auf den Vokal folgenden **Konsonanten.**

Wörter verlängern 188, 238–243

Verlängerungsprobe

Wörtliche Rede 75, 99, 253–254

Mit der wörtlichen Rede gibst du in einem Text wieder, wenn jemand spricht. Damit der Leser das erkennt, setzt du diese Textteile in **Anführungszeichen.** Der Begleitsatz zur wörtlichen Rede kann an unterschiedlichen Stellen stehen:
- vorangestellter Begleitsatz: *Tim sagt: „Ich lese gerne."*
- nachgestellter Begleitsatz: *„Liest du nur Comics?", fragt Anne.*
- eingeschobener Begleitsatz: *„Früher", meint Sascha, „habe ich nie gelesen."*

Wortableitungen 223

Durch Anfügen von **Präfixen** und **Suffixen** an den Wortstamm lassen sich verschiedene Wörter bilden:
ge-fahr-los, be-fahr-en, Er-fahr-ung.

Wortart 192–210

Die Wörter der deutschen Sprache lassen sich verschiedenen Wortarten zuordnen, z. B. **Nomen, Artikel, Pronomen, Verben, Adjektive** und **Konjunktionen** (Satzverknüpfungswörter).

Wortfamilie 223–224

Wörter, die einen gemeinsamen **Wortstamm** haben, gehören zu einer Wortfamilie. Die Mitglieder einer Wortfamilie können verschiedenen **Wortarten** angehören und unterschiedliche Bedeutungen haben: *fahren, Fahrt, Autofahrt, gefahrlos* ... Wortfamilien entstehen durch **Wortableitungen** oder **Wortzusammensetzungen**.
Das Bilden von Wortfamilien hilft dir bei der Schreibung von Wörtern mit *ä/äu* oder *e/eu*: *Bälle – Ball, Bäume – Baum*.

Wortfeld 221–222

Wörter der gleichen **Wortart**, die etwas Ähnliches bedeuten, bilden ein Wortfeld: *gehen, laufen, rennen, stapfen, rasen, marschieren* ...
Wortfelder können dir beim abwechslungsreichen Schreiben deiner Texte helfen.

Wortstamm 223

Der Wortstamm ist der Kern eines Wortes. Durch Anhängen von **Suffixen** und **Präfixen** und durch **Zusammensetzungen** entstehen verschiedene Wörter mit unterschiedlicher Bedeutung: *wegfahren – Fahrer – Autofahrt*.
Wörter mit dem gleichen Wortstamm bilden eine **Wortfamilie**.

Wortzusammensetzungen 112, 126, 225

Indem du Wörter, z. B. zwei **Nomen**, zusammensetzt, entsteht ein neues Wort mit einer neuen Bedeutung: *Das Spiel + der Platz = der Spielplatz*. Dabei erläutert das Bestimmungswort (*das Spiel*) das Grundwort (*der Platz*) näher. Das Grundwort bestimmt die **Wortart** und bei Nomen auch den **Artikel**. Wortzusammensetzungen können dir bei deinen eigenen Texten helfen, genauer zu formulieren (*Das Wasser war eiskalt.*).

Zeitformen des Verbs 50, 74, 187, 201–206

			Futur	Präsens	Präteritum	Perfekt	Plusquamperfekt
SINGULAR	1. Person	ich	*werde* sagen	sag**e**	sag**te**	*habe* gesagt	*hatte* gesagt
	2. Person	du	*wirst* sagen	sag**st**	sag**test**	*hast* gesagt	*hattest* gesagt
	3. Person	er, sie, es	*wird* sagen	sag**t**	sag**te**	*hat* gesagt	*hatte* gesagt
PLURAL	1. Person	wir	*werden* sagen	sag**en**	sag**ten**	*haben* gesagt	*hatten* gesagt
	2. Person	ihr	*werdet* sagen	sag**t**	sag**tet**	*habt* gesagt	*hattet* gesagt
	3. Person	sie	*werden* sagen	sag**en**	sag**ten**	*haben* gesagt	*hatten* gesagt

Unregelmäßige Verben

Infinitiv	Präteritum	Perfekt	Infinitiv	Präteritum	Perfekt
befehlen	befahl	hat befohlen	reißen	riss	hat gerissen
beginnen	begann	hat begonnen	reiten	ritt	ist geritten
beißen	biss	hat gebissen	rennen	rannte	ist gerannt
biegen	bog	hat gebogen	riechen	roch	hat gerochen
bitten	bat	hat gebeten	rufen	rief	hat gerufen
blasen	blies	hat geblasen	scheinen	schien	hat geschienen
bleiben	blieb	ist geblieben	schieben	schob	hat geschoben
brechen	brach	ist gebrochen	schießen	schoss	hat geschossen
bringen	brachte	hat gebracht	schlafen	schlief	hat geschlafen
denken	dachte	hat gedacht	schlagen	schlug	hat geschlagen
erschrecken	erschrak	ist erschrocken	schleichen	schlich	ist geschlichen
essen	aß	hat gegessen	schließen	schloss	hat geschlossen
fahren	fuhr	ist gefahren	schneiden	schnitt	hat geschnitten
fallen	fiel	ist gefallen	schreiben	schrieb	hat geschrieben
fangen	fing	hat gefangen	schreien	schrie	hat geschrie(e)n
finden	fand	hat gefunden	schweigen	schwieg	hat geschwiegen
fliegen	flog	ist geflogen	schwimmen	schwamm	ist geschwommen
fließen	floss	ist geflossen	schwören	schwor	hat geschworen
fressen	fraß	hat gefressen	sehen	sah	hat gesehen
frieren	fror	hat gefroren	sein	war	ist gewesen
geben	gab	hat gegeben	singen	sang	hat gesungen
gehen	ging	ist gegangen	sinken	sank	ist gesunken
gelingen	gelang	ist gelungen	sitzen	saß	hat gesessen
geschehen	geschah	ist geschehen	sprechen	sprach	hat gesprochen
gewinnen	gewann	hat gewonnen	springen	sprang	ist gesprungen
gießen	goss	hat gegossen	stehen	stand	hat gestanden
greifen	griff	hat gegriffen	stehlen	stahl	hat gestohlen
haben	hatte	hat gehabt	steigen	stieg	ist gestiegen
halten	hielt	hat gehalten	sterben	starb	ist gestorben
hängen	hing	hat gehangen	streichen	strich	hat gestrichen
heben	hob	hat gehoben	streiten	stritt	hat gestritten
heißen	hieß	hat geheißen	tragen	trug	hat getragen
helfen	half	hat geholfen	treffen	traf	hat getroffen
kennen	kannte	hat gekannt	treten	trat	hat getreten
klingen	klang	hat geklungen	trinken	trank	hat getrunken
kommen	kam	ist gekommen	vergessen	vergaß	hat vergessen
können	konnte	hat gekonnt	verlieren	verlor	hat verloren
laden	lud	hat geladen	verzeihen	verzieh	hat verziehen
lassen	ließ	hat gelassen	wachsen	wuchs	ist gewachsen
laufen	lief	ist gelaufen	waschen	wusch	hat gewaschen
leihen	lieh	hat geliehen	werden	wurde	ist geworden
lesen	las	hat gelesen	werfen	warf	hat geworfen
liegen	lag	hat gelegen	wissen	wusste	hat gewusst
nehmen	nahm	hat genommen	ziehen	zog	hat gezogen
raten	riet	hat geraten	zwingen	zwang	hat gezwungen

Textsortenverzeichnis

Stichwortverzeichnis

Textquellen

29 Guus Kuijer, Maslief schreibt einen Brief, aus: Schulgeschichten, hrsg. von Anna Braun, © Arena Verlag, Würzburg 1995.

52 James Krüss, Die Geschichte von den drei Geschichtenerzählern, aus: James Krüss, Mein Urgroßvater und ich, © Friedrich Oetinger Verlag, Hamburg 1998 (Textauszug).

60 Jörg Steiner, Jorinde und Joringel (nach Jakob und Wilhelm Grimm), aus: Hans-Joachim Gelberg (Hrsg.), Neues vom Rumpelstilzchen, © Beltz Verlag, Weinheim 1981 (Text verändert).

63 Jakob und Wilhelm Grimm, Prinzessin Mäusehaut, aus: Die Kinder- und Hausmärchen der Brüder Grimm, © Der Kinderbuchverlag, Berlin 1996.

76 Der dicke fette Pfannkuchen, aus: http://www.waldorfwilhelmsburg.de/front_content.php?idart=94 (Zugriff: 21.01.2014).

78
- Eugen Gomringer, wind, aus: E. Gomringer, Konkrete Poesie, © Verlag Philipp Reclam jun., Stuttgart 1972.
- D. Brembs, Das Drachenabeceh, aus: Ich und Du und große Leute. Gedichte für Kinder, hrsg. von Ursula Remmers und Ursula Warmbold, © Verlag Philipp Reclam jun., Stuttgart 2004.

79
- Nora Clormann-Lietz, Langeweile? Tu was!, aus: Großes Ozean. Gedichte für alle, hrsg. von Hans-Joachim Gelberg, © Beltz Verlag, Weinheim und Basel 2000, 2006.
- Ortfried Pörsel, Kennst du's?, aus: Überall und neben dir, hrsg. von Hans-Joachim Gelberg, © Beltz Verlag, Weinheim und Basel 2001.
- Anatol Knotek, Undichtung, aus: http://www.anatol.cc/konkrete_poesie/undichtung.html#.Ut4jw_Ywe70 (Zugriff: 21.01.2014).

80 Hans Manz, Abenteuer in der Nacht, aus: Großer Ozean. Gedichte für alle, hrsg. von Hans-Joachim Gelberg, © Beltz Verlag, Weinheim und Basel 2000, 2006.

81 Roswitha Fröhlich, Achtung! Spukzeit!, aus: Ins Land der Fantasie. Gedichte für Kinder, hrsg. von Ursula Warmbold und Ursula Remmers, © Verlag Philipp Reclam jun., Stuttgart 2013.

82 Michael Ende, Schnurpsenzoologie, aus: Ins Land der Fantasie. Gedichte für Kinder, hrsg. von Ursula Warmbold und Ursula Remmers, © Verlag Philipp Reclam jun., Stuttgart 2013.

84 Gerald Jatzek, Zauberspruch, aus: Ins Land der Fantasie. Gedichte für Kinder, hrsg. von Ursula Warmbold und Ursula Remmers, © Verlag Philipp Reclam jun., Stuttgart 2013.

85 Mirjam Pressler, Zauberspruch, aus: Mirjam Pressler: Sieben und eine Hex. © 1992 Loewe Verlag GmbH, Bindlach.

86
- Bunt ..., aus: http://theodorschule.lspb.de/Kinder/Gedichte/Elfchen/Herbst.html (Zugriff: 28.01.2014).
- Bäume. Sturmbewegt ..., aus: http://www.schreibwerkstatt.de/post244126.html (Zugriff: 28.01.2014).
- Stürmische Windböe ... (Originalbeitrag)
- Sanft ..., aus: http://www.blogigo.de/Nielas_Gedankenschmiede/Wind-Elfchen/110/http://www.blogigo.de/Nielas_Gedankenschmiede/Wind-Elfchen/110/ (Zugriff: 28.01.2014).

87 Der Wind vor dem Richter, © Oskar Dreher (Text verändert).

89
- Ernst Jandl, Fünfter sein, aus: E. Jandl und N. Junge, fünfter sein. Vierfarbiges Bilderbuch, © Beltz Verlag, Weinheim und Basel 2013.

- Robert Reinick, Die freche Gesellschaft, aus: Ich und Du und große Leute. Gedichte für Kinder, hrsg. von Ursula Remmers und Ursula Warmbold, © Verlag Philipp Reclam jun., Stuttgart 2004.
- Peter Maiwald, Die Verliebten, aus: Ich und Du und große Leute. Gedichte für Kinder, hrsg. von Ursula Remmers und Ursula Warmbold, © Verlag Philipp Reclam jun., Stuttgart 2004.
- Josef Guggenmos, Sieben kecke Schnirkelschnecken, aus: J. Guggenmos, Groß ist die Welt. Die schönsten Gedichte, © Beltz Verlag, Weinheim und Basel 2006.

94 Das Jenseits sucht den Super-Geist (Originalbeitrag).

107 Spukschloss „Super-Geist" (Originalbeitrag).

118 Interview mit einem Kamelexperten (Originalbeitrag).

119 Kai Hirschmann, Kamele beim Arzt, © nach: www.helleskoepfchen.de/artikel/1401.html (Artikel vom 22.09.2005; Zugriff: 21.01.2014) (Text verändert).

123 Interview mit einer Schimpansenforscherin (Originalbeitrag).

124 Interview mit der Schimpansenforscherin Jane Godall, aus: Interview mit Jane Goodall auf Spiegel Online, Auszüge aus Teil 2 und 3 des Interviews: http://www.spiegel.de/wissenschaft/natur/interview-mit-jane-goodall-teil-2-ich-vermisse-das-paradies-a-151715.html (Artikel vom 4.09.2001; Zugriff: 21.01.2014) sowie http://www.spiegel.de/wissenschaft/mensch/interview-mit-jane-goodall-teil-3-einmal-die-welt-mit-den-augen-eines-schimpansen-sehen-a-151716.html (Artikel vom 4.09.2001; Zugriff: 21.01.2014).

134 Hans Bender, Ein Bär wächst bis zum Dach, aus: Die halbe Sonne, © Signal Verlag, Baden-Baden 1978.

144 Roald Dahl, Das Wunder, aus: Roald Dahl, Charlie und die Schokoladenfabrik. Kapitel 11, © Rowohlt Verlag GmbH, Reinbek bei Hamburg 2005 (Textauszug).

151 Als die Eisenbahn geboren wurde, aus: www.wasistwas-klub.de (Artikel vom 11.02.2004) (Text verändert).

154 Der ICE 3 – mit Tempo 300 über die Schiene, aus: Schnellzug-Check – ICE 3 auf dem Prüfstand, aus: http://www.geo.de/GEOlino/technik/schnellzug-check-ice-3-auf-dem-pruefstand-4164.html?p=1 (Zugriff: 21.01.2014; Text verändert).

167 RailCab – Das erste Taxi auf Schienen, aus: http://www.wasistwas.de/technik/die-themen/artikel/link//c6a457a309/article/railcab-das-erste-taxi-auf-schienen.html (Zugriff: 21.01.2014; Text verändert).

172 Joachim Masannek, Auf dem Fußballplatz, aus: J. Masannek, Vanessa, die Unerschrockene, Die Wilden Fußball-Kerle, Bd. 3, © dtv Verlagsgesellschaft, München 2004 (Textauszug).

175 Frauke Nahrgang, Was ist nur mit Niko los?, aus: Die Teufelskicker, Eine knallharte Saison, © cbj-Verlagsgruppe Random House, München 2005 (Textauszug).

180 Manfred Mai, Das erste Training, aus: Fußballgeschichten vom Superteam, © Ravensburger Buchverlag, Ravensburg 2012.

185 Martin Klein, Die Farben der Saison, aus: M. K. Lene und die Pappelplatztiger, © cbj-Verlagsgruppe Random House, München 2006 (Textauszug).

189 Andrea Heinrichs, Ehrenfan der Nordkurve (Originalbeitrag).

199 Das Chamäleon – ein Verwandlungskünstler, aus: http://www.geo.de/GEOlino/natur/tiere/chamaeleons-meister-der-verwandlung-53303.html (Zugriff: 21.01.2014; Text geändert).

200 Zungenschießer, Auszug aus: http://www.geo.de/GEOlino/natur/tiere/chamaeleons-meister-der-verwandlung-53303.html (Zugriff: 21.01.2014; Text geändert).

222 Josef Guggenmos, Hauchte, wetterte, sprach, brüllte, aus: J. Guggenmos, Was denkt die Maus am Donnerstag?, © dtv Verlagsgesellschaft, München 1978.

223 Mit dem „Adler" von Nürnberg nach Fürth (Originalbeitrag).

234 Christian Morgenstern, Das ästhetische Wiesel, aus: C. Morgenstern, Ausgewählte Werke, hrsg. von Klaus Schuhmann, © Leipzig: Insel 1975.

252 Brüder Grimm, Der süße Brei, Auszug aus: http://www.grimmstories.com/de/grimm_maerchen/der_susse_brei (Zugriff: 21.01.2014)

256 Susanne Brandt, Das Bibliotheks-ABC, aus: Susanne Brandt/Kerstin Keller-Loibl: Leseförderung in Öffentlichen Bibliotheken, De Gruyter 2015.

261
- Wegschnecke, aus: http://www.hamsterkiste.de/01/Waldtiere/Texte/332-wegschnecke.pdf (Zugriff: 21.01.2014; Text geändert).
- Waldameise, aus: http://www.hamsterkiste.de/01/Waldtiere/Texte/330-waldameise.pdf (Zugriff: 21.01.2014; Text geändert).
- Eichhörnchen, aus: http://www.hamsterkiste.de/01/Waldtiere/Texte/326-eichh.pdf (Zugriff: 21.01.2014; Text geändert).

265 Kühe, aus: http://www.peta.de/web/kuehe.497.html (Zugriff: 21.01.2014; Text geändert).

266 Tiger, auf der Basis des folgenden Wikipedia-Artikels: http://de.wikipedia.org/wiki/Tiger (Zugriff: 21.01.2014; Text geändert).

268 Alfons Pillach, Der Gruß des Seeigels, © Alfons Pillach, aus: http://www.kurzgeschichten-verlag.de/tiere/tiergedicht-023.html (Zugriff: 21.01.2014).

271 Die höchste Bahnstrecke der Welt, aus: http://www.wasistwas.de/technik/die-themen/spezial-schienenfahrzeuge/artikel/link//4f54cc295b/article/die-hoechste-bahnstrecke-der-welt.html (Zugriff: 21.01.2014).

273 Brüder Grimm, Das Murmeltier, aus: Die älteste Märchensammlung der Brüder Grimm, hrsg. von Heinz Rölleke, Cologny-Genève (Fondation Martin Bodmer) 1975.

275 Achtung Bahnübergang!, aus: http://lokster.deutschebahn.com/artikel-pool/verstehen/geblickt-bahnuebergang.html (Zugriff: 21.01.2014).

276 Laura Feuerland, Das Spenst, aus: Gespenster, Geister, Gänsehaut. Esslingers Erzählungen. Die schönsten Geschichten zum Gruseln, © Esslinger Verlag J. F. Schreiber, Esslingen 2004.

Bildquellen

Abbildungen

|akg-images GmbH, Berlin: 62, 152. |bildagentur-online GmbH, Burgkunstadt: TH-Foto 116 rechts. |Blickwinkel, Witten: McPHOTO 200. |Blinde Kuh e.V. / www.blinde-kuh.de, Hamburg: 117 links. |Carlsen Verlag GmbH, München: aus Peter Schössow: Mehr!, Hamburg 1999 86. |DB Museum Fotosammlung, Nürnberg: 223. |Deutsche Bahn AG/Mediathek, Frankfurt/M.: 148 unten; Bartlomiej Banaszak 158; Hartmut Reiche 165; Jochen Schmidt 203; Ralf Louis 154. |F. A. Brockhaus / wissenmedia, Gütersloh: Würmli, Marcus: Der Kinder Brockhaus - Tiere : mit Tierstimmen auf CD-ROM, Brockhaus, 2007 117 rechts unten. |Fabian, Michael, Hannover: 14, 17, 34, 34, 34, 37, 87, 228, 242, 256. |fotolia.com, New York: 114 links, 114 rechts, 115 links, 119, 124 unten, 134 unten, 135, 136 oben, 136 unten, 150 links, 248, 261 oben, 261 unten; foodinaire 255. |GEOlino, Hamburg: 117 Mitte. |Hammersen-Schiffner, Bettina, Braunschweig: 280. |Interfoto, München: 150 2. v. links, 150 2. v. rechts, 151. |iStockphoto.com, Calgary: Roman Gorielov Titel. |juniors@wildlife Bildagentur GmbH, Hamburg: 199, 231, 269 oben; M.Harvey 116 links unten; S.Cordier 123 ,124 oben, 124. |mauritius images GmbH, Mittenwald: 244, 250; Fritz 269 unten. |Microsoft Deutschland GmbH, München: 264, 264, 264, 265, 265, 267, 269. |OKAPIA KG - Michael Grzimek & Co., Frankfurt/M.: D.G. Fox/OSF 268; Karin Skogstad 121; Shah 266. |PantherMedia GmbH (panthermedia.net), München: 128, 261 Mitte; Swanepoel, Johan 115 rechts. |Picture-Alliance GmbH, Frankfurt/M.: 148 links oben, 149 links unten, 149 oben, 149 rechts; associated press 271; dpa 275; dpa/Carstensen, Jörg 148 rechts oben; Scheer 126; Sueddeutsche Zeitung Photo 274; ZB 150 rechts. |RailCab: Konzept für ein autonomes Schienenfahrzeug, Heinz Nixdorf Institut, Universität Paderborn, Paderborn: 167. |Ravensburger Buchverlag Otto Maier GmbH, Ravensburg: 171. |Reinhard-Tierfoto, Heiligkreuzsteinach: 116 links oben. |TESSLOFF VERLAG, Nürnberg: 117 rechts oben. |Thinkstock, Sandyford/Dublin: Titel.

Mit Beiträgen von:
Kathleen Fleer, Hans-Dieter Marx, Rebekka Möller, Jelko Peters, Marina Völkerding, Alexandra Sillus

westermann GRUPPE

Druck A[10] / Jahr 2022
Alle Drucke der Serie A sind im Unterricht parallel verwendbar.

Redaktion: Stefanie Hein
Herstellung: Andreas Losse
Illustrationen: Matthias Berghahn, Pe Grigo, Klaus Müller,
Jaroslaw Schwarzstein
Umschlaggestaltung: LIO Design GmbH, Braunschweig; Coverfoto: Thinkstock, Dublin
Typografisches Konzept: designbüro Arndt + Seelig, Bielefeld
Satz: Typo Concept GmbH, Hannover
Druck und Bindung: Westermann Druck GmbH,
Georg-Westermann-Allee 66, 38104 Braunschweig

ISBN 978-3-14-**123690**-3

Übersicht der Lerninhalte

Hier finden sich die Kompetenzen des Kernlehrplans in Klartext 5.

Kapitel	3.1.	Sprechen und Zuhören
Gemeinsam neu starten Mündlicher Aufgabentyp 3 Schriftlicher Aufgabentyp 3	3.1.2 3.1.5 3.1.6 3.1.7 3.1.8 3.1.9	Eigene Erlebnisse und Erfahrungen erzählen 8–11 Wünsche vortragen 22–23 Eigene Meinungen formulieren 20–26 Gesprächsregeln vereinbaren und einhalten 16–17 Gesprächsstörungen erkennen und beheben 14–15 Zuhören und sach-/situationsbezogen reagieren 10–11
Ein aufregendes Wochenende Mündlicher Aufgabentyp 1a) Schriftlicher Aufgabentyp 1b) Schriftlicher Aufgabentyp 5	3.1.2 3.1.10	Erlebnisse mündlich erzählen 32–37 Notizen zu Gehörtem machen 37
Märchenhaft Schriftlicher Aufgabentyp 6	3.1.2	Adressatengerecht erzählen 60
Gedichte mit Pfiff Mündlicher Aufgabentyp 2a) Mündlicher Aufgabentyp 2b)	3.1.11 3.1.12 3.1.13	Gestaltend sprechen 84–85, 87–90 Kürzere Texte auswendig vortragen 87–88 Szenisch spielen 87–90
Das Gespenster-Casting Schriftlicher Aufgabentyp 1a)	3.1.9	Aufmerksam zuhören und sach-/situationsgerecht reagieren 93, 102
Ein Besuch im Zoo Schriftlicher Aufgabentyp 2a) Schriftlicher Aufgabentyp 2b)	3.1.3 3.1.4	Informationen weitergeben (Wege und Tiere beschreiben) 110–113 Ergebnisse vortragen 110–113
Eine Bibliothek erkunden	3.1.2	Erfahrungen austauschen 138–143
Unterwegs mit der Bahn Schriftlicher Aufgabentyp 4b)	3.1.2	Eigene Erlebnisse und Erfahrungen erzählen 148–149
Schieß den Ball ins Tor! Schriftlicher Aufgabentyp 4a)	3.1.2	Eigene Erlebnisse und Erfahrungen erzählen 170–171
Computer im Unterricht		
Methoden und Arbeitstechniken	3.1.3	Über Arbeitsergebnisse berichten 280–281